礼乐文化与中国文论早期形态研究

夏静　著

商务印书馆
创于1897
The Commercial Press

图书在版编目（CIP）数据

礼乐文化与中国文论早期形态研究 / 夏静著. — 北京：商务印书馆，2023
ISBN 978-7-100-22300-3

Ⅰ.①礼… Ⅱ.①夏… Ⅲ.①礼乐－文化研究－中国－古代②中国文学－文学理论－研究 Ⅳ.①K892.9②I206

中国国家版本馆CIP数据核字（2023）第062446号

礼乐文化与中国文论早期形态研究
夏 静 著

商 务 印 书 馆 出 版
（北京王府井大街36号　邮政编码 100710）
商 务 印 书 馆 发 行
三 河 市 尚 艺 印 装 有 限 公 司 印 刷
ISBN 978-7-100-22300-3

2023年10月第1版　　　开本 880×1230　1/32
2023年10月第1次印刷　　印张 13 3/8

定价：80.00元

目　录

第一章　礼乐研究述论

礼乐研究，极为浩瀚，有狭义和广义之分。狭义主要是指围绕"三礼"进行的一系列研究，肇始于孔子，鼎盛于汉儒，源远流长，盛而不衰，这在"六经"研究中居于重要位置，是传统儒学及经学研究的一个重镇。历代学者从音韵、文字、训诂、订补、校勘、辨伪、辑佚等角度进行原典考证，对礼学流派、传承及演变进行研究，这些主要是基于事实判断基础上的还原性研究。广义则包括礼乐之载体——"六经"的阐释性研究，礼乐本乎天，贯通群经，讲天地变化之道的为《易》，讲历史典制的为《书》，讲政教兴废的为《雅》《颂》，《春秋》则为礼义之大宗，故《汉书·礼乐志》云："六经之道同归，而礼乐之用为急。"[①] 颜师古注"六经"为"《易》《诗》《书》《春秋》《礼》《乐》"，即"六经"之道同归于礼乐。因此以"六经"为主体的传统礼乐研究，实际上涵盖了经学研究的核心部分，是中国传统学术价值本原之所在，这主要是一种基于价值判断的信仰认同。广义的研究作为古人对宇宙世界、社会人生所持的一种基本判断标准，因其构成的价值体系体现了古人的生存状态与信仰世界，故而在中华民族的思想文化史上长久地发挥着精神支柱的作用。

从礼乐研究的内容看，分为礼学和乐学两个部分。礼学研究，或

---

① 班固：《汉书》，中华书局 1962 年版，第 1027 页。

传注笺疏，或考索典章制度，或研讨名物度数，代有著述，成果丰硕，难以计数。与之相比，乐学研究则存在严重的不足，究其根源，大致有三：其一，"乐"无经。对此，历代学者有两种解释。一种以为《乐经》亡，唐人徐坚《初学记》云："古者以《易》《书》《诗》《礼》《乐》《春秋》为六经。至秦焚书，《乐经》亡。"[①] 一种以为《乐》本无经，清人邵懿辰《礼经通论》云："《乐》本无经也。……《乐》之原在《诗》三百篇之中；《乐》之用在《礼》十七篇之中。"[②] 其二，在旧学时代，礼乐合一言礼，清人朱彬《礼记训纂》云："'六经'，其教虽异，以礼为本。"[③] 自孔子以来的儒者，用一个"礼"字总括传统文化，礼学与广义上的文明或文化乃同一概念，因而传统礼学常常包含礼学与乐学。其三，新学研究时期，受西学专业划分以及相应知识工具的限定，乐学研究主要局限在史学和艺术研究领域。如史学领域有王国维早年的《释乐次》，顾颉刚、魏建功等在《古史辨》中的辩论，高亨、阴法鲁等对周代《大武》的讨论；艺术领域有杨荫浏《中国古代音乐史稿》，朱谦之《中国音乐文学史》，孙景琛、彭松、王克芬、董锡玖合著《中国古代舞蹈史长编》，等等。对于乐本身知识谱系的梳理，如乐舞起源、乐歌的制定与分离、乐器的发展、雅俗乐与礼制之关联等，少有涉及，至于乐教所衍生的知识权力，包括宗法、等级的象征秩序以及政治、宗教等意识形态品格方面的研究则基本上是空白。近年来，有学者开始涉足此一领域研究，如修海林《古乐的沉浮》、陈元锋《乐官文化与文学》，等等，但相对于礼学研究的丰硕成果而言，仍是远远不够的。

---

① 徐坚：《初学记》，中华书局 1962 年版，第 497 页。
② 邵懿辰撰：《礼经通论》，载王先谦辑：《清经解·清经解续编》，上海书店 1988 年版，第 586 页。
③ 朱彬：《礼记训纂》，中华书局 1996 年版，第 736 页。

　　单从时间上看，礼乐研究历史不仅早于儒学与经学的研究历史，而且在两千年的发展中，随着儒学及经学研究的兴衰更替而成为传统学术中的一门显学。从孔子时代就开始了对三代礼乐的研究，并形成礼经学和礼制学两条主轴。以晚清为界，礼乐研究可分为旧学与新学两个时期，其间亦存在着新旧过渡时期，这与中国古代学术传统的崩溃和现代学术传统的建立是同步的。旧学时期，礼乐研究的命运受制于存在的社会基础（宗法、伦理）、社会功能的嬗变和政治制度的变革以及所形成的政教价值取向的影响；新学时期，如果我们悬置外在的社会政治因素，则此一时期多受到出土材料和新学研究范式的影响，多从思想文化方面进行研究。本章将主要介绍这两个时期礼乐研究之主要方法、特点和成果，分析其存在的不足和尚需要着力开拓的领域，并在此基础上就本书将要展开的主要内容及研究方法作一个展望。

第一节　旧学时期

　　旧学时期的礼乐研究，主要是历代学者对"三礼"经义和礼制的研究，以及散见于经、史、子、集中的理论性阐发，如荀子及北宋李觏的礼论等。从整体特征上看，旧学时期的研究，具有强烈的经世致用色彩和历史阶段性特征。所谓经世致用表现为，历代礼乐研究总是追随政治权力的取向而论经证义，最终目的在于通经致用，故而歧见百出、矛盾重重；所谓历史阶段性表现为，礼乐研究随着历代经学研究的发展，在历史形态和工具范式上呈现出明显的阶段性特征，故《四库全书总目提要·经部总叙》有"儒者沿波，学凡六变"[①] 的论

---

① 　永瑢等：《四库全书总目》，中华书局 1983 年版，第 1 页。

断。根据历代研究状况，我们大致可以分为三个时期：先秦两汉——形成和鼎盛时期、魏晋南北朝隋唐至元明——兴衰和更迭时期、清代——重振时期。本节先总陈历代之研究成果，然后以历史阶段分而叙之。

礼乐的研究成果，在历代的艺文志或书目类书中都有记载，试举其大略：

> 《汉书·艺文志》录：礼十三家，五百五十五篇；乐六家，百六十五篇。

> 《隋书·经籍志》录：礼一百三十六部，一千六百二十二卷，通计亡书，二百一十一部，二千一百八十六卷；乐四十二部，一百四十二卷，通计亡书，合四十六部，二百六十三卷；史部仪注类五十九部，二千二十九卷，通计亡书，合六十九部，三千九十四卷。

> 《旧唐书·经籍志》录：礼一百四部，周礼十三家，仪礼、丧服二十八家，礼论答问三十五家，凡一千九百四十五卷；史部仪注八十四部，凡一千一百四十六卷；乐二十九部，凡一百九十五卷。

> 《新唐书·艺文志》录：礼六十九家，九十六部，一千八百二十七卷；乐三十一家，三十八部，二百五十七卷。

> 《宋史·艺文志》录：礼一百十三部，一千三百九十九卷；乐一百十一部，一千七卷。

> 《四库全书总目》礼类分六个子目：周礼、仪礼、礼记、三礼总义、通礼、杂礼书。其中周礼二十二部，四百五十三卷；仪礼二十二部，三百四十四卷，附录二部，一百二十七卷；礼仪二十部，五百九十四卷，附录二部，十七卷；三礼

总义六部，三十五卷；通礼四部，五百六十三卷；杂礼五部，三十三卷。乐类二十二部，四百八十三卷；乐类存目四十二部，二百九十一卷（内四部无卷数）。

礼乐制度的研究可以分为两个层面：具体的礼典制定与纯学术性的古礼考辨。秦汉以降，几乎每一个朝代都要根据三代传统与礼治实践来制定本朝的礼乐制度，形成礼典以备施行，如宋嘉祐年间的《太常因革礼》、政和年间的《政和五礼新仪》、唐开元年间的《大唐开元礼》、明洪武年间的《明集礼》、清乾隆年间的《钦定大清通礼》、民国《北泉议礼录》等官修礼制。以《大唐开元礼》为例，这是现存最早的一部官修礼典，共一百五十卷，六十余万言，按照"五礼"之"吉、宾、军、嘉、凶"顺序，分皇帝、皇室成员、三品以上、四品五品、六品以下五个档次，撰述礼文。《大唐开元礼》法本《周礼》，集汉晋以降礼制纂修之大成，确立了中古以来仪制法典化的基本构架，故《新唐书·礼乐志》赞曰："唐之五礼之文始备，而后世用之，虽时小有损益，不能过也。"① 除官修以外，还有私家编纂的礼书，其内容主要是关于冠、婚、丧、祭等日用伦常的家礼、乡礼等，如宋人司马光《司马氏书仪》、朱熹《朱子家礼》、明人王守仁《南赣乡约》、黄佐《泰泉乡礼》，等等。无论官修还是私纂，都旨在借礼制的制作、修订来规范、指导现实生活中的礼仪活动，具有明确的事功目的与实践价值。与礼典的制定不同，纯学术层面的研究则着眼于搜辑考订，如唐人杜佑《通典》中《礼典》一百卷、《乐典》七卷，元人马端临《文献通考》中《郊祀考》二十三卷、《宗庙考》十五卷、《王礼考》二十二卷、《乐考》二十一卷，清人秦蕙田《五礼通考》七十五类，等

---

① 欧阳修、宋祁：《新唐书》，中华书局1975年版，第309页。

等，对于烦琐的名物、制度、礼节，明其沿革，究其礼意。以《通典》为例，凡二百卷，约一百七十万字，分八门，礼占卷帙之半，尽述唐以及唐以前历代礼制的沿革，四库馆臣评曰："斟酌损益，首末完具。"[1] 其考辨的主要目的在于学术而非资治。

以历史阶段而论，礼乐研究始于先秦。百年来出土材料与传世典籍的印证，业已证明夏、商、周是中华文明的成熟定型期，中国历史上确有"夏礼""殷礼"和"周礼"的存在，周礼则为三代礼乐之集大成。后世礼乐研究正是以三代制度为根基，以阐发礼乐文化精神为宗旨的一门学问。此一时期的研究留下了诸多争议极大的问题，针对这些问题的不同结论成为经学研究的不同学派与师承的源头。其主要内容有二：一是周公"制礼作乐"及"三礼"的形成，这是礼学研究中争议最大的问题，因其争论贯通了旧学和新学时期，笔者将其放在新学时期来探讨；二是诸子对于礼乐的研究。诸子之学兴起的背景正是春秋的"礼坏乐崩"，对于礼乐的研究总结受到了这一时期思想家的高度重视，在《左传》《国语》《论语》等典籍中，谈论礼乐的言论数不胜数。人们从各个层面讨论，包括礼的起源与效用、礼制与礼治的关系、礼与仁的关系，等等。与孔子同时或之前的思想家都有关于礼乐的研究，如子产、晏子、老子、墨子等，其中子产对周礼的哲学阐释以及晏子、老子、墨子对礼乐的思考，是礼乐研究发端时期的重要思想源头。当然，至为重要的还是儒家对三代礼乐传统从信仰上的坚守到理论上的阐发。孔子思想的主体是以礼乐为知识背景而阐发生成的，其仁学本体论为礼乐教化思想提供了一种文化哲学的基础，从而使其避免流于钟鼎玉帛的表面形式而具有更为深厚的理论生命力。孔子以后，儒家的礼乐传统一以贯之。战国时代的荀子有《礼论》《乐

---

[1]　永瑢等：《四库全书总目》，第 702 页。

论》专篇，洋洋洒洒，气势宏阔，第一次在理论上明确礼教、乐教的不同特点，对礼乐的起源、本质和作用等诸多问题进行了总结，形成了相当完整的思想体系，尤其是其礼与法的结合，与孔子礼与仁的结合一样，成为后世礼乐研究的重要思想依据之一。

礼乐研究的鼎盛期在两汉，这是中国古代礼乐研究系统化、规范化、细密化的时期，主要表现在两个方面：一是"三礼"之学大兴，并最终确立了经学地位。汉代统治者非常重视"三礼"的整理与传播，从制度层面上促使了汉代礼乐研究的鼎盛。郑玄破除门户，遍注"三礼"，构成了中国传统礼经学和礼仪学的"脊柱"。子学研究方面，思想家们研讨礼乐的主要目的在于为"大一统"寻求礼治秩序的合法性资源。西汉子学，从贾谊、董仲舒到班固、王符、荀悦等，他们对礼与法、德与刑的关系进行了充分的理论阐述，形成了德主刑辅、礼法合治的思想。与先秦研究所不同的是，此一时期不再是"六艺"之学与诸子之学并行，而是以经学研究为主，子学降到附属的地位。二是两汉"礼乐复兴"中方兴未艾的制度建设。汉代的礼乐制度建设始于叔孙通，其制礼定乐，活动全面，兼采古礼与秦礼，包括定朝仪、宗庙礼乐、宗庙仪法、天子服制等。从元帝到西汉末年，汉代礼乐在兴废之间拉锯，依托儒家经典，托古改制是这一时期思想发展的主导力量，此一趋势到王莽时期引发了一个新的高潮。东汉时期统治者仍致力于完善礼乐制度，章帝时期《白虎通义》所确立的"三纲"，成为传统时代礼乐研究中最根本的指导思想。汉代乐府有很大的发展，从武帝到成帝的一百多年是乐府的昌盛期，其用途涵盖了礼乐政治的各个方面，形成了重要的思想文化传统。

魏晋至明代是礼乐研究的兴衰与更迭时期。魏晋南北朝时期，玄学与佛学虽然极为兴盛，但出于门阀制度维护等级特权的需要，礼乐之学仍炽盛不衰。鉴于丧服制度最能体现宗法社会之尊卑亲疏关系，南方六朝礼学以丧服学最为精密，在《隋书·经籍志》经部"礼"类著录中，标明"丧服"者有五十部，占三分之一还要多。魏晋时期古文经地位上升，贾逵、马融、王肃等反对郑学，用古文注"三礼"，王肃在政治上联姻司马氏，使其礼学列于学官而夺郑学之位。北朝礼学偏重《周礼》，也颇为兴盛。据《北史·儒林传》记载熊安生"专以三礼教授，弟子自远方至者千余人"①，所撰《周礼义疏》二十卷，《礼记义疏》三十卷，惜未传世。北周文帝以《周礼》为立国之根本大法，这就直接影响了其后隋唐的礼乐制度，赵翼《廿二史札记》云："六朝人最重'三礼'之学，唐初犹然。"②唐朝国家昌盛，文教繁荣，礼学空前发展。太宗时修《贞观礼》，高宗时修《显庆礼》，玄宗时修《开元礼》，这三部礼书堪称古代礼制之大备。同时，唐代科举以九经取士，并以《礼记》为大经，《周礼》《仪礼》为中经，故学子多习《礼记》。唐初孔颖达、贾公彦所撰"三礼"义疏是钦定的科举范本，这三部里程碑式的著作完成了对南北朝礼经学的总结。

　　宋代礼乐研究在政治风云与理学传统中各显沉浮。宋儒潜心理学，重在阐发义理，以理学悟礼意，庆历以后始兴疑古之风，排斥汉唐旧说，加之宋代积贫积弱，政治变革、图谋强盛乃两宋思想家重要的政治追求，遂有王安石废置《仪礼》，以《周礼》取士，撰《周礼新义》二十二卷，另有王昭禹撰《周礼详解》四十卷、易袯撰《周官总义》三十卷等，使《周礼》之学突起。与此相反，欧阳修、苏轼、苏辙多毁《周礼》，胡安国、胡宏父子亦反对王安石援《周礼》变法，这种状况一直延至南宋。朱熹以《仪礼》为经、以《礼记》为传、以《周礼》为纲来构筑他的礼学体系，成为继孔子、荀子、郑玄之后，又一

---

① 李延寿：《北史》，中华书局1974年版，第2744页。
② 赵翼：《廿二史札记校证》（上），王树民校证，中华书局1984年版，第440页。

位重要的礼学传承人物。朱子礼学注重"践履",所著《朱子家礼》,在明清两代传遍全国,是民间的通用礼。"三礼"之学至宋而微,元代除陈澔《礼记集说》外,无可称道者,至明几成绝学。在礼仪的订立上,宋代以后承续了自《开元礼》以来撰作"五礼"的传统,《政和五礼新仪》《明集礼》《清通礼》是留存至今的代表性礼典。此外,家礼、书仪类著述在宋元明清大量出现,广为流传,成为礼仪学一个新的重要支流。这类著作基本上都是由士大夫或乡绅私人编纂,内容着重于冠、婚、丧、祭"四礼"及其他日常行为规范,故常以"四礼"为标题,如吕坤《四礼疑》和《四礼翼》、马从聘《四礼辑》、韩承祚《四礼集说》等。这一个时期还出现了不少承续子学传统的礼论,如李世民《论礼乐》、白居易《议礼乐》、王安石《礼乐论》、真德秀《问礼乐》等,在一定的范围内产生了影响。

清代礼乐研究受乾嘉学派大兴考据之风的影响,出现了一个重振时期,其时郑学地位得到进一步肯定,出现了一批带总结性的鸿篇巨作,在旧学研究退出历史舞台之前抹下最浓重一笔。在诸经新疏方面,完稿于光绪二十五年(1899)、初版于1905年的《周礼正义》,凡八十六卷,二十三万字,是孙诒让积毕生精力完成的巨著。该书博采宋元明清诸家之说,疏通考证,折中至当,乃集大成之作;胡培翚《仪礼正义》四十卷,补郑注之所未备,并以近儒之说附、订《注》;孙希旦《礼记集解》六十一卷,取郑注孔义,并取宋元以来诸儒之说,遵程朱理学解释礼意。在礼学通论方面,江永《礼书纲目》仿《仪礼经传通解》、徐乾学《读礼通考》特详丧礼、秦蕙田《五礼通考》特详吉礼,网罗众说,考古多于通今。另有邵懿辰《礼经通论》、朱彬《礼记训纂》、郭嵩焘《礼记质疑》等。在专项考释方面,胡匡衷《仪礼释官》、江永《仪礼释宫增注》、程瑶田《仪礼丧服足征记》、沈彤《周官禄田考》、王鸣盛《军赋说》、戴震《考工记图》,均为考据派的代表作。工具书方面，有张惠言《仪礼图》、凌廷堪《礼经释例》等。清人的研究囊括各个方面，达到了传统礼乐研究的顶峰，章学诚《文史通义·礼教》中总结为："近人致功于三礼，约有五端：溯源流也，明类例也，综名数也，考同异也，搜遗逸也。"① 可谓一语中的。

　　总体而言，无论是汉学训诂、宋学义理还是清学考证，都没有摆脱传统礼学的总体框架，在思想方法、学术视野、知识工具及价值取向诸方面具有局限性。正如台湾学者林素英所言："清代以前，经学的研究，始终以名物制度、文字训诂为主流，因此传世者，多为注疏式的考究说明，即使民国以来，学者之研究方向亦多率由旧章，只有《易经》的研究较早走出故有的研究范围，进入哲学的讨论。至于《礼》的研究，则仍坚守自己的本位，期求从文字注疏中，使莘莘学子能确切掌握诘屈聱牙的经文要义。"② 这较为客观地揭示出礼乐研究受制于旧学研究的负面影响而在现代学术研究中滞后的缘由。20 世纪 20 年代，梁启超就对传统礼学研究的路数颇有微议："礼学的价值到底怎么样呢？几千年很琐碎繁重的名物、制度、礼节，劳精敝神去研究他，实在太不值得了。"他设想一种新的史学的眼光和方法："我们试换个方向，不把他当作经学，而把他当作史学，那么都是中国法制史、风俗史。……所以这门学问不必人人都学，自无待言。"③ 这是"新史学"理论兴起以后的一种很有代表性的意见。在类似意见的影响和指导下，礼乐研究在内容上产生了变化，在范式上开始转型。其间亦有沿袭旧学路数的，如黄侃的《礼学略说》、章太炎的《丧服依开元礼议》等，但这只是新旧嬗变中的一些曲折而已，随着中国社会形态的转变，古

① 章学诚：《文史通义》，李春玲点校，辽宁教育出版社 1998 年版，第 23 页。
② 林素英：《古代生命礼仪中的生死观 ——以〈礼记〉为主的现代诠释》，台北文津出版社 1997 年版，第 11 页。
③ 梁启超：《中国近三百年学术史》，中国书店 1985 年版，第 191 页。

代礼乐制度的消亡，西方政制、法制以及现代人文科学的观念和方法的兴起，传统礼乐研究的时代终告结束，新的时代毕竟来临了。

第二节　新学时期

从 20 世纪初开始，在出土材料和西学范式的影响下，传统礼乐的研究开始进入新学时期。胡适 1919 年出版的《中国哲学史大纲》中认为："礼的观念凡经过三个时期：第一，最初的本义是宗教的仪节；第二，礼是一切习惯风俗所承认的规矩；第三，礼是合于义理可以做行为模范的规矩，可以随时改良变换，不限于旧俗古礼。"[①] 这种对礼本质的理解，较之旧学时期的观念，已经有了质的不同。李安宅 1931 年出版《〈仪礼〉与〈礼记〉之社会学的研究》一书，较早尝试从新的角度阐释古礼，他认为："中国的'礼'字，好像包括'民风'（folkways）、'民仪'（mores）、'制度'（institution）、'仪式'、'政令'，等等，所以在社会学的已成范畴里，'礼'是没有相当名称的，大而等于'文化'，小而不过是区区的'礼节'，……包括物质与精神两方面。"[②] 全书凡七章：第一章"绪言"提出"礼"就是人类学上的"文化"；第二章"礼"，就礼的本质、功用、行礼的资籍及礼的理论进行论述；第三章"语言"，从亲属称谓入手分析古礼；第四章"物质文化"、第五章"乐"、第六章"知识"、第七章"宗教与仪式"。作者颇为注意从思想文化发展的内在结构和脉络来梳理古礼的本质与功能，略见系统建构，并且已经具有了中外比较研究的视野。

---

① 胡适：《中国哲学史大纲》，上海古籍出版社 1997 年版，第 98 页。
② 李安宅：《〈仪礼〉与〈礼记〉之社会学的研究》，商务印书馆 1931 年版，第 4 页。

1942 年朱光潜撰写《乐的精神与礼的精神 —— 儒家思想系统的基础》①一文，在西学之伦理学、教育学与政治学、宗教学的知识背景下，以"乐之和"与"礼之序"建构儒家思想系统的核心，眼光独到，颇有新创之处。1947 年邓小琴《中国礼俗学纲要》和柳诒徵《中国礼俗史发凡》问世，两者都提出研究"礼"离不开"俗"。邓著辨析了礼与俗的关系，探讨了礼俗在中国文化中的价值、中西礼俗的比较与礼俗变迁等问题，这对以后的礼俗研究有开启之功。1965 年杨宽《古史新探》一书中包括了六篇论文，其中有《"冠礼"新探》《"乡饮酒礼"与"乡礼"新探》《"射礼"新探》等重要论文，作者将传世典籍与出土文物、民族调查资料结合起来，相互求证，颇多建树，是新学时期研讨古代礼制的典范之作。1979 年有顾颉刚《周公制礼的传说和〈周官〉一书的出现》和沈文倬《略论礼典的实行和〈仪礼〉书本的撰作》问世。沈氏兼有传统礼学的深厚造诣和对历史、思想、制度的敏锐洞察力，其文对先秦礼典的实行情况与《仪礼》的撰作年代等一些争论千年的难题，进行了详密的考订。以上成果的问世，基本上奠定了现代学术意义上礼乐研究的雏形，为古老的礼乐研究开出了一条新路。

新学时期的礼乐研究，师承明显。如曹元弼（《礼经学》）、沈文倬、陈戍国（《先秦礼制研究》《秦汉礼制研究》）师生三代；金景芳（《论宗法制度》）和其指导的研究生群体，如常金仓（《周代礼俗研究》）、张鹤泉（《周代祭祀研究》）、康学伟（《先秦孝道研究》）、李衡眉（《论昭穆制度》）、王雅（《周代礼乐文化研究》）等；杨宽及弟子杨华（《先秦礼乐文化》）；台湾学者高明（《礼学新探》）及

---

① 朱光潜：《乐的精神与礼的精神 —— 儒家思想系统的基础》，《思想与时代》1942 年第 7 期。

其指导的研究生群体。他们在现代礼乐研究的传承中具有重要的作用，从其研究本身亦可以看出新学发展演变与转型的轨迹。除此一类研究群体之外，较为有代表性的学者论著有何联奎《中国礼俗研究》（1983）、万俊吉《礼记之天地鬼神观探究》（1985）、彭林《〈周礼〉主体思想与成书年代研究》（1991）、苏志宏《秦汉礼乐教化论》（1991）、杨向奎《宗周社会与礼乐文明》（1992）、周文柏《中国礼仪大辞典》（1992）、张蕙慧《中国古代乐教思想论集》（1992）、谢谦《中国古代宗教与礼乐文化》（1996）、姜伯勤《敦煌艺术宗教与礼乐文明》（1996）、钱玄《三礼通论》（1996）和《三礼辞典》（1998）、华有根《西汉礼学新议》（1998）、黄宛峰《礼乐渊源〈礼记〉与中国文化》（1998）、邹昌林《中国礼文化》（2000）、杨志刚《中国礼仪制度研究》（2001）、金尚理《礼宜乐和的文化理想》（2002）、丁鼎《〈仪礼·丧服〉考论》（2003）、张岩《从部落文明到礼乐制度》（2004）、刘正《金文庙制研究》（2004）、吴十洲《西周礼器制度研究》（2004）、刘源《殷周祭祖礼研究》（2004）、梅珍生《晚周礼的文质论》（2004），等等，这些成果为新时期礼乐研究的兴起打下了良好的基础。

考察新学时期的研究可以看出，虽然其研究的主要对象仍然是"三礼"的经义以及历代的注疏阐释，但是由于对西学研究范式的借鉴以及考古材料的不断出现，新学时期的研究重点和方法，较之旧学，已经具有明显的不同，这主要表现在两个方面：其一，随着西学思想的大量涌入，各种新学科的划分把传统的礼乐研究带进了新的学科领域，如文化学、人类学、考古学、民俗学、政治学、宗教学、哲学、艺术、思想史等，形成多学科、多方位的研究态势。各种新的理念、范式的导入为礼乐研究注入了新的研究意识，使其逐渐摆脱了旧学以古证古的路数，从而更加注重从思想文化的角度进行研究，如杨向奎《宗周社会与礼乐文明》、沈文倬《宗周礼乐文明考论》就是其中的典范之作。20 世纪 80 年代以后，不少博士论文选题，大都着眼于礼乐传统的思想文化内涵。如吴予敏先生《先秦礼乐文化研究》，从夏商巫教文化、周代礼乐文化以及春秋礼乐思想三个阶段，论述了殷商礼制与宗教、青铜艺术、周代社会形态、庙堂礼制与民间礼制等。张鹤泉先生《周代祭祀研究》，对周代祭祀活动在国家事务中的地位、祭祀活动与原始宗教的联系和区别、宗庙之祭的礼仪特点和社会作用以及对周代社会生活的影响等问题做了新的探索。邹昌林先生《从〈礼记〉看中国礼文化的特征》，探讨了礼文化的特征，古礼的多种结构和功能，以及古礼全方位价值系统的核心内容、层次关系和价值取向等问题。其二，注重古代文献资料与新发现的考古资料、古文字资料以及民族学资料的互相印证。王国维提倡的"二重证据法"的"古史新证"，以及李济提出的以考古学为中心的"古史重建"是新学研究能够突破传统套路，取得突破性进展的重要方法论原则。大批文物材料的出土，为三代礼乐研究提供了翔实而可靠的证据，尤其是龙山、仰韶、二里头、殷墟遗址的发掘，甲骨文、青铜铭文、战国简帛等出土文字材料以及大量礼器、乐器与祭祀遗址的重现，为重新定义三代文明乃至追溯更为早期的文明源头找到了强有力的证据。这些成果的取得，为传统礼乐的研究注入了新的活力，如陈戍国《先秦礼制研究》、杨群《从考古发现看礼和礼制的起源与发展》，利用考古资料论述了早期礼典、礼制的起源和发展；刘雨、张亚初《西周金文官制研究》，考察了《周礼》中四分之一以上的职官在西周金文中的根据；陈汉平《西周册命制度研究》，通过排比大量册命金文，并与文献印证，论述了周代册命礼的特点；陈双新《西周青铜乐器铭辞研究》，通过整理青铜乐器的铭文，探讨铭文排列形式上的特点、乐器铭文的分类阐释、专用词语的含义，等等。这些研究主要依托于近年来出土的考古资料，由于这些资料公布时大都经过专家的初步研究，因此在此基础上进行的综合研究，就极大地增强了历史的可信度。

从新学时期的成果来看，学术界对礼乐思想的研讨大致范围有四：礼乐的起源、周公"制礼作乐"、礼乐与相关范畴关联以及礼乐的研究史。

关于礼乐的起源，本书将在"乐源论""礼源论"中详细探讨。

关于周公"制礼作乐"，这是研究三代礼乐无法回避的问题，也是历代"三礼"研究中争论最大的问题之一，众说纷纭、莫衷一是，争论的焦点集中在《周礼》的成书和作者上。历来主要有三种说法：一曰《周礼》成书于西周，周公所作。郑玄力主此说，历代大儒多笃信之，如王安石、张载、司马光、朱熹、魏源、江永、孙诒让等。二曰《周礼》为西汉末年刘歆伪造。宋代胡安国、胡宏父子首倡此说，他们认为是"王莽令刘歆撰"[1]，其后洪迈、廖平、康有为等皆赞同此说，当代学者徐复观也主此说。三曰《周礼》出自战国学者手笔。何休首倡《周礼》是"六国阴谋之书"[2]，汉代张禹、包成，清代崔述、皮锡瑞，今人钱穆、郭沫若、顾颉刚、范文澜、杨向奎均主张此说。对此问题，当代学者也有分歧。彭林《〈周礼〉主体思想与成书年代研究》中论述了《周礼》的阴阳五行思想、治民思想、治官思想、理财思想及国家政权模式，认为《周礼》一书的主体思想由儒、法、阴阳五行融为一炉，其精致的程度已超过《管子》《吕氏春秋》，但书中没有涉及道家思想，也没有灾异、谶纬之说，当是汉初的作品。杨华《先秦礼乐文化》中认为，从内容上说，周初的文化落后于商人，周人只能是汲取商人的先进文化；从时间上看，周人立国初期，文化建设

---

① 戴震：《戴震全书》"经考附录"，黄山书社1994年版，第528页。
② 康有为：《新学伪经考》，上海三联书店1998年版，第172页。

不是其首要的政治内容，礼乐制度的完备，只能是在政权稳定之后，其时间不晚于西周中期。谢谦《中国古代宗教与礼乐文化》中认为，西周统治者对传统礼乐文化进行了一次具有深远历史意义的革命性改造，《周礼》虽非出自周公之手，但至少是周公"制礼作乐"的总体构想。此外，刘起釪《〈洪范〉成书时代考》中认为《周礼》出自春秋学者的手笔等，就不一一列举了。

与此相关的一个问题，就是如何界定周代礼乐制度的内容及其人文内涵。周代礼乐制度的内容相当广泛，涵盖了典章制度（礼制）、礼节仪式（礼仪）、道德规范（礼俗）各个层面。阎步克在《"礼治"秩序与士大夫政治的渊源》中认为，礼随着社会的发展呈现出不同的面貌，乡土亲缘社区中依然存留着礼俗，周之制度则表现为礼制，作为一种特定的文化形态，它成为礼乐，作为典仪节文，它又是礼仪，学人从中阐发出来的义理，可称礼义，以礼乐礼义教人，则可称礼教。对于周代礼乐制度的实质，赵光贤在《周代社会辨析》中归纳为五点："贵贱有等""长幼有序""朝廷有位""男女有别""贫富轻重皆有称"。关于礼乐的人文功能，陈来在《古代宗教与伦理》中认为：第一是政治功能，人们更多的是注意人世的社会政治功能，而不是神界信仰本身；第二是道德功能，即道德教化在礼乐文化中占有越来越重要的地位；第三是节制情感的功能，礼是一套节制情感、品行行为的规范体系；第四是消费资源的等级分配，也即社会功能。

礼乐与仁、法等范畴间的关系是新学时期学界的主要关注点。礼乐与仁的关系，大多是围绕孔子思想来讨论的。任继愈主编的《中国哲学发展史》中认为，在孔子思想体系中，"礼"属于社会伦理规范和制度，"仁"属于人们的道德观念和品质。"仁"和"礼"融为一体，互为因果，"仁"着重于"克己复礼"，"礼"必须经过"仁"的充实才可发挥"和为贵"的作用，"仁"着重于培养人的道德精神，它的作用范围较之"礼"更为广泛。"仁"的思想体现出时代精神，而"礼"的思想则是保守落后的。杨向奎《宗周社会与礼乐文明》中认为，"德"与"仁"是礼乐文化的核心，是周公、孔子对传统的礼仪制度加工改造，使之升华到一个新的高度。周公开始使礼乐从原始地位走向人类社会，孔子开始丰富了社会中的礼乐内容。刘家和《先秦儒家仁礼学说新探》中认为，孔子礼学强调有等差的和谐，"仁"正是"和"的必要条件。其仁学强调爱的外推是有等差的，而礼的等差正好成为"仁"赖以外推的阶梯，故"仁"与"礼"实为同一思想体系的相反相成的两个方面。

礼乐与法的关系，不仅是"三礼"研究的一个重要问题，也是传统政治学和法学研究中的一个复杂问题。西周时期，礼法是浑然一体的，周礼中包含着法和刑的内容，如俞荣根等著《国学通览·礼法学》就持这种观点。春秋战国时期随着传统社会体制的转型，礼法内涵发生了重大的变化。如王启发《〈礼记〉的礼治主义思想》中认为，在制度层面上，刑规法律脱离礼制体系，成为独立的社会规范系统；在思想层面上，出现了儒家礼治主义和法家法治主义两种对立的思想。战国末期开始礼法的合流，表现在思想和制度两个方面。在思想层面上，荀子开创了礼法结合的思想潮流，如杨荣国《中国古代思想史》中认为，荀子言礼即法，礼与法是一个东西或一个东西的两种说法。在制度层面上，瞿同祖《中国法律与中国社会》中认为，儒家以礼入法的企图在汉代已开始，主要表现为以儒家立场解释法律及应用经义以决狱。从曹魏开始依礼制律，到隋唐时期，最终实现了礼律合一。他据此认为，在一定意义上，封建法律制度的完善过程就是礼的法律化、制度化过程。

关于礼乐研究史的问题，在传统的经学体系中，礼乐研究史是重点之一，但今人尚没有对礼乐研究发展演变的历史过程进行系统的整理研究。国内已出版了易学史、尚书学史、诗经学史、春秋学史等方面的论著，但还没有礼乐学史方面的著作。在一些单篇的论文中，有些学者已经开始关注这个问题，如杨志刚《中国礼学史发凡》、詹子庆《对礼学的历史考察》等。杨志刚把礼学内容划为四个层面：礼经学、礼仪学、礼论、泛礼学，并简要论述了中国礼学发展的几个阶段及其主要特点，提出了礼学研究的指导思想与方法。新近面世的姜广辉主编的《中国经学思想史》（一、二卷），着力于传统经学的价值思想层面，较为关注礼学发展史，其中包括儒学是一种"意义的信仰"——儒家礼仪与礼义关系再认识、礼的宗教胎记、礼的道德意义、礼与法的相含与分立、礼类经记的各种传本及其学派、政治经典与经典政治——《周礼》与古代理想政治、郑玄《三礼注》的思想史意义，凡七章专论先秦两汉礼学发展史，是目前国内颇具理论识力的论著。

第三节　研究内容、方法

考察两千多年来礼乐研究的历史，我们可以看到，无论是旧学时期音韵训诂、疏证考释、真伪辨析、分类汇编式的研究方法，还是新学时期理论范式、知识工具的不断转换，礼乐研究始终是学术研究中的一门显学，但其研究难度之大也是显而易见的。首先在于古书残缺、古制茫昧，古礼自孔子时而不具，孟子已不闻其详，汉代儒者已不能辨明封禅事。其次在于"三礼"文本尤其是《周礼》《仪礼》文字简奥艰涩，连韩愈这样的古文大家尚且感到阅读困难，何况今人。同时，"三礼"的研讨方法也不同，如读《仪礼》，强调分节、绘图、释例；治《礼记》，可仿刘向《别录》，分类读之；读《周礼》，可以大宰八法为纲领。对此，黄侃概括为："治礼次第，窃谓当以辨字读、折章句为先务，次则审名义，次则求条例，次则括纲要。"[①] 娴熟地运用这些方法是研究礼乐的基本功。再次，秦汉以降，对于礼乐的研究主要是依经文和师说，而经文差误、师说分歧，对此，古代学者往往强调折中、弥缝、会通，仍然矛盾百出，纷如聚讼，今人研究时如不清楚地辨析，就很容易误入歧途。加之时代变迁及各种非学术因素的影响，"三礼"的内容与现代社会基本隔绝，今人已经很难理解其中繁复琐碎的礼仪，更难明了孔子所追述的"夏礼""殷礼"与"周礼"，凡此种种，均为现代研究中所面临的困境。

就礼乐研究的现状而言，在深度和广度上进行拓展不仅非常必要，而且具有现实意义。所谓深度扩展，主要表现在对新近出土考古材料的消化和正确解读上。考古材料可以与传世文献互相印证，确立信史，这些材料虽然是物质的，但背后蕴含的却是精神的，可与制度、思想互为印证。我们只要比较一下 19 世纪末以来甲骨文的发现，20 世纪 20 年代以来殷墟的发掘以及 40 年代以来大量简帛古籍的出土这些重大事件前后学界对三代历史的理解有多大区别，便可明了。值得关注的是"夏商周断代工程"，它结合了自然科学与社会科学的方法，采用了文献学、文字学、历史学、考古学、天文学和科技测年等多学科成果，设立了九个课题和四十四个专题，联合研究中国古代文明的起源与发展，虽然一些成果尚存争议，但笔者相信，这些成果的取得，必将对整个古代学术研究产生深远的影响，在此基础上，对礼乐传统进行更加深入而系统的研究，将是下一个阶段礼乐研究的重心所在。

所谓广度扩展，主要表现在研究领域和方法上的延伸。在现代学科体系中，礼乐研究已经被肢解进入了人文学科的诸多领域，从已经取得的成果来看，主要融入了文化学、人类学、考古学、民俗学、政

①　黄侃：《礼学略说》，《国立中央大学文艺丛刊》1936 年第 2 期。

治学、宗教学、哲学史、思想史、艺术史、音乐史、舞蹈史等领域的研究中，在礼乐文化背景下研讨早期文学思想的著述，却不多见。关于中国上古文学思想的研究少有创新，可能的原因在于：一是文献的匮乏，除非有新的材料出现，否则少有波澜。就古代文学的研究而言，上古史料的缺乏是显而易见的，故而文学史以《诗经》开头，文学批评史以"诗言志"开头也是颇为常见的写法。正因为如此，长期以来学界对于中国文学思想源头的研究，主要兴趣集中在春秋战国时期，尤其是诸子百家身上，而对肇始期思想母体的三代文化缺乏深入而系统的研究。二是少有理论上的创新，传统套路在清代乾嘉学派时已达到极致，今人难以超越，而 20 世纪涌入的西学理论，在解决中国古代文学思想的诸多问题上常常捉襟见肘。因此，方法论的选择和研究领域的扩展，是下一个阶段礼乐研究突破旧有格局的重要前提。

那么，本书为什么要选择从礼乐的视野考察文学思想呢？我们知道，先秦两汉是中国古代礼乐最为兴盛的时期，这不仅体现在作为礼乐主体的"六艺"对思想文化的内在影响，而且表现在礼乐传统先天混融的意识形态品格对于古代人文传统形成的深刻浸淫。在这个意义上，笔者认为，礼乐文化不仅直接衍生了文论的主要范畴、命题，而且从根本上决定了中国文学思想的基本质素、精神品格与价值取向，尤其在中国文论的发生期，庞大的思想传统作为先在之知识资源在相当程度上规定了文学思想的视野与方向，因此，我们无法将文论的萌生与渐趋成熟从此一历史语境中抽离出来。礼乐传统以其蕴含的思想文化合法性为文论传统的形成提供了原初性依据和发展动力，众多文论范畴和命题也正是在其产生和演变过程中吸收了丰富的礼乐文化因素，因而形成其理论内涵的深厚性和后世阐释形态的多元化。

具体的文论形态既是礼乐文化的表征，同时对礼乐文化的传承起到了推波助澜的作用。其间互动的关系错综复杂，个案众多，个性多于共性的状况很难用简单的归类、对应来总括，欲从中找寻一般性的规律尤难。同时，思想文化研究的实际状况，恐怕也可能比我们所了解的一般规律复杂得多，其演变也并非那么按部就班地循着同一种规律来进行，因此历史和逻辑越是结合得天衣无缝，在知识学意义上的可信度就越小。胡适论治史时认为：“一切太整齐的系统，都是形迹可疑的，因为人事从来不会如此容易被装进一个太整齐的系统里去。”①陈寅恪也认为：“其言论愈有条理统系，则去古人学说之真相愈远。”②这些看法对于中国古代文论的研究很有启发意义。对于一些重要文论范畴与命题的形成，虽然我们不难从经济、政治及文化中找出若干原因，然而，一旦将其放到礼乐文化的整体中去考察，就会发现范畴与命题同生共长，互为因果，互相渗透，我们的一些结论，常常只是抓住了历史文化发展链条中的一环而已。

需要说明的是，本书使用了较多的考古材料。近几十年来，随着考古工作的进展和研究的深入，地下出土文物与文字材料在三代研究的诸多领域起到了越来越显著的作用，我们不但可以从中考见上古礼乐发展的真实状况及水平，而且可以透过这些材料研究当时的历史、政治、科技、礼制、历法、文字等，它们与文献合证，可以补其缺、纠其错，具有重要的科研价值。如通过帛书《老子》与今本在字句上的微妙差异比较，可能发现我们仅仅根据传世文献对秦汉以前中国思想文化基本状况作出的描述存在大量问题，尤其是儒、道对于礼乐传统的认识是否对立等思想史上的重大问题。这对于我们重新理解诸子思想同源，诸子之学与“六艺”之学的关系有着重要的启发意义。

在研究范式上，本书采取大叙事与小范畴相结合的研究方法。一

---

① 转引自罗尔纲：《生涯再忆——罗尔纲自述》，山西人民出版社1997年版，第42页。
② 陈寅恪：《〈中国哲学史〉（下册）审查报告》，载冯友兰：《中国哲学史》（下），中华书局1961年版，第12页。

方面注重知识学角度的梳理，包括礼乐思想谱系、知识谱系以及阶段特征的论述，旨在探讨其对于思想文化的整体影响，以期对思想发展历程中的转型、变迁等重大过程进行有效的解释；另一方面，采用了单个范畴的阐释方法，通过"象""文""和"的源流分析及衍生范畴的论述，寻求以更微观的单位诠释思想文化本源之可能性。在研究方法上，本书对于知识谱系的梳理，以历史发展为线索，力图追溯到知识生成的原始基因以及发生阶段的重大事件和重要人物；对于思想观念形成的论述，则以问题为线索，尤其是关于文论元范畴和原初批评意识的论述。本书杂取了文字学、训诂学、文化学、人类学、考古学、民俗学、政治学、宗教学、哲学史、思想史、艺术史、音乐史、舞蹈史等领域的研究成果，力图在广度上跨越多门学科，挖掘礼乐传统与古代文学精神的深度意义。本书所论述内容，若偶有所得，都是建立在继承、借鉴和发展既有研究的基础上。所用资料缺漏之处、借鉴前贤今人不当之处，还望见谅。

第二章　礼乐之思想谱系

在古人的文化视野中，将礼乐与"三才"、阴阳五行放在一起言说是学术思想的基本理路。究其根源，成因是多方面、多维度的，其间影响最大的莫过于孕育于史前时期的原始宇宙观和由此形成的人生价值观，它是由天地人和联系三者终极性的道以及贯通其中的阴阳、五行为核心要素所构成的一个整体思维结构，这是古代思想文化视野中最大的解释系统，是宇宙人生、历史文化与社会政治的最高价值本源与存在本体，因此也是礼乐政治合法性的价值本源。此一解释系统强调世界的整体性、变易性、和谐性，是一个动态平衡的整体网络。其中天、地、人、"三才"是核心范畴，统摄天、地和人事并搭建了古人思维运行的理论平台；阴阳二元是中介，是贯通"三才"的两种势力，以对待立义与动态平衡构成天、地、人结构的内在根据及其生生不息的发展动力；五行则是普遍适用的结构模式，用以揭示和证明宇宙万物所共同具有的相生相克的复杂机制。

这一个系统中各种基因的出现或者概念的萌芽是很早的，通过考古资料与传世文献相互印证，可以追溯到遥远的五帝甚至更早的时期。这一套复杂理论体系的融合以及最后定型，按照现代学者的研究是很晚的，是在战国后期到西汉中期之间陆续形成的。三者的形成及相互关系错综复杂，在它们结合并形成思想体系之前，各有分畛。清人赵翼认为："窃意伏羲画卦，专推阴阳对待变化之理，言阴阳而五行自在其中。其五行之理则另出于《图》《书》。唐虞以前，《图》《书》自《图》《书》，易卦自易卦，不相混也。后儒以阴阳、五行理本相通，故牵连入于《易》中，而不知《易》初未尝论及此也。观此则余所谓画卦不本《图》《书》者，盖非好为创论矣。"[1] 这种将阴阳与五行归于不同源头的说法，在中国古代学术史上有源远流长的传统，历代学者都认为两者是二而一、一而二的关系。尽管说法各异，但阴阳五行作为天人关系的一种补充，其立论是围绕"三才"展开的，是原始宇宙观在社会关系和政治问题上具体展开时理论的自然延伸与必要补充。因此，对于三者理论渊源的梳理及其相互关系的研讨，无疑是本书研究的基本出发点。

第一节　"三才"论

"三才"思想源于古人对宇宙的看法，人们总是从天、地、人三个维度对其研究对象的属性加以界定和判断，并通过寻找它们与"三才"的关系来确定其在宇宙系统中的位置。"三才"形成有悠久的历史，今人常常以汉代以后的"天人合一"概括中国古代思想文化传统的基本特征，实际上，这已经是"三才"思想发展的成熟时期了。在此之前，它大体经过了四个发展阶段，即由史前时期到五帝时代古人对天象的观察，到商代古宇宙体系的形成，到战国时期"三才"思想的多元发展，逮至汉代"天人感应""天人合一"思想的最终完成，其间经历了漫长的发展过程和复杂的衍生形态，是一个演变缓慢、渐向成熟的过

---

① 赵翼：《〈易〉不言五行》，载《陔余丛考》卷一，栾保群、吕宗力校点，河北人民出版社 1990 年版，第 8 页。

程。中国古代宇宙论构成了一系列基本的范畴与命题，如道、阴阳、四时、五行、八卦、"三才"以及"天人感应""天人合一"，等等，其中，"三才"是古代宇宙解释系统中的核心要素，是众多范畴生成、贯通乃至言说的逻辑起点。

在传世文献中，有大量记载五帝时代与夏、商、周氏族的神话资料，这些起源神话往往是与宇宙起源和图腾崇拜联系在一起的，这构成了古代宇宙观的基本框架。《尚书·尧典》的首篇就是在原始宇宙论的背景下生成的。尧指派臣下羲仲、羲叔、和仲、和叔分别前去东、南、西、北遥远的地方，观察太阳的出没和四时星宿的位置，从而制订每岁 366 日的历法，颁布给民众：

> 乃命羲和，钦若昊天，历象日月星辰，敬授人时。分命羲仲，宅嵎夷，曰旸谷。寅宾出日，平秩东作。日中、星鸟，以殷仲春。厥民析，鸟兽孳尾。申命羲叔，宅南交，曰明都。平秩南讹，敬致。日永、星火，以正仲夏。厥民因，鸟兽希革。分命和仲，宅西，曰昧谷。寅饯纳日，平秩西成。宵中、星虚，以殷仲秋。厥民夷，鸟兽毛毨。申命和叔，宅朔方，曰幽都。平在朔易。日短、星昴，以正仲冬。厥民隩，鸟兽氄毛。帝曰："咨，汝羲暨和。期三百有六旬有六日，以闰月定四时，成岁。允厘百工，庶绩咸熙。"①

先民们认为，天子居住在天地的中心，日月星辰环绕这一中心旋转，由此形成四时更迭交替。天子及其臣属的一项主要职能，是测定季节的变化来制定历法，使人们的生产、生活等行为合于天时，达于

---

① 阮元校刻：《十三经注疏》，中华书局 1980 年版，第 119—120 页。

天象与物宜的一致。所谓的"天子",不仅表示其拥有与天地一样的尊贵与权威,而且意味着其一切行事都要遵循天道。这表明古人关于天人和谐的看法已经具有相当秩序化的理念,带有很强的理性色彩了。

现代学者对上古文献的研究,受到"古史辨"及"五四"以来其他进化思想的影响,把上古三皇五帝都归为神话,并认定源于此一系统的宇宙论最后定型很晚,甚至推迟到西汉。但是,越来越多的考古资料证明,这一套宇宙理论不仅是可信的,而且作为这种系统组成部分中的若干基本概念出现得很早,可追溯到第三纪的史前时代,从含山玉版来看,这种宇宙论的萌芽还要更早。1987年,在安徽中部长江北岸含山县凌家滩的一座新石器时代晚期墓葬中,出土了一件四方八位图案的方形玉版。[①] 其表面刻有规整而复杂的图形,中心有一个小圆圈,圈内刻有一八角星形符号,外面再有一个大圆圈,用直线分割成八等份,每份中有一矢形,大圆圈外面又有四个矢形,指向玉版的四隅。含山玉版的出土,意义极为重大。根据学者们的研究,它与后世的式、镜类似,象征四极八方,包含了古人明确的宇宙时空意识。又如公元前3300—前2000年之间新石器时代良渚文化墓葬,最具代表性的器物是玉琮。所谓玉琮,内圆外方,郑玄《周礼》注"六器"云"琮八方象地"[②]。内圆象征天,外方象征地,饰以动物纹样,是通天、地、人的法器。对此,张光直认为:"琮是天地贯通的象征,也便是贯通天地的一项手段或法器。"[③] 实际上,天圆地方正是中国古代宇宙观所共有的特点。

---

① 安徽省文物考古研究所:《安徽含山凌家滩新石器时代墓地发掘简报》,《文物》1989年第4期。

② 阮元校刻:《十三经注疏》,第762页。

③ 张光直:《谈"琮"及其在中国古史上的意义》,载《中国青铜时代》(二集),生活·读书·新知三联书店1990年版,第71页。

这些史前的物质遗存昭示出，从中国古代思想文化产生的初始阶段，就形成了以人为中心对天地的观察、体验与想象，并凝聚成古人思想世界中关于天、地、人关系的原初观念，这些观念积淀下来，逐渐由自然宇宙领域比附、延伸到社会思想及政治文化领域，成为不仅是解释自然现象，而且是解释与之同型同构的人类等级社会、礼乐政治的知识背景与理论出发点。

至少在商代晚期之初，将一年分为四时，以四时与四方相结合的宇宙论已经普遍流行，随着西周人事色彩的逐渐加强，古人对于天人关系的理解得以进一步延伸。在殷墟出土的武丁时代的甲骨上，已发现了与《尚书》《山海经》《夏小正》诸书所载基本相同的"四方""四风"，体现了商代已经有明确的四时和方位的观念，这已经是比较成熟的宇宙观了。[①] 此外，殷人以甲骨占卜方式来沟通天人关系，本身也就体现了对于天人关系的看法。所谓占卜，是由卜者用火柱烧炙甲骨上凿的圆穴，在甲骨的正面灸出"卜"字形的裂痕，即"兆"，通过观察兆痕，识别天意，判断吉凶。甲骨占卜作为天和人之间沟通的一种重要方法，不仅在殷商很流行，直到西周仍然存在。如《尚书·大诰》载："予不敢闭于天降威用。宁王遗我大宝龟，绍天明即命。曰：'有大艰于西土，西土人亦不静，越兹蠢。'"[②] 这一段诘诎的文字，就自觉地将天人关系作为宇宙系统的两大要素，并明确地以文字形式记载下来。

在思想史研究领域，人们常常引用颛顼帝命重和黎绝天地之通的故事，这见于《尚书·吕刑》《国语·楚语下》和《山海经·大荒西

---

① 参见胡厚宣：《甲骨文四方风名考证》，载《甲骨学商史论丛初集》（外一种）上，河北教育出版社 2002 年版，第 265 页；杨树达：《甲骨文中之四方风名与神名》，载《积微居甲文说》，上海古籍出版社 1986 年版，第 77—81 页。

② 阮元校刻：《十三经注疏》，第 198 页。

经》。现代学者对其内涵有多种解释，或讲巫术的起源，或讲文明的起源，或讲职官的起源。究其实质，是指天人关系的变化，是揭示出由人人平等、人人可以通天，到等级社会出现以后，只有少数人拥有通天权力这样一个事实。也就是说，在上古宇宙观中，天、地、人相通，人人可以通神，阴阳五行，一草一木，都可以作为通天的工具。进入五帝时代以后，天人关系发生根本变化的原因在于增加了一个中介：王或巫。这被称为"上帝""天帝""上皇""东皇"等，在《诗经》中有很多记载。如《大雅·云汉》有"昊天上帝"[1]，《小雅·小明》有"明明上天，照临下土"[2]，《周颂·臣工》有"明昭上帝"[3]，《大雅·皇矣》有"皇矣上帝"[4]，等等，这里的"帝""皇"是人格化的至上神，带有较多原始宇宙观的痕迹。此一中介的出现，垄断了通天的权力，代表了神权与政权的结合，其实质是将人们对天体宇宙的崇拜和畏惧转化为对拥有通天权力阶层的崇拜，这就改变了原始的自然宇宙观，开始了原始宇宙观与社会政治文明的结合，这种状况到三代表现得更为明显，并直接影响到古人对于天人关系的看法。

无论是殷商时期的至上神"帝"还是先周时期的"天"，都说明当时古人对天人关系的理解还处于初级阶段，仍然是在原始宇宙观和宗教意识的范畴中展开的。逮至春秋战国时期，天人关系呈现出多元发展的态势，在商周时期人格化、符号化的基础上出现了自然灾异化、哲理抽象化和伦理道德化的趋向。《国语·周语上》记载西周末年太史伯阳父关于地震原因的论述，他将天地所出现的灾异现象归于帝王的不良行径。《小雅·十月之交》的作者也引用这一事件以及同一时期发

---

① 阮元校刻：《十三经注疏》，第 562 页。
② 阮元校刻：《十三经注疏》，第 464 页。
③ 阮元校刻：《十三经注疏》，第 591 页。
④ 阮元校刻：《十三经注疏》，第 519 页。

生的其他自然反常现象说明统治者"不用其良"①的失政后果，这开启了后世天人感应思想中神秘主义色彩的先声。《左传·昭公十八年》有郑国思想家子产"天道远，人道迩"②的名言；《国语·越语下》有范蠡"天地之常，与之俱行"③的用兵思想；《左传·成公十六年》有楚王"天败楚也夫"④的哀叹。这里所谓的"天"，已经不同于西周时期人格化的至上神，而是变得抽象化、哲理化，天人关系已经开始蕴含哲学层面的意义了。尤其是《左传·昭公二十五年》中子产关于"夫礼，天之经也，地之义也，民之行也"⑤的一段论述，将"礼"作为贯通天、地、人的最高原则，以此证明"礼"是整个宇宙的普遍法则。这种对于"三才"关系的描述，已经带有明显的伦理道德化倾向。这种哲理化、人伦化的倾向，在诸子思想中就体现得更为鲜明了。

处于激烈思想交锋中的诸子各家，均有关于天、地、人关系的思考。先看儒家，李约瑟先生认为："天文与历法一直是'正统'的儒家之学。"⑥这精要地点出了儒学与原始宇宙观的关联。儒家的天人观基本上走了一条人间化的道路。如《论语·泰伯》云："唯天为大，唯尧则之。"⑦又《阳货》云："天何言哉？四时行焉，百物生焉。天何言哉？"⑧虽然孔子在此所指"天"的意思不是很明确，但他以为人应该以实际行动效法天，并潜移默化地影响万物，这层意思还是很清楚的。传为思孟一派的郭店楚简中，有大量关于天人的说法。如《穷达

---

① 阮元校刻：《十三经注疏》，第446页。
② 阮元校刻：《十三经注疏》，第2085页。
③ 徐元诰：《国语集解》，中华书局2002年版，第585页。
④ 阮元校刻：《十三经注疏》，第1919页。
⑤ 阮元校刻：《十三经注疏》，第2107页。
⑥ 〔英〕李约瑟（Joseph Needham）：《中国科学技术史》第4卷"天学"，北京科学出版社、上海古籍出版社1975年版，第2页。
⑦ 阮元校刻：《十三经注疏》，第2487页。
⑧ 阮元校刻：《十三经注疏》，第2526页。

以时》云："有天有人，天人有分。察天人之分，而知所行矣。"《语丛一》云："知天所为，知人所为，然后知道，知道然后知命。"① 其主旨是在天与人，天道与人道的关系中讨论社会人生问题，考察天道的最终目的要落实到人道上去。其后孟子将天道与人性相联系，《孟子·离娄上》有"诚者，天之道也；思诚者，人之道也"②，他用仁、义、忠、信等人性的道德原则来贯通天道与人道。《尽心上》有所谓"尽其心者，知其性也。知其性，则知天矣"③。在承认天道的前提下，孟子更强调人的力量，为儒家身体力行之道德实践进行辩护，《公孙丑下》中更有"天时不如地利，地利不如人和"④ 的精辟论断。孟子所谈"天"，乃义理之天、命运之天。思孟一派的共同特点是由谈"天"转而谈"人"，由天道转向人道。战国时期的荀子另走一路，他剥去了"天"自殷周以来层层神秘的外衣，认为"天"既不是有意志的人格神，也不是社会秩序的主宰者，而是自然存在的。《荀子·天论》开篇即宣称"天行有常，不为尧存，不为桀亡"，并进一步提出天人相分的思想——"明于天人之分，则可谓至人矣"⑤。荀子认为，社会的政治、法律、道德都是圣人根据人的需要而创造出来的，与"天"无关，全在人为。这就既坚持了"天"的自然性，又兼顾了人的能动性。

对于天人关系的理解，儒家的重心在于人伦价值观，道家的重点则在自然天道观。道家的缘起，班固《汉书·艺文志》中认为："盖出于史官，历记成败存亡祸福古今之道。"⑥ 这就明确地点出道家与执掌天文历算知识的史官之间的关联。考察从老学、黄帝之学到庄学的

---

① 李零：《郭店楚简校读记》，北京大学出版社 2002 年版，第 86、159 页。
② 阮元校刻：《十三经注疏》，第 2721 页。
③ 阮元校刻：《十三经注疏》，第 2764 页。
④ 阮元校刻：《十三经注疏》，第 2693 页。
⑤ 王先谦：《荀子集解》，中华书局 1988 年版，第 306—308 页。
⑥ 班固：《汉书》，第 1732 页。

思想理路，也可以明晰地分辨出作为先秦普遍知识背景的天人学与道家之间的血脉联系。老子以"道"为最高本体，《老子》开篇所言"玄之又玄""众妙之门"之"道"①，正是从天、地、人的共同属性中抽绎出来的。在老学思想体系中，天、地、人是低于"道"的次一级范畴，第二十五章"人法地，地法天，天法道，道法自然"②的论断，就明确否定了殷周以来的天命观。源于祝史一系的出身，当对旧有秩序崩溃感到沮丧时，老子仍然习惯于从天地人一体化的角度寻求解决之道，遂以质朴之天道补人道之不足。如第七十七章云："天之道，损有余而补不足，人之道则不然，损不足以奉有余。"③马王堆出土的《黄帝四经》，凡立言常常将天地人连在一起，如《十六经·前道》云："上知天时，下知地利，中知人事。"④此一类强调天文、地理和人事一致性的话语众多，如《立命》云："吾受命于天，定立于地，成名于人。"⑤《经法·四度》云："极而反，盛而衰，天地之道也，人之理也。"⑥黄帝之学以天道为依据，推衍天象、历算、地理、物宜、典章制度乃至处事之道，构成了一个完整的天地人知识体系。庄子对于天人的理解多有新意，《庄子·秋水》中把天人关系比喻为自然本性与人为的关系："天在内，人在外……知天人之行，本乎天，位乎德。"进而判定："牛马四足，是谓天；落马首，穿牛鼻，是谓人。"⑦庄子认为天人之间没有对立，如《大宗师》云："知天之所为，知人之所为者，至矣。"⑧因而

---

① 楼宇烈：《老子道德经注校释》，中华书局 2008 年版，第 2 页。
② 楼宇烈：《老子道德经注校释》，第 64 页。
③ 楼宇烈：《老子道德经注校释》，第 186 页。
④ 余明光：《黄帝四经》，岳麓书社 2006 年版，第 124 页。
⑤ 余明光：《黄帝四经》，第 72 页。
⑥ 余明光：《黄帝四经》，第 38 页。
⑦ 王先谦：《庄子集解》，中华书局 1987 年版，第 144 页。
⑧ 王先谦：《庄子集解》，第 55 页。

提倡摈弃人为，以合于天，尤其是从内在精神超越和自由境界追寻的角度，强调人要效法天地之虚静无为，故《齐物论》有"天地与我并生，而万物与我为一"①，这也是其"物化""心斋"思想提出的理论依据。正因为常常从"天"之自由境界出发来论证"人"之生存状态，故而荀子在《解蔽》篇本着礼乐政教的角度批评庄子"蔽于天而不知人"②。总体而言，道家一派的天人观，偏重于体验宇宙变与不变的"道"，其论"道"常常从宇宙之自生、天道之自化、万物之返朴等体验中，参悟出自然规律及人生哲理，基本上取形上的路径。

在上述诸子的思想中，虽然都对天人关系进行了探讨，但在其思想体系中，天人观并不占主要位置。此一时期，对于天人关系进行过极为深入研究的学派，是墨家。墨家与其他各家的相同之处在于，源于"天"是其理论的最终依据，"象天法地"是开出其理论的基本点；不同之处在于，儒家讲"天命"，道家讲"天道"，墨家讲"天志"。在《墨子》的《天志》《明鬼》诸篇中，墨子将"天"作为人格神的形象，赋予其宗教力量与善恶意志，"天"的意志通过生死、富贫、治乱来表现，人处于其中，无处逃匿，《天志》下云："以天之志为法。"③又《法仪》云："莫若法天。天之行广而无私，其施厚而不德，其明久而不衰，故圣王法之。"④墨子要求人们"顺天意"，《天志》中认为"天之意不可不顺也。顺天之意者，义之法也"⑤，也即《兼爱》中所谓"兼相爱，交相利"⑥，而"反天意"就会"别相恶，交相贼"⑦。墨子思

---

① 王先谦：《庄子集解》，第 19 页。
② 王先谦：《荀子集解》，第 393 页。
③ 吴毓江：《墨子校注》，中华书局 1993 年版，第 323 页。
④ 吴毓江：《墨子校注》，第 30 页。
⑤ 吴毓江：《墨子校注》，第 307 页。
⑥ 吴毓江：《墨子校注》，第 159 页。
⑦ 吴毓江：《墨子校注》，第 294 页。

想中关于天人感应思想最为明确的表述，见于《天志》中："天子为善，天能赏之；天子为暴，天能罚之。"[①] 这直接影响到汉代董仲舒天人合一思想体系的建构。

"三才"思想的正式拈出虽然是在《易传》中，但在《易经》六十四卦中已经蕴含了丰富的天人思想。《易经》中对于天与人的关系没有直接的论述，但从卦象与谈论人事吉凶的卦、爻辞相互配合，还是可以看出其在天人观上的一些看法。如乾卦，此卦象征天，为全阳之气，六根阳爻自下而上地排开，表明六爻与天地万物处于不断运动之中，这就为《易传》的阐释提供了前提。如泰卦，卦象为乾下坤上，《彖传》认为"天地交而万物通也"，《象传》认为"天地交，泰"，讲的是天人之间"无平不陂，无往不复"[②]，循环往复的规律。《易传》是先秦思想之总束，既包含有对"三才"本质的形上追问，也包含有对其人间化的阐释倾向，并处处流露出作者对天道、地道、人道之变化及其关联的强烈兴趣，如：

　　《易》之为书也，广大悉备，有天道焉，有人道焉，有地道焉。兼三材而两之，故六。六者非它也，三材之道也。（《系辞下》）[③]

　　兼三才而两之，故《易》六画而成卦。分阴分阳，迭用柔刚，故《易》六位而成章。（《说卦》）[④]

依《易传》之说，其天人观至少包括：其一，易的符号乃是根据

---

① 吴毓江：《墨子校注》，第 303 页。
② 阮元校刻：《十三经注疏》，第 28 页。
③ 阮元校刻：《十三经注疏》，第 90 页。
④ 阮元校刻：《十三经注疏》，第 94 页。

"三才"的关系建立起来的。易每卦六爻，分天、地、人三位。其中初爻、二爻为地位，三爻、四爻为人位，五爻、上爻为天位。将日月星辰、风云雷电、寒来暑往等时令变化统归为天之类，地形地物、动物飞潜、方向部位等统归为地之类，人则单独成一类，由此构成了一个极为宏大的宇宙认知模式；其二，完成了对"道"终极性意义的建构。一方面，作为世界的本原，"道"成为古人思考一切问题的基础和出发点，它与阴阳五行结合，成为天、地、人结构中的关联性因素，是上古宇宙论中的核心成分；另一方面，圣人效仿天地之道，以天道推衍人道，创造了与天地相应的人界礼乐秩序（经），然后用经义教化芸芸众生，使人与天地一样处于参赞化育的中和运行秩序中。"道"遂成为人性与人伦存在以及社会秩序合理性的依据，由此也就形成了古人以"道"为中心的运思模式。

战国到秦汉之际，中国古代宇宙观中的一些核心要素，如天人、阴阳、四时、五行、八卦等均已形成。这些概念彼此结合，经过诸子百家分别地发展，形成了古人自然观、宇宙观、人生观、人性论和伦理道德论多维度的发展，构成了一个完整的宇宙论系统。被视为杂家的《吕氏春秋》，对这一系统进行了比较全面的叙述与阐发，形成了一个完整的"道→阴阳→四时→五行"的宇宙时空模式：道生阴阳，阴阳生四时，四时统五行。全书依天道的循环变化，将天象、物候、农事、政事与人事统统按阴阳五行之法则、四时运动之次序、十二纪之配伍串联在一起，俨然形成了天、地、人之间井然有序的循环大系统。稍晚的《淮南子》在宇宙观的建构上更为宏大。《原道训》以道的法则贯通天、地、人三大领域；《俶真训》以阴阳、天地、四时探讨宇宙的起源；《天文训》《地形训》《时则训》诸篇以空间和时间关系来联系天地人万事万物，成就了"纪纲道德，经纬人事，上考之天，下揆之地，中通诸理”①的整体知识构架。其后董仲舒综合了汉初天人、阴阳、五行、四时、四方的观念，并将之与儒家的伦理道德相结合，成就了其“天人感应”思想的集大成。

董仲舒喜好论“天”。②其天人观最明确的表述为：“事各顺于名，名各顺于天，天人之际，合而为一。”③通观董子天论，杂糅了《老子》《管子》《荀子》《吕氏春秋》和《淮南子》中关于“天”的思想，发展了儒家“天命”、道家“天道”、墨家“天志”以及阴阳家“天人感应”的种种说法。

在董子的天人思想体系中，尤为明显地吸收了墨家的思想，章太炎《儒术真论》中认为董仲舒代表的“今文经学”派，是墨家的遗流。④对于天人之间的感应，墨家主要集中在“天志”，认为“天”能够监察人的行为，并通过自然现象来表达自己的意志。对此，董仲舒表述得更为系统和完善，并发展为“灾异”论与“天谴”论。《春秋繁露·必仁且智》云：“小者谓之灾。灾常先至而异乃随之。灾者，天之谴也；异者，天之威也。谴之而不知，乃畏之以威。”⑤一方面，如果君主失德，天将出现各种灾异来警告、惩罚，其表现形式为一年四季气候变化的时与不时或五行的乱与不乱，另一方面，天能以灾异惩罚人，人也能以自己的行为感动天，君主如果接受天的灾异谴告，及时悔过，并采取措施，就会迅速除去灾异，还天下太平。董子所谓“灾异”论与“天谴”论，置神权于王权之上，本质上体现了天地人之间互动互感的有机关联。

---

① 何宁：《淮南子集释》，中华书局1998年版，第1437页。
② 《春秋繁露》中，冠以“天”名的篇目有十一，全书大量出现“天仁”“天志”“天理”“天德”“天刑”“天命”“天经”“天制”等。
③ 苏舆：《春秋繁露义证》，钟哲点校，中华书局1992年版，第288页。
④ 章太炎：《儒术真论》，载《章太炎政论选集》上，中华书局1997年版，第118页。
⑤ 苏舆：《春秋繁露义证》，第259页。

　　董子还建立了"人副天数"的理论。他认为人是天有目的地创造出来的，在《为人者天》《人副天数》诸篇中，他通过天人之间形体构造与感情意识的相似，推衍两者具有相同的道德伦理特征，其排列极为具体，比附极为虔诚。为了进一步贯通"天人合一"说，董子在天人之间明确了一个中介——王。《王道通三》：

　　　　古之造文者，三画而连其中，谓之王。三画者，天地与人也，而连其中者，通其道也。取天地与人之中以为贯而参通之，非王者孰能当是？①

　　这一段对"王"字的阐释，乃义理而非训诂。由"王"而"道"，巧妙地将天、地、人贯通起来，意义极为深远。从现实意义上看，此番论证抬高了世俗王权的绝对权威，符合汉代"大一统"政治的需要。从理论价值上看，其"天人合一"论弥补了荀子以来"天人相分"的鸿沟，是天人关系内在逻辑发展的必然结果。董仲舒最终完成的"天人合一"论，规模宏大，想象奇特，比附大胆，基本奠定了中国思想史发展的基调。虽然后有《白虎通义》中更为精致的理论体系，也有伟大的唯物论者王充的质疑，但其理论思维方面的意义并不突出，中国古代思想理论的基本阐释平台和主要发展路径已然确立。

　　"三才"论在中国古代思想史的发展中，出现最早，经历了漫长的发展过程。它从史前的原始宇宙观发展成为古人的自然宇宙观和社会人生价值观，并最终形成具有中华民族特色的"天人合一"理论阐释系统与思维模式，其间融合了古代天文学、地理学、气象学、物理学、生物学等多方面知识，充分体现了古代中国人的智慧。对于"天人合

---

① 苏舆：《春秋繁露义证》，第328—329页。

一"思想的主要特点，李学勤的归纳颇为精要：其一，天即自然，是一个大系统，人则是一个小系统，是大系统的一部分；其二，天、人两个系统是相类似的，有彼此对应的许多性质；其三，天、人两个系统应该和谐一致，人必须遵行天道；其四，人又是天这个大系统的核心，天的目的趋向是通过人才能完全体现。[1] 天地人作为一个有机联系的整体，三者之间具有深刻而神秘的互动关系，在本质上同源，在精神上互感，这业已成为古代中国人普遍认可和共同运用的理念，在几千年的发展中积淀成为中华文化的深层核心，并以各种复杂的形态在历史进程中反复展现。

第二节　阴阳五行论

阴阳源流　中国古代思想体系中，"两一观"的萌芽应该是很早的。在《易经》的爻辞中已初露端倪；[2] 从殷墟中大量吉凶两端的卜辞来看，殷人已经习惯于两分的思维方式；《左传》"物生有两""体有左右，各有妃耦"[3]，"清浊、大小、短长、疾徐、哀乐、刚柔、迟速、高下、出入、周疏，以相济也"[4] 等说法，已经是相当成熟的思想。以阴与阳为"两一观"思想的经典表述，视阴阳论为宇宙之生成法则，具体始于何时，现在已经很难作出准确的解答。实际上，关于阴阳的起源，说法纷纭，古今无有定论，我们根据《周易》中包牺氏"近取诸

---

① 李学勤：《古代中国文明中的宇宙论与科学发展》，《烟台大学学报》1998 年第 1 期。
② 参见张岱年：《中国哲学大纲》，中国社会科学出版社 1982 年版，第 109—127 页。
③ 阮元校刻：《十三经注疏》，第 2128 页。
④ 阮元校刻：《十三经注疏》，第 2094 页。

身，远取诸物"① 作八卦这一比较晚近的说法，可以推测是先民从长期的自然、社会、人事观察中得出的关于天地人之生成及发展动因的最直切推断，这是源于人们日常生活经验基础的一种抽象概括。在中国人的思维模式中，阴阳配列及嬗变是通过一套简易的识别代码，让人们从森罗万象事物的对立面出发来把握世界的无所不包的认知模式。从自然现象到人文现象，从生命范畴到道德范畴，从形象思维到抽象思维，阴阳对举形成一个博大精深的思想库。阴阳之说是古代最普遍性的知识，所谓"百姓日用而不知"②，它深刻地影响了古人思维模式及文化心理结构的形成。古人认为，整个宇宙存在就是因为具有阴阳互含、互补和互转的属性而处于一种动态平衡之中，旁及"三才"、礼乐亦是如此。

就人类思维发展的进程而言，任何范畴的形成总是要经历一个由具体到抽象的过程，阴阳范畴的形成大体也是如此。无论是迄今发现的周原甲骨卜辞以及金文中所见"阴阳"二字，还是《大雅·公刘》中歌颂周人先祖择地而居的"相其阴阳，观其流泉"③，所指"阴阳"都是与天象、地理方位有关的知识性概念，这是古人在对自然的天象、地理长期观察后形成的直观判断，应该是作为二字的本来意义使用的。梁启超曾考证《诗》《书》《礼》《易》中有"阴""阳"二字的文句及其意义，结论是：《仪礼》中全无；《诗》中言"阴"者八处，言"阳"者十四处，言"阴阳"者一处；《书》中言"阴"言"阳"者各三处；而《易》中仅"中孚"卦九二爻辞中有一"阴"字。据此，他认为这些典籍中"所谓阴阳者，不过自然界中一种粗浅微末之现象，绝不含

---

① 阮元校刻：《十三经注疏》，第 86 页。
② 阮元校刻：《十三经注疏》，第 78 页。
③ 阮元校刻：《十三经注疏》，第 543 页。

何等深邃之意义"①。此论大体是可信的。

伴随着古人认识水平的提高、抽象思辨的深入，春秋时期的人们已经开始用阴阳来解释自然界一些相互作用的现象。现代学者一般认为，阴阳作为范畴出现，肇端于《国语》。周宣王即位，大臣虢文公劝谏宣王不可废弛籍田的仪节，他认为每到春耕时节：

> 稷则遍诫百姓，纪农协功，曰："阴阳分布，震雷出滞，土不备垦，辟在司寇。"（《国语·周语上》）②

周幽王二年（前780）"西周三川"地震，太史伯阳父用阴阳二气失序来解释地震原因：

> 周将亡矣！夫天地之气，不失其序；若过其序，民乱之也。阳伏而不能出，阴迫而不能蒸，于是有地震。（《周语上》）③

从《周语》这两条材料可以看出，至少西周末年，人们已经用阴阳二气的矛盾运动来解释自然现象。朱伯崑先生认为："阴阳指寒暖二气，寒气为阴，暖气为阳，认为阴压迫阳气，所以有地震。其所谓阴阳，属于天文学的概念。"④ 在《国语》的其他篇目中，阴阳常常是与气或其他具体事物联系在一起的。如周景王二十三年乐官州鸠以"阴

---

① 梁启超：《阴阳五行说之来历》，载《古史辨》第5册，上海古籍出版社1982年版，第347页。
② 徐元诰：《国语集解》，第20页。
③ 徐元诰：《国语集解》，第26页。
④ 朱伯崑：《易学哲学史》第一卷，华夏出版社1995年版，第35页。

阳序次，风雨时至"①论"乐正"来解释音乐的作用；《越语下》记载范蠡以"后则用阴，先则用阳"②来解释退守与进攻的用兵之道。《左传》也有不少以阴阳为天地之气来揭示自然与人事现象。如僖公十六年周内史叔兴以"阴阳之事，非吉凶所生"说明大风使"六鹢退飞过宋都"③；昭公元年秦名医医和在为晋侯诊病时，用阴阳失调来解释晋侯不节制男女之事而得不治之症；昭公二十一年和昭公二十四年，鲁国梓慎和昭子用"阳不克也"和"日过分，而阳犹不克，克必甚"④来解释日食和天象变异的成因；等等，都是以阴阳来解释陨石、日食、水旱、冰霜、疾病等自然现象，虽然还没有完全摆脱殷商以来天命思想的束缚，但是已经明显闪烁着理性思维的光芒了。

将阴阳纳入思想体系并将其上升为形上范畴的是春秋末的老子。在老学思想中，阴阳是作为"道"的表征存在的。"道"作为抽象的哲学概念出现在春秋时期，虽然在《国语》和《左传》中已经有"天道""人道"的说法，但所指为天体运行规律与为人处事原则，还没有把"道"作为最高本体范畴来言说。老子吸收了《国语》和《左传》中的阴阳矛盾思想，把它纳入"道"的范畴之中，作为万物运动变化的根源及总规：

> 道生一，一生二，二生三，三生万物，万物负阴而抱阳，冲气以为和。（《老子》第四十二章）⑤

---

① 阮元校刻：《十三经注疏》，第 111 页。
② 徐元诰：《国语集解》，第 585 页。
③ 阮元校刻：《十三经注疏》，第 1808 页。
④ 阮元校刻：《十三经注疏》，第 2106 页。
⑤ 楼宇烈：《老子道德经注校释》，第 117 页。

所谓"一",是指万物形成之前一种混沌未分的状态,由"一"生"二",即产生天地阴阳,天地阴阳交合生"三","三"生万物,这样,"道"便成为万物产生的本体与本原,阴阳既是"道"的表征,又与"道"合二为一。万物皆阴阳之和,阴阳不仅用以解释自然万物所具有的两种属性,而且抽象成为构成宇宙的基本元素和解释变化发展的二元原理。老学思想体系中的阴阳,业已发生了形上的意义转化,不再是原始的天象、地理等含义了。

我们知道,《易经》中卦象、卦爻辞是用以占筮的,其中并无阴阳概念。成书于战国的《易传》将阴阳范畴引入对《易经》义理的阐释中,论及阴阳者凡十二处,既用阴阳来解释自然现象,也用来解释社会现象,其中常常为人们所引用的是《说卦》中的一段:

> 昔者圣人之作《易》也,将以顺性命之理,是以立天之道,曰阴与阳,立地之道,曰柔与刚,立人之道,曰仁与义。兼三才而两之。①

"三才"各一分为二,由阴卦、阳卦各取一个配合,这就明确了阴阳是贯通天、地、人三道的中介,建构了由阴阳贯通的自然、社会和人事一体化的思维模式,完成了宇宙本体论与社会伦理观的一体化系统建构。《易传》视阴阳及变化法则为事物的本质,作为哲学的最高范畴来言说,建立了以阴阳解释《易》的思想体系,《周易》一书也就成为阴阳学说的象征性文本。战国后期,随着五行说的逐渐盛行,阴阳与五行开始合流,成为一种新的关于天地人世界的表述系统,在论述此问题之前,我们有必要厘清战国以前五行的源流。

---

① 阮元校刻:《十三经注疏》,第93—94页。

五行源流　五行说是中国传统学术思想中影响最为广泛的学说之一，它以数术的方式说明宇宙万物存在的基本结构和根本秩序，强调的是一个系统中事物之间的相互影响与联系。五行说不仅对古代自然科学、应用技术和人文思想的发展影响巨大，而且在一定程度上还推动了古人思维的进展，决定了中国古代思想发展在一定时期内的基本走向。正因为如此，即使是对五行观进行了彻底而系统批判的梁启超和顾颉刚诸先生，也不得不承认："五行，是中国人的思维律，是中国人对于宇宙系统的信仰；二千余年来，它有极强固的势力。"[①]"阴阳五行说为二千年来迷信的大本营，直至今日在社会上犹有莫大势力。"[②]

五行的起源问题，较之阴阳更为复杂和神秘。源于《尚书》的传统，古人认为五行的起源与黄帝有关。水、火、木、金、土的五行字样，最先见于《洪范》："天乃锡禹《洪范》九畴……初一曰五行。"[③]《史记·历书》有"盖黄帝考定星历，建立五行，起消息"[④]的说法。我们现在无法证实这是神话传说还是信史，以今人之理性眼光考之，此论不足深信，至于汉代刘歆等人的进一步神化，皆因五行在当时的势力巨大，为文饰政治的需要才离经叛道，这已经与起源无涉了。以上"天赐"说虽不足据，但至迟春秋，五行说已经成为一种普遍性知识和公众话语。《左传》《国语》诸书中记载有大量关于五行的言论，可以视为阴阳五行思想合流之前的重要思想资源：

天生五材，民并用之．废一不可。(《左传·襄公二十七年》)[⑤]

庚午之日，日始有谪，火胜金，故弗克。(《昭公三十一

---

① 顾颉刚：《五德始终说下的政治和历史》，载《古史辨》第 5 册，第 404 页。

② 梁启超：《阴阳五行说之来历》，载《古史辨》第 5 册，第 343 页。

③ 阮元校刻：《十三经注疏》，第 187—188 页。

④ 司马迁：《史记》，中华书局 1959 年版，第 1256 页。

⑤ 阮元校刻：《十三经注疏》，第 1997 页。

年》） ①

　　　　子，水位也……水胜火，伐姜则可。（《哀公九年》）②

　　　　及 地 之 五 行，所 以 生 殖 也……非 是 不 在 祀 典。（《国语·鲁语上》）③

　　　　故先王以土与金木水火杂，以成百物。（《郑语》）④

　　再参照《尚书》中的相关论述，可以看到：其一，五行观念起源于民生日用不可或缺的五种材料（或五种物质），即"五材"。在此基础上，人们对五行认识开始转向功能属性与相生相克的关系上；其二，五行与五声、五味、五色、五谷、五祀、五典、五礼、五官（五行之官）都有密切的联系，它是人们通过经验积累与朴素统计，来直观把握事物之间相互制约与联系的一种方式，在一定程度上也反映了事物的某些规律性。

　　关于五行的起源，现代学者说法不一。有人认为商代的四方观念是原始"五行说"的滥觞。⑤还有学者认为五行的起源与殷人尚"五"有关。⑥但是问题在于，甲骨文中虽然有"四方""四土"的记载，但只能证明商代已经有了明确的方位观念，至于"五方"的说法毕竟是推导出来的。因此，单凭偶见的几条"帝五丰臣""帝五臣正"，就断定其为周人的"明堂月令的五方之神"⑦，未免草率。而且从现有的

---

① 阮元校刻：《十三经注疏》，第 2127 页。
② 阮元校刻：《十三经注疏》，第 2165 页。
③ 徐元诰：《国语集解》，第 161 页。
④ 徐元诰：《国语集解》，第 470 页。
⑤ 参见胡厚宣：《甲骨文四方风名考证》《论殷代五方观念及中国称谓之起源》，载《甲骨学商史论丛初集》（外一种）上，第 265、277 页。
⑥ 庞朴：《阴阳五行探源》，《中国社会科学》1984 年第 3 期。
⑦ 丁山：《中国古代宗教与神话考》，龙门联合书局 1961 年版，第 138 页。

十余万片甲骨文资料中，也难以窥见商代有崇拜"五"的观念，因此以现存资料寻找商代"五行说"的萌芽是非常困难的。还有意见认为五行起源于数的启发，如范文澜《与顾刚论五行说的起源》、金景芳《西周在哲学上的两大贡献》；另有意见认为五行源于"考定星历"的观象活动，如顾颉刚《〈尚书·甘誓〉校释译论》；还有认为五行起源于农业生成中对风雨、物候的观察，如持"五方"观的有郭沫若《中国古代社会研究》，持"四方风雨"观的有杨向奎《中国古代社会与古代思想研究》；等等。

就目前传世典籍与出土材料，要历时性梳理五行的起源，恐怕还难有定论。但可以清楚地看到，春秋战国是五行学说极为兴盛的时期，其思想含义在不断地拓宽。从自然现象之五味、五声、五色、五时、五方推及到人体器官及心智之五脏、五体、五窍、五荣、五志，乃至伦理之五德、五事、五服、五常，政教之五典、五祀、五礼、五章、五刑、五教，等等，几乎渗透到古代的天文学、气象学、算学、化学、音乐、医学乃至社会政治伦理等各个门类中。其发展经历了一个由具体事物到抽象符号、由天时到人事的演变过程。在邹衍之前，业已存在了丰富的思想资源，及邹子出，"先验小物，推而大之，至于无垠"[1]，由已知推未知，极大地扩展了五行范畴的空间意识与历史观念，其论恢弘而宏大，宇宙万物及其前生来世无不囊括其中。

值得一提的是，1973 年在湖南长沙马王堆三号汉墓中出土有《五行》篇，1993 年出土的郭店楚简中也有《五行》篇，这就为解决千年来聚讼不休的思孟"五行说"提供了线索。所谓思孟"五行说"，最早源于荀子，他在《非十二子》篇中相当尖锐地批评：

---

① 司马迁：《史记》，第 2344 页。

略法先王而不知其统，犹然而材剧志大，闻见杂博，案往旧造说，谓之五行，甚僻违而无类，幽隐而无说，闭约而无解。案饰其辞而祗敬之曰：此真先君子之言也。子思唱之，孟轲和之，世俗之沟犹瞀儒，嚾嚾然不知其所非也，遂受而传之，以为仲尼、子游为兹厚于后世。是则子思、孟轲之罪也。[①]

虽时过境迁，我们已经无法确知荀子针对的是什么，但荀子在《非十二子》篇中对各派的评价皆能切中要害，并无随意指斥，所以我们有理由相信，"五行说"是思孟学派的一项主要内容。但问题在于，虽然我们可以从思孟五行中追溯到宋儒内向之学的心性论痕迹，但是此五行非彼五行也，其内容为"仁、义、礼、智、圣"，因此，有的学者认为这是"另外一种五行"[②]。其实，对于思孟一派与阴阳五行学说之间具有的某种瓜葛，章太炎早已揭示，他认为《洪范》九畴谈五行，但是"人事义未彰著"，子思"善传"，将五行作人事推演而已，这与其后董仲舒以五行比附君臣是相同的。[③]思孟一派将神秘理论导入儒家学说，开数术与儒家结合的先河，从这个角度，我们也许可以更容易理解为什么太史公在《史记》中将邹子并入《孟子荀卿列传》。换言之，在发展原始五行思想时，他们选择了一条不同于后来邹衍的路数，将构成宇宙基本因素的"五行"与人之道德品格相比附，也不是没有这个可能性存在的。当然，其间的瓜葛还有待进一步的揭示。

同时，我们还应该注意到，虽然《论语》中没有阴阳五行，但《孔子家语》中有五行的说法。如《五帝》云："天有五行，水火金木

---

① 王先谦：《荀子集解》，第 94—95 页。
② 庞朴：《马王堆帛书解开了思孟五行说之谜》，《文物》1977 年第 10 期；《另有一种五行——漫谈郭店楚简之四》，《寻根》1999 年第 4 期。
③ 章太炎：《太炎文录初编》卷一，上海书店 1992 年版，第 5—6 页。

土，分时化育，以成万物。"[1] 近年来出土的简帛业已证明了《孔子家语》的可信度。曾子也曾谈论阴阳，如《大戴礼记·曾子天圆》云："圣人慎守日月之数，以察星辰之行，以序四时之顺逆，谓之历……律居阴而治阳，历居阳而治阴。律历迭相治也，其间不容发。"[2] 曾子以为圣人应当依照日月运行规律，观测星辰的运行，推演四季天象的变化，厘定历法，制定音律，并且通过历法和音律的阴阳相互协调，治理天下。据此，我们也无法排除阴阳五行说与孔门之间的瓜葛。

阴阳五行说　大约从邹衍开始，形成了阴阳五行学派，开始把阴阳与五行两个原本独立的思想统一起来。据《史记》记载，邹衍看到"有国者益淫侈，不能尚德……乃深观阴阳消息而作怪迂之变，终始、大圣之篇十余万言"[3]"以阴阳主运显于诸侯"[4]，可惜他的著作没有流传下来。司马谈《论六家要旨》中，将阴阳家与儒、道、墨、名、法五家并提，足见其时阴阳五行学派势力之大。邹衍曾游学稷下，显然有可能接受了稷下学派的影响。在《管子》一书中，阴阳五行作为"制人之术"成为稷下学派的主要政治理论之一，有"二五"之数为"国之至机"[5] 之说，所谓"二五"就是指阴阳五行原理。但邹衍显然并没有仅仅将眼光停留在管子一派以"四十六天""七十二天"的家法来协调天人关系上，而是将殷商以来的方位观念进一步数术化，以分类配位的方法将五行观念进一步系统化，同时也吸收了思孟以来的政治伦理思想，将这些思想的因素融入春秋时期已见端倪的五行相生相胜

---

① 陈士珂：《孔子家语疏证》，上海书店 1987 年版，第 161 页。
② 王聘珍：《大戴礼记解诂》，中华书局 1983 年版，第 100—101 页。
③ 司马迁：《史记》，第 2344 页。
④ 司马迁：《史记》，第 1369 页。
⑤ 黎翔凤：《管子校注》，中华书局 2004 年版，第 1373 页。

序列中，形成了一套完整的理论体系，用以阐释人类社会历史的发展规律。

邹衍创立的"五德终始说"虽已不存，但主要思想还是比较完整地保存在《吕氏春秋·应同》中：

> 凡帝王者之将兴也，天必先见祥乎下民。黄帝之时，天先见大螾大螻，黄帝曰：土气胜。土气胜，故其色尚黄，其事则土。及禹之时，天先见草木秋冬不杀。禹曰：木气胜。木气胜，故其色尚青，其事则木。及汤之时，天先见金刃生于水。汤曰：金气胜。金气胜，故其色尚白，其事则金。及文王之时，天先见火，赤乌衔丹书集于周社。文王曰：火气胜。火气胜，故其色尚赤，其事则火。代火者必将水，天且先见水气胜。水气胜，故其色尚黑，其事则水。①

所谓"五德"，即五行之德。按照邹衍的说法，当具有五行之一的德者出现时，天将降下吉祥的符应，以显示君权受命于天，每代皆得五德之一"德"，而能推翻前代，以其"德"能克前代之"德"。"五德始终说"不仅用以解释历史上的朝代更迭，而且为君权神授提供了一种可资利用的理论资源，因此极具现实政治意义和可操作性。秦始皇相信此说，定色为黑色，改黄河为德水，以适应水德制度的要求，他是中国历史上第一个将五行学说纳入国家意识形态的帝王。汉代秦后，亦承秦制，自称为土德。可见，"五德始终说"在秦汉时期确实发挥了重要的政治作用。

虽然自汉人起，就视邹衍为阴阳五行学派的创始人，但从现存资

----

① 许维遹：《吕氏春秋集释》，中华书局 2009 年版，第 284 页。

料来看，邹衍思想的核心是"五德终始说"，其中并无阴阳观念，即使邹衍兼谈阴阳与五行，但在他这里，两套理论尚未完全融合。真正将阴阳五行系统与"三才"理论融合为一体，建立完整的理论系统，并对后世产生直接影响的是董仲舒，他是这一套理论系统的最终完成者。《汉书·五行志》云："董仲舒治《公羊春秋》，始推阴阳，为儒者宗。"① 故而梁启超认为董仲舒才是阴阳五行的创立者。②

　　董仲舒将五行与天地、阴阳全面糅合在一起。《春秋繁露·天地阴阳》认为构成世界的要素是天、地、人、阴、阳、木、火、土、金、水十者。对于其间关系，《五行相生》云："天地之气，合二为一，分为阴阳，判为四时，列为五行。"③ 五行之木、火、土、金、水的排列是"天次之序"，五行的变化是与天志、阴阳联结在一起的。《天地阴阳》云："明阳阴、入出、实虚之处，所以观天之志。辨五行之本末顺逆，小大广狭，所以观天道也。"④ 据此，他根据五行之义进行发挥，引申、比附出人间社会秩序的父子伦理关系。《五行之义》云："木生火，火生土，土生金，金生水，水生木，此其父子也。"⑤ 其理论贡献在于，不仅将阴阳二气与五行次序的来源均归于天，而且将"三才"所体现的自然之道统统纳入阴阳五行的固有框架与法则中，并赋予其鲜明的道德意味。董仲舒基本上继承了邹子的"五德始终说"，在此基础上提出"三统说"。所谓"三统说"，依《三代改制质文》中的说法，王朝是黑统、白统和赤统循环，夏是黑统，商是白统，周是赤统。汉代在赤统（周）之后继之以黑统。这就为汉代秦建国找到了正当性

---

① 班固：《汉书》，第 1317 页。
② 梁启超：《阴阳五行说之来历》，第 343 页。
③ 苏舆：《春秋繁露义证》，第 362 页。
④ 苏舆：《春秋繁露义证》，第 467 页。
⑤ 苏舆：《春秋繁露义证》，第 321 页。

和合法性依据。尔后刘向、刘歆以灾异论时政，以火德代替董仲舒的土德，光武帝信奉此说，把前汉当火德继承，以示正统。刘氏父子用阴阳五行理论对上古史作了归纳整理，其论系统而精炼，立足点基本不离五行的视野。

阴阳五行理论的形成，是在特定的历史时期，理论思维发展的必然逻辑与时代精神的需要共同熔铸而成的。董子阴阳五行论的最大特点在于：在其理论体系中，阴阳、五行范畴没有确定的内涵意义，也没有确定的外延界定，因而包容了自然与社会、物质与精神的各个层面，成为解释天、地、人一切存在的终极存在。经过董子专精一思的用力，在天地人的框架中，以元气为出发点，以阴阳五行为联结范畴，将天地、四时、人事、政治历史、道德伦理、性格气质乃至人的各种情绪活动都囊括其中，彼此完全处于一种交融、互感、互应、互渗的状态之中了。在董子这里，"三才"论与阴阳、五行真正合一了。

就古代思想史的研究而言，阴阳五行是历代的显学。从汉代开始就成为经今古文之争中最有争议的问题。20 世纪 20 年代，"古史辨"兴起，重新展开了有关阴阳五行起源的讨论。20 世纪 70 年代以来，随着简帛佚籍的大量出土，这一古老的课题历久而弥新，正日益成为一门国际化的学问。

与中国学者长于总结、综合已有的成果，进行复杂渐进式的研究路数不同，西方学者站在西方思想文化传统的背景下，首先关注的是其间所显现的中国思维特征，因此，他们更强调阴阳五行与中国古代思维方式的关联。20 世纪 30 年代，法国汉学家葛兰言（Marcel Granet）就提出了"中国思维模式"（structure of thought）的命题。在他看来，阴阳思想是远远落后于希腊哲学的逻辑发展阶段的。英国汉学家葛瑞汉（A. C. Graham）将阴阳五行构成的宇宙论称为"关联思维"（correlative thinking）。他认为这种宇宙论经由道德与自然范畴的关联而把人类道德纳入宇宙秩序之中，并认为阴阳五行与《周易》的支配地位无疑反映了一种理智退化（intellectual deterioration）。[1] 葛氏的这种贬斥之辞与中国学术界所熟知的李约瑟的观点不同。后者在《中国科学技术史》中发现了阴阳思想的价值，视之为"自然主义"和"准"科学或"前"科学，认为其具有引导中国思想家开明地认知西方自笛卡尔以来才熟习的科学方法和科学理性的潜在价值。[2] 葛瑞汉和李约瑟的不同，基本上代表了现代西方汉学界对阴阳五行问题的不同看法。

阴阳五行研究的中西差异，充分显示了不同文化传统和知识背景下对同一课题的不同视角和方法。在研究方法上，汉学家们更注重利用新方法从某一特定的角度作复原式研究，更擅长于运用现代西方知识工具，进行语言学的解构与逻辑学的分析。国人对于阴阳五行的研究，长期以来基本上没有摆脱传统治学的路数。历代学者从音韵、文字、训诂、订补、校勘、辨伪、辑佚等角度进行原典的考证，在思想方法、学术视野、知识工具以及价值取向诸方面具有相对局限性。无论是从甲骨文或青铜铭文中去寻找"阴阳"二字，或是从殷墟遗址中上溯"四方""四方风"的萌芽，都带有现代学术研究中滞后的特点以及旧学范式在这一研究领域中的负面影响。因此，借鉴西方汉学研究的不同方法，跳出自家的圈子，反观自身，开辟出新的研究范式，无疑是此一领域的研究进入现代形态的一条有效途径。

总之，"三才"与阴阳五行组成了中国古代思想言说的基本思维平台。一方面，天、地、人的生生之道统一于阴阳五行法则中，其根据在于阴阳两种对待势力以及五行构成的内部结构之间的激荡、交感、

---

[1] 〔英〕葛瑞汉：《论道者——中国古代哲学论辩》（*Disputers of the Dao: Philosophical Argument in Ancient China*），张海晏译，中国社会科学出版社2003年版，第356、357、437页。

[2] 参见李约瑟：《中国科学技术史》第二卷《科学思想史》。

配伍、变易和平衡之中；另一方面，阴阳五行存在的基本前提是认同宇宙是由"三才"为基本要素构成的，天、地、人三者是统一的整体，宇宙间所有物类包括人，均为天地所孕，阴阳五行所化、所生，因此天地人具有鲜明的同构关系，与阴阳五行具有统一的运动节奏。此一价值系统是中国古代学问的骨架，其思维模式、学术理念和言说定势弥散于古代思想文化的各个领域，从哲学、社会政治、伦理道德、自然科学到早期文学艺术的产生，乃至百姓的日常生活，离开了天地人的世界，离开了阴阳五行，中国的学问就无从谈起。所谓礼乐传统，人文化成，其深层意义也正是基于此一价值系统。

第三节　礼乐辨正

礼与乐有着久远的历史，形成的礼乐传统是中华民族在长期历史发展中所盛行的各种价值观、宗教信仰、民族情感等融合而成的政治制度与思想传统的总和。礼乐在西周是一种制度化的贵族生活方式，到春秋时代开始理论层面的总结，并作为政治、外交、教育的指导原则广泛运用。儒家思孟一派开始将伦理道德与五行说结合，荀子则开始将礼乐传统与天道自然观念结合。战国秦汉之际，在士人的思想文化视野中，天道自然、阴阳五行已经成为各种伦理道德、政治学说乃至人生观、价值观的理论支柱。在以《左传》《易传》《周礼》《吕氏春秋》为代表的典籍中，礼乐与"三才"之道、阴阳思想明确地一一对应起来；到汉代《春秋繁露》《礼记》综合了先秦以来的各家思想，最终完成了思孟以来对于礼乐的人间伦理化建构和荀子以来的天道自然观建构。礼乐教化与"三才"、阴阳五行不仅仅是简单地对应，而是处于一种动态平衡之中，具有普遍内在的联系，由此构成了古代思想文化领域中一个宏大的理论阐释体系。

　　古人对于礼乐的理解正是源于"三才"、阴阳的理路，并经历了一个内涵不断丰富、发展的过程。礼乐乃贯通天、地、人的最高原则，乃整个宇宙的普遍法则，这是春秋时期人们的共识，《易传·序卦》中所营造的一个浑然天成的天地人结构就是这套理论的经典说法：

> 有天地然后有万物，有万物然后有男女，有男女然后有夫妇，有夫妇然后有父子，有父子然后有君臣，有君臣然后有上下，有上下然后礼义有所错。①

　　先有天地万物，然后有男女夫妇，再有父子君臣，最后是上下礼义，这一个系列和谐地统一于"三才"之中，旨在证明礼乐所营造的社会政治结构和等级秩序源自天地，故而合理。

　　"三礼"中《周礼》的成书年代历代纠葛不清，但通考其大体时间不出战国、秦汉之际，这正是阴阳五行学说大盛的时期，实际上，《周礼》全书正是在此理论体系的基础上建立起来的。阴阳是其中使用得最为宽泛的范畴，任何事物都存在阴阳两方面的对待。如祭祀有阳祀、阴祀，《周礼·地官司徒·牧人》载："凡阳祀，用骍牲毛之；阴祀，用黝牲毛之。"礼仪有阳礼、阴礼，《天官冢宰·内宰》载："以阴礼教六宫，以阴礼教九嫔。"政令有阳令、阴令，《内小臣》载："掌王之阴事、阴令。"声有阳声、阴声，《春官宗伯·大师》载："阳声：黄钟、大蔟、姑洗、蕤宾、夷则、无射，阴声：大吕、应钟、南吕、函钟、小吕、夹钟。"②还有阳气与阴气，阳木与阴木，等等。故王安石

---

① 阮元校刻：《十三经注疏》，第 96 页。
② 阮元校刻：《十三经注疏》，第 723、684、686、795 页。

在《周官新义》中认为《周礼》一书中虽无"阴阳"二字，但是处处都弥漫着阴阳思想。近人钱穆亦认为《周礼》"把整个宇宙，全部人生，都阴阳配偶化了"①。综观《周礼》全书，对天、地、人的祭祀最为敬隆，如《春官宗伯》记载大宗伯所掌邦国之礼：首为天神、人鬼、地祇三礼，以禋祀、实柴、槱燎祀天神；以血祭、貍沈、疈辜祭地祇；以肆献祼、馈食、祠春、禴夏、尝秋、烝冬享人鬼（即先王）。由此可见，《周礼》一书，正是在"三才"与阴阳五行思想的基础上，创制其"体国经野，设官分职"②的理想政治蓝图的。

《吕氏春秋》一书中系统地运用这一套理论对礼乐之缘起，尤其是乐的产生进行了多方面的论述。在仲夏、季夏二纪中有七篇论乐的文字，用阴阳五行思想将五音、十二律与月令、五行相配，使乐论成为其庞大的宇宙论架构中的重要组成部分。关于乐之缘起，《大乐》篇中的阐述最为简明："凡乐，天地之和，阴阳之调也。"天地、阴阳、万物，其动其静，皆有声响，其和谐的声响，便是乐的源头，如《大乐》云："形体有处，莫不有声，声出于和，和出于适，先王定乐，由此而生。"又《音律》云："大圣至理之世，天地之气，合而生风，日至则月钟其风，以生十二律。"乐不仅法乎天地自然之和声，而且生于人心之荡动，故《音初》云："凡音者，产乎人心者也。感于心则荡乎音，音成于外而化乎内。"内心之情感与外在天地之应合共鸣，于是便有乐之生成。乐之性在"和"，《大乐》云："务乐有术，必由平出，平出于公，公出于道，故惟得道之人，其可与言乐乎。"又《适音》云："心必和平然后乐，心必乐然后耳目鼻口有以欲之。故乐之务在于和

① 钱穆：《周官著作时代考》，《燕京学报》第 11 期，燕京大学、哈佛燕京学社北平办公处、燕京学报编辑委员会 1932 年版。
② 阮元校刻：《十三经注疏》，第 639 页。

心，和心在于行适。"① 好乐应当和谐适顺，方能调节人的内心。

董仲舒为礼乐思想编织了一个哲学框架，在天地人与阴阳五行的背景下对礼乐的合法性与本原性作了更为精致的阐释。对于礼乐的起源，《春秋繁露·立元神》中的论述最为精警："天地人，万物之本也……天生之以孝悌，地养之以衣食，人成之以礼乐，三者相为手足，合以成体，不可一无也。"② 董子巧妙地在天地人框架中完成了礼乐思想本源的建构，礼乐作为统治人间秩序的制度，乃是圣王之道，"道者，所繇适于治之路也，仁义礼乐皆其具也"，而"道之大原出于天，天不变，道亦不变"③。礼乐源自天地，人乃制作者、宣扬者和完成者，这就为礼乐政治之合理合法找到了一个超越神圣的价值源头，极大地增强了令人服从认同的力度。董子不仅将阴阳对待统一所体现出的尊卑、贵贱、亲疏关系与天地人发生、发展的整个过程贯通起来，而且由天、地、人在阴阳属性上所表现出的同一性推演出"三纲"之神圣至上性，使之成为儒家伦理思想的根本源头以及政教制度的逻辑起点，故《基义》云：

> 是故仁义制度之数，尽取之天。天为君而覆露之，地为臣而持载之；阳为夫而生之，阴为妇而助之；春为父而生之，夏为子而养之；秋为死而棺之，冬为痛而丧之。王道之三纲，可求于天。④

此论把礼乐与天道、阴阳五行联系在一起，无疑为礼乐话语的独

---

① 许维遹：《吕氏春秋集释》，第 110、109、136、143、110、114 页。
② 苏舆：《春秋繁露义证》，第 168 页。
③ 班固：《汉书·董仲舒传》，第 2499、2519 页。
④ 苏舆：《春秋繁露义证》，第 351 页。

尊提供了终极性与神圣性的依据。我们知道，孔子不语怪力乱神，提倡人伦道德，董仲舒理论的重心是天人感应，他将礼乐教化归于天道阴阳，这与原始儒学已相距甚远。这种改造后的理论为儒学的神学化打开了缺口，其后灾异之说和谶纬之学的出现也就顺理成章了。

在对礼乐范畴的总结中，《礼记》所作的系统梳理与理论构架具有极为重要的意义。它不仅细致地区分了礼与乐不同的特征以及两者之间的异同关联，其论最为精深，而且运用"三才"和阴阳论解释礼乐之本源，其论最为权威。首先，对于礼与乐各自的特征以及表现的精神实质，《礼记》中进行了详尽的论述：

> 礼节民心，乐和民声。
>
> 乐者为同，礼者为异。同则相亲，异则相敬。乐胜则流，礼胜则离。
>
> 大乐与天地同和，大礼与天地同节。
>
> 乐者，天地之和也。礼者，天地之序也。
>
> 乐由中出，礼自外作。乐由中出故静，礼自外作故文。
>
> 礼者殊事合敬者也，乐者异文合爱者也。
>
> 仁近于乐，义近于礼。
>
> 乐者乐也，君子乐得其道，小人乐得其欲。
>
> 乐由天作，礼以地制。过制则乱，过作则暴。明于天地，然后能兴礼乐也。
>
> 乐也者，情之不可变者也。礼也者，理之不可易者也。（《乐记》）[1]

---

[1] 阮元校刻：《十三经注疏》，第 1529、1529、1530、1530、1529、1530、1531、1536、1530、1537 页。

先王之制礼也以节事，修乐以道志。(《礼器》)[1]

乐由阳来者也，礼由阴作者也，阴阳和而万物得。(《郊特牲》)[2]

夫礼所以制中也。

礼也者，理也。乐也者，节也。(《仲尼燕居》)[3]

由此可作如下归结，乐之特征：和、阳、静、乐、仁、爱、道志、情之不可变；礼之特征：序、阴、文、理、节、敬、节事、理之不可易。换言之，乐之特征乃和、仁、爱，是自然天成之情；礼之特征乃序、节、制，是人为修养之理。故而在早期儒家的理想中，乐的境界高于礼的境界，这在孔子的思想中就体现得很明显。从精神实质上看，礼主别由外作、阴作、地制而尚文，文家"尊尊"；乐贵和由中出、阳作、天作而尚质，质家"亲亲"。对于两者之基本品格，《二程遗书·伊川先生语四》中归结为："推本而言，礼只是一个序，乐只是一个和。只此两字，含蓄多少义理。"[4] 故礼乐合一乃天地合一、阴阳合一，也是情理的结合、和敬的结合、仁义的结合、文质的结合、真善美的结合。朱光潜认为礼是融真善美为一体的："儒家因为透懂礼的性质与功能，所以把伦理学、哲学、美学打成一气，真善美不像西方思想中成为三种若不相谋的事。"[5]

其次，礼与乐虽然在发生根源、哲学属性、社会功能上具有不同特征，但又具有内在的统一性、互补性。礼乐并举，在于两者在本原

[1]　阮元校刻：《十三经注疏》，第 1441 页。
[2]　阮元校刻：《十三经注疏》，第 1446 页。
[3]　阮元校刻：《十三经注疏》，第 1613、1614 页。
[4]　程颢、程颐：《二程遗书》，上海古籍出版社 2000 年版，第 276 页。
[5]　朱光潜：《乐的精神与礼的精神 —— 儒家思想系统的基础》，《思想与时代月刊》1942 年第 7 期。

上同出于仁，如《论语·八佾》云："人而不仁如礼何？人而不仁如乐何？"[①] 在本质上表现的是德，如《乐记》云："礼乐皆得，谓之有德，德者得也。"[②] 所谓"礼乐相成"的关系，是指两者交互为用，并行不悖，目标一致，故而单说一项，也常暗含另一项，《乐记》中"知乐，则几于礼矣"[③] 就是这个意思。具体而言，古人由乐兼及礼，如《八佾》云："《关雎》乐而不淫，哀而不伤。"[④] 由礼兼及乐，如《礼记·檀弓上》云："丧礼，与其哀不足而礼有余也，不若礼不足而哀有余也。"[⑤] 因而古人常常礼乐合一言礼，陈澔《礼记集说》卷七引蔡氏释为："礼乐本非判然二物也。……知阴阳礼乐之所以为二，又知阴阳礼乐之所以为一，则达礼乐之体用矣。"[⑥] 对此，我们从出土的郭店战国楚简中也可以得到印证，战国时期论礼乐的关系，在总体思路上认为礼与乐具有内在一致性，且礼主乐辅，如《六德》有"观诸礼，则乐亦在其中矣"，"仁，内也。义，外也。礼乐，共也"，《尊德义》有"由礼知乐，由乐知哀……有知礼而不知乐者，无知乐而不知礼者"[⑦]。乐之有礼，礼之有乐，两者内外相应，互含互补，不可分离。

乐之本质是"和"，所谓"和"，意味着和合、和谐；礼之本质是"序"，所谓"序"，意味着等级、秩序。和谐与秩序是对待的统一，世间既没有一个无序而能和谐的现象，也没有一个不和谐而能有序的事物。一个社会，如果一味强调有序而不注意和谐，将有走向专制的危险；反之，如果专求调和而不讲秩序，则有面临解体的隐患。中国古

---

① 阮元校刻：《十三经注疏》，第 2466 页。
② 阮元校刻：《十三经注疏》，第 1528 页。
③ 阮元校刻：《十三经注疏》，第 1528 页。
④ 阮元校刻：《十三经注疏》，第 2468 页。
⑤ 阮元校刻：《十三经注疏》，第 1285 页。
⑥ 陈澔：《礼记集说》，上海古籍出版社 1987 年版，第 207 页。
⑦ 李零：《郭店楚简校读记》，第 131、139 页。

代社会，一方面靠礼，即政治制度与道德规范维护其等级秩序，另一方面用乐，即诗歌、音乐、舞蹈等情感满足方式维系其和谐一致。在儒家的理想中，乐是发自内心的思想情感，礼是指导思想的外在规范，两者互为表里，相辅相成，无论乐教、礼教都是修养人性的工具，使之归于正，复于善端，如《乐记》云："先王之制礼乐也，……将以教民平好恶而反人道之正也。"① 一个理想的社会，必须是礼乐兼备，相辅相成，发挥各自的社会作用，不可相离、不可偏废，否则就会如《乐记》所谓"乐胜则流，礼胜则离"②，如《仲尼燕居》所谓"达于礼而不达于乐，谓之素。达于乐而不达于礼，谓之偏"③。对此，宋人契嵩在《论原·礼乐》中归结为："礼，王道之始也。乐，王道之终也。非礼无以举行，非乐无以著成，故礼乐者，王道所以倚而生成者也。"④ 此论颇为精到。

复次，《礼记》明确了礼乐在"三才"、阴阳五行阐释系统中的意义。对于礼乐的缘起，按照《礼记》的说法有三：本乎天地、生于阴阳、节制人欲。如《礼运》云："是故夫礼必本于大一，分而为天地，转而为阴阳，变而为四时，列而为鬼神。其降曰命。其官于天也。"⑤ 在儒家的一贯理念中，礼乐源自天地，与"三才"、阴阳之间有着神秘又神圣的关联，礼乐之所以无所不包，正是以天人之间存在的这种关联为逻辑前提的，故《乐记》云：

　　天高地下，万物散殊，而礼制行矣。流而不息，合同而化，而乐兴焉。春作夏长，仁也；秋敛冬藏，义也。仁近于

---

① 阮元校刻：《十三经注疏》，第 1528 页。
② 阮元校刻：《十三经注疏》，第 1529 页。
③ 阮元校刻：《十三经注疏》，第 1614 页。
④ 契嵩：《潜子》卷二，载《镡津文集》，上海古籍出版社 2016 年版，第 79 页。
⑤ 阮元校刻：《十三经注疏》，第 1426 页。

乐，义近于礼。乐者敦和，率神而从天，礼者别宜，居鬼而从地。故圣人作乐以应天，制礼以配地。礼乐明备，天地官矣。[①]

此段以礼之序、乐之和说尽了宇宙万物和气周流、生生不息的真谛，意义最为深广。人之有礼有乐，与天地之有序有和，万物之有阴有阳是相通的，这将天地人、阴阳与礼乐在精神上所具有的一致性，将事物之间的共相与殊相、运动与静止，将事与事的相因相续、相生相养概括得极为精深。《乐记》将礼乐与具有阴阳五行含义的自然、社会现象也一一对应起来：

> 天尊地卑，君臣定矣。卑高已陈，贵贱位矣。动静有常，小大殊矣。方以类聚，物以群分，则性命不同矣。在天成象，在地成形，如此，则礼者，天地之别也。地气上齐，天气下降，阴阳相摩，天地相荡，鼓之以雷霆，奋之以风雨，动之以四时，暖之以日月，而百化兴焉。如此，则乐者，天地之和也。[②]

此段文字与《系辞》所谓"天尊地卑"一段基本相同，其不同在于更明确地以礼乐相分，认为礼乐及其所代表的自然、人事之间是相互对待、相互联系、相互转化的关系。此一思想影响极深远，逮至宋人周敦颐《通书》仍云："礼，理也；乐，和也，阴阳理而后和。君君、臣臣、父父、子子、兄兄、弟弟、夫夫、妇妇，万物各得其理而后和，故礼先而乐后。"[③]

在春秋时期的整体思想文化背景下考察，所谓"三才"、阴阳、

---

① 阮元校刻：《十三经注疏》，第 1531 页。
② 阮元校刻：《十三经注疏》，第 1531 页。
③ 周敦颐：《通书》，上海古籍出版社 1992 年版，第 18—19 页。

礼乐的和谐，在思维模式和价值视野上是相同。礼乐与天地人、阴阳的关系不仅存在于静态的对应层面，而且更反映在动态的平衡层面，某一方面的失衡必定引起其他方面的连锁反应，"三才"的不和谐就会引起阴阳的紊乱导致礼乐的崩坏，这就是所谓的天人感应。在古人看来，春秋所谓的"礼坏乐崩"，不仅仅是表现在制度层面的周礼的破坏，更为根本的影响还在于带来了天地的失衡、阴阳的失调。因此礼乐的失调就是阴阳的失调，也是天地人的失调。正是针对这种失衡状况，孔子有"正乐""正诗""正名"等一系列行为，旨在通过纠正礼与乐之间业已出现的失衡、崩坏状态，使其与天地达成一种新的平衡，从而实现其复兴礼乐的政治理想。这也是《乐记》中将礼乐与天地人、阴阳放在一起反复论述的关键缘由。对于礼与乐之间关系，庞朴先生认为："礼乐二者之间，当然也有一种关系，这种关系，在儒家体系里，也不是简单平列，先后相随的，它们被比附为阴阳，归根于天地，依傍诸仁义，……因而，礼与乐的关系，也是对立的统一。"[1]因此，笔者认为，在古代思想家的视野中，礼与乐的关系不仅仅是一个先后或者从属的关系，关键还在于通过两者之间的相辅、相依、相成与否来体现"三才"与阴阳是否和谐的重大问题。

总之，三代以来"三才"与阴阳五行所构成的宇宙观和社会人生观是古人文化视野中最大的解释系统，它是一切自然现象、人文现象和社会现象的终极存在。礼乐作为中国古代社会最大的一套人间象征秩序，其存在的合理性与合法性亦源于此，故而将礼乐、"三才"、阴阳五行放在一起言说也就成了古代学术思想的基本理路，这既是一种宇宙模式，更是一种理论分析框架，广泛地应用于古代政治、经济、文化和科技领域中，文学思想也不例外。当我们追溯中国早期艺术的

---

[1] 庞朴：《稂莠集》，上海人民出版社1988年版，第253页。

产生和梳理早期文学意识时，可以发现它们的生成和发展根植于礼乐传统，同时深受"三才"和阴阳五行思想的浸润，古代思想家们常常以此出发去追寻人文的源头。本书即将展开的论述就是基于此一阐释系统进行的，鉴于其间关联极为错综复杂，有关礼乐教化对于文学的影响将分专章逐一阐释，因此接下来主要谈谈"三才"、阴阳对于文学思想的渗透。

第四节　文论之维

从"三才"论出发形成了古人思考人文现象的两个向度：其一，在整体思维模式上，古人以整个世界为思考对象，把天、地、人看成统一的整体，将自然、社会、个人视为不可分割的有机体，以天人、道器、体用各贯通一体，以神形、心物、知行各紧密结合，用整合的思维方式来看待世界，处理人事，并形成了以整体和谐为最终目的的思维模式；其二，人乃"三才"的中心，以人为中心看待天地万物，以人事问题为出发点谈论一切人文现象是中国思想文化史上的重要传统。其中尤其强调人与天地在精神上的合一，这对于古代思想文化的诗性智慧启发与审美运思的逻辑延伸有着深远的影响。人与天地、情与景、主体与客体、内根与外境浑然为一，不可分割，这正是中华民族思维之特色所在。

天、地、人在构造上相同，在表象上互为因果，在精神上共感相通，因此，在古人的文化视野中，将一切人文现象的源头追溯到天（或天地）方能取得存在的合法性依据。以"六经"为例，作为礼乐文化载体的"六经"因"与天地准"，反映的是天地的根本道理且其发生和归属都包含在天地之中，因此带有广泛的真理性，具有绝对的权威性，这是"六经"之所以能成为经典的内在学理依据，以传承三代礼乐为己任的儒家只是"六经"价值的实现者而已。以人文起源为例，《诗纬·含神雾》所谓"诗者天地之心"①，《文心雕龙·原道》所谓"言之文也，天地之心"②，无一例外，古人都把文之缘起回溯到天地这一最高范畴，认为人文与天地并生、与宇宙同源同构，天文、地文和人文以反映"天经地义"之至理而具有贯通一致性。这一点，对古人来讲，沾溉其间，不证自明。

我们知道，先秦两汉时期并没有现代意义上的纯文学研究，古人素来是将文学放在天文、地文和人文的整体背景中去审视的。先秦所谓"文"乃礼乐之文，两汉时期始有"文学"与"文章"之分，魏晋才有明确意义的"文""笔"之分。从齐梁时期刘勰《文心雕龙·原道》"人文之元，肇自太极"③，《征圣》"政化贵文""事迹贵文""修身贵文"④ 的论述来看，其所持的仍然是一种极其宽泛的文学观念，可见礼乐为文影响深远，文学与非文学之间的界限并不明显。对其成因，历来论者多从社会历史、作家作品角度分析，其实从思维模式来看，以礼乐文化的整体知识视野来看待文学现象，不过是古人整体性思维模式对民族文化心理影响的一个方面而已，不仅文学如此，其他的学科，如哲学、历史、医学等，在相同的知识背景中生成，学科的界限也很模糊，近代以来才渐次清晰的。

在这种整体性思维模式的浸淫下，古人在进行创作和批评实践等文学活动时，总是习惯于将其精神活动与外部世界联系在一起，在一个广袤的宇宙空间和复杂的社会环境中，在与其他精神现象的参照

---

① 黄奭：《诗纬》，上海古籍出版社 1993 年版，第 2 页。
② 刘勰撰，詹锳义证：《文心雕龙义证》，上海古籍出版社 1989 年版，第 11 页。
③ 刘勰撰，詹锳义证：《文心雕龙义证》，第 11 页。
④ 刘勰撰，詹锳义证：《文心雕龙义证》，第 35、36、37 页。

中去考察文学现象，由此所形成的以道为终极真理的推断模式内在而深刻地影响了历代文学思想家的自然宇宙观、社会政治观、人生价值观乃至文学观念的形成。以"文道说"为例，肇始于《淮南子·原道训》，集大成于《文心雕龙·原道》的"文道说"，就是将"文"置放在天道、地道、人道的框架中思考的结果。《原道》全篇有七处言"道"："此盖道之文也""自然之道也""莫不原道心以敷章""故知道沿圣以垂文，圣因文而明道""乃道之文也""道心惟微"。[①] 这里的"道"，是指天、地、人的"自然之道"。虽然在此之前，"道"这个范畴已经有漫长的发展历史了，但刘勰"心生而言立，言立而文明，自然之道也"的推论，不容置疑地将"言立""文明"等人文起源追溯到"自然之道"，后世论者无有溢出此一思维框架的，这正是古代文论史上源远流长的"明道""文以载道""文道合一"等传统所共有的思维特征与逻辑路数。

文学之源于天地自然，这也是"物感说"产生的缘由。所谓"物感"，或曰"感物"，是文学活动中创作主体之于情境、物境、心境的感受，这实际上是人处于天地之间心态的自然流露。《乐记》中有"物感说"最完整的表述："凡音之起，由人心生也。人心之动，物使之然也。感于物而动，故形于声。"[②] 即音由心生，感物而动，文因情生，情因物感。具体而言，当"物"是指四季之自然景物时，即《文赋》所谓"遵四时以叹逝，瞻万物而思纷"[③]，《文心雕龙》所谓"物色之动，心亦摇焉""情以物迁，辞以情发"[④]，《诗品序》所谓"气之动

① 刘勰撰，詹锳义证：《文心雕龙义证》，第 2、4、24、28、30 页。
② 阮元校刻：《十三经注疏》，第 2527 页。
③ 张少康：《文赋集释》，人民文学出版社 2002 年版，第 20 页。
④ 刘勰撰，詹锳义证：《文心雕龙义证》，第 1728、1732 页。

物，物之感人，故摇荡性情，形诸舞咏"①；当"物"指治乱兴衰，人事变迁时，有司马迁主张体验自然和社会生活，读万卷书，行万里路的思想，有《诗大序》"发乎情，止乎礼义"②的伦理道德规范，也有联系社会政教的"声音之道，与政通矣"③的"正变说"，还有班固"感于哀乐，缘事而发"④的思想，等等。总之，"物感"是艺术创作的源泉，在此基础上，才有作者创作过程中感兴、神思、虚静、妙悟等审美体验的瞬间生成，也才有"言志"说、"缘情"说、"出入"说等命题的产生。

源于"三才"之道所具有的无所不包性，"三"在礼乐传统中具有非常神秘的象征意义，它是无所不归的"天之大经"⑤，沟通天地、调和阴阳，具有与道、经一起言说的崇高地位。《说文》云："数名。天地人之道也。于文，一耦二为三，成数也。"段注："三画而三才之道在焉，故谓之成数。"⑥在"三"这个结构中最重要的是位于天地中心的人，人在"三才"中处于中位，上戴天恩，下履地义，象天法地，阴阳相会而成。天地与人相互依托，相互归属，人总是处于天地的凝视下，总是以天地为准绳，以天地为永恒的起源和理念的。故《礼记·礼运》有"人者，天地之心"⑦的说法，宋俞琰著《周易参同契发挥》云："夫人之一身，法天象地，与天地同一阴阳也。"⑧这是秦汉之际思想的主流——"人参天地"，我们从汉代《春秋繁露》《白虎通义》

---

① 曹旭：《诗品集注》，上海古籍出版社 1994 年版，第 1 页。

② 阮元校刻：《十三经注疏》，第 272 页。

③ 阮元校刻：《十三经注疏》，第 2527 页。

④ 班固：《汉书》，第 1756 页。

⑤ 苏舆：《春秋繁露义证》，第 216 页。

⑥ 段玉裁：《说文解字注》，上海古籍出版社 1981 年版，第 9 页。

⑦ 阮元校刻：《十三经注疏》，第 1424 页。

⑧ 俞琰：《周易参同契发挥》，《文渊阁四库全书》"子部十四·道家类"。

《汉书》到《后汉书》中，无时无刻不感到浓厚的因"人参天地"而同类相动，天人感应的文化氛围。古人习惯于在人与天地同源互感中寻求自身存在的依据，所谓人权天授、人事天设、人文天配等，不过是这种思想的种种具象而已。

在以人为中心的古代世界观里，人必须用一种不偏不倚的中和态度和整体直观的思维方式来解释宇宙、人生，当然也包括文学现象。对于中国古代学术的这一特点，许思园在 20 世纪 50 年代所作的《中国哲学与西方哲学面貌之不同》中的论述颇为精当，他认为古代中国哲人心志不离人事，切于救世，其重心为人伦日用。[①] 他们一开始总是抓住现实生活中的人事和人生本身，以人自身的存在为出发点，来谈论哲学、政治问题，建立自己的理论体系，这正如胡适给哲学下的定义："凡研究人生切要的问题，从根本上着眼，要寻一个根本的解决，这种学问，叫做哲学。"[②] 以人为宇宙中心去关照天地万物，形成了中国文学思想上的重要传统，无论是人化自然或自然人化，其理论的基点，大都可以归结到宇宙一体、天地人合一的普遍知识结构上。就文学创作而言，由于创作主体的审美活动处于天地宇宙的无限时空之间，由此形成文学艺术浑融无间、圆融通贯的基本审美特征。艺术家具有包容宇宙的博大胸怀，可以使自己的主观精神自由地与天地往来，任意驰骋，在创作中十分直觉地把内心世界、主观精神投射到客观对象中去，审美的特定对象与天地自然之间、主体与客体之间没有明确的分野，因而艺术作品中所描绘的客观景物总是饱蘸着诗人的情感、欲望、志向、精神，带有强烈的言志与抒情色彩。这种"物我同一"的境界，正是我们民族特有的审美感受方式的重要标示。同时，将主观

---

① 许思园：《中西文化回眸》，华东师范大学出版社 1997 年版，第 4—5 页。
② 胡适：《中国哲学史大纲》，第 1 页。

情思寄寓于客观物象，也形成了中国古代艺术创作中的重要传统，如"以象比德"、比兴之法，"象"与"德"虽属不同，比与兴历代学者也众说纷纭，但在本质上，大抵都不离主观情感对象化与客观景物情感化的交互影响路数。

在阴阳五行说看来，阴阳五行关系是普遍存在的。阴阳的消长，五行的制约是宇宙生成、运动、变化和发展的总规律。无论世界怎样变化，无论人事多么复杂，均可以纳入阴阳五行的框架中，由此自然地影响到古人思维模式、文化心态及人文理念的形成。易学给包括自然和社会的许多事物都赋予了阴阳的含义。从自然现象看，在天为阳，在地为阴；日为阳，月为阴；暑为阳，寒为阴；明为阳，暗为阴；昼为阳，夜为阴；从社会现象看，以男为阳，以女为阴；以君为阳，以民为阴；以君子为阳，以小人为阴；对自然和社会共有的现象亦用阴阳来解释，如刚柔、健顺、进退、伸屈、贵贱、高低等。无论是自然现象，还是社会现象，都是阴阳的统一体，这是宇宙万物同生共在的结构。这种二元对待的思维方式在古代思想文化视野中普遍存在着，清人叶燮《原诗·外篇上》的分析颇为明晰："对待之义，自太极生两仪以后，无事无物不然。日月、寒暑、昼夜，以及人事之万有：生死、贵贱、贫富、高卑、上下……种种两端，不可枚举。大约对待之两端，各有美有恶，非美恶有所偏于一者也。"① 万事万物的存在都不是孤立，而是相对待、相比较而存在的，在阴阳五行的动态平衡中寻求中和，也就成为文论史上众多范畴、命题的基本架构。

阴阳观念对文论范畴的影响，主要表现在思维模式上。在文论范畴形成伊始，将两个单独的范畴拼合起来，能最为直接地、辩证地表达其相辅相成、对待统一的关系，这是古人从理论的高度把握文学现

---

① 叶燮：《原诗》，霍松林校注，人民文学出版社 1979 年版，第 44 页。

象及其本质规律最为直切有效的方法之一。在文论范畴的构型上，形成了一系列两两对举的范畴，它们与阴阳相同，既单独成体，又合二为一。我们可以把它们分为两类：一是相互渗透类，如中和、教化、美善、诗乐、情志、形神、险僻、奇怪、直舒等，此类范畴之间相蕴相含，二者边界模糊，分殊而合，联类互动，其关照方位和指述对象相互转换，在相互阐释、吸纳、补充中呈现出开放性的关系特征；一是相反相成类，如文质、古今、虚实、巧拙、动静、奇正、浓淡、隐显、雅俗、真幻等，此类范畴的建立，在互补中共构，在相离中共存，二者必须有所待，不即不离，必须在相互牵制的共同结构中才能体现出真正的艺术品相。阴阳观念还深刻地影响到文学思想中对"尚和"理念的追求。在古人看来，一切事物都有其对立面：阴与阳、静与动、主与客、心与物、虚与实，只有在对待立义中，在互渗、互含、互补和互转中，在整体和谐的动态平衡中方能凸现其整体意义。

对古代思想文化传统而言，阴阳观念的一个重要影响还在于气范畴的形成。在古代知识系统中，气是"三才"的纽带，它是一种流动不居的精微之体，无所不包地存在于不同的物质形态与精神形态之中。春秋时期，人们开始用气解释各种自然现象和社会现象。《国语·周语上》中伯阳父用阴阳之气不协调来解释地震的产生；《左传·昭公二十四年》中梓慎以阴阳二气相克解释水灾、旱灾；《左传·昭公二十五年》中以"六气"解释"礼"与"情"的产生；等等。对于气论进行形上阐释的是孟子与庄子。孟子气论，指向精神层面，尤其关注道德伦理。《孟子·公孙丑上》有"夫志，气之帅也；气，体之充也""其为气也，配义与道"[1]的说法，将"气"与"知言""志""义""道"联系在一起，"气"就成为人自觉履行伦理

---

[1] 阮元校刻：《十三经注疏》，第 2685 页。

道德规范后在内心形成的精神境界，成为道德情感所孕生的内在精神质素，包括了精神意志、道德境界、智慧才能等因素。在庄子气论中，"心斋"作为体道的一种方法，其间一个重要环节就是"养气"，《庄子·人间世》云："无听之以耳而听之以心，无听之以心而听之以气。"[①] 又《大宗师》云："游乎天地之一气。"[②] 庄学之"气"，乃自然之气、生命之气、精神之气，是养生的一个部分，没有伦理道德的色彩。孟子、庄子的气论，虽然在价值取向和思维方式上有很大的差异，但对于后世文气说的影响是共同存在的，如在曹丕"文以气为主"，刘勰"风骨""养气"，韩愈"气盛言宜"的思想中，就兼有两者的影子。

作为中国古代思想史上的一个原初范畴，气与天地、阴阳并生，具有本体论的意蕴，弥漫于人文创造的各个领域，方东树《昭昧詹言》归结为："凡诗、文、书、画，以精神为主。精神者，气之华也。"[③] 叶燮《原诗·内篇下》亦云："文章者，所以表天地万物之情状也。……总而持之，条而贯之者，曰气。事、理、情之所为用，气为之用也。"[④] 气论使中国文论自产生伊始便带有强烈的生命化色彩，批评话语中也处处充满了生命意象的词汇，同时还衍生出古代艺术理论中许多与风格、意境有关的命题与范畴，如风骨、神气、气韵、气象、气味、气调、气格、气骨、气力、气势等。气遂成为传统文论中作家主体道德情性及个性才力与其作品意蕴风格之间贯通的一个中心环节，气论也就成为贯通文学本体论、创作论、鉴赏论的核心。

现在将本章作一个总束，"三才"和阴阳五行理论综合了三代以来的历史文化经验以及诸子各家在辩证智慧上的贡献，是对中国传统学

---

① 王先谦：《庄子集解》，第35页。
② 王先谦：《庄子集解》，第65页。
③ 方东树：《昭昧詹言》，汪绍楹校点，人民文学出版社1961年版，第30页。
④ 叶燮：《原诗》，第21页。

术的最高概括，深刻地影响了每一个时代政治文化心理的形成并对传统人文思想的定型起到决定作用。虽然汉代以后，"三才"、阴阳五行理论趋于衰落，但其间所蕴含的思维方式，却深深地植根于中国传统的科学和艺术精神之中，尤其在人文创作领域，如音乐、园林、雕塑、绘画、诗词、书法等。中国古代艺术精神，正是因为包含了此一思想文化基因，所以才能既自成体系又独具东方特色。正如敏泽先生指出的那样：

> 　　由阴阳五行思想而产生的法自然的人与天调，是代表中国传统哲学和文化艺术的基础，是中国和东方型综合思维模式的鲜明而完整的体现。它的核心，在于强调师法自然基础上人与自然的和谐统一和一致，强调二者要水乳交融为一体，而不是分离或对抗。这同以征服自然和分析思维为特点的西方文明和艺术思想恰成鲜明的对照。二者相反相成，相济为用，二者的整合，表现着今后整个世界文明和艺术的客观而必然的趋势。①

　　今天，当我们面对"三才"与阴阳五行这一命题时，我们对它的认知是模糊的、抽象的，但当我们把它回溯到古代思想体系中去，这一命题具体的质的规定性就体现出来了，可以这样说，其精髓部分业已转化为一种思维方式、知识范式、价值品格、文化意识、艺术精神，深深地沉积在中华文明的历史长河中。

---

① 敏泽：《中国传统艺术理论体系及东方艺术之美》，《文学遗产》1994 年第 3 期。

第三章　礼乐之知识谱系（上）：乐

作为一种思想传统，礼乐兴盛于三代，鼎盛于西周，经历了漫长的发展演变过程。本文所指的礼乐文化，既是延续了几千年的政教制度，更是中华文化形成中最重要的文化基因与思想资源，从具体的典仪节文到意识形态的各种表现形式，如政治、哲学、宗教、艺术等，在古代思想文化的各个领域，无处不烙有礼乐之印记。本文旨在探讨礼乐传统与早期文学思想演进之关联，那么在此之前，对乐与礼进行知识学的梳理就十分必要了。

考察古代思想文化可以看到，乐曾经具有非常显赫的地位，它所统摄的乐语、乐舞、乐歌构成的乐教系统，以最为完整的理论形态占据了先秦时期政教的中心地位并在传统时代保持了长期的独尊地位，乃所谓"治教未分，官师合一"①的"王官之学"的核心部分，故二十四史均有论及。但是，在传世文献中，乐的资料较之于其他"五经"而言，数量是非常少的。相对于乐论的匮乏，礼的资料由于汉代以后礼学大盛，数量极为庞大，因而，在思想史研究的传统中，学者们往往更为重视自周初"制礼作乐"以来礼制的演变过程。加之受近代西学概念的影响，人们更容易认同汉代以后由于礼与官制、法律分梳而形成的"仪式"概念，从而忽视了礼与乐在发生阶段极其丰富的

---

① 章学诚撰，叶瑛校注：《文史通义校注》，中华书局1985年版，第150页。

原初意蕴与意识形态品格。在目前所见通行的哲学史、思想史和音乐史的论著中，大多数学者认为，礼乐之间的关系为礼主乐辅。笔者以为，在厘清乐之缘起以及乐教、礼教、诗教之发展脉络以后，我们可以发现，所谓礼主乐辅的状况已经是晚周，也就是春秋"礼坏乐崩"以后的情况了。

第一节　乐源论

礼乐并举，但礼与乐的发展是不平衡的。从发生学的角度，通过考古物质遗存与传世文献的印证，并参之人类文化学研究方法的补充，我们可以发现，无论从起源意义、宗教文化层面还是从蕴含的精神境界上，乐都要先于规范人们社会行为的礼，它不仅比礼具有更加悠久的历史，而且在古代社会的政教生活中曾经占据了重要的地位。

最近几十年来，随着考古工作的进展与研究的深入，地下出土的文物与文字材料在三代研究的诸多领域中发挥了越来越显著的作用，其中最为引人注目的是我国境内近百处与古乐有关的史前遗址的发现，从出土的大量乐器以及部分图像资料中，我们不但可以从中确切地看到上古乐发展的真实状况及水平，而且可以透过这些材料研究当时的历史、政治、科技、礼制、历法、文字等。出土的乐器，数量多，门类齐全，包括笛、哨、埙、号等吹奏器，鼓、磬、钟等打击器，以及铃、球等摇响器。乐器的质地可分为骨、陶、石、木、铜等多种，以骨、陶的数量最多。1985 年河南舞阳贾湖新石器时代遗址出土了 25 支竖吹骨笛，系丹顶鹤的尺骨制作，经碳 14 测定，证明这是距今 7800—9000 年前的遗物。1987 年经过音乐工作者的测试，其中一支完好的七音孔笛能吹奏出与传统音阶大致相同的音列，而且更令人惊叹的是，这支骨笛的音孔旁还留有钻孔前的等分符号和调整音响的小孔。[①] 这充分证明了我国早在 8000 年前就已经创制了音律，从而使《吕氏春秋·古乐》中的"葛天氏之乐""黄帝令伶伦作为律""铸十二钟以和五声"[②] 的记载由神话成为确凿的事实。地下出土的实物以无可辩驳的事实力证了古代灿烂的乐史。

从目前的考古材料看，乐与宗教巫术的结合出现在新石器时代的早期。在贾湖遗址三期的墓葬中，发现许多龟铃随葬的现象，这在稍后山东大汶口文化的墓葬中也大量发现。龟铃又称龟响乐器，一般用小石子装在龟甲壳内摇动发声。它的出现表明，古人以龟灵崇拜为特征的原始宗教的萌生，龟铃是乐器和法器的一种集合体，[③] 与之伴出的骨笛也有可能充当了通神的工具从而具有法器的性质，由此可以推断，贾湖人已经形成了"以乐通神"的思想观念。乐与宗教、巫术的关系，到了古史传说中的"三皇五帝"时代，在广度和深度上有了更为密切的结合。距今 5000 多年的青海大通孙家寨彩陶盆舞蹈图案是目前发现年代最早的一幅乐舞图，陶盆内壁上部共绘有相同的三组舞蹈图案，每组五人。画中舞者手牵着手，面向左方，头饰摆向右方，尾饰摆向左方；[④] 同属马家窑文化的青海宗日彩陶盆与此相似，盆内壁上绘有两组舞蹈人像，每组十二人，均着宽松短裙。[⑤] 这种整齐合一、牵手群舞的图像生动再现了"击石拊石，百兽率舞"[⑥] 的乐舞场景，真实地反映了原始乐舞、乐歌在图腾崇拜和宗教祭祀中的重要作用。

---

① 黄翔鹏：《舞阳贾湖骨笛测音研究》，《文物》1989 年第 1 期。
② 许维遹：《吕氏春秋集释》，第 118、120、123 页。
③ 河南省文物考古研究所：《舞阳贾湖》（下），科学出版社 1999 年版，第 969 页。
④ 青海省文物管理处考古队：《青海大通县上孙家寨出土的舞蹈纹彩陶盆》，《文物》1978 年第 3 期。
⑤ 《青海宗日遗址有重大发现》，《中国文物报》1995 年 9 月 24 日。
⑥ 阮元校刻：《十三经注疏》，第 131 页。

　　随着乐与巫术、宗教更为密切的结合，乐的内涵得以不断扩大，并与礼开始结合，早期华夏诸国礼乐文化模式的形成，正是在史前灿烂的古乐文化中孕育发展起来的，无论夏还是其后的商周，乐教活动都是当时社会政治文化生活中一个十分重要的内容。古乐的繁荣推动了社会物质文明与精神文化的发展，并最终使中国古代社会步入了高度繁荣的"钟鸣鼎食"时代。1956 年在河南信阳长台关一号墓出土的带有铭文的编钟，以及 1978 年在湖北随县擂鼓墩曾侯乙墓出土的青铜编钟都是极为著名的代表。尤其是后者的出土震惊了世界，65 件青铜编钟总计重达 2500 公斤，各钟上有标明音阶音律的铭文 2800 多字，并伴随有编磬、建鼓、排箫、笛、笙、瑟等乐器的出土。① 这些出土的实物，一方面可以确凿地证明乐在古代政治社会生活中的地位和作用，另一方面为研究古代乐制提供了前所未有的实物材料，对于重新审视上古礼乐传统的形成大有裨益。

　　除了根据考古实物从器物学角度来探索乐之源流外，我们还可以从字源学的角度进行分析。从文字的起源看，乐的字形在甲骨文和金文中就已出现了，"礼"则是后起字。

　　"樂"字最早见于甲骨文 𢆰②，金文多在中间加"θ"为：𤱿③，其后字体由篆、隶到楷，结构未曾有变。关于"樂"字的起源，具有代表性的说法有两种：一是东汉许慎对"樂"字形、字义的训释：

　　　　樂，五声八音总名。象鼓鞞，木，虡也。（《说文·木部》）④

---

① 参见湖北省博物馆编：《曾侯乙墓》，文物出版社 1980 年版。
② 中国社会科学院考古研究所编辑：《甲骨文编》，中华书局 1965 年版，第 261 页。
③ 容庚编著，张振林、马国权摹补：《金文编》，中华书局 1985 年版，第 398 页。
④ 段玉裁：《说文解字注》，第 265 页。

　　许氏认为"樂"是指各种乐器与乐声，并将其视为木架上置鼓的象形文字。这种说法长期以来占有统治地位，如清人段玉裁注《说文》，释"乐"时引用了《周易·豫·象》中"雷出地奋，豫。先王以作乐崇德"①一段，我们知道，能发出"雷出地奋"的音响，具有如此震撼力的乐器，自然是鼓一类了，这明显是承续了许氏的说法。

　　一是近代以来最为流行的说法，即罗振玉在殷墟甲骨文发现以后，另立新说，否定了许慎所谓象鼓乐器的说法。他认为：

　　　　此字从丝附木上，琴瑟之象也。或增"θ"以象调弦之器，犹今弹琵琶、阮咸者之有拔矣。……许君谓"象鼓鞞，木，虡"者，误也。②

　　罗氏认为"樂"是丝弦张附在木器上的象形文字，以此说明在甲骨文时期或更早就已经产生了琴瑟类的弹弦乐器。近代学者著书立说时多以此为据，并在此基础上进行了各种推断，如郭沫若认为"樂"中的"θ"为拇指之形，置于中代表拇指拨弄琴瑟之弦；日本学者白川静认为"θ"为铃的象形，其下部"或为执于手而摇之"③。综合以上字源学的研究成果，我们大体可以推断："乐"字原义为某种具体丝弦乐器的象征，后来意义不断扩大，泛指一切乐器，直至成为"五声八音总名"，即代表诗、歌、舞等综合艺术的总称。

　　考察乐之缘起，西方人类学的研究方法可以为我们提供理论参照。

---

① 段玉裁：《说文解字注》，第 265 页。
② 李孝定编述：《甲骨文字集释》第六册，台湾"中央研究院"历史语言研究所 1970 年版，第 2003 页。
③ 周法高编撰：《金文诂林补》第三册，台湾"中央研究院"历史语言研究所 1982 年版，第 1603—1604 页。

广义人类学研究人类本身及人类所创造的一切文化现象，其创始人泰勒在《原始文化》《人类学——人及其文化研究》中，大量罗列了他那个时代所能收集到的调查材料，生动地描绘了一幅幅古老的祭祀场面，这些祭祀场面，往往是伴随着祈祷，载歌载舞的。他认为文艺来源于原始人的乐歌、乐舞，人们跳舞是为了表达自己的感情和愿望，并通过这种方式与外在世界发生关系，因此，蒙昧时期的舞蹈具有十分现实的作用，"在文化的童年时期，舞蹈却饱含着热情和庄严的意义。蒙昧人和原始人用舞蹈作为自己的愉快和悲伤、热情和暴怒的表现，甚至作为魔法和宗教的手段"①。其后，弗雷泽在巨著《金枝》中，大量收集了不同文化背景下神话与宗教祭祀的例子，如他以远古时期欧洲农民篝火节的风俗为例，来证明音乐、舞蹈在早期人类祭祀活动中所具有的特殊含义，② 在人类文化学研究上具有典范的意义，常常为人称引。

　　在早期人类学家的研究视野中，巫祭歌舞在人类文化的形成时期，在文化的传递中起到了重要的作用，尤其是在语言文字尚未形成之前，乐所包含的乐歌、乐舞在先民精神生活中占据了绝对重要的地位。遍及世界各地的原始音乐舞蹈是原始宗教仪式中最重要的一部分。音乐舞蹈史家克尔特·萨哈斯在《世界舞蹈史》中认为："令人十分不解的一件事实就是，作为一种高级艺术的舞蹈，在史前期就已经发展起来了。还在文明的初期，它就达到了其他艺术和科学所无法比拟

---

① 〔英〕爱德华·伯内特·泰勒（Edward Burnett Tylor）：《原始文化》（*Primitive Culture*），连树声译，上海文艺出版社 1992 年版，第 796—863 页；《人类学——人及其文化研究》（*Anthropology: An introduction to the study of man and civilization*），连树声译，上海文艺出版社 1993 年版，第 269 页。

② 〔英〕弗雷泽（J. G. Frazer）：《金枝》（*The Golden Bough*），徐育新等译，大众文艺出版社 1998 年版，第 62、63 章。

的完美水平。"① 借鉴西方学者的理论，近年来一些音乐史学家对"乐"字也有不同于传统文字学的见解。如冯洁轩认为"乐"是形声字，本义为原始宗教歌舞活动中，先民围着树木舞蹈，口中发出"吆——吆——"的欢呼声。② 对古乐颇有研究的修海林，把甲骨文中不从"白"的"乐"字作为成熟谷类植物的象形文字来看，并认为"乐"在远古人心中的地位，已不单单是表面获得一种成熟谷物的视觉印象，而是对耕种、收获的不易自然而然产生出来的一种喜悦之情。他从人类文化学的角度，将古乐分为图腾之乐、典礼之乐、农事之乐、战争之乐和生息之乐几个方面，来分析初民音乐情感中所包含的民族文化心理特征，提出了较为新颖的见解。③

从发生学的角度考察，在《国语·楚语下》所谓"民神杂糅""民神异业"④，即天与人、神话与历史杂糅的蒙昧时期，乐舞、乐歌就已经发展到令人惊叹的地步。传说中伊耆氏每年十二月举行载歌载舞的"蜡祭"，所用的《蜡辞》，根据《礼记·郊特牲》的记载有四句："土反其宅，水归其壑，昆虫毋作，草木归其泽。"⑤ 关于祭祀的盛况，《礼记·杂记下》中有一段记载："子贡观于蜡。孔子曰：'赐也，乐乎？'对曰：'一国之人皆若狂。赐未知其乐也。'子曰：'百日之蜡，一日之泽，非尔所知也。'"⑥ 如果没有热烈的乐歌、乐舞相伴，很难想象能够达到一国人若喜若狂的效果。再以古老的"雩"祭为例，"雩"祭是以歌舞为主的仪式，据《周礼·春官宗伯·司巫》载："若国大旱，则帅

---

① 转引自〔美〕苏珊·朗格：《艺术问题》，滕守尧译，中国社会科学出版社1983年版，第10—11页。
② 冯洁轩：《"乐"字析疑》，《音乐研究》1986年第1期。
③ 修海林：《古乐的沉浮——中国古代音乐文化的历史考察》，山东文艺出版社1989年版，第2—13页。
④ 徐元诰：《国语集解》，第514、515页。
⑤ 阮元校刻：《十三经注疏》，第1454页。
⑥ 阮元校刻：《十三经注疏》，第1567页。

巫而舞雩。"①《说文》释："雩，夏祭，乐于赤帝，以祈甘雨也。从雨，亏声。……雩舞羽也。"②《尔雅》释："舞号，雩也。"《礼记·月令》亦载："大雩帝，用盛乐。"郑玄注："雩，吁嗟求雨之祭也。"③可见，"雩"是天旱祈雨之巫术仪式，亦歌亦舞，场面隆重而热烈。

在崇尚鬼神、巫觋兴盛、事事卜筮的巫卜文化氛围中，<u>重巫重祭</u>，乐、舞为精神生活的主要表现形式，文化的中心在神。商代乐舞带有浓厚的巫术宗教性质，用以祭祀娱神和天旱求雨。商汤开始用乐舞祈雨的传统一直流传到商代后期，在甲骨卜辞中最常见的是以舞求雨：

> 于翌日丙舞，有大雨，吉。（《合集》30041）
> 王其乎舞……大吉。（《合集》31031）
> 唯戌呼舞，有大雨。唯万呼舞，有大雨。（《合集》30028）
> 唯万舞盂田，有雨。（《合集》28180）
> 丙辰卜贞，今日奏舞，有从雨。（《合集》12818）④

据裘锡圭先生揭示，在甲骨文和金文中，可以看到一种称"万"的人，其字形作人之侧象上加一横，就卜辞看，"万显然是主要从事舞乐关系的一种人"⑤。就裘先生所提供的材料还可以看到，从事舞乐的"万"，常常和祈雨有关，而乐舞似乎就是其祈雨的手段。

在先民的眼中，歌和舞绝不仅是一种艺术，而是具有一种神秘的力量。人们通过歌舞与神沟通，达到娱神、媚神、通神，降福免灾的目的，并且在视觉与听觉的刺激中表达人的情感和冲动，因而具有宽

---

① 阮元校刻：《十三经注疏》，第 816 页。
② 段玉裁：《说文解字注》，第 574 页。
③ 阮元校刻：《十三经注疏》，第 1369 页。
④ 郭沫若主编、胡厚宣总编辑：《甲骨文合集》，中华书局 1978—1982 年版。
⑤ 裘锡圭：《释万》，《中华文史论丛》1980 年第 2 辑。

慰、安抚和使人满足、快乐的作用，故明人朱载堉《律吕精义·舞学十议》云："乐舞之妙，在于进退屈伸，离合变态，若非变态，则舞不神，不神而欲感动鬼神，难矣。"[1]这种源于农耕文明的乐舞作为沟通天地、神人的中介，通过各种原始崇拜和祈神求丰仪式表达了人们的文化认同与情感体验，在先民的精神生活中占据了重要地位。因此，作为乐舞之"乐"与快乐之"乐"，具有文化心理与语义关联的双重意蕴，这大约也是《荀子·乐论》篇中经典地概括为"乐（yuè）者乐（lè）也"[2]，乐舞即快乐的原因。

周初整理的"六代"之乐和西周制作的雅颂之乐是早期乐制的主要成果。中国古代传说中的"六代"乐舞，即黄帝《云门》、尧《咸池》、舜《大韶》、禹《大夏》、殷《大濩》和周《大武》，它们作为载歌载舞的史诗性乐舞，既用于宗教祭祀也用于部族历史的传承，《周礼·春官宗伯·大司乐》归结为："六舞，大合乐，以致鬼神示，以和邦国，以谐万民，以安宾客，以说远人，以作动物。乃分乐而序之，以祭，以享，以祀。"[3]其中《云门》是黄帝的纪功乐舞，又称为"承云""云门大卷""咸池""大咸"，记载了黄帝在涿鹿之战中大败蚩尤的战绩，按照《周礼》的记载，大司乐的职责就是教授《云门》。《大濩》见于甲骨卜辞，"乙丑卜，贞王宾大乙，濩，亡尤？"（《合集》35500）[4]这是商汤开国时命伊尹创作的；《大武》为周武王的纪功乐舞，《吕氏春秋·古乐》载："武王即位，以六师伐殷。六师未至，以锐兵克之于牧野。归乃荐俘馘于京太室，乃命周公为作《大武》。"[5]《礼记·乐记》中记载了具体表演过程："且夫《武》，始而北出，再

---

① 朱载堉：《律吕精义》，冯文慈注，人民音乐出版社1998年版，第379页。

② 王先谦：《荀子集解》，第379页。

③ 阮元校刻：《十三经注疏》，第788页。

④ 郭沫若主编，胡厚宣总编辑：《甲骨文合集》。

⑤ 许维遹：《吕氏春秋集释》，第127页。

成而灭商，三成而南，四成而南国是疆，五成而分周公左、召公右，六成复缀以崇。"[①] 即把《大武》分成六段，以乐舞形象地表现出武王伐纣、建国、分封和安定天下的周人创业史。后人将其顺序与"周颂"中相关篇章对应，解说不一：

表 1 《大武》表演顺序与"周颂"相关篇章对应表

舞容	舞事	舞诗					
		王国维 [1]	高亨 [2]	孙作云 [3]	阴法鲁 [4]	王玉哲 [5]	杨向奎 [6]
武夙夜	始而北出	《昊天有成命》	《我将》	《酌》	《酌》	《我将》	《武》
发扬蹈厉	再成而灭商	《武》	《武》	《武》	《武》	《时迈》	《时迈》
	三成而南	《酌》	《赉》	《般》	《赉》	《赉》	《赉》
	四成而南国是疆	《桓》	《般》	《赉》	《般》	《般》	《酌》
分夹而进	五成而分陕	《赉》	《酌》			《酌》	《般》
武乱皆坐	六成而复缀以崇天子	《般》	《桓》	《桓》	《桓》	《桓》	《桓》

1　王国维：《周大武乐章考》，载《观堂集林》第一册，中华书局 1959 年版，第 104 页。
2　高亨：《诗经今注》，上海古籍出版社 1980 年版，第 481 页。
3　孙作云：《诗经与周代社会研究》，中华书局 1966 年版，第 239 页。
4　阴法鲁：《诗经中的舞蹈形象》，《舞蹈论丛》1982 年第 4 期。
5　王玉哲：《周代大武乐章的来源和章次问题》，载《先秦史研究》，云南民族出版社 1987 年版。
6　杨向奎：《宗周社会与礼乐文明》，人民出版社 1992 年版，第 336—341 页。

乐的鼎盛在夏、商、周及更早的史前时代，在远古的自然崇拜、图腾崇拜、鬼神崇拜、祖先崇拜等原始宗教信仰中，乐教具有载道和支撑政教的多重功能，因而在以巫卜信仰与宗教祭祀为主体的政治生

---

① 阮元校刻：《十三经注疏》，第 1542 页。

活中占据了核心的地位。故而刘师培论原始礼俗认为："岂知上古教民六艺之中乐为最崇，固以乐教为教民之本哉。"[①] 从现有文献记载来看，乐教起源甚早，相传在尧舜时期，已有乐教的萌芽，如《史记·五帝本纪》载："尧子丹朱，舜子商均，皆有疆土，以奉先祀，服其服，礼乐如之。"[②] 关于夏商两代乐教的记载，可考者甚微，最早明确的记载见于《尚书·尧典》："帝曰：夔，命汝典乐，教胄子。"[③]《礼记·明堂位》中记载了商代的乐教设施"瞽宗"，同时，我们根据《诗经·商颂》的记载以及考古出土的鼓、磬、钟、埙、龠等乐器可知，商代已经形成了完整的以打击乐器为主，吹奏乐器为次的器乐系列，[④] 这表明商代已经具备了相当成熟的乐教系统。

　　根据《周礼》的记载，周代形成了一套以大司乐为首，以乐教为中心的教育制度，我们从大司乐教授的"乐德""乐语"和"乐舞"的内容看，实际上已包含了乐教、礼教、诗教的种种成分。乐教所统摄的内容几乎涵盖了上古社会意识形态的各个领域，故而《礼记·经解》中假孔子口概括为"广博易良，乐教也"[⑤]。虽然近代学者认为《周礼》晚出，是战国时期的著述，但所记载的制度应该有所本，不会完全是作者的想象。正如清人俞正燮《君子小人学道是弦歌义》云："虞命教胄子，止属典乐；周成均之教，大司成、小司成、乐胥皆主乐；《周官》大司乐、乐师、大胥、小胥皆主学。……通检三代以上书，乐之外无所谓学。"[⑥] 可谓一语言中。

---

① 刘师培：《古政原始论》，载《刘师培全集》第二册，中共中央党校出版社 1997 年版，第 48 页。

② 司马迁：《史记》，第 44 页。

③ 阮元校刻：《十三经注疏》，第 131 页。

④ 参见杨荫浏：《中国古代音乐史稿》，人民音乐出版社 1981 年版，第 23—27 页。

⑤ 阮元校刻：《十三经注疏》，第 1609 页。

⑥ 俞正燮：《癸巳存稿》卷二，载《丛书集成初编》，商务印书馆 1937 年版，第 60—61 页。

春秋时期政治、经济、文化各方面发生了深刻的变化，宗教意识渐趋淡薄，在周人德政、保民思想的基础上，礼教开始兴盛，乐的政教地位逐渐隐退。瞽、史并称，在朝廷之上乐官与史官平行负责其规谏之责，如《国语·楚语上》云："史不失书，瞽不失诵。"[①] 又《左传·襄公十四年》云："史为书，瞽为诗，工诵箴谏。"[②] 又《襄公三十年》中，记载鲁大夫季武子曾感叹晋国人才杰出："有史赵、师旷而咨度焉。"[③] 史赵是晋国著名史官，师旷是晋国著名乐官，由此可见，瞽、史在国家政治中具有相同的咨询参政作用。在国家的各种活动中，宗教的乐歌、乐舞依然存在，如《大夏》仍在一些诸侯国的宫廷中流传，《襄公二十九年》吴公子季札在鲁观乐，就有《大夏》之舞，观后他情不自禁地感叹："美哉。勤而不德，非禹其谁能修之？"[④] 以此观之，虽然春秋战国时期经历了巨大的思想变动，但三代以来的政教传统仍然保持着巨大的惯性。

伴随着政教地位的改变，乐的内容发生了巨大的变化，逐渐摆脱了神权统治和等级观念的束缚，由对天道、神道的歌唱转为对人道的赞美，对世俗情感生活的表达和张扬。随着古乐的衰落，"新声"开始在中原流行起来。修海林认为："春秋战国时期，音乐生活发生的重大变化是，相对于过去的乐在宫廷，现在是乐在民间；相对于过去行乐在礼，现在是行乐在情；相对于过去乐从雅声，现在是乐从'新声'。"[⑤] 所谓"雅乐"即古乐，是与周礼互为表里，在宫廷的各种典礼场合使用的乐歌乐舞，节奏舒缓，中正平和，后世儒家对其推崇备至，

---

① 徐元诰：《国语集解》，第 501 页。
② 阮元校刻：《十三经注疏》，第 1958 页。
③ 阮元校刻：《十三经注疏》，第 2012 页。
④ 阮元校刻：《十三经注疏》，第 2008 页。
⑤ 修海林：《古乐的沉浮 —— 中国古代音乐文化的历史考察》，第 31 页。

如郭店楚简的《性自命出》云："凡古乐龙心，益乐龙指，皆教其人者也。《赉》《武》乐取，《韶》《夏》乐情。"[①] "新声"是指散落在民间率性的"俗乐"，以郑卫之音为代表，多为男女恋歌，音调优美，感情热烈，追求感官刺激，受到自上而下的喜爱，这就对形式平和板滞，内容偏于伦理说教，表演固定重复的古乐形成了巨大的冲击。

乐教的衰落，除礼自外部，"新声"自内部的冲击外，乐官的流失客观上也导致了乐教的下移。《论语·微子》中记载了当时鲁国乐官流失的情况："大师挚适齐，亚饭干适楚，三饭缭适蔡，四饭缺适秦。"[②]伴随着学术下移，乐教的对象已不仅限于宫廷而传播于民间了，乐教的重心从官学转向私学，《列子·汤问》有薛谭学歌，秦青"抚节悲歌，声振林木，响遏行云"[③]的记载。正因为如此，孔子遂有"正乐"之举，《论语·子罕》云："子曰：吾自卫反鲁，然后乐正，《雅》《颂》各得其所。"[④] 以周代雅乐为理想的孔子力图挽救道衰乐废，在其"兴于诗，立于礼，成于乐"[⑤]的人生三步曲中，乐就居于最高的境地，对于乐教的重视是孔子礼乐观的重要特点。

秦汉以后，礼学大盛，礼教成为古代人伦教化中极其重要的环节，乐教遂为衰微之学。从现存的汉代石墓画像看，虽然存留大量乐舞，如汉代非常流行的盘舞，这在张衡的《七盘舞赋》和王粲的《七释》中都有详细的描述，但乐歌、乐舞中庄严、高尚的宗教、政教成分几乎没有了，而是愈加凸显出个人娱乐、抒情的审美特性。从其题材来看，有大量历史故事，如"周公辅成王""孔子见老子""苛政猛于虎""二桃杀三士""荆柯刺秦王""秋胡戏妻""河梁送别""鸿门宴"等，礼教的意

---

① 李零：《郭店楚简校读记》，第 106 页。
② 阮元校刻：《十三经注疏》，第 2530 页。
③ 杨伯峻：《列子集释》，中华书局 1979 年版，第 177 页。
④ 阮元校刻：《十三经注疏》，第 2491 页。
⑤ 阮元校刻：《十三经注疏》，第 2487 页。

蕴颇多，尧、舜、禹等圣王，孝子、义士、节女等形象，已经可以明显看出礼教对人们精神世界的渗透。从传世文献来看，虽然现存《礼记》中有《乐记》篇，《史记》中有《乐书》篇，《汉书》中有《礼乐志》，但关于乐的记录大多是对前代相关文献的照章抄录，表达了时人对古乐理想的一种追忆，其现实政教意义已经微乎其微了。

第二节　乐之意识形态品格

在中国当代思想文化的研究中，"意识形态"是一个相当泛化的概念。本文所采用的观点，主要是依据经典理论。作为一个总体性的概念，意识形态包括了许多具体的意识形式，如政治、法律、思想、道德、哲学、宗教等。在上古混沌未分的原始意识形态统一体中，包含了后世哲学、宗教、艺术、文学的萌芽，乐教作为政教的核心，自产生伊始便混融了意识形态的诸多品格，经历了从宗教文化到政教文化到艺术文化的蜕变。在人们的精神生活中，乐教经历了"以乐事神""以乐崇礼"到"以乐为乐（lè）"的政教地位逐渐下移的过程。

夏商巫卜文化兴盛，这是"以乐事神"的时代。在以宗教巫术与政教权力结合为主要特征的思想传统中，乐歌、乐舞所凸显的神圣蕴含和政治权力使其兼有宗教祭祀与维护政教的双重功能。殷人崇信鬼神，凡事卜问而后定，这种宗教意识影响到政治统治、社会生活和艺术活动的各个方面。《尚书·伊训》中有成汤的严厉告诫："敢有恒舞于宫，酣歌于室，时谓巫风。"孔疏："巫以歌舞事神，故歌舞为巫觋之风俗也。"[1]鉴于夏桀灭亡的教训，成汤对"巫风"深恶痛绝，但其

---

[1] 阮元校刻：《十三经注疏》，第 163 页。

后代并没有以此为戒，反而变本加厉，到殷末武丁、商纣时代达到高峰，据《礼记·郊特牲》记载："殷人尚声，臭味未成，涤荡其声。乐三阕，然后出迎牲。声音之号，所以诏告于天地之间也。"[①] 这概括了商代社会乐歌、乐舞发达的特点。根据殷墟甲骨文考证，"巫"和"舞"为同源字，巫之动作叫舞，舞者叫巫，其得声，盖出自巫者舞时口中"乌乌"之声，[②] 巫师就是以乐歌、乐舞降神的表演者。被尊为"乐祖""先师""神瞽"的乐师，作为神人中介，精通音乐、舞蹈，熟悉部族的历史文化，能够通过乐歌、乐舞的表演与传授，上通神明之德，中利天地之道，下达万众之心，因而在政教生活中占据了重要的地位。

西周时期，以礼教为本位的宗法文化逐渐代替了巫卜文化，乐教由巫术、宗教之载体转而承载更多的政教伦理内涵，这是"以乐崇礼"的时代。作为一种新的宗教信仰系统，周礼以新型的祭祀谱系、等级差异、礼仪程式、雅化制度，体现了周人思想中强烈的宗法意识、理性精神与人文色彩。图腾崇拜、祖先崇拜、自然崇拜以及巫术观念、鬼魂观念等原始信仰成分，不断蜕化、离析，整合成为周礼的组成部分。周公"制礼作乐"，一方面扬弃了殷人乐教传统中浓厚的宗教因素，以"亲亲""尊尊"的理性原则对传统思想资源进行了系统化、规范化和完备化的整合，其中包括了源于父系家长制的宗法制、传统的血缘认同意识及以巫术宗教信仰为内在支撑的乐制，制定出一套极具人文色彩和政治实效性的礼仪制度，赋予礼乐教化政治体制的规范和权力的保护，并使之成为保障上层建筑诸要素实施的主要手段；另一方面又极大地扩展了礼乐的功能，从夏商时期主要用于宗教祭祀扩展

---

① 阮元校刻：《十三经注疏》，第 1457 页。
② 陈梦家：《商代的神话与巫术》，《燕京学报》1937 年第 20 期。

到社会人事的各个方面，涵盖了从显在的典章制度到内隐的精神生活的各个层面，使之成为整合政治关系、等级秩序、道德伦理以及思想感情的新工具，在完成了礼乐之宗教功能向政教功能转化的同时，抟铸出一个超越政治力量的超稳定的文化共同体，从而赋予礼乐以新的意识形态品格。

对于乐教功能的衍化，我们从《吕氏春秋·古乐》中所记载乐歌、乐舞的发生、发展史，可以窥见其由宗教转向政教的演变轨迹。在传说中的朱襄氏、葛天氏和陶唐氏时代，乐舞、乐歌的产生与先民的生态环境及生产劳作密切联系：

> 朱襄氏之治天下也，……故士达作为五弦瑟，以来阴气，以定群生。
>
> 昔葛天氏之乐，三人操牛尾，投足以歌《八阕》。
>
> 昔陶唐氏之始，阴多滞伏而湛积，……故作为舞以宣导之。[1]

这里所记载的农耕时代初民开垦疆土、祈求丰年的乐歌、乐舞，带有强烈的自然崇拜色彩。黄帝、颛顼、喾、尧、舜时期，乐舞、乐歌和乐器的产生则明显地与宗教祭祀密切关联：

> 帝颛顼好其音，……以祭上帝。
>
> 帝喾命咸黑作为声歌，……乃以康帝德。
>
> 帝尧立乃命质为乐，……乃拊石击石，以象上帝玉磬之音，……以祭上帝。

---

[1] 许维遹：《吕氏春秋集释》，第118—119页。

> 帝舜乃令质修《九招》《六列》《六英》，以明帝德。①

这反映了氏族共同体以天神崇拜和祖宗崇拜的方式来增强文化认同意识，以此实现人神合一的原始宗教理想。夏禹、殷汤、周文王的三代之乐，是典型的"王者功成作乐"，鲜明地体现了炫耀文治武功的政教理念：

> 禹立勤劳天下，日夜不懈。……于是命皋陶作为《夏籥》九成，以昭其功。
>
> 殷汤即位，……汤于是率六州以讨桀罪。功名大成，……汤乃命伊尹作为《大护》、歌《晨露》、修《九招》《六列》，以见其善。
>
> 武王即位，以六师伐殷，……乃为《三象》，以嘉其德。②

这里有歌颂夏开国君主大禹治水成功的《大夏》，有颂扬商开国君主成汤率六州诸侯征讨夏桀并取而代之的《大濩》，有记载武王伐纣战争全过程的《大武》。乐歌、乐舞作为王权的象征，其制作与展示的目的，在于树立新君主的权威，巩固新政权，因此不仅带有英雄崇拜色彩，而且具有"神道设教"的意味了。

春秋以后，随着礼的观念逐渐深入人心，加之人文思潮的推波助澜，礼制开始取代天命鬼神的主导地位成为国家民众之大法，在社会生活中日益占据着重要的地位，故而《国语·晋语》有"非礼不终年"③的说法。礼地位的上升，无疑从根本上改变了礼乐文化中礼与乐

---

① 许维遹：《吕氏春秋集释》，第 123—126 页。
② 许维遹：《吕氏春秋集释》，第 126—128 页。
③ 徐元诰：《国语集解》，第 253 页。

的比重，这种变化到春秋时发展到顶峰。随着乐在宗教文化中精神领袖地位的日趋动摇，乐教在意识形态中的地位逐渐下移，开始淡出社会政治的中心而仅仅作为政教系统一个残存的象征符号了。相对于意识形态品格的淡化，乐教本身所蕴含的审美品格得到了极大张扬，音乐的世俗性、普遍性和享乐性使其不断摆脱政教的束缚彻底人间化了，这是"以乐为乐（lè）"的时代，乐教也就最终演变为艺术文化系统的一个组成部分了。

在不断系统化和制度化的过程中，乐教渗透到人们的精神世界中，通过与刑政的结合补其不足，代表了思想、制度和文化的真正一统，并成为古人实现政教理想最完美境界的必由之路。考察乐教之意识形态品格，主要表现在四个方面：

其一，乐是政治的中心。作为沟通天地、神人的媒介，乐在先民的自然崇拜、祖先崇拜中占有重要的位置。先秦的宗教祭祀往往以乐舞、乐歌来表现对鬼神的顶礼膜拜和与先祖在精神上的共感互通。从现存文献看，上古帝王的记载多与乐有关。据《山海经》记载，后世用以祭祀的乐歌、乐舞《九辩》《九歌》，就是夏禹之子夏启登天得来的，《大荒西经》载："开上三嫔于天，得《九辩》与《九歌》以下。此天穆之野，高二千仞，开焉得始歌《九招》。"[1]战国传下来的《世本》一书，就有不少"先王作乐"的记载，如《作》篇有"女娲作笙簧""随作筝""随作笙""神农作琴""黄帝使伶伦造磬，倕作钟""尧修黄帝乐名咸池""夷作鼓""舜造箫""夔作乐""叔造磬"等，[2]虽然这些传说真伪混杂，但从中亦可窥见早期乐教的痕迹。《吕氏春秋》对于"先王之乐"的记载最为详细，《古乐》篇中历述了自朱襄氏、葛天

---

[1]　袁珂：《山海经校注》，上海古籍出版社1980年版，第414页。开即夏启，汉人避讳而改。

[2]　周渭卿：《世本》，齐鲁书社2010年版，第63—72页。

氏、陶唐氏、黄帝、颛顼、帝喾、唐尧、虞舜、夏禹、殷汤、周文王等帝王以来源远流长的乐歌创作传统,可见乐舞、乐歌乃早期部落首领及帝王的必备知识。

根据《吕氏春秋·古乐》的记载,商代用以祭祀的乐舞为《大濩》,即《韶濩》《万舞》《隶舞》《羽舞》等,乐歌现存五篇,即《诗经·商颂》中《那》《烈祖》《玄鸟》《长发》和《殷武》,这些乐歌、乐舞皆为宗庙祭祀时炫耀武功和追念祖先所用。据《周礼·春官宗伯·大司乐》的记载,周代用《大夏》祭祀山川鬼神:"乃奏蕤宾,歌函钟,舞《大夏》,以祭山川。"用《大武》祭祀祖先:"乃奏无射,歌夹钟,舞大武,以享先祖。"[1] 在宗教祭祀中,常常是由帝王兼巫师一职。如《史记·五帝本纪》记载黄帝"顺天地之纪,幽明之占,死生之说,存亡之难"[2];《国语·楚语下》记载颛顼"绝地天通"[3];《史记·五帝本纪》记载帝尧"其仁如天,其知如神"[4],帝舜"类于上帝,禋于六宗,望于山川,辩于群神"[5],商汤"以身祷于桑林"[6],等等。据此,刘师培认为:"古代乐官大抵以巫官兼摄","三代以前之乐舞,无一不源于祭神。钟师、大司乐诸职,盖均出于古代之巫官。"[7] 陈梦家认为:"王者为群巫之长。"[8] 他们都非常有见地地指出了乐官、巫官

---

[1] 阮元校刻:《十三经注疏》,第 789 页。

[2] 司马迁:《史记》,第 6 页。

[3] 徐元诰:《国语集解》,第 515 页。

[4] 司马迁:《史记》,第 15 页。

[5] 司马迁:《史记》,第 24 页。

[6] "汤祷的故事",见于《荀子》《淮南子》《吕氏春秋》。郑振铎先生曾在 20 世纪 30 年代写过《汤祷》篇,用民俗学观点进行了深入分析。(《郑振铎古典文学论文集》,上海古籍出版社 1984 年版,第 100—130 页)

[7] 刘师培:《舞法起于祭神考》,载《刘师培全集》第三册,第 445—446 页。

[8] 陈梦家:《商代的神话与巫术》,《燕京学报》1937 年第 20 期。

与王权之间的关系。以大禹为例，传世典籍中多有"禹步"①的记载，考之马王堆帛书《五十二病方》，言"禹步三"凡五处，也可以印证大禹的巫师身份，他正是集王权与神权于一身的大巫。对此，童恩正指出："虽然根据现有资料，我们还很难断定他们的身份就是巫，但是他们在处理政事时兼行巫的职务，并且利用宗教的手段为自己的政治目的服务，从而使私有财产的出现、阶级的分化和国家机器的形成一步一步走向合法化，这恐怕是没有问题的。因此，我们可以说，没有'巫'的配合，也就没有中国的文明。"② 这种分析是可信的。

其二，乐是等级的象征。各个等级使用乐的形式和规模均有明确的规定，礼之等级象征通过乐的形式完全显现出来了。从"三礼"的记载来看，古人有仪必有乐，雅乐和燕乐为宫廷用乐，雅乐用于祭祀典礼，燕乐用于燕飨宾客。凡宫廷用乐，对乐的规定十分琐细，乐律、乐调、乐器、曲目、乐舞队列规模乃至表演时间、地点、场合，等等，都有明确的规定。在乐器上，《周礼·春官宗伯·小胥》载："正乐县之位：王宫县，诸侯轩县，卿大夫判县，士特县。"③ 在乐曲上，《春官宗伯·乐师》载："教乐仪，行以肆夏，趋以采荠，车亦如之。环拜以钟鼓为节。凡射，王以驺虞为节，诸侯以狸首为节，大夫以采苹为节，士以采蘩为节。"④ 在乐队上，《穀梁传·隐公五年》载："舞《大夏》，天子八佾，诸公六佾，诸侯四佾。"⑤《论语·八佾》中记载孔子因三家

---

① "禹步"即跛行。相传大禹治水辛苦，身病偏枯，足行艰难，故名。《尸子下》载："禹于是疏河决江，十年不窥其家。手不爪，胫不生毛，生偏枯之病，步不相过，人曰禹步。"《法言·重黎》载："巫步多禹。"《抱朴子·登涉》详细解释"禹三步"后云："如此，禹步之道毕矣。凡作天下百术，皆宜知禹步。"可见"禹步"因为具有驱邪逐鬼的功能，所以在社会上颇为流行，故后世巫师、道士作法的步法也称为"禹步"。

② 童恩正：《人类与文化》，重庆出版社1998年版，第447页。

③ 阮元校刻：《十三经注疏》，第795页。

④ 阮元校刻：《十三经注疏》，第793页。

⑤ 阮元校刻：《十三经注疏》，第2369页。

诸侯用天子祭宗庙撤祭之《雍》而十分不满，怒斥："'相维辟公，天子穆穆'，奚取于三家之堂？"[①]他认为三家身为鲁国大夫，不能越级使用天子之乐。这样等级有别、秩序井然的乐舞，在享神的同时，更给人以宗法等级观念和礼法规范之熏陶，后世体现等级秩序之礼已经完全融入乐的种种规定性中了。

对于乐所体现的等级内涵，王国维先生在《释乐次》一文中，根据先秦典籍，对典礼中天子、诸侯、大夫、士用乐之次序和形式进行了详尽考证，兹录如下：

表 2　天子诸侯大夫士用乐表[②]

| | 金奏 | 升歌 | 管 | 笙 | 间歌 | | 合乐 | 舞 | 金奏 |
					歌	笙			
大夫士乡饮酒礼	无	鹿鸣四牡皇皇者华	无	南陔白华华黍	鱼丽南有嘉鱼南山有台	由庚崇丘由仪	周南：关雎葛覃卷耳召南：鹊巢采蘩采蘋	无	陔夏
大夫士乡射礼	无	无	无	无	无	无	周南：关雎葛覃卷耳召南：鹊巢采蘩采蘋	无	陔夏

---

① 阮元校刻：《十三经注疏》，第 2456 页。
② 王国维：《观堂集林》第一册，第 102—104 页。

	金奏	升歌	管	笙	间歌		合乐	舞	金奏
					歌	笙			
诸侯 燕礼 之甲 （据燕礼经）	无	鹿鸣 四牡 皇皇 者华	无	南陔 白华 华黍	鱼丽 南有 嘉鱼 南山 有台	由庚 崇丘 由仪	周南： 关雎 葛覃 卷耳 召南： 鹊巢 采蘩 采蘋	无	陔夏
诸侯 燕礼 之乙 （据燕礼记）	肆夏 肆夏	鹿鸣	"新宫"	"笙入 三成"			乡乐	勺	陔夏
诸侯 大射 仪	肆夏 肆夏	鹿鸣 三终	新宫 三终						陔夏 骜夏
两君 相见		文王 之三					鹿鸣 之三		
		清庙	象					武夏籥	
鲁禘		清庙	象					大武 大夏	
天子 大射	王夏 （肆夏）	（清庙）	（象）					弓矢舞	（肆夏） 王夏
天子 大飨	王夏 肆夏	（清庙）	（象）						肆夏 王夏
天子 视学 养老	（王夏） （肆夏）	清庙	象					大武	（肆夏） 王夏
天子 大祭 祀	王夏 肆夏 昭夏	清庙	象					大武 大夏	肆夏 王夏

说明：表内加""者不必有。加（　）者经传无明文。以意推之。

其三，乐是道德的表征。古人认为"乐象德"，是指乐是德行的象征，德乃乐的本质特征，这表明了古代思想家对于乐之本质及社会功能的看法。如周人臧哀伯有"文物昭德"的说法，他列举了"清庙茅屋""大羹不致""衮冕黻珽""藻率鞞鞛""火龙黼黻""锡鸾和铃"等，[①] 认为无论是衣食住行等物质生活还是五色、五音等精神生活，都要加以礼乐典章制度的限定，《左传·桓公二年》载："文物以纪之，声明以发之，以临照百官，百官于是乎戒惧，而不敢易纪律。"[②] 魏绛有"乐以安德"的说法，肯定乐教对于道德礼义培养的重要作用：

> 夫乐以安德，义以处之，礼以行之，信以守之，仁以厉之，而后可以殿邦国，同福禄，来远人，所谓乐也。（《襄公十一年》）[③]

师旷有"乐以风德"的说法，极力张扬乐教对于德政的风扬、宣化意义：

> 夫乐以开山川之风也，以耀德于广远也。风德以广之，风山川以远之，风物以听之，修诗以咏之，修礼以节之。（《国语·晋语》）[④]

对此，《礼记·乐记》中更明确断定："乐者所以象德也"，"故观其舞，知其德"[⑤]，"天下大定，然后正六律，和五声，弦歌诗颂，此

---

① 阮元校刻：《十三经注疏》，第 1741—1742 页。
② 阮元校刻：《十三经注疏》，第 1743 页。
③ 阮元校刻：《十三经注疏》，第 1951 页。
④ 徐元诰：《国语集解》，第 427 页。
⑤ 阮元校刻：《十三经注疏》，第 1534 页。

之谓德音。德音之谓乐。"① 值得一提的是，郭店楚简有《五行》篇云："君子之为善也，有与始，有与终也。君子之为德也，有与始，有与终也。金声而玉振之，有德者也。"② 这就与《孟子·万章下》以"金声""玉振"称赞孔子为"集大成"的说法相印证了，说明乐与德行之密切关联。所谓"金声玉振"，是指"金石之乐"，这是宗周雅乐体系中最具艺术性和表演性的部分，是对乐之教化特征的形象表述，孟子以此对孔子的道德人生进行概括，说明孟子的成圣标准是本乎乐教传统的。乐乃"成圣成德"的必经阶梯，因而儒家认定乐教是陶冶伦理道德，培养高尚情操的重要手段。

其四，乐是教育的核心。上古教育经历了从早期部族历史文化的口头相传，到三代包括祭祀的乐歌、乐舞在内的典章制度和道德规范的传授，是一个不断制度化、强制化的文化灌输过程，在这个过程中，乐教起到了极大的作用。中国古代教育机构的设立，历史悠久，可以追溯到五帝时代。据《周礼·春官宗伯》记载，五帝时代的大学称为"成均"，其教学内容，郑玄认为"均，调也。乐师主调其音"③，他由"均"推测"成均"之学以乐教为主，故到西周时大司乐所掌仍为"成均之法"，即以乐教教育贵族子弟。对此，刘师培作了大量研究，他认为："古代教育之法，则有虞之学，名曰成均，均字即韵字之古文，古代教民，口耳相传，故重声教。而以声感人，莫善于乐。观舜使后夔典乐，复命后夔教胄子，则乐师即属教师。"④ 考之典籍，虞舜时候的教育机构为"庠"，《礼记·王制》载："有虞氏养国老于上庠，养庶老于下庠。"⑤ 对于三代教育机构设立的目的，《孟子·滕文公上》认

---

① 阮元校刻：《十三经注疏》，第 1540 页。
② 李零：《郭店楚简校读记》，第 79 页。
③ 阮元校刻：《十三经注疏》，第 787 页。
④ 刘师培：《古政原始论》，载《刘师培全集》第二册，第 48 页。
⑤ 阮元校刻：《十三经注疏》，第 1346 页。

为："设为庠序学校以教之。庠者，养也。校者，教也。序者，射也。夏曰校，殷曰序，周曰庠。学则三代共之，皆所以明人伦也。"① 除"庠序"以外，殷代还出现了一种新的学校"瞽宗"，如《礼记·明堂位》："瞽宗，殷学也。"② 又《国语·周语下》载伶州鸠曰："古之神瞽考中声而量之以制，度律均钟，百官轨仪。"韦昭注："神瞽，古乐正，知天道者也，死以为乐祖，祭于瞽宗，谓之神瞽。"③ 所谓"瞽宗"，既是教学场所，又是祭祀乐祖的地方。按照马端临《文献通考·学校考》卷四十的说法，这是殷代"以乐造士"制度施行的地方，殷墟中所发现的大量关于学习祭祀与乐歌、乐舞的卜辞也可以与此相印证。④

　　根据《周礼》的记载，周代在承续夏商教育传统的基础上，形成了一套以乐教为中心，政教合一、官师不分的教育制度。乐教涵盖的内容广泛，孙诒让《周礼正义》卷四二释"大司乐"曰："乐虽为六艺之一端，而此官掌治大学之政，其教以通晓三物（即六德、六行、六艺），不徒教乐也。"⑤ 乐官数量庞大，《周礼·春官宗伯》卷首所记载有明确职责的就有一千四百余人。在教学分工上，大司乐、乐师和乐官各司其职，"大司乐掌成均之法，以治建国之学政""以乐德教国子"，使他们具备"中、和、祗、庸、孝、友"的道德品质；"以乐语教国子"，使他们具备"兴、道、讽、诵、言、语"的从政能力；"以乐舞教国子"，使他们学会祭祀祖先神灵的"大舞"。⑥ 此外，"大师掌

① 阮元校刻：《十三经注疏》，第 2702 页。
② 阮元校刻：《十三经注疏》，第 1491 页。
③ 徐元浩：《国语集解》，第 113 页。
④ 毛礼锐、沈灌群：《中国教育通史》第一卷，山东教育出版社 1985 年版，第 86—94 页；李国钧、王炳照总主编：《中国教育制度通史》第一卷，山东教育出版社 2000 年版，第 40—85 页。
⑤ 孙诒让：《周礼正义》，中华书局 1987 年版，第 1721 页。
⑥ 阮元校刻：《十三经注疏》，第 787 页。

六律六同，以合阴阳之声。……教六诗。曰风、曰赋、曰比、曰兴、曰雅、曰颂。以六德为之本，以六律为之音"[1]。在教学时间上，根据春夏秋冬阴阳所宜分别施教，如《文王世子》载："春夏学干戈，秋冬学羽籥……春诵夏弦……秋学礼……冬读书。"[2] 又《王制》载："春秋教以《礼》《乐》，冬夏教以《诗》《书》。"[3] 在教学步骤上，根据学生长幼，由易到难，循序渐进，《内则》谓男童六岁受教，"十有三年，学乐诵诗，舞《勺》。成童，舞《象》，学射御。二十而冠，始学礼，可以衣裘帛，舞《大夏》，惇行孝弟，博学不教，内而不出。"[4] 西周的教育和教化是相互渗透的，学校既是教学的地点，也是行礼用仪的场所。辟雍、泮宫、乡学举行射礼、飨宴、养老、献俘等典礼，学生学习效仿，实践礼乐。春秋战国时期，周室衰微，诸侯纷争，国学、乡学难以为继，由"学在官府"演变为"学在四夷"，正是由于学术下移，私学勃兴，始有百家争鸣的出现。

第三节　乐教与中国文化精神

（一）乐教之为"六艺"先

在切入本节正题以前，需辨明两个前提性的问题。一是对于教化传统的认识。在古代思想体系的形成中，礼乐传统以理论的系统性和现实操作性，涵盖了制度建设、精神创造与文化传承的诸多方面，具有深厚的文化创造力和政教生命力。它既是三代以来巫卜文化与宗法

---

① 阮元校刻：《十三经注疏》，第795—796页。
② 阮元校刻：《十三经注疏》，第1404—1405页。
③ 阮元校刻：《十三经注疏》，第1342页。
④ 阮元校刻：《十三经注疏》，第1471页。

制度下的产物，更是春秋以后古典时代知识精英在精神创造中形成的一套理想形态的政教价值观。虽然今人谈教化时多少带点贬义，但其却是古人政治生活中的头等大事，故《礼记·学记》云："古之王者建国君民，教学为先。"[①] 以礼乐思想为主导的几千年政治统治就是通过一整套教化机制来完成的，政教的过程就是教化的实施与接受过程：寓礼乐于教化中，以仁义礼义教人，将其内化为修己之道，外化为治人之政，以达到政权与民间，"亲亲"与"尊尊"的和谐。这是传统礼乐政治的核心内容。

儒家把教化视为人社会化的实现方式与途径，认为礼乐教化的目的是通过提高个体的内在道德，以助君子成人并促使理想社会的到来。政教理想落实到操作层面上是古人自上而下的一种制度化的教育活动，这种教育制度集政治、伦理、宗教、情感于一身，兼顾了道德理性与人之性情，协调了个体之内心欲求与社会之外在要求，长期熏陶其中，确乎是培养文质彬彬、道艺兼备君子的最佳方式。礼乐教化所代表的博雅传统，可以使人谦逊、审慎和睿智，让人们更具有历史感，尤为重要的是，礼乐教化具有内在的生长机制，能够通过不断的自我教育，培植善端，引向善途，归于完善，如此，则国泰民安，天下大治，因此更是维系社会秩序，整合意识形态的重要手段。中国古代思想文化的发达，文化领域的分化，在很大程度上是源于这种教育制度而又反过来服务于社会政治的。在儒家的传统中，礼乐教化是实行吏治的根本，汉代以后的一些官吏，在任时不靠刑罚而崇教化，史称"循吏"。吕思勉认为"汉世良吏，多能兴学于辟陋之地"，并列举了文翁、栾巴、任延、徐邈等地方官员在任时兴建学校，以礼乐教化百姓的事

---

① 阮元校刻：《十三经注疏》，第 1521 页。

迹。^①余英时认为，"循吏"是大传统的传播人，他们依据儒家教化观来启发民智，在实施教化时无形中也传播儒家的文化价值观，是中国文化一种独特的传播方式。因此，对"循吏"的研究，特别有助于我们理解中国传统中的政教关系。^②

二是对于乐教在"六艺"中地位的认识。以"六艺"为教化的传统源于三代，《国语·楚语上》中记载了春秋中叶申叔关于"教之《春秋》""教之《诗》""教之《礼》""教之《乐》""教之训典"的议论。^③春秋晚期孔子的论述就更加完善了，《礼记·经解》中有孔子关于"六艺"教化功能特点及得失的评价：

> 入其国，其教可知也。其为人也，温柔敦厚，《诗》教也。疏通知远，《书》教也。广博易良，《乐》教也。洁静精微，《易》教也。恭俭庄敬，《礼》教也。属辞比事，《春秋》教也。故《诗》之失愚，《书》之失诬，《乐》之失奢，《易》之失贼，《礼》之失烦，《春秋》之失乱。^④

以今人的眼光看，所谓"六艺"，本身的性质是上古散留下来的一批古文献，其中保存了大量三代的礼乐政治制度、文化传统，它们是诸子百家形成的知识背景。这些著作经过春秋诸子的传习，尤其是儒家的整理与传授，发生了本质的变化，形成了一套新的知识系统，逮至战国秦汉，构成了后世经学主体的"六艺"之学。中国古代早期学术思想的产生就是围绕"六经"展开的。

---

① 吕思勉：《秦汉史》，上海古籍出版社 1982 年版，第 726 页。
② 余英时：《士与中国文化》，上海人民出版社 2003 年版，第 147 页。
③ 徐元诰：《国语集解》，第 485—486 页。
④ 阮元校刻：《十三经注疏》，第 1609 页。

　　"六经"之中，除实用性的知识外，属于精神领域的且与人文教化联系得最为密切的是乐教、诗教和礼教。三者之中，出现得最早的当属乐教，它居于三代"王官之学"的首位，是礼教与诗教的本源，这是西周以来人们的共识。据《晏子春秋·内篇·谏上》的记载，景公夜听新乐而不朝，晏子谏曰："夫乐亡而礼从之，礼亡而政从之，政亡而国从之。"[①] 与其同时代的孔子，不仅将乐教、礼教、诗教作为一个整体加以考察，而且视乐教为教化的最高境界，如《礼记·孔子闲居》云："志之所至，诗亦至焉。诗之所至，礼亦至焉。礼之所至，乐亦至焉。"[②] 对于《孔子闲居》中无《书》《易》《春秋》，《经解》篇孔疏曰："其书、易、春秋，非是恩情相感，与民至极者。"[③] 这与《乐记》中"乐著太始而礼居成物"[④] 的思路是大体相同的，意在指出乐是原始时代自然的产物，礼是文明时代人文的产物。有鉴于古人之种种先见，本书选取乐教、礼教、诗教三者，从乐教的意识形态品格、礼教的宗法品格和诗教的政教品格出发，考察三代礼乐传统所衍生的文化、文学及文论思想，以期从中寻觅出包括文学创作和文学批评在内的早期文学思想的痕迹。

　　乐教、礼教、诗教，是三代礼乐文化的有机组成部分，涵盖了政治制度、宗教信仰、人文教化的各个方面，在传统时代的社会生活中发挥着重要的主导作用。三者在精神品格、价值取向上是大致相同的，在相当程度上是相辅相成、浑融一体的，对古人而言，学乐、学礼与学诗，实乃同一学问，因此将三者分梳开来加以论述，本身是困难的。但是，我们也应该看到，三者的关系，受制于礼乐在不同时期发展的

---

① 吴则虞：《晏子春秋集释》，中华书局 1982 年版，第 24 页。
② 阮元校刻：《十三经注疏》，第 1616 页。
③ 阮元校刻：《十三经注疏》，第 1610 页。
④ 阮元校刻：《十三经注疏》，第 1532 页。

制约，政教地位不同，对思想文化的影响也就自然不同。就发展的大体趋势而言，在夏商及西周"制礼作乐"时期，乐教占据了社会政治生活的中心位置；春秋"礼崩乐坏"，乐教、礼教、诗教并立，并明显地呈现出乐教向礼教转化的态势；汉代以后，礼教与诗教并立，诗教为礼教所用，礼教占据了社会政教话语的中心地位，乐教趋于破产。春秋以后的教化传统，礼教是核心，礼是乐、诗的内在标准，礼教内在地规定了乐教、诗教的原则，并渗透到乐教、诗教的精神之中，乐教、诗教遂成为辅助礼教的特殊手段。

总体而言，脱胎于巫卜文化系统的乐教以"报本反始"之宗教情怀、"尽德"之政治诉求、"尽善"之道德理想及"尽美"之审美追求统摄了古代社会意识形态的各个方面。源于其在政教中的显赫地位，在显性的艺术形态上乐以乐语、乐舞和乐歌等不同形式涵盖了原始音乐、舞蹈、诗歌以及说唱等艺术门类；在隐性的思想传统上乐教影响了中国文学精神品格的形成。关于乐教传统对中国早期文学观念中政教品格、复古品格及审美品格的影响，笔者已有专文研讨。[①] 本节主要考察诸子乐教理想及其不同价值取向对中国文化的影响，以及以"雅"为正思想对于古代正统文学观念形成的沾溉。至于乐教传统中浓厚的乌托邦色彩以及乐教传统过早失落对于中国文学发生期的影响，本书将在第六章论述。

（二）诸子乐教理想

在三代政治想象中，乐最重要特征就是"不可以为伪"，言词可以伪饰，但乐生于人心情感，发自肺腑，难以造作矫情，所以最普遍、最真实。在古人的教化理念中，乐教之于个体生命的重要性在于，可

---

① 参见拙文《乐教与中国文论的发生特征》，《文学遗产》2006 年第 3 期。

以改善人的思想品德，极大地激发向善的情感；乐教之于社会政治的重要性在于，乐教是实现理想政治的重要工具，从社会意义看，诗教、礼教最终要靠乐教来完成。诸子对于乐教的总结，构成了古代文化发生期的重要思想资源，我们以儒道为例。

先看儒家。重视乐教，乃儒家一以贯之的传统，由此形成了孔子"尽善尽美"、孟子"与民同乐"、荀子"美善相乐"三个重点命题。孔子深知乐之力量，因此，对于乐的研究，孔子全神贯注，醉心忘食，《论语·述而》云："子在齐闻《韶》，三月不知肉味，不图为乐之至于斯也。……子云：'饭疏食饮水，曲肱而枕之，乐亦在其中矣。不义而富且贵，于我如浮云。'"①面对陈蔡之厄，夫子从从容容，弦歌自若，对此，《庄子·让王》评云："古之得道者，穷亦乐，通亦乐，所乐非穷通也，道德于此，则穷通为寒暑风雨之序矣。"②此一论断可谓孔子一生精神品格的写照。《论语·雍也》云："知之者，不如好之者，好之者，不如乐之者。"③这一段话表明了孔子学问的三重功夫，只有通过"知之""好之"的步骤，才能"乐之"，达到与道契合的最高境界，这与《泰伯》中"兴于诗，立于礼，成于乐"④的教化步骤相同，也与《述而》中"其为人也，发愤忘食，乐以忘忧，不知老之将至"⑤的自我评价相当。在孔子的学生中，颜渊之所以受到特别的嘉许，就因为颜渊能长久地做到仁，并能体验到心中之乐，《雍也》云："回也，其心三月不违仁，其余则日月至焉而已矣。"又云："贤哉，回也！一箪食，一瓢饮，在陋巷，人不堪其忧，回也不改其乐。"⑥以此推断，

① 阮元校刻：《十三经注疏》，第 2482 页。
② 王先谦：《庄子集解》，第 257 页。
③ 阮元校刻：《十三经注疏》，第 2479 页。
④ 阮元校刻：《十三经注疏》，第 2487 页。
⑤ 阮元校刻：《十三经注疏》，第 2483 页。
⑥ 阮元校刻：《十三经注疏》，第 2478 页。

颜渊已经达到"发愤忘食，乐以忘忧"的境界了。

孔子乐教思想中，最重要的是"尽善尽美"的提出，这是孔子对三代乐教传统所作的整体价值判断。《八佾》云：

> 子谓《韶》："尽美矣，又尽善也。"谓《武》："尽美矣，未尽善也。"[1]

如何理解孔子所谓能"尽美"不能"尽善"呢？从"尽美"的层面看，朱熹《四书章句集注》释为"美者，声容之盛"[2]，是指乐舞中声音之悦耳与舞容之悦目。我们知道，"六代"之乐，乃帝王功成而作，场面宏大庄严，气氛热烈，从孔子听《韶》《武》时"声容之盛"可以判定，都具有高度艺术性和强烈感染力，均具有美的属性，因此单从"美"这一层面来看，"六代"乐舞无一不美。但"美"显然并不是孔子的终极价值指向，其旨在精神层面的"善"。美善的概念指涉不同，"美"是一种感官性、经验性的感知，其意义体现在感性形式的当下具体呈现中；"善"则不仅指向具体的审美经验，更寄予了一种理想的价值判断与理性反思在内，所以孔子更为认同"善"。《韶》乐正是因为兼有感性审美与道德判断的双重意义指涉，负载了深厚的礼乐政教想象，故能"尽善尽美"的。虽然美善结合本身是一种理念式的存在，但无疑这才是夫子理想中的终极价值指向。孔子首次美善并提，具有重要的理论意义，这不仅赋予乐教理论崭新的价值视野，使之上升到一个全新的高度，而且体现了孔子中庸的理想，对此可参阅本书"礼乐之精神品格——和"一章的相关论述。

---

① 阮元校刻：《十三经注疏》，第 2469 页。
② 朱熹：《四书章句集注》，中华书局 1983 年版，第 68 页。

孟子的贡献，在于发掘了乐教精神的根源，以性善说有力地捍卫了孔子以来的乐教传统。孟子认为人天生是性善的。《孟子·尽心上》云："仁言不如仁声之入人深也，善政不如善教之得民也。善政，民畏之。善教，民爱之。善政得民财，善教得民心。"[1] 其"仁声""善教"均指乐教，故赵岐注："仁声，乐声雅颂也。"[2] 孟子认为，人之可贵在于内而不在于外，其自身就包含仁义礼智的根苗，只要把这根苗好好培植，使之发达到极点，人格也就完成了，这样就具有了至为可贵的"天爵"，故《告子上》云："有天爵者，有人爵者。仁义忠信，乐善不倦，此天爵也。公卿大夫，此人爵也。"[3] 如果能够充分地发展天赋的秉性，培育内在的善根，而且乐善不倦，就可以达到"天人合一""心物合一"的境界，即《尽心上》所谓"万物皆备于我矣，反身而诚，乐莫大焉"[4]，由此返回自己的内心，实现心中之诚，一旦实现了诚，人之小宇宙与天地之大宇宙之间，没有阻隔，一气相通，便会有浩然之气，达到己立立人、己达达人的目标，这才是人生之至乐。

孟子秉承了周代"敬天保民"、春秋"重民轻天"的思想，在"仁政""王道""民为贵"的基础上，形成了"与民同乐"的思想：

> 古之人，与民偕乐，故能乐也。（《梁惠王上》）[5]
> 乐民之乐者，民亦乐其乐。忧民之忧者，民亦忧其忧。乐以天下，忧以天下，然而不王者，未之有也。（《梁惠王下》）[6]

---

[1] 阮元校刻：《十三经注疏》，第 2765 页。
[2] 阮元校刻：《十三经注疏》，第 2765 页。
[3] 阮元校刻：《十三经注疏》，第 2753 页。
[4] 阮元校刻：《十三经注疏》，第 2764 页。
[5] 阮元校刻：《十三经注疏》，第 2666 页。
[6] 阮元校刻：《十三经注疏》，第 2675 页。

　　孟子论乐之语较少，且多从乐义而非乐制角度立论，他认为乐的意义决定于是"独乐"或是"与民同乐"，以此作为乐教效用的评价尺度，较之孔子"正"与"邪"、"古乐"与"新乐"的评判标准，更显示了民本性的一面。

　　荀子的乐教思想，颇多新创，这表现在：其一，揭示了乐教对于人存在的意义。荀子从人情、人性角度解释乐的发生意义，《荀子·乐论》篇云："乐者，乐也，人情之所必不免也，故人不能无乐。"[1] 乐教对于人的社会存在具有养成的意义，《礼论》篇云："雕琢、刻镂、黼黻、文章，所以养目也。钟鼓、管磬、琴瑟、竽笙，所以养耳也。"[2] 其二，乐教可以"化性起伪"。荀子以为人的本性虽恶，但是可以"化"，转恶为善，圣人与众人的原初本性是相同的，不同在于"化性起伪"的教化过程，乐教在此一过程中具有不可替代的作用。《乐论》篇云："夫声乐之入人也深，其化人也速，故先王谨为之文。"[3] 乐教能深入人心，化人为速，因此能够更快地"化性起伪"，对内可以使民众心气和顺不致纷乱，对外可以使国家富强无外敌进犯。在此基础上，《乐论》篇中提出"美善相乐"的观点：

　　　　故乐行而志清，礼修而行成，耳目聪明，血气和平，移风易俗，天下皆宁，美善相乐。[4]

　　乐教使人气志清明，礼教使人循礼笃行，二者的结合，不仅可以使个体"耳目聪明，血气和平"，而且可以使社会"移风易俗，天下

---

[1]　王先谦：《荀子集解》，第 379 页。
[2]　王先谦：《荀子集解》，第 347 页。
[3]　王先谦：《荀子集解》，第 380 页。
[4]　王先谦：《荀子集解》，第 382 页。

皆宁"，从而达到"美善相乐"的理想境界。由此可见，乐教与礼教的统一，就是美善的统一，礼乐与美善，互为表里，具有价值取向上的一致性和合二为一的特质。

次看道家。不同于儒家的充实之乐，道家倡导空灵之乐、超然之乐，体现出儒道两家对于"乐"精神境界的领悟各不相同。我们从《老子》中"五音"与"大音"范畴的对峙以及《庄子》对"天乐""至乐"的追求可以看出，他们将乐之本源追述到天或道，赋予其更多形上的意义。老子"道法自然"[①]，以道为本体，"大方""大象"和"大音"均被视为形上"道"的显在，即所谓"道之华"。老子认为人为的"五音"，破坏了人质朴而纯真的本性以及自为而自化的社会秩序，只有具有道之属性的"希声"才是最大、最美的，其"大音希声"的音乐审美观已经完全摆脱了三代乐教传统中浓厚的意识形态色彩。庄子承继了老子以自然之道为乐之审美品格的精神，《庄子·天道》认为"钟鼓之音，羽旄之容，乐之末也"，只有"须精神之运，心术之动"，"与天地和，谓之天乐"[②]，方能寻得乐之本原，才能达到《天运》所谓"无言而心说"[③]的审美境界。《天运》篇中借黄帝之口谈乐的三个层次，最后点出"天乐"与道之间的关系："乐也者，始于惧，惧故祟；吾又次之以怠，怠故遁；卒之于惑，惑故愚；愚故道，道可载而与之俱也。"[④]此一思想，《庄子》一书多有论及。如《天道》云："夫明白于天地之德者，此之谓大本大宗，与天和者也；所以均调天下，与人和者也。"又云："言以虚静推于天地，通于万物，此之谓

---

① 楼宇烈：《老子道德经注校释》，第 64 页。
② 王先谦：《庄子集解》，第 115、116、114 页。
③ 王先谦：《庄子集解》，第 125 页。
④ 王先谦：《庄子集解》，第 125 页。

天乐。"① 又《田子方》引老聃语："夫得是，至美至乐也，得至美而游乎至乐，谓之至人。"② 由"至美"产生"至乐""天乐"，所谓"天乐"，已经超越了一切天地人事、阴阳万物，是自然而然、无声无形，真正具有"道"之属性的"方外"之乐。

唐君毅先生认为："庄子之言天机之动、天籁之行，咸其自己，不相为碍，谓天地有大美而不言，其所谓真人至人之生活中，涵天乐在，则其人生之理想境，实亦一种游心宇宙之艺术生活，而为遥契古代乐教之精神者。化人间之乐教为天地间之乐教，而倡之于世者，庄子也。"③ 庄学论乐，其真正目的在于超越世俗的政教之乐、感官之乐，而追求一种超越之美，因而更具审美的艺术品格。表面上看，老庄对诗乐是持否定态度的，但实质上他们所否定的只是迷乱人纯真本性的造作的、人为的诗乐，而倡导一种顺乎自然、天生化成、与人本真融洽的审美理想与艺术人生，在无功利的自由审美观照中获得精神之愉悦，这种理论自然就将中国古代文学艺术引向一种空灵悠远的意境追求中，对古代创作和鉴赏理论的影响极为深远。正因为老学和庄学所独具的思想观念与思维方式，与文学、美学都不乏相通之处，故而能够转化成为中国古代艺术思想的重要概念和范畴，诚如郭绍虞先生所言："儒家虽多论文之语而意旨切实，不离于杂文学的性质；道家虽不论文而其精微处却转能攫得纯文艺的神秘性。"④

---

① 王先谦：《庄子集解》，第 114、115 页。
② 王先谦：《庄子集解》，第 179 页。
③ 唐君毅：《孔子以后之中国学术文化》，载《中国文化之精神价值》，台北正中书局 1978 年版，第 64 页。
④ 郭绍虞：《儒道二家论"神"与文学批评之关系》，载《照隅室古典文学论集》（上），上海古籍出版社 1983 年版，第 132 页。

（三）以雅为正

"雅"观念源于三代乐教传统中的"尚和"理念，体"和"谓"雅"，凡"雅"必"和"。"雅"范畴作为观念形态提出并得到思想家们的广泛关注，是在"礼坏乐崩"背景下，与"俗"相对而言的。在中国古代思想文化的演进中，雅俗交织，在现实的发展中，民俗的力量蓬勃兴盛，在理论的层面上，"雅"实为历代之正统，以"雅"为正的观念在古代艺术传统中占据了重要的地位。对于雅乐、雅诗与礼乐传统的关联，本书在乐教、诗教中有所论及，此处重在探讨"雅"作为思想传统的意义。

首先，"雅"源于宗周的乐教制度，是王权的象征。雅乐制度与分封制、等级制一样，是西周礼乐文明的重要组成部分，是维系宗法等级社会的特殊精神纽带，与周礼互为表里。中国历史上的雅俗之分与文野之辨，均以周代礼乐政治为标准，符合礼仪的是"雅"，不合礼仪的是"俗"。西周雅乐制度包括了"六代"乐舞以及《诗三百》中《雅》《颂》及雅化的《国风》，用于各种祭祀、朝会和典礼。宗周雅乐制度至迟在鲁襄公二十九年（前544）仍然是一个完整的系统，《左传》中记载吴国季札在鲁国观周乐，其中有五帝及三代的先王之乐以及《诗三百》中《大雅》《小雅》《周南》《召南》等，这仍然是一个符合儒家传统，十分雅正的序列。我们从《礼记·乐记》中魏文侯问子夏古乐与新乐的区别，宾牟贾与孔子讨论《武》的内容，也可以看到，古乐之所以雅正，就在于包含了"道古，修身及家，平均天下"[1]的重要意义，故《释名·释典艺》云："雅，义也。"[2]因此，雅乐作为三代礼乐政教的组成部分，不仅仅是一个音乐系统，更是一个具有丰富政

---

[1] 阮元校刻：《十三经注疏》，第1538页。
[2] 王先谦：《释名疏证补》卷六，上海古籍出版社1984年版，第314页。

教内涵的思想系统。

其次，以"雅"为正，"雅"是正统的象征，这是在春秋以来雅俗对立的现实以及思想家的褒贬阐释中形成的。在宗周雅乐系统中，本无所谓雅俗之分。西周末年，雅乐衰退，俗乐兴起，到春秋末世，雅乐、俗乐尖锐对立，这源于政治立场的对立，是与新旧两种势力、两种制度的斗争纠结在一起的。考察三代历史上的雅乐，是"王者功成作乐"的产物，所谓"先王之乐"，高贵神圣，一唱三叹，所包含的雅乐、雅言、雅诗最本质的特征是温润华美、中正平和。佞乐、郑声、淫声均为俗乐的代称，其产生既源于"礼坏乐崩"之政教事实，也是音乐自身的乐律、乐器发展的必然产物。俗乐轻松活泼，热情奔放，情感真切，音调婉转，常常表达"怨以怒""哀以伤"等非中正的感情。其基本特点是大众化，不深奥烦琐，因而更适合于世俗社会的娱乐需要。

先秦诸子有明确的褒雅贬俗倾向。虽然他们对于"雅"的阐释并不清楚明晰，甚至相当模糊，但对于"俗"的针砭，却是不遗余力的，常常视"俗"为其价值观及精神境界的对立面。如《老子》二十章云："俗人昭昭，我独昏昏；俗人察察，我独闷闷。"[1] 又《孟子·梁惠王下》云："寡人非能好先王之乐也，直好世俗之乐耳。"[2] 又《韩非子·奸劫弑臣》云："圣人为法国者，必逆于世，而顺于道德。知之者同于义而异于俗，弗知之者异于义而同于俗。天下知之者少，则义非矣。"[3] 又《庄子·天地》云："高言不止于众人之心，至言不出，俗言胜也。"[4]《缮性》云："缮性于俗，俗学以求复其初；滑欲于俗，思以求致其

---

[1]　楼宇烈：《老子道德经注校释》，第 47 页。
[2]　阮元校刻：《十三经注疏》，第 2673 页。
[3]　王先慎：《韩非子集解》，中华书局 1998 年版，第 103 页。
[4]　王先谦：《庄子集解》，第 110 页。

明；谓之蔽蒙之民。"[1] 又《荀子·修身》篇云："由礼则雅，……庸众则野。"《荣辱》篇云："君子安雅。"[2] 凡此种种，"雅"是作为诸子理论阐释、价值重构中一个高悬的理想而存在的。

中国历史上雅俗观念的形成，孔子功不可没。孔子思想中崇雅贬俗的意向十分明确。孔子以中正平和为衡量"雅"的标准，所谓"思无邪""乐而不淫，哀而不伤"[3]，不仅包括乐调本身的和谐，亦包括乐所表达的情感要适度，要符合礼仪的规范，因此雅俗的对立，在本质上是美与善、是与非的对立。如《论语·卫灵公》中颜渊问邦，子曰："行夏之时，乘殷之辂，服周之冕，乐则《韶》舞。放郑声，远佞人。郑声淫，佞人殆。"[4] 在这里，孔子将"郑声"放在与乘殷辂、服周冕、舞《韶》乐等西周礼乐文明象征符号的对立面来言说，从中我们可以清楚地看出夫子对代表"正"之雅乐和代表"邪"之"郑声"的鲜明态度，因此，提倡"和乐""德音"以对抗"淫乐""郑声"，是儒家的基本价值取向。

有鉴于此，孔子所谓"雅"，就不仅仅是一种表面的保守怀古了，宗周雅乐作为广义文明的代表，是历史传统与道德正典的象征，孔子对于雅乐的认同，代表了对于人类所创造的文化成果及其历史意义的确认，因此包含了深沉的历史意蕴与价值取向。同时，我们知道，无论是将"六代"乐舞视为祭祀、朝会及典礼之正统，还是将《诗三百》视为诗乐之正宗，本义并不在于"六代"乐舞或《诗三百》本身是否符合"雅"的规定性（乐舞所表达的文治武功、《诗三百》中大量民歌并不符合孔子的理想），而是以"雅"为标准重构新的价值观。因此，

---

[1]　王先谦：《庄子集解》，第 135 页。
[2]　王先谦：《荀子集解》，第 23、62 页。
[3]　阮元校刻：《十三经注疏》，第 2468 页。
[4]　阮元校刻：《十三经注疏》，第 2517 页。

作为理论重建的一种策略，孔子"雅"观念的提出，是与"正乐""删诗"的举动相得益彰的。

在春秋以来的雅俗之争中，崇雅者认为俗乐会使人心荡志淫，不仅伤风败俗，甚至会招致国家灭亡，因而主张以雅乐教化人心，以乐教配合礼教，安邦立国；喜好俗乐的一派认为，俗乐音声美妙，听而不倦，乃人真情性流露，无法抗拒。雅俗之争的结果，从历史实践的发展看，"俗"胜"雅"。据《史记·孔子世家》记载，春秋末世，孔子"去鲁之卫"，直接原因是"齐人归女乐"，引得鲁君、季桓子往观再三，使孔子对在鲁国推行礼乐制度感到绝望，于是弃官去鲁，周游列国十几年。这场"女乐"与雅乐的直接冲突，"女乐"取胜，这也正是春秋雅俗之争的结果。在理论层面上，"雅"占据主流。以"雅"为正的观念在有汉一代得到极大强化。汉代虽然俗乐盛行，但崇雅的观念却根深蒂固。如《诗大序》云："言天下之事，形四方之风，谓之雅。雅者，正也，言王政之所由废兴也。政有小大，故有小雅焉，有大雅焉。"[1] 又《法言·吾子》云："中正则雅，多哇则郑。"李轨注："中正者，宫商温雅者，多哇者，淫声繁越也。"[2] 又郑玄注《周礼·春官宗伯·大师》中"风赋比兴雅颂"，云："雅，正也，言今之正者，以为后世法。"[3] 训"雅"为正、政，都是对"雅"所代表的正统观的进一步发挥，由此可见，汉人已经树立了明确的以"雅"为正的观念。汉代文学的雅化倾向极为明显，汉大赋是雅文学最典型的样式，对大赋的推崇、对乐府的贬斥以及《汉志》对于"小说家"的轻视，都可视为雅俗观念在汉代的发展。同时，以"雅"为正的观念，还影响到

---

① 阮元校刻：《十三经注疏》，第 272 页。
② 汪荣宝：《法言义疏》，中华书局 1987 年版，第 53 页。
③ 阮元校刻：《十三经注疏》，第 796 页。

汉人对于正、质、善的理解。《广雅》云："质，正也。"[1]《礼记·月令》云："命妇官染采，……黑、黄、仓、赤，莫不质良。"郑注："质，正也；良，善也。所用染者，当得真采正善也。"[2] 在汉人的理论视野中，所谓的"质""正""善"与"雅"一样，具有相同的道德取向与审美价值，文化之正统、政教之质文、语言之雅正、道德之美善，都范围在"雅"的价值视野中了。

中国历史上的雅俗之争一直延续到清末民初。在正统的政治理论与音乐理论中，主"雅"一派占据了统治地位，但在历史演变中，却是另外一番情形，雅乐常常是通过不断吸取俗乐的因素才得以传承和发展，并发挥其政教作用的。正如乐分雅俗、礼分礼治与民俗，历代所持的正统思想都是重雅轻俗的，但在实际的发展中往往交织，随俗雅化、随雅俗化，相对存在，难以分梳，由俗而雅、由雅而俗也是历史发展的必然趋势。中国古代艺术史尤其是文学史、音乐史本身就是一部雅俗交融演化的历史。对此，清人徐养浣的说法颇有见地："夫雅乐者，非于俗乐之外另有一声节也，就俗乐而去其繁声即为雅音。"[3]以乐制而言，宗周乐舞在汉初就已经亡佚殆尽了，《汉志》中记载乐家制氏对于雅乐的声律节奏，已经是知其然而不知其所以然，因此汉代复兴礼乐，从祭祀郊庙之乐到乐府新声，均是杂取诸多俗乐成分才得以实施的。

在古代思想文化的发展中，"雅"观念所具有的重要意义，首先在于其确立了统一的思想文化观念，雅乐、雅言、雅诗建立了中国古代政教一统，文化一体，语言统一，文学统一的价值观，这是"大一统"

---

[1] 王念孙：《广雅疏证》，中华书局 1983 年版，第 11 页。

[2] 阮元校刻：《十三经注疏》，第 1371 页。

[3] 徐养浣：《律吕臆说·雅乐论一》，载修海林编：《中国古代音乐史料集》，世界图书出版公司 2000 年版，第 623 页。

理念中重要的价值评判标准。文化传统上的"华夷之辨"、文野之分，都不离"雅"的视野。其次，"雅"作为正统的艺术价值观，形成以和为雅、以正为雅、以古为雅，即所谓和雅、雅正、古雅的思想传统，由此引导了古人的审美理想与人生趣味。诸如语言之文白雅俗，文学重诗赋轻小说戏剧，音乐"阳春白雪"与"下里巴人"区别等，均不离"雅"的范畴。观堂先生《古雅之在美学上之位置》认为，"雅"为美学中不可或缺之原质，"苟其人格诚高，学问诚博，则虽无艺术上之天才者，其制作亦不失为古雅"。[①] 这一方面指出了"雅"为古典精神之精髓与士人理想共识的客观事实；另一方面也点出了崇雅就不会崇新，因此"雅"的观念也是导致古代艺术传统中重继承少新创的原因之一。

---

① 王国维：《王国维遗书》第五册，载《静庵文集续集》，上海古籍书店 1983 年版，第 26 页。

第四章 礼乐之知识谱系（中）：礼

从礼乐的发展历史来看，虽然"乐"字较"礼"早出，且在巫卜文化时代占据了重要的政教地位，但自文明时代以来，礼被视为经国家、定社稷、序民众绝顶紧要的东西，在国家政治、民众生活中的地位确乎是远远胜过乐的。仅夏、商、周三代，礼制就延续了近两千年，虽然随着等级制度的解体，春秋礼制崩坏，但礼制传统的巨大思想惯性对秦汉以后中国社会思想传统乃至当今社会，仍产生着潜移默化的内在影响。礼教之所以能够在历史过程中长盛不衰，其根本的原因在于：作为外在的政治体制保障，礼制在国家意识形态建设中具有重要的作用；作为思想传统与宗教信仰，礼教可以解决诸多人生内在的问题，无论是其慎终追远的宗教情结，对于灵魂安顿、心灵慰藉所产生的归宿感，还是别上下、明贵贱的社会身份认同意识，都可以在礼教的框架下实现真正意义上的思想文化整合。因此，礼制与中国古代文明的关系，可谓形影不离，同生同长，在思想文化史上产生的影响也没有能比肩者。

第一节 礼源论

礼的发展经历了漫长的阶段，它是一定社会化的产物，是一定的宗教——文化观念的产物。礼的起源可以追溯到先民自然崇拜、图腾崇拜、生殖崇拜和祖先崇拜等原始宗教信仰活动中的各种仪式，如《礼记·礼运》中所描绘的原始祭祀仪式："夫礼之初，始诸饮食，其燔黍捭豚，污尊而抔饮，蒉桴而土鼓，犹若可以致其敬于鬼神。"[1] 儒家认为礼不是从来就有的，而是在社会等级分化以后，伴随着"天下为公"的"大同"社会的结束和"天下为家"的"小康"社会的到来才出现的。制度化礼制的出现及完善在三代，西周更是以制度化、程式化、无所不包的周礼代表了三代礼乐制度的顶峰。春秋"礼坏乐崩"成为社会思想发生巨大变革的标志，礼与乐不再由朝廷掌管，伴随着学术下移，有关礼乐的知识也不再由礼官、乐官掌握而是由某些知识分子专门传授，遂出现礼学，以孔子为代表的儒家是礼学的主要倡导者，由此开启了古代学术史上源远流长的礼乐研究历史。

从传世文献的记载来看，虽然成熟形态的礼形成于西周，但在周公"制礼作乐"之前，礼制已经相当完善了。尧舜之时，礼已具备雏形，古人已有"先王制备五礼"的说法：

> 太昊庖羲氏，"制嫁娶以俪皮为礼"。（孔颖达《礼记正义》注引谯周《古史考》）[2]
>
> 炎帝神农氏，"建明堂"，"作《下谋》之乐"。
>
> 黄帝轩辕氏，"初制冕服"，"祭于洛水"。
>
> 帝颛顼高阳氏，"初作历象"，"作《承云》之乐"。
>
> 帝尧陶唐氏，"初巡狩四岳"。
>
> 帝舜有虞氏，"作《大韶》之乐"。

---

[1]　阮元校刻：《十三经注疏》，第 1415 页。

[2]　阮元校刻：《十三经注疏》，第 1229 页。

帝禹夏后氏，"受舜禅，即天子位"。(《竹书纪年》)[①]

宋人王应麟在《玉海》卷六八叙述历代礼制时，提到"伏羲嘉礼""黄帝五礼""尧礼""虞五礼三礼五典""虞礼乐制度""黄帝礼乐制度"，这些又被清人秦蕙田收入《五礼通考》。虽然这些说法不乏后世比附之嫌，但近百年来的考古资料业已证实，在五帝时期，尤其是较晚的尧舜时代，礼所包含的礼仪、礼器、礼制等若干要素，已经出现或开始成熟，至迟五帝时代是三代礼乐文明的萌芽期。

从历史考古学的角度考察，与五帝时代相对应的，有以山东、苏北地区为中心的大汶口文化中晚期至山东龙山文化，以江浙地区为中心的良渚文化，以辽西地区为中心的红山文化后期至夏家店下层文化，以甘肃西部、青海东部为中心的马家窑文化至齐家文化。在山西襄汾陶寺龙山文化墓地发掘中，考古工作者认为这是一个已经具有礼雏形的社会。陶寺发掘的墓葬，分大、中、小三类，其中的随葬品呈金字塔比例递减，表明当时已经出现了严重的等级分化。主持陶寺遗址发掘的高炜先生指出："虽然当时并无成文法可循，但（陶寺）确实存在某种约定俗成的'规则'，使贫富、高下、贵贱在墓葬形制和随葬品方面表现得如此判然有别而又井然有序。有关的'规则'，实则是已经并非完全处在萌芽状态的礼制。"在对大汶口晚期、龙山文化和良渚文化的墓葬形制、随葬器物群进行分析后，他认为"礼制形成于龙山时代"。作为中华文明固有的特点之一，礼乐制度同城市、文字、金属器、礼仪性建筑等要素一样，是中国进入文明时代的一项标志。[②]

---

① 沈约注：《竹书纪年》，商务印书馆 1937 年版，第 1—5 页。

② 高炜：《陶寺龙山文化木器的初步研究 ——兼论北方漆器起源问题》，载《中国考古学研究》第二辑，科学出版社 1986 年版；《龙山时代的礼制》，载《庆祝苏秉琦考古五十五年论文集》，文物出版社 1989 年版；《中原龙山文化葬制研究》，载《中国考古学论丛 ——中国社会科学院考古研究所建所 40 年纪念》，科学出版社 1993 年版。

史学界一般认为，夏启建立了我国历史上的第一个王朝。以河南偃师二里头为代表的夏代文化遗址，就充分显示了夏代礼制的特点。首先是宫殿建筑群遗址的出土，尤其是被称为"一号宫殿"和"二号宫殿"的两座大型夯土建筑基址，主体建筑由殿堂、廊庑、大门、庭院等部分组成，这种组合、布局和规模，证明当时宫室制度已经形成，作为王权集中体现的城市已经出现。① 参之《考工记》，这与西周所谓的"世室""明堂""中庭""重屋"等建筑造型已经基本相似了。其次是大量礼器的出现，尤其是青铜礼器的大量铸造和使用是二里头文化的重要特征之一。二里头出土了我国目前最早的一件铜鼎，这就使《史记·孝武本纪》和《汉书·郊祀志》中禹"铸九鼎"以及《左传·宣公三年》中"桀有昏德，鼎迁于商"② 的记载得以印证。青铜器是古代生产力发展到一定阶段的产物，也是政治权力的集中体现，掌握铸造青铜器的技术就意味着掌握了更高级的祭祀权和更大的王权。张光直认为："从本质上说，中国古代青铜器等于中国古代政治权力的工具。"③ 夏代青铜礼器的出现，标志着古代礼制的重大飞跃。

商代的历史分为前后两个阶段，早商以偃师商城和郑州商城为代表，晚商以殷墟为代表。迄今为止发现的最早的城址是偃师商城和郑州商城等大型城邑遗址。④ 尤其是小双桥遗址发掘出的大型祭祀遗迹以及繁多的祭品，对于理解殷人尊神重祭的特性是很好的注脚。⑤ 商代出

---

① 中国科学院考古研究所二里头工作队：《河南偃师二里头早商宫殿遗址发掘简报》，《考古》1974 年第 4 期；《河南偃师二里头二号宫殿遗址》，《考古》1983 年第 3 期。

② 阮元校刻：《十三经注疏》，第 1868 页。

③ 张光直：《中国青铜时代》（二集），生活·读书·新知三联书店 1990 年版，第 123 页。

④ 中国社会科学院考古研究所洛阳汉魏故城工作队：《偃师商城的初步勘探和发掘》，《考古》1984 年第 6 期；河南省博物馆、郑州市博物馆：《郑州商代城址试掘简报》，《文物》1977 年第 1 期。

⑤ 陈旭：《郑州小双桥商代遗址即隞都说》，《中原文化》1997 年第 2 期。

土的青铜器数量繁多，以纹饰华丽，精美绝伦著称于世。以晚期妇好墓为例，其中青铜器有 468 件，分为礼器、乐器、兵器、工具及车马器等，礼器数量最多，达 210 件，有食器、水器、酒器等。[1]青铜礼器又称为"彝"，《说文》释："彝，宗庙常器也。"[2]《左传·宣公三年》称其"能协于上下，以承天休"[3]，是古代祭祀权、王权和教权的象征。容庚先生指出："青铜礼器除供祭祀之用外，还作为一种礼治的象征，作为古代贵族政治的藏礼工具。"[4]青铜铸造从夏代铸鼎开始，殷商达到鼎盛，逮至春秋战国之际过渡到铁器时代，大致与三代相始终。郭宝钧先生将青铜器组合分为三个时期：早商至西周早期为"重酒的组合"，西周中期至东周初年为"重食的组合"，春秋战国时期为"钟鸣鼎食"的组合。[5]青铜文化代表了三代物质文化与精神文化的总体特征，自 20 世纪上半叶开始，中国学者就借用西方"青铜时代"这个名词，来指称夏商周，以此强调青铜器对于三代文化的重大意义。

周礼是对夏、商礼制的继承和发展。从宫室制度看，陕西岐山京当凤雏村宫室基址，是按照当时宗法制度的需要而建造的，显示了严密的、系统的、完整的"家天下"礼制思想。[6]从丧葬制度看，墓葬中出土的成批礼器说明了周代礼乐制度的系统与森严，其中尤其以"列鼎"制最能反映周礼的本质，如列鼎数量及相配的簋、盘、壶、匜等数目，随葬铜礼器的多少、椁的有无及多少、车马器和车马坑的有无等，极为繁多。从传世典籍看，周代"制礼作乐"是一个历史过程。对此，我们考之《诗经·大雅》中周人自述的开国诗史：《生民》中记

---

① 中国社会科学院考古研究所：《殷墟妇好墓》，文物出版社 1980 年版。
② 段玉裁：《说文解字注》，第 662 页。
③ 阮元校刻：《十三经注疏》，第 1868 页。
④ 容庚、张维持：《殷周青铜器通论》，文物出版社 1984 年版，第 4 页。
⑤ 郭宝钧：《商周铜器群综合研究》，文物出版社 1981 年版，第 204 页。
⑥ 北京大学历史系考古研究室商周组编：《商周考古》，文物出版社 1979 年版，第 185 页。

载后稷用豆等祭器盛农产品祭祀上帝；《绵》中记载古公亶父修建祖庙，建立社祭；《文王》中记载文王行礼于京；《大明》中记载文王、武王如何事奉上帝；等等。先周礼乐的种种实践，为周公"制礼作乐"打下了坚实的基础。

关于"制礼作乐"的记载，最早见于《左传·文公十八年》："先君周公制周礼。"① 又《礼记·明堂位》云："成王幼弱，周公践天子之位，以治天下。六年，朝诸侯于明堂，制礼作乐，颁度量，而天下大服。"② 又《尚书大传》云："周公摄政，一年救乱，二年克殷，三年践奄，四年建侯卫，五年营成周，六年制礼作乐，七年致政成王。"③ 正是在此基础之上，始有系统化礼制的出现，并逐渐形成了"礼治""礼制""礼仪""礼器""礼教""礼学"等成熟的文化系统。见于传世典籍，礼制的称谓有：

> 有能典朕三礼。（《尚书·尧典》）④
>
> 以五礼防万民之伪，而教之中。（《周礼·地官司徒·大司徒》）⑤
>
> 六礼：冠、昏、丧、祭、乡、相见。（《礼记·王制》）⑥
>
> 夫礼，始于冠，本于昏，重于丧、祭，尊于朝、聘，和于射、乡。（《礼记·昏义》）⑦
>
> 冠、婚、朝、聘、丧、祭、宾主、乡饮酒、军旅，此之谓

---

① 阮元校刻：《十三经注疏》，第 1861 页。
② 阮元校刻：《十三经注疏》，第 1488 页。
③ 皮锡瑞：《尚书大传疏证》卷五，光绪丙申师伏堂刊本。
④ 阮元校刻：《十三经注疏》，第 131 页。
⑤ 阮元校刻：《十三经注疏》，第 708 页。
⑥ 阮元校刻：《十三经注疏》，第 1348 页。
⑦ 阮元校刻：《十三经注疏》，第 1681 页。

九礼也。(《大戴礼记·本命》)[1]

虽然"三礼""五礼""六礼""八礼""九礼"等称谓的形成并非始于西周,但是各种礼仪在西周已经系统化,如朝觐、盟会、册命、军旅、祭祷、籍蜡、丧葬、射御、聘问、宾客、教育、婚嫁、冠笄等,这样才有《周礼》《仪礼》《礼记》中繁复的礼仪记载,有所谓"经礼三百,曲礼三千",也才有春秋"礼坏乐崩"产生的可能。

从"制礼作乐"到"礼坏乐崩"的历史演进中,思想家们开始从观念形态和理论层面上探讨礼的性质、功能。从先秦诸子开始,就不断有各种探讨礼起源的说法。其一是"制欲"说,此说最早见于《荀子·礼论》篇:

> 礼起于何也?曰:人生而有欲,欲而不得,则不能无求。求而无度量分界,则不能不争。争则乱,乱则穷。先王恶其乱也,故制礼义以分之,以养人之欲,给人之求。使欲必不穷乎物,物必不屈于欲,两者相持而长,是礼之所起也。[2]

荀子本于性恶立场,认为自然资源有限,而人的欲望无穷,解决之道在于礼以制分、礼以制欲。此说把礼与人性联结在一起,影响甚广。《礼记·礼运》更进一步,侧重从节制人的情感角度来论述礼的产生。

其二是"风俗"说,最早见于《慎子》逸文"礼从俗,政从上"[3]。慎到此说揭示出礼制与原始社会礼俗之关联,即俗先于礼,礼源于俗。

---

①　王聘珍:《大戴礼记解诂》,第 252 页。

②　王先谦:《荀子集解》,第 346 页。

③　王斯睿:《慎子校正》,商务印书馆 1935 年版,第 55 页。

刘师培在《礼俗原始论第十》中，以《礼记》"六礼"中可考的冠、昏、丧、祭为例，追溯源流，明确断定："上古之时，礼源于俗。"[①] 现代学者赞同此说者甚多，并延及风俗、习俗到礼仪、礼制的发展过程。

其三是"祭祀"说，见于《说文解字》。许氏用"事神致福"[②] 释礼，揭示出礼与原始宗教祭祀在发生意义上的关联。稍后郑玄认为"禮"与"醴"（本义为甜酒）相通，[③] 古代学者大都认可此说。王国维以甲骨卜辞中的"豊"释"禮"，综合了许慎与郑玄的说法，认为"禮"最初指"奉神人之器"，"又推之而奉神人之事通谓之禮"，即"禮"最初是指以器皿盛两串玉祭神灵，后来兼指以酒献祭神灵，其后以"禮"指一切祭祀神灵之事。[④] 观堂先生此说得到广泛赞同。

鉴于礼的起源很早，并经历了漫长的发展过程，在此过程中意义不断增加，成为一个内涵和外延都极为宽泛的范畴，因此，以上诸说都抓住了礼特性的一部分，符合部分实际。通过礼之源头的追溯，我们大体可以认为：其一，礼的起源与原始宗教信仰有着极为密切的关联；其二，礼自产生伊始就表现出对社会政治的统摄作用，最集中地反映了古代社会"政教合一"的本质特征。

第二节　礼之宗教品格

礼之宗教品格，经历了从原始巫卜文化到祭祀文化再到礼乐文化

---

① 刘师培：《古政原始论》，载《刘师培全集》第二册，第54页。
② 段玉裁：《说文解字注》，第2页。
③ 见于《仪礼·士冠礼》："禮于阼"，郑注："今文禮作醴"；又《士昏礼》："宾如授，如初礼"，郑注："古文禮为醴"。
④ 王国维：《释礼》，载《观堂集林》第一册，第290—291页。

的发育过程，这不仅体现在五帝及夏商时期的自然崇拜、图腾崇拜、祖先崇拜的种种仪式及神话传说中，而且体现在周公"神道设教"过程中所形成的宗法政教制度中。春秋私学兴起，礼乐传统内蕴的宗教意识在诸子思想中多有发展，尤其是儒家。儒学对礼的道德化、伦理化阐释的过程也是对其包含的宗教品格吸收和融合的过程，在礼乐的儒学化过程中所积淀的诸如祖先崇拜、宗法崇拜和政教合一等宗教基因，伴随着儒学的经学化、官学化成为整个传统时代宗法社会的全民普遍信仰，这种信仰的全民性、普遍性和久远性是远远胜过更具宗教特质的道教和佛教的。对于礼所具有的宗教品格，可以从两个层面考察：一是显在的宗教礼义节文，二是隐藏在背后的思想文化内涵。

从具体礼义节文来看，最能体现礼之宗教品格的是各种祭祀活动。所谓"国之大事，在祀与戎"，在"五礼"中，祭礼乃礼之本，四季不断，最为重要。对于祭礼的重要性，《周礼·春官宗伯·小祝》云："祈福祥，顺丰年，逆时雨，宁风旱，弥灾兵，远皋疾。"[1]又《礼记·祭统》云："凡治人之道，莫急于礼。礼有五经，莫重于祭。"郑注："谓吉礼、凶礼、宾礼、军礼、嘉礼也。"[2]祭礼属于吉礼，居"五礼"之首。刘师培在考察了上古礼制后认为："古代礼制悉该于祭礼之中，舍祭礼而外，固无所谓礼制也。"[3]古代祭祀之礼主要分为三类：属于自然崇拜一类的，有祭祀天地鬼神、日月星辰、山川土地、时令诸神之礼，如祭天的"郊礼"、祭地的"社礼"、祭日的"宾""御""又""岁"[4]，等等；属于先祖崇拜一类的，如

---

[1] 阮元校刻：《十三经注疏》，第 812 页。
[2] 阮元校刻：《十三经注疏》，第 1602 页。
[3] 刘师培：《古政原始论》，载《刘师培全集》第二册，第 49 页。
[4] 陈梦家根据殷墟卜辞推测，见《殷墟卜辞综述》，科学出版社 1956 年版，第 573—574 页。

"礿""禘""尝""烝"等宗庙之礼以及"虞祭""祔祭""祥祭""禫祭"等丧葬之礼；属于君师崇拜一类的，主要是指对先王、英烈、功臣、圣贤等政教杰出人物的祭拜之礼，这一类祭祀常常与祖先崇拜联系在一起。

祭礼是宗教信仰的表征，表达了古人对天地之敬畏、先祖之追忆以及死后世界之想象。无论是上层贵族或下层民众，都非常重视各种祭礼，由此形成了一种普遍而真诚的社会信仰体系。在贵族的各项事务中，祭祀乃头等大事，《礼记·曲礼下》云："君子将营宫室。宗庙为先，厩库为次，居室为后。凡家造，祭器为先，牺赋为次，养器为后。无田禄者不设祭器，有田禄者先为祭服。君子虽贫，不粥祭器；虽寒，不衣祭服。"[①] 祭祀四季不断，对象、名目、场合繁多。如先秦典籍中，多处记载孔子对"三年丧"的论述。《礼记·曾子问》中，孔子对丧礼作了审慎的回答："三年之丧，练，不群立，不旅行。君子礼以饰情，三年之丧而吊哭，不亦虚乎？"[②]《论语·阳货》中，夫子痛斥了不想服丧的弟子："予之不仁也！子生三年，然后免于父母之怀。夫三年之丧，天下之通丧也。予也有三年之爱于其父母乎？"[③] 可见，对于"三年丧"的实施，孔子表现得极其虔诚。至于下层民众对祭祀所持的信仰态度，从 1975 年湖北云梦睡虎地出土的秦代《日书》和 1989 年甘肃天水放马滩出土的两套秦代《日书》中，也可以窥见，战国至秦汉早期中下层百姓的日常生活，亦沉浸在各种祭祀活动之中。

对于礼之宗教内涵的认识，古已有之，其中的代表是《荀子》和《礼记》。尤其以荀子"三本说"的论述最为透彻。《荀子·礼论》篇云：

---

① 阮元校刻：《十三经注疏》，第 1258 页。
② 阮元校刻：《十三经注疏》，第 1397 页。
③ 阮元校刻：《十三经注疏》，第 2526 页。

　　天地者，生之本也；先祖者，类之本也；君师者，治之本也。无天地恶生？无先祖恶出？无君师恶治？三者偏亡焉，无安人。故礼上事天，下事地，尊先祖而隆君师。是礼之三本也。①

　　荀子是先秦礼乐研究的集大成者，他将礼之缘起放在天、地、人的框架中考察，明确地指出其与天地、先祖、君师等"神道设教"之间的关联，其论视野开阔、见解独到，后世对礼乐的研究，无有出其右者。《礼记》中，对礼所具有的返本认宗宗教情感非常重视：

　　礼也者，反本修古，不忘其初者也。②
　　礼也者，反其所自生；乐也者，乐其所自成。（《礼器》）③
　　郊之祭也，大报本反始也。（《郊特牲》）④
　　君子反古复始，不忘其所由生也。（《祭义》）⑤

　　古人凡举行各种祭祀仪式都含有报答的意味，如《郊特牲》中解释"祭百种以报啬"，云："古之君子，使之必报之。迎猫，为其食田鼠也；迎虎，为其食田豕也；迎而祭之也。祭坊与水庸，事也。"⑥ 祭礼的根本目的，就在于"教民美报"⑦，报答赐予人类恩惠的天地万物以及繁衍人类的祖先，并攘祸而致福。

---

① 王先谦：《荀子集解》，第 349 页。
② 阮元校刻：《十三经注疏》，第 1439 页。
③ 阮元校刻：《十三经注疏》，第 1441 页。
④ 阮元校刻：《十三经注疏》，第 1453 页。
⑤ 阮元校刻：《十三经注疏》，第 1597 页。
⑥ 阮元校刻：《十三经注疏》，第 1453—1454 页。
⑦ 阮元校刻：《十三经注疏》，第 1449 页。

　　关于礼之宗教品格，近人有不少研究成果。梁启超认为礼自产生伊始就与宗教联系在一起："礼之能范围群伦，实植本于宗教思想。"①从甲骨文和殷墟墓群来看，商人信仰以自然崇拜和祖先崇拜为主，胡适认为："我们看殷墟（安阳）出土的遗物和文字，可以明白殷人的文化是一种宗教的文化，这种宗教根本是一种祖先教。祖先的祭祀，在他们的宗教里，占了一个很重要的地位。"②春秋以后，礼的内容开始倾向人文世界，用徐复观的话讲，就是"将宗教也加以人文化，使其成为人文化的宗教"③。对于礼在古代社会的演变，钱穆总结为："礼本是指宗教上的一种祭神的仪文，……中国古代的宗教，很早便为政治意义所融化，成为政治性的宗教了。因此宗教上的礼，亦渐变而为政治上的礼。……中国古代的政治，也很早便为伦理意义所融化，成为伦理性的政治，因此政治上的礼，又渐变而成伦理上的，即普及于一般社会与人生而附带有道德性的礼了。"④此论是可信的。

　　从思想层面上考察，外在礼仪的种种规定，所展示的是隐藏在背后的观念制度与信仰体系，所体现的是全社会共同认可的终极价值及心理本原。礼所统摄的礼俗、礼制、礼物、礼乐、礼义、礼教，一方面通过道德教化与心理调节，以不离现实而又超越现实的普世关怀，从神圣性、超越性的角度体现宗教对个体生命和现实人生的意义；另一方面，以对个体的精神控制和对社会的整合力量，实现了终极信仰与入世实践的统一，因而具有鲜明的宗教情愫。笔者认为，礼之宗教品格主要体现在四个方面：

---

① 梁启超：《志三代宗教礼学》，载《饮冰室合集》，中华书局1988年版，第9页。
② 胡适：《说儒》，《中央研究院历史语言研究所集刊》1934年第4卷第3期。
③ 徐复观：《中国人性论史——先秦篇》，上海三联书店2001年版，第4页。
④ 钱穆：《古代学术与古代文字》，载《中国文化史导论》，上海三联书店1988年版，第60页。

其一，礼具有普遍的心理调节作用。古人认为，礼与人情、人心、人性是紧密联系在一起的，礼对人情、人心、人欲等心理状态具有普遍的调节作用。关于礼起源的诸多说法中，历来有主情一派，如荀子"养情"说、《礼记》"顺情"说、《史记》"缘情"说：

> 礼者养也，……礼义文理之所以养情也。（《荀子·礼论》篇）①
>
> 凡礼之大体，……顺人情，故谓之礼。（《礼记·丧服四制》）②
>
> 乃知缘人情而制礼，依人性而作仪，其所由来尚矣。（《史记·礼书》）③

传为南宋郑樵所撰《礼经奥旨》中明确提出："礼本于人情，情生而礼随之。"④何谓"人情"？《礼记·礼运》释为"喜、怒、哀、惧、爱、恶、欲"⑤，情动于中，发乎本心，礼源自"人情"，也就是源于人的本心，体现了人在参加宗教祭祀活动时的真实心理状态。譬如丧礼主乎悲哀，祭礼主乎敬畏，故《祭统》以为"夫祭者，非物自外至者也，自中出生于心也"，"丧则观其哀也，祭则观其敬而时也"⑥。情、欲是相通的，荀子所谓"礼者养也"，旨在"以养人之欲"⑦，《乐论》

---

① 王先谦：《荀子集解》，第346—349页。
② 阮元校刻：《十三经注疏》，第1694页。
③ 司马迁：《史记》，第1157页。
④ 郑樵：《礼经奥旨》，中华书局1985年版，第5页。
⑤ 阮元校刻：《十三经注疏》，第1422页。
⑥ 阮元校刻：《十三经注疏》，第1602、1603页。
⑦ 王先谦：《荀子集解》，第346页。

篇总结为"礼乐之统，管乎人心矣"①，因而"顺情"说与"制欲"说在本质上是相通的，目的都在于强调礼源于人自身，是人之为人情感与道德理性的自然延伸。

由于人情、人心、人欲等心理状态都是与生俱来不可抑制的本能，因此，必然需要外力加以节制，否则势必对社会造成危害。《礼记·坊记》云："礼者，因人之情，而为之节文，以为民坊者也。"②礼因情而发，又可以节制情感，使人的情感得到正常泄导又不太过，控制在恰当的社会规范之内，因而对人的心理健康、心理调节十分重要。古人认为，礼可以控制人的行为和思想情感，它不仅可以把人的情绪调整到中和适度的状态，而且能够有效地调整人际关系。《乐记》云："中正无邪，礼之质也；庄敬恭顺，礼之制也。若夫礼乐之施于金石，越于声音，用于宗庙社稷，事乎山川鬼神，则此所与民同也。"③对于礼所具有的涵养身心之功能与价值，不仅儒学推崇，管子一派也备加重视，如《管子·内业》云："止怒莫若诗，去忧莫若乐，节乐莫若礼，守礼莫若敬，守敬莫若静，内静外敬，能反其性，性将大定。"④可见，对礼乐之心理调节作用的认同是诸子的共识。

其二，礼具有至善的道德教化作用。从个体生命看，通过礼教，可以从内心控制人的思想感情，改善人的道德品性。教化的最终目的，在于防患于未然，防人之失，《大戴礼记·礼察》云："礼者禁于将然之前；而法者禁于已然之后。是故法之用易见，而礼之所为生难知也。……使民日徙善远罪而不自知也。"⑤人若能自觉修德，就无需

---

① 王先谦：《荀子集解》，第 382 页。
② 阮元校刻：《十三经注疏》，第 1618 页。
③ 阮元校刻：《十三经注疏》，第 1530 页。
④ 黎翔凤：《管子校注》，第 947 页。
⑤ 王聘珍：《大戴礼记解诂》，第 22 页。

加以外力，这是儒家礼教之目的所在，《盐铁论·后刑》云："教成而刑不施。"又《大论》云："砭石藏而不施，法令设而不用。"① 这都明确地区分了礼与法的关系，前者是防患于未然，后者是惩罚已然之事，法的作用很明显，礼的作用却难以知晓，教化的作用正是通过细微之处，所谓润物细无声的方式，培养人的善性，远离罪恶而不为人知晓。孔子深知用道德教化进行统治胜过行政与刑罚，故《论语·为政》云："道之以政，齐之以刑，民免而无耻。道之以德，齐之以礼，有耻且格。"② 总之，礼乐教化能够改善人的内心，使人油然而生向善的力量，这种力量类似于现代意义上的宗教精神，韦伯在《儒教与道教》中认为，正是因为在"礼"这个中心概念的培养下，中国古代士人重视自制、内省和谨慎，对任何形式的热情的抑制，也导致中国的宗教思辨处于平静的发展状态。③

关于礼教的内容，《周礼·地官司徒·大司徒》有"十二教"的说法，《礼记·王制》中有"七教"的说法，《大戴礼记·主言》对"七教"作了详尽的阐述：

> 上敬老则下益孝，上顺齿则下益悌，上乐施则下益谅，上亲贤则下择友，上好德则下不隐，上恶贪则下耻争，上强果则下廉耻，民皆有别，则贞则正，亦不劳矣，此谓七教。七教者，治民之本也，教定是正矣。④

礼教的基本原则是在"亲亲"与"尊尊"的宗法范围内，派生出

---

① 王利器：《盐铁论校注》，中华书局 1992 年版，第 420、604 页。
② 阮元校刻：《十三经注疏》，第 2461 页。
③ 〔德〕马克斯·韦伯（Max Weber）：《儒教与道教》（*Konfuzianismus und Taoismus*），洪天富译，江苏人民出版社 2003 年版，第 118—129 页。
④ 王聘珍：《大戴礼记解诂》，第 3—4 页。

的若干行为规范与伦理道德原则。在古人的理论视野中，所谓"礼"，就是由"老吾老以及人之老，幼吾幼以及人之幼"①的血缘伦理观，推广到"贵贱有等，长幼有差，贫富轻重皆有称"②的社会政治等级观。在礼乐的感化培育下，善恶廉耻、尊卑贵贱由心而生，成为全社会共同的心理约束机制，人们依礼而行，各就其位，升降揖让，井然有序，从而营造出一派政治有序、人伦祥和的盛世景象。

其三，礼具有显著的思想整合作用。礼既体现出社会的等级差别，又具有凝聚和合社会的功效。殷周以来的礼仪，都旨在追求一种有差别、有等级的秩序格局。对于体现人之社会属性的各种礼仪，如爵位制、军制、冕服制、宫室制、乐制、乐舞队列、庙制、祭祀权级、丧葬制等，不同等级的人都有明确的礼制规定，不可僭越，如《礼记·王制》云：

> 王者之制禄爵，公、侯、伯、子、男，凡五等。诸侯之上大夫卿、下大夫、上士、中士、下士，凡五等。
>
> 天子祭天地，诸侯祭社稷，大夫祭五祀。天子祭天下名山大川；五岳视三公，四渎视诸侯。诸侯祭名山大川之在其地者。③

礼的规范无所不在，从社会的组织结构、运行模式，到人们的精神世界和日常生活，都运转在礼所构成的等级差别的社会有机体中。

礼的规定既是维护宗法等级的根本保证，同时也是各种社会矛盾的调和剂，具有使社会上不同个体、群体、集团凝聚成为统一体的

---

① 阮元校刻：《十三经注疏》，第 2670 页。
② 王先谦：《荀子集解》，第 178 页。
③ 阮元校刻：《十三经注疏》，第 1321、1336 页。

作用。《礼运》云："何谓人义？父慈，子孝，兄良，弟悌，夫义，妇听，长惠，幼顺，君仁，臣忠，十者谓之人义。讲信修睦，谓之人利。争夺相杀，谓之人患。故圣人所以治人七情，修十义，讲信修睦，尚辞让，去争夺，舍礼何以治之？"[①]这里所谓"人义"，是指理想的人际关系，所谓"人患"，是指人际关系不合而产生的混乱，"人利"就是以礼调和矛盾。在古人看来，礼的作用就在于顺应人情，因势利导，协调社会关系，缓和因贫富不均、等级差别而引起的社会矛盾，达到人与人之间的和睦相处，形成《荀子·礼论》篇所谓"群居而无乱"[②]、《春秋繁露·天道施》所谓"体情而防乱"[③]的理想社会。

其四，礼具有广泛的社会控制作用。对于礼所具有的社会统摄力量，古人的认识颇为深刻：

夫礼，所以正民也。(《国语·鲁语上》)[④]

礼以纪政，国之常也。(《晋语》)[⑤]

礼者，所以御民也，辔者，所以御马也。无礼而能治国者，晏未之闻也。(《晏子春秋·内篇·谏下》)[⑥]

礼，经国家，定社稷，序民人，利后嗣者也。(《左传·隐公十一年》)[⑦]

见其礼而知其政，闻其乐而知其德，由百世之后，等百世之王，莫之能违也。(《孟子·公孙丑上》)[⑧]

---

① 阮元校刻：《十三经注疏》，第 1422 页。
② 王先谦：《荀子集解》，第 373 页。
③ 苏舆：《春秋繁露义证》，第 469 页。
④ 徐元诰：《国语集解》，第 144 页。
⑤ 徐元诰：《国语集解》，第 326 页。
⑥ 吴则虞：《晏子春秋集释》，第 170 页。
⑦ 阮元校刻：《十三经注疏》，第 1736 页。
⑧ 阮元校刻：《十三经注疏》，第 2686 页。

移风易俗，莫善于乐；安上治民，莫善于礼。(《孝经·广要道》)①

以上诸论，均在强调以礼治国是统治天下，长治久安的必由之路。在古代的"君权神授"理论中，遵循着"道→圣人→礼乐教化→众生"的知识权力传递模式，礼乐是天道的载体，故而承天之命的人间君主务必以制礼作乐为大务，这不仅可以借助于礼乐教化所具有的超自然力量来强化现有社会秩序，同时也为君主专制找到了大本大原。《乐记》的总结甚为精当："礼节民心，乐和民声，政以行之，刑以防之。礼乐刑政四达而不悖，则王道备矣。"② 在此，《乐记》的著者实际上阐述了一套完整的治国治民之道，即用"礼节"来控制民心，用"乐和"来顺导民声，防患于未然，将刑政制裁其后，作为教化未果的辅助。此句被《史记·乐书》和《汉书·礼乐志》反复转述，可见古人对礼乐教化的社会控制能力颇有共识。

礼对社会政治的控制作用，不仅对下层被统治者适用，对上层统治阶层也是适用的，通过祭礼，统治者可以为民表率，达到以德治天下的目的，并由此派生出若干德治、民本的原则。《礼记·祭统》云：

禘尝之义大矣，治国之本也，不可不知也。明其义者君也；能其事者臣也。……夫义者，所以济志也，诸德之发也。是故其德盛者其志厚，其志厚者其义章，其义章者其祭也敬。祭敬，则竟内子孙，莫敢不敬矣。是故君子之祭也，必身亲莅之，有故则使人可也。虽使人也，君不失其义者，君明其义故

---

① 阮元校刻：《十三经注疏》，第 2556 页。
② 阮元校刻：《十三经注疏》，第 1529 页。

也。其德薄者其志轻，疑于其义而求祭，使之必敬也，弗可得
已。祭而不敬，何以为民父母矣。[1]

为人君者的作用在于通过礼乐教化，保持宗法之"分"与"和"，
"尊尊"与"亲亲"的统一。所谓以礼治国，不仅有利于解决自然及社
会资源有限性与人欲无限性之间的矛盾，也有利于协调等级差别带来
的权力与分配之间的矛盾，是进行思想整合与社会控制的最好方法。
在此基础上，形成了中国古代的基本治国模式——礼乐模式、礼法模
式，对政治历史产生了深远的影响。

总之，正因为礼所潜在的宗教品格能为社会确立一整套信仰系统
和价值体系，本身具有转化为一种占统治地位的意识形态的可能性，
一旦条件成熟，便会适时而生。在政治权力和思想资源的互动关系中，
礼之信仰系统为政治统治的合法性提供了价值系统的支持，因此三代
礼乐的制度化、秩序化过程，也就是使现存的统治权力得到有效稳固
保障的过程。我们从周公"制礼作乐"的思想文化改革中可以看出，
从宣扬敬天尊祖的宗教传统转向高扬理性精神的政教一统，礼之宗教
品格对社会的稳定和发展起到了巨大的作用，这也是宗周礼乐鼎盛的
重要思想前提。

第三节   礼教与中国文学精神

作为中华文明的固有特征之一，礼教的形成是一个历史过程，从
西周的政教制度到春秋的理论总结逮至汉代经学传统的形成，呈现出

---

[1] 阮元校刻：《十三经注疏》，第 1606 页。

政治制度、思维模式、精神传统等不同层面的演进。古人对于礼教的认识，经历了宗教情感、伦理道德、政教制度、人文理想、信仰系统、价值尺度、审美标准等不断理性化的认同过程。礼教之所以长盛不衰，在传统时代具有至上的权威性和解释有效性，原因是多方面的。显在的原因在于历代统治者的提倡，使其具有外在制度性的保障，汉魏以来的法制，实际上都是《清史稿·刑法志》中所谓"以礼教治天下"[①]的政治思想的落实；内隐的原因在于古人对于教化的尊崇。教化作为一种思想传统与人文理念业已深入人心，如《春秋元命苞》云："天人同度，正法相授。天垂文象，人行其事，谓之教。"又《春秋说题辞》云："六经所以明君父之尊，天地之开辟，皆有教也。"[②] 但更为根本的原因还在于，礼教既是一种关乎历史知识与教育传统的问题，更是一个解决现实政治和社会人生的问题，具有深厚的历史底蕴和明确的现实意义，其自身固有的价值为长久生命力的获得奠定了基础。礼之本质是关乎人之为人的人生诸多根本性问题的价值本源，其完备的体系和时中的品格，具有顺时而变的特性和多纬度阐释的理论空间，因此礼教的意义不仅外在于社会政治制度之创建，更内在于人灵魂精神之安顿，其人文化成、宗法伦理、人情人性之理念，对于中国古代文学精神之培育，具有久远的影响。

（一）礼教之人文化成意义

在古人的文化视野中，礼教是文野之分、华夷之辨的核心，是人文化成的枢纽，如《周易·贲·彖传》所谓"文明以止，人文也"[③]，

---

①　赵尔巽等：《清史稿》，中华书局 1977 年版，第 4181 页。

②　〔日〕安居香山、中村璋八辑：《纬书集成》，河北人民出版社 1994 年版，第 620、586 页。

③　阮元校刻：《十三经注疏》，第 37 页。

"止"就是礼；又《荀子·礼论》篇所谓"礼者，人道之极也"①，正复言此。对个体而言，礼的价值在于明晰了人与动物的区别，如《晏子春秋·内篇·谏上》云："凡人之所以贵于禽兽者，以为有礼也。"②又《孟子·离娄下》云："人之所以异于禽兽者几希。"③又《礼记·郊特牲》云："无别无义，禽兽之道也。"④对社会而言，礼的价值在于其人文化成之意义，如《周易·贲·彖传》云："观乎天文以察时变，观乎人文以化成天下。"⑤《周易程氏传》卷二释云："观人文以教化天下，天下成其礼俗，乃圣人用贲之道也。"⑥又如《礼记·礼器》云："礼也者，犹体也。体不备君子谓之不成人。"⑦均明确地点出了礼教在人社会化进程中的重要性。

从民族文化的层面上看，礼教作为一种严格的价值系统，将华夏族与蛮夷区分开来。礼在西周建国方略上具有重要意义，是"体国经野"的制度保障，是区分周民族为主体的"国人"和虞、夏、商等被征服民族"野人"身份的重要标示，在《诗经》《论语》《春秋》《孟子》中，都明确地流露出贵华贱夷的思想。如《左传·定公十年》"裔不谋夏，夷不乱华"⑧，《孟子·梁惠王上》"莅中国而抚四夷"⑨，《滕文公上》"用夏变夷"⑩，等等。孔子重视"夷夏之辨"。《论语·八佾》云："夷狄之有君，不如诸夏之亡也。"孔疏："此章言中国礼义之盛，而夷

---

① 王先谦：《荀子集解》，第 356 页。
② 吴则虞：《晏子春秋集释》，第 6 页。
③ 阮元校刻：《十三经注疏》，第 2727 页。
④ 阮元校刻：《十三经注疏》，第 1456 页。
⑤ 阮元校刻：《十三经注疏》，第 37 页。
⑥ 程颐：《周易程氏传》，载《二程集》，王孝鱼点校，中华书局 1981 年版，第 808 页。
⑦ 阮元校刻：《十三经注疏》，第 1435 页。
⑧ 阮元校刻：《十三经注疏》，第 2148 页。
⑨ 阮元校刻：《十三经注疏》，第 2671 页。
⑩ 阮元校刻：《十三经注疏》，第 2706 页。

狄无也。……言夷狄虽有君长而无礼义，中国虽偶无君，若周、召共和之年，而礼义不废。"① 所谓诸夏与夷狄之分，是在天下一统的政治理念下，以周代礼乐文化为分野对天下进行的划分，这就明确地传达出这样一种价值观：夏之高于夷，是因为文明程度优于后者。由此也可以看到，在孔子缅怀古制的保守表象背后，蕴含了更为深沉的历史文化内蕴，夫子已经意识到礼义教化是中华文化之命脉所在，诸夏之国与夷狄的区别不在于有无君长，而在于礼乐文化之承续，故《子罕》篇中孔子"欲居九夷"，以华夏之礼教化"九夷"，也就不足为怪了。

对于礼教，西周统治者是很重视的。商周之际，礼主要还是"事神致福"的具体仪式，周人在此基础上有所引申，金文"礼"字多指具体的祭礼、飨礼、射礼。以目前学界认为确凿可信的《今文尚书》来看，"礼"字出现了十一次，比如：

> 惟朕小子其新逆，我国家礼亦宜之。（《金縢》）②
> 王，肇称殷礼，祀于新邑，咸秩无文。
> 惇宗将礼，称秩元祀，咸秩无文。③
> 四方迪乱，未定于宗礼，亦未克敉公功。（《洛诰》）④
> 率惟兹有陈，保乂有殷，故殷礼陟配天。（《君奭》）⑤

这里的"礼"，均指祭祀。周初所指的"礼"，还没有被抽象为一般政治制度与道德规范，此一类概念，当时多以"彝""则""威仪"

---

① 阮元校刻：《十三经注疏》，第 2466 页。
② 阮元校刻：《十三经注疏》，第 197 页。
③ 阮元校刻：《十三经注疏》，第 215 页。
④ 阮元校刻：《十三经注疏》，第 216 页。
⑤ 阮元校刻：《十三经注疏》，第 224 页。

来表达。由此可见，周初尚未形成系统的礼治理论，但是统治集团已经开始注意以"礼"作为治理国家的工具，并有意识地以礼治国了。

《诗经》中出现"礼"字十次，这与周初"礼"的概念有所不同了：

> 相鼠有体，人而无礼。（《鄘风·相鼠》）①
> 曰予不仕，礼则然矣。（《小雅·十月之交》）②
> 百礼既至，有壬有林。（《宾之初筵》）③
> 烝畀祖妣，以洽百礼。（《周颂·丰年》）④

这里"礼"的内涵已经发生了变化，不再是指具体的祭祀，而是具有礼制、礼仪等制度规则的抽象含义，明显地与国家的政治制度有所关联了。东周以后，文献中出现的"礼"字就非常多了，如《左传》中，论"礼"的文字很多，礼的意义更加广泛，诸如德、恕、敬、尊、顺、忠信、卑让等内涵不断融入，礼教的伦理化、政治化、理念化也被不断地强化了。

对于礼的认识，春秋时期发生了很大的变化，伴随着"礼坏乐崩"局面的加剧，礼制的文本化——礼书开始出现，礼学开始兴盛。春秋早期，礼是政治体制核心，如《左传·桓公二年》晋师服云："礼以体政，政以正民。"⑤春秋中期，礼区分等级差异，如《庄公二十三年》鲁曹刿云："夫礼，……朝以正班爵之义，帅长幼之序。"⑥春秋晚期，《昭公二十五年》有子产关于礼乃天经地义民行的论述。他们都是与孔

---

① 阮元校刻：《十三经注疏》，第 319 页。
② 阮元校刻：《十三经注疏》，第 446 页。
③ 阮元校刻：《十三经注疏》，第 485 页。
④ 阮元校刻：《十三经注疏》，第 594 页。
⑤ 阮元校刻：《十三经注疏》，第 1743 页。
⑥ 阮元校刻：《十三经注疏》，第 1778—1779 页。

子同时代且早于孔子的人，业已将礼视为绝顶重要的东西了。由此观之，礼教业已由早期用于宗教祭祀发展到依附于国家社稷，并成为社会政治、伦理道德教育的一个组成部分了。

在礼学的理论总结中，儒家学者作出了重要贡献。孔子引进"仁""和""中"等范畴，从社会伦理价值层面作了极具启发性的阐释。其一，引入"仁"的核心价值。所谓"克己复礼"为"仁"，礼为仁之本，仁与礼互为表里，即王夫之《周易外传》所谓"礼者仁之实也"[①]；其二，提出礼的价值标准："中"与"和"。《论语·学而》有"礼之用，和为贵"[②]，《礼记·仲尼燕居》有"夫礼，所以制中也"[③]。礼之本质在"分"，古人早有认识，不独为儒家的见解，但以"和""中"论礼，确为孔子的创见。孟子认为礼乃文野之分的根本所在，《孟子·万章下》云："夫义，路也。礼，门也。惟君子能由是路，出入是门也。诗云：'周道如底，其直如矢。君子所履，小人所视。'"[④] 他主张人性善，人均有天赋之"良知""良能"，强调仁义道德教育对于善性保持与发扬的意义。荀子持性恶论，认为人天生就有各种卑劣的贪欲，与生俱来的合格君子是不存在的，君子、圣人的产生依赖于礼义教化对本性的改造，《荀子·性恶》篇云："今之人，化师法、积文学、道礼义者为君子。"[⑤] 孟、荀虽在人性论、天道观上识见相左，但是在坚持孔子的教化思想方面却是一致的。同时，儒家对于礼教的物质基础也是颇为重视的，譬如《论语·子路》"富而后

---

① 王夫之：《周易外传》，载《船山全书》第一册，船山全书编辑委员会编校，岳麓书社 1996 年版，第 876 页。
② 阮元校刻：《十三经注疏》，第 2458 页。
③ 阮元校刻：《十三经注疏》，第 1613 页。
④ 阮元校刻：《十三经注疏》，第 2745 页。
⑤ 王先谦：《荀子集解》，第 435 页。

教"①，《孟子·滕文公上》"有恒产者有恒心"②，《荀子·大略》篇"不富无以养民情，不教无以理民性"③，等等。这也是对《管子·牧民》中"仓廪实则知礼节，衣食足则知荣辱"④思想的发展。

秦朝统一，推行"车同轨、书同文、行同伦"等多项思想整合措施，收到了明显的效果。尤其是"行同伦"，通过一套系统的礼教制度实施，对于中华民族共同的道德观、伦理观、价值观的塑造以及文化体系、民族精神的形成有着深远的影响。此一传统，汉代董仲舒在理论上进一步发展，董子思想固然庞杂，但在礼乐教化上却持极为正统的儒家立场。他认为王是天之所立教人者，王用以教化民众的各种规矩制度，就是王道，《深察明号》又云："天生民性有善质，而未能善，于是为之立王以善之，此天意也。民受未能善之性于天，而退受成性之教于王。王承天意，以成民之性为任者也。"⑤《实性》篇以"米"与"禾"来比喻善与性的关系，说明教化的缘由："善如米，性如禾。禾虽出米，而禾未可谓米也。性虽出善，而性未可谓善也。米与善，人之继天而成于外也，非在天所为之内也。天所为，有所至而止，止之内谓之天，止之外谓之王教。"⑥在具体的教化政策上，董子明确提出"置明师，以养天下之士"和"天下之士可得而官使"⑦的政策，并力图将其贯彻到国家制度中。

总之，春秋以后，随着周礼在制度层面上的崩坏，思想家更多地

---

① 《论语·子路》："子适卫，冉有仆。子曰：庶矣哉。冉有曰：既庶矣。又何加焉？曰：富之。曰：既富矣，又何加焉？曰：教之。"见阮元校刻：《十三经注疏》，第2507页。
② 阮元校刻：《十三经注疏》，第2702页。
③ 王先谦：《荀子集解》，第498页。
④ 黎翔凤：《管子校注》，第2页。
⑤ 苏舆：《春秋繁露义证》，第302页。
⑥ 苏舆：《春秋繁露义证》，第311页。
⑦ 班固：《汉书》，第2512、2513页。

从理论层面总结，统治阶层更多地从政治思想的角度提倡，礼乐教化作为统治工具确立了自身的正统地位。在思想文化的深层积淀上，礼乐教化发挥了信仰源泉与价值本源的作用，超越了各个朝代，成为中华民族人文传统的基因和民族文化的基本质素。逮至梁萧纲《昭明太子集序》中，仍然确信："文籍生，书契作，咏歌起，赋颂兴，成孝敬于人伦，移风俗于王政，道绵乎八极，理浃乎九垓。赞动神明，雍熙钟石，此之谓人文。"① 南朝已经是儒学衰落的时期，但人文之内蕴仍然被礼的内容所涵盖，可见礼教传统的惯性力量依然巨大。

（二）宗法伦理与中国文学精神

三代以来以血缘、宗法、伦理为基础的政治制度、思想观念、文化意识、社会风习在中国古代大量地存留和沿袭着，血缘之亲疏远近，不仅是情感联系的纽带，更是维护政治权力和财产分配的重要手段，这就使得与血缘直接联系的伦理道德显得极为重要了。从学术传统上看，古代的认识论、价值观，在相当程度上是从属于伦理学的，从孔子"仁学"到宋儒"格物致知"，所强调的主要是伦理责任与道德践行。历史地看，虽然中国古代经历了治乱交替、王朝更迭，但是社会的基本性质没有根本变化，这种超稳定的思想传统，就使得伦理道德问题在古代意识形态中长期占据着主导地位，这是了解包括文学艺术在内的古代精神文化特质的关键所在。

所谓礼教："礼者，礼制。教者，非宗教之教，亦非教育之教，盖含有伦理而兼政治者也。"② 以礼教为核心构成了一个庞大的伦理谱系，

---

① 萧纲：《昭明太子集序》，载严可均校辑：《全上古三代秦汉三国六朝文》，中华书局1958年版，第3016页。
② 胡朴安：《研究国学之方法》，载胡道静主编：《国学大师论国学》，东方出版中心1998年版，第46页。

具有多重含义，包含国家伦理、个人伦理、政治伦理、宗教伦理等多层面的问题。"它不仅提供一套人际关系与个人行为的规范，也隐含了此套规范所以为规范的理由以及其指向的理想目标，因而彰显了个体存在与社会存在的共同意义。"[①] 礼既体现为政治规范，也体现为道德规范与伦理规范。就政治规范而言，是对国家制度的巩固；就道德规范而言，是个体意志的选择；就伦理规范而言，是对社会秩序的维护。《论语·阳货》中所谓"迩之事父，远之事君"[②]，即孝与忠，最能体现中国古代宗法伦理之基本精神。在儒家看来，孝敬乃一切德行之本，凡敬长慈幼、忠君尊贤、仁民爱物，乃至谨言慎行、敬业乐群，都是从孝敬出发。在各种祭祀中，以孝敬天地与祖先最为隆重。《学而》中，曾子言"慎终追远，民德归厚矣"[③]。一部《礼记》大半在谈祭礼、丧礼，"三礼"更是记载了一套完整的祭祀、丧葬制度，是早期宗法伦理观念的全面呈现。

以孝敬为主体的伦理思想源于"亲亲""尊尊"的宗法理念，自三代以后就根植于中国社会，规范着国家政治制度的制定、社会伦理秩序的俗成以及个体道德修养的选择。如《礼记·祭义》有四代"尚齿"传统的记载，《祭法》有虞夏两代祭法的记载：

> 有虞氏禘黄帝而郊喾，祖颛顼而宗尧。夏后氏亦禘黄帝而郊鲧，祖颛顼而宗禹。殷人禘喾而郊冥，祖契而宗汤；周人禘喾而郊稷，祖文王而宗武王。[④]

---

① 〔美〕成中英：《文化、伦理与管理——中国现代化的哲学省思》，贵州人民出版社1991年版，第128页。
② 阮元校刻：《十三经注疏》，第2525页。
③ 阮元校刻：《十三经注疏》，第2458页。
④ 阮元校刻：《十三经注疏》，第1587页。

这种以祖先配上帝，以先王配先祖的祭祀方式，在后世一直延续着，儒家对于这一套祭法，进行了理论化的总结，《礼记·祭义》云："是以致其敬，发其情，竭力从事，以报其亲，而不敢弗尽也。"[1] 又《郊特牲》云："万物本乎天，人本乎祖。此所以配上帝也，郊之祭也，大报本反始也。"[2] 均赋予了强烈的宗法伦理色彩。

考其根源，"亲亲""尊尊"的理念在商周已经很成熟了。所谓"报本反始"、重祖敬宗的渊源在商人，商代众多的祭祖卜辞，即为明证。周人强调伦理道德，讲究"尊尊""亲亲""敬敬"，提倡"孝友""慈爱""忠顺"。《礼记·大传》云："服术有六，一曰亲亲，二曰尊尊。"郑注："亲亲父母为首，尊尊君为首。"[3] "亲亲"所孕育的和谐原则与"尊尊"所孕育的秩序原则的有机统一，是三代礼乐的基本精神。重视孝悌的伦理观是周代宗法制的基础。金文中"孝"字出现较晚，如伯鲜鼎铭有"用享孝于文祖"，追簋铭有"用享孝于前文人"，仲枏父鬲铭有"用敢飨孝于皇祖考"，辛中姬皇母鼎铭有"其子子孙孙用享孝于宗老"，等等。西周的重孝与敬天、尊祖在价值取向上是一致的，于天命敬德，于宗法重孝，这在《尚书》《诗经》中也很常见。较之于"孝"，"忠"字的出现更晚，《尚书》《诗经》中未见，古人认为"忠"源于"孝"，《孝经》云："故以孝事君则忠，以敬事长则顺，忠顺不失，以事其上。"[4] 由"孝"的传统延伸出来"忠"的观念，从宗室家族内部的伦理关系，扩大到大宗、小宗乃至君臣上下之间的等级秩序，所谓忠孝也就在整个古代的家国关系中获得了存在的广泛性与合理性。

---

[1] 阮元校刻：《十三经注疏》，第 1597 页。
[2] 阮元校刻：《十三经注疏》，第 1453 页。
[3] 阮元校刻：《十三经注疏》，第 1507 页。
[4] 阮元校刻：《十三经注疏》，第 2548 页。

　　孔子极为重视宗法伦理关系，《论语·颜渊》中"君君，臣臣，父父，子子"[1]的人伦原则，涵盖了主要的社会关系和道德规范，奠定了传统时代道德生活的主要内容。孔子以礼为忠孝的主要标准，讲孝必以礼，《为政》释孝云："生，事之以礼。死，葬之以礼，祭之以礼。"[2]讲忠必以礼，《八佾》云："君使臣以礼，臣事君以忠。"[3]早期儒家所谓忠，是衡量君子品格的准则，并不止于忠君之意。《孟子·滕文公上》中有"父子有亲，君臣有义，夫妇有别，长幼有序，朋友有信"[4]的"五伦"，此一框架融合了血缘、宗法、等级关系，将西周以来的家国一体、亲贵合一的宗法伦理精神作了高度概括。

　　宗法伦理思想在汉代发生了本质的变化，这主要体现在"三纲五常"作为国家意识形态的确立。虽然"三纲"的思想最早源于法家，但明确提出来的是董仲舒。《春秋繁露·基义》云："君臣、父子、夫妇之义，皆取诸阴阳之道。君为阳，臣为阴；父为阳，子为阴；夫为阳，妻为阴。……王道之三纲，可求于天。"[5]"三纲五常"作为中华民族传统时代共同的伦理价值观，成为两千年来稳定社会秩序、协调家庭关系的普遍准则。两汉是礼教盛行的时代，教行于上，化行于下，宗法伦理观念直接影响到经学传统与诗学传统的形成。有汉一代士人围绕屈骚所展开的争论，除了被屈原独特的人格气质所感染，根植于内心的伦理情结也是一个重要因素。屈原将"忠君"演绎到极点，无论楚王如何昏庸，如何贬逐他，为实现政教理想，他都能心系怀王，忠贞不渝，这正是儒家忠孝伦理精神的标本。王逸《离骚经章句序》

---

① 阮元校刻：《十三经注疏》，第 2503—2504 页。
② 阮元校刻：《十三经注疏》，第 2462 页。
③ 阮元校刻：《十三经注疏》，第 2468 页。
④ 阮元校刻：《十三经注疏》，第 2705 页。
⑤ 苏舆：《春秋繁露义证》，第 350 页。

所谓"人臣之义，以忠正为高，以伏节为贤"①，业已点明了此一文化现象背后所隐含的伦理意义。

在古代思想文化系统中，伦理道德一直处于核心的价值层面，在历史的发展演变中，与儒家、道家和佛家的思想交织渗透，深入到社会生活的每一个领域，构成一个体系严密、普遍认可的伦理道德认知网络。古人既然不能从知识生成上摆脱此一思想文化基因，自然也就影响到而后思维模式的形成，由此使古人对物质世界和精神世界的认识，都带有强烈的伦理道德色彩，文论家的思想大都不离此一思想体系，并且常常成为此一思想的传承光大者。宗法伦理精神培育了文论家独特的艺术审美感知与文学批评趣味，以伦理道德为文学批评标准是文论家的一般价值取向，少有能够溢出此一视野去关照社会人生的。宗法伦理观念影响下衍生的圣人观、忠孝观、青天意识、善恶观、气节观、贞节观、修养观、节欲观等，往往先在地影响着人们的艺术感受力和判断力，其审美感知、审美想象往往受制于这种强大的理性思维框架。各种伦理动机、道德理想、政治忧患、社会义务常常作为潜意识先于艺术审美而存在，它们不仅成为文学家创作的动因与起点，也常常是文论家价值判断的主导动机与首选标准，这在诗歌、小说的创作与批评领域极为常见。

从早出的诗歌创作与批评来看，《诗经》中有大量宗法伦理情感的描写，如《大雅·思齐》有"刑于寡妻，至于兄弟，以御于家邦"②，从夫妻之情说到兄弟之亲到家国之安，体现了宗亲伦理，家国一体的治国理念；《小雅·蓼莪》有"蓼蓼者莪，匪莪伊蔚。哀哀父母，生我劳瘁"，抒发了诗人内心对父母的爱，毛诗小序曰："民

---

① 洪兴祖：《楚辞补注》，中华书局 1983 年版，第 48 页。
② 阮元校刻：《十三经注疏》，第 516 页。

人劳苦，孝子不得终养尔。"孔疏曰："民人劳苦，致令孝子不得于父母终亡之时而侍奉之。"① 均明确道出了在古代论诗者眼中，宗法伦理是诗歌批评的重要标准。从晚出的戏曲创作与批评来看，元末高明创作"南戏之祖"的《琵琶记》，借副末说明自己的创作主张："不关风化体，纵好也徒然。……休论插科打诨，也不寻宫数调，只看子孝共妻贤。"② 对此，王骥德《曲律》中评价认为："故不关风化，纵好徒然，此《琵琶》持大头脑处。"③ 李渔《闲情偶寄·密针线》中认为《琵琶记》在结构上不严密："赵五娘千里寻夫，只身无伴，未审果能全节与否？其谁证之；诸如此类，皆背理妨伦之甚者。"④ 他从伦理道德的逻辑出发，将赵五娘寻夫，路途无伴的贞节问题纳入批评视野，足见伦理道德意识之根深蒂固。又如明初朱有燉《〈义勇辞金〉引》云："人之有生，惟忠孝者为始终之大节。……余嘉其行为作传奇，以扬其忠义之大节焉。"⑤ 其中所流露的宗法伦理意图也很明显。逮至晚清平剧，剧中必寓礼教，至今仍然活跃在舞台上的，如《二进宫》讲君臣之间，一国之礼；《四郎探母》讲华夷之间，天下之礼；《三娘教子》讲母子之间，一家之礼；等等。文学艺术必有礼教道义寓于其间，自是中国文化之基本特质。

（三）情性与中国文学精神

对人情感的重视，是礼教的正价值。从巫卜时期的"事神致福"

① 阮元校刻：《十三经注疏》，第 459 页。
② 高明：《琵琶记》，钱箕校注，中华书局 1950 年版，第 1 页。
③ 王骥德：《曲律》，载《中国古典戏曲论著集成》（四），中国戏剧出版社 1959 年版，第 169 页。
④ 李渔：《闲情偶寄》，李忠实译注，天津古籍出版社 1996 年版，第 22 页。
⑤ 廖立等：《朱有燉杂剧集校注》，黄山书社 2017 年版，第 242—243 页。

衍变为宗法伦理的礼制，再经诸子的理论阐释，礼教积淀成为中华民族思想传统的重要内核。在此演变过程中，一个重要的因素就是，其意义的扩张过程中注入了人内心情感的充实，礼所表达的对先祖圣贤、国家社稷的种种感情，基于内心，顺应了人心内在尺度，在此环境中浸染、培养的精神信仰与价值取向自然就与情性紧密地联系在一起了。所以梁漱溟认为："儒家极重礼乐仪文，盖谓其能从外而内，以诱发涵养乎情感也。情感敦厚深醇，有发抒，有节蓄，喜怒哀乐不失中和，而后人生意绵永，乃自然稳定。"① 早期的乐教、礼教、诗教，对于人性、人情都是极为重视的，实际上，纵观人类思想发展史，任何真正能够在历史发展的长河中，占据一个社会意识形态统治地位的思想系统，都不会仅仅将价值视野局限在国家政治层面，而一定是对现实政治具有超越性的学说，其中必定蕴含了对于人之为人的价值及其意义的某些思考，必定蕴含了对个体、家庭、社会的某些终极关怀的理论思索与现实方案，否则就很难发挥长久而稳定的思想整合功能。礼教之与乐教、诗教的不同，在于将情性纳入解释诗乐的因素时，将礼的诸多规范也一并带入了，强调情性之正，在此意义上确立了礼与情性之间的理论张力。

对于礼乐所包含的外在政治因素与内在情感因素，儒家进行了系统的总结，从早期儒学到"七十子""儒家八派"，大体有两种路数：向内探索，明心见性，由子思而孟子而《中庸》；向外探寻，从宇宙本体到社会功利，由《易传》而荀子而《大学》。两者最后兼容并包于《礼记》。就后者而言，自春秋战国至西汉初期，儒家学者以政治关怀为中心，以事功为追求，兴趣多在仁义道德、礼乐教化，乃此一

① 梁漱溟：《儒佛异同论》，载《中国文化与中国哲学》，东方出版社1986年版，第441页。

时期儒学的主流，但这并不是早期儒学的全部。早期儒学的另一条线索，是强调心性之学、注重道德修养的思孟一派。在他们的理论视野中，礼源于人自身，是人情感的自然延伸，这在孔子的思想中就很明确了。如《礼记》中，记载孔子论礼与情：

> 孔子曰："三年之丧，练，不群立，不旅行。君子礼以饰情，三年之丧而吊哭，不亦虚乎？"（《曾子问》）①
>
> 孔子曰："夫礼，先王以承天之道，以治人之情。"（《礼运》）②

孔子强调情根源于人的内心，情乃礼之本。此一思想被后学发扬。上博简《孔子诗论》第一简，开宗明义："诗亡离志，乐亡离情，文亡离言。"③虽然对此的正确释读尚需一定时间和新材料的发现，但其基本文义还是明确的，所彰显的是先秦儒家关于诗、乐、文与志、情、言之间的密切关系。郭店楚简中也有大量探讨礼乐与情性关系的文字，如《语丛二》云："情生于性，礼生于情。"又如《性自命出》云：

> 圣人比其类而论会之，观其先后而逆顺之，体其义而节文之，理其情而出入之，然后复以教。教所以生德于中者也。礼作于情。

圣人通过"论会""逆顺""节度""出入"等方法，养性理情，使德生于心中，然后方能"君子美其情，贵［其义］，善其节，好其容，

---

① 阮元校刻：《十三经注疏》，第 1397 页。
② 阮元校刻：《十三经注疏》，第 1414 页。
③ 马承源主编：《上海博物馆藏战国楚竹书》（一），上海古籍出版社 2001 年版。

乐其道，悦其教，是以敬焉"①。这就要求礼乐教化应以人情为美，以仁义为贵，修善节文，整齐仪容，方能形成恭敬安详的盛世景象。郭店楚简的文辞质朴，其中的礼教色彩并不浓厚，陈鼓应先生据此认为，其间蕴含了战国时期儒家、道家的思想，其"尚情说"近乎庄周派之任情，②可备一说。但从儒学本身的发展理路来看，对于人情、人性的重视亦是一贯的传统，正如太炎先生《文学略说》中评价汉大赋时所说的那样："道德非尽出于礼，亦生于情，情即有关体气。体气强，则情重，德行则厚。体气弱，情亦薄，德行则衰。"③

随着经学化进程的加深，情感的、审美的内涵愈来愈受制于礼义的规范，逮至战国、汉代以后的经学视野下，礼教、诗教的各种原则终趋完善，这就确定了后世文艺思想的基本走向。对于诗乐的阐释，儒家虽然多取政教、伦理进路，但是孔子"颜渊之乐"、孟子"与民同乐"的思想中也不乏审美阐释的维度，特别是上博简和郭店楚简中大量关于情性的文字，在很大程度上否定了传统研究中的一种看法，即认为先秦儒家言情多为实义，很少带感情色彩。除新出土的竹简外，见于传世文献的，如《荀子·乐论》《礼记·乐记》及《诗大序》中，也可以明显地比较出儒家对于艺术创作中情感与礼义关系态度的演变发展。汉初陆贾、贾谊到董仲舒的中和理论，齐诗以"情性"解诗，都是此一传统的演变，只不过因时而异，有时与社会功能结合得紧密一些，有时与个体情感结合得紧密一些，宽窄、紧松不同而已。论者常常强调汉代以后礼教对于艺术创作情感的钳制，从"以礼节情""以道制欲"到宋儒"以理灭情"，贬斥礼教传统对于文学思想的种种负

① 李零：《郭店楚简校读记》，第 169、106 页。
② 陈鼓应：《〈太一生水〉与〈性自命出〉发微》，载《道家文化研究》（第十七辑 "郭店楚简" 专号），生活·读书·新知三联书店 1999 年版，第 293—411 页。
③ 章太炎：《国学略说》，上海文艺出版社 2001 年版，第 209 页。

面影响，但是我们也应该看到，文学艺术虽然在很大层面上受制于思想传统，特别是宗法情感、伦理道德的规范、引导，但毕竟有其自身的发展理路，如古代文论中的"情志"传统，从"诗言志"、"诗缘情"、比兴到意境、兴象、境界说、情景说，等等，代有著述，源远流长，就很能说明这一点。

以上探讨早期礼教与情性关系的诸多见解，旨在说明古人对此认识的二重性：一方面肯定伦理道德对于个体情感的重要性，另一方面，将这种个体情感与政教治乱、时代风俗直接相联，赋予其重大的社会历史意义。这体现在文学思想的演变上，一方面是重视情性理论的发扬光大，另一方面是以理囿情传统的起伏不断。

重视情性之正，成为文论史上一个源远流长的传统。早期的文学思想均强调情与志源自人心，心有所感，故形于诗乐舞，如《左传·襄公二十七年》有"诗以言志"①，《尚书·尧典》有"诗言志、歌永言，声依永，律和声"②的说法。此后，孔子赋予"言志"说以情感的内涵，强调中和原则下一种有节制的社会情感，如"乐而不淫，哀而不伤"③"思无邪"等说法。此后的《礼记·乐记》是关于礼乐与情感关系论述的集大成者。它不仅强调人情对于教化的重要性，所谓"礼乐之说，管乎人情矣"④，而且对于情感的审美特质及其种种表现，也论述得极有层次："凡音之起，由人心生也。人心之动，物使之然也。感于物而动，故形于声。声相应，故生变；变成方，谓之音。比音而乐之，及干戚羽旄，谓之乐。"⑤同时，对诗歌舞表现情感的不同程度进行

---

① 阮元校刻：《十三经注疏》，第 1999 页。
② 阮元校刻：《十三经注疏》，第 131 页。
③ 阮元校刻：《十三经注疏》，第 2468 页。
④ 阮元校刻：《十三经注疏》，第 1537 页。
⑤ 阮元校刻：《十三经注疏》，第 2527 页。

了细微的考察："是故治世之音安以乐，其政和。乱世之音怨以怒，其政乖。亡国之音哀以思，其民困。声音之道，与政通矣。"[①] 由此我们可以看到，古代文学思想中占主导地位的"言志"说、"物感"说、"政教"说等，其主要的思想资源乃早期儒学对人情、人性的重视。

从晋代陆机《文赋》中"诗缘情而绮靡"[②]、挚虞《文章流别论》中"夫诗虽以情志为本，而以成声为节"[③] 的论述开始，古代文学思想领域出现了"缘情"说，这与主流"言志"说的发展路径不同，也与先秦两汉的"抒情"传统不同。从《楚辞·惜诵》中最早提出"发愤以抒情"[④] 到《诗大序》"吟咏情性""在心为志，发言为诗。情动于中而形于言"[⑤] 的论述可以看到，早期"抒情"传统与"言志"不仅有着直接的政教传承，而且"情"与"志"在相当层面上是并用的。逮至六朝"缘情"说的提出，"抒情"传统才逐渐摆脱政教伦理的拘限，沿着"情灵摇荡"的路子发展开去。齐梁刘勰《文心雕龙》中有"人秉七情，应物斯感；感物咏志，莫非自然"，"为情而造文"，"辞以情发"[⑥]，情经辞纬，情真情深，情志结合等诸多论述；唐代皎然《诗式》有"真于情性，尚于作用"[⑦]，白居易《与元九书》有"补察时政""泄导人情"[⑧] 之论断；宋代严羽《沧浪诗话》有"别才别趣"[⑨] 之高论；明代李贽《童心说》有"童心""真心"[⑩]，汤显祖《耳伯麻姑游诗序》有

---

① 阮元校刻：《十三经注疏》，第 2527 页。
② 张少康：《文赋集释》，第 99 页。
③ 严可均：《全上古三代秦汉三国六朝文》，第 1905 页。
④ 洪兴祖：《楚辞补注》，第 121 页。
⑤ 阮元校刻：《十三经注疏》，第 271、269—270 页。
⑥ 刘勰撰，詹锳义证：《文心雕龙义证》，第 171、1158、1732 页。
⑦ 皎然著，李壮鹰校注：《诗式校注》，人民文学出版社 2003 年版，第 118 页。
⑧ 郭绍虞：《中国历代文论选》第 2 册，上海古籍出版社 2001 年版，第 97 页。
⑨ 郭绍虞：《沧浪诗话校释》，人民文学出版社 1961 年版，第 26 页。
⑩ 张建业、张岱：《焚书注》（一），载《李贽全集注》（第一册），社会科学文献出版社 2010 年版，第 276 页。

"世总为情，情生诗歌"[1]，袁宏道《叙小修诗》有"独抒性灵，不拘格套"[2]，《陶孝若枕中呓引》有"情真而语直"[3] 等诸多论断；逮至清代袁枚《随园诗话》亦有"专主性情"[4]；等等，不胜枚举。纵观历代文论家之言论，除李贽《读律肤说》中所言"自然发于情性，则自然止乎礼义，非情性之外复有礼义可止也"[5]，为强调情性之可贵而否定礼义之存在，矫枉过正以外，大部分理论家都能在礼与情的取舍中达到一种平衡状态。

以礼制情，也成为古代文学思想一个重要的传统。《左传·昭公二十五年》赵简子问礼，子太叔以子产的话作答："民有好、恶、喜、怒、哀、乐，生有六气。是故审则宜类，以制六志。"孔疏："此六志《礼记》谓之'六情'。在己为情，情动为志，情、志一也。"[6] 朱自清认为："这种志，这种怀抱是与'礼'分不开的，也就是与政治、教化分不开的。"[7] 礼与情性之间的理论张力在儒家思想中得到进一步展开，从先秦儒学到汉代经学逮至宋明理学，此一思想演变的路径颇为清晰。孔子以礼节人，《论语》有"约之以礼""克己复礼"[8] 的说法，夫子提倡"思无邪"，贬斥"郑声淫"[9]，以伦理道德规范情感，使之归于"正"，远离"邪"，这一层意思是很明显的。荀子认为性本恶，因而特别强调礼义对于情感的规范作用，《荀子·修身》篇有"情

① 汤显祖：《汤显祖诗文集》卷三十一，上海古籍出版社 1982 年版，第 1050 页。
② 郭绍虞：《中国历代文论选》第 3 册，第 211 页。
③ 钱伯城：《袁宏道全集笺校》，上海古籍出版社 1981 年版，第 1114 页。
④ 袁枚著，顾学颉校点：《随园诗话》，人民文学出版社 1982 年版，第 503 页。
⑤ 张建业、张岱：《焚书注》（一），第 365 页。
⑥ 阮元校刻：《十三经注疏》，第 2108 页。
⑦ 朱自清：《诗言志辨》，华东师范大学出版社 1996 年版，第 3 页。
⑧ 阮元校刻：《十三经注疏》，第 2479、2502 页。
⑨ 阮元校刻：《十三经注疏》，第 2461、2517 页。

安礼"①，《礼论》篇有"礼义文理之所以养情也"②，《乐论》篇有"以道制欲""郑卫之音，使人之心淫"③的种种说法。荀子以礼（理）养情，推崇雅乐而贬抑"郑卫"，故《王制》篇云："凡非雅声者举废。"④《诗大序》在情感方面的阐发更为详尽，对诗乐与情感的关联作了理论上的升华，肯定了"诗者，志之所之也。在心为志，发言为诗，情动于中而形于言"⑤"声音之道，与政通矣"⑥，以此论述诗的情感特征与社会心理的联系，并进一步认为，这种情感是与社会政治、伦理道德密切联系的，是关于君臣、夫妇、父子、朋友之间具有深厚社会关联意义的情感，因而其最终落脚在"主文而谲谏""发乎情，止乎礼义"⑦的种种礼教规范上。宋明理学将"理"上升到本体的高度，以"理"证礼。《二程遗书·伊川先生语一》云："视听言动，非理不为，即是礼，礼即是理也。"⑧《朱子语类》卷四十二释"克己复礼"，云："所以礼谓之天理之节文者，盖天下皆有当然之理，今复礼，便是天理。"⑨朱子将情与理对立，故而存理灭情，如《孟子集注·滕文公上》中有所谓"天理人欲，不容并立"⑩的说法，将以理囿情推衍到极端，故常常为后人所诟病。

---

① 王先谦：《荀子集解》，第 33 页。
② 王先谦：《荀子集解》，第 349 页。
③ 王先谦：《荀子集解》，第 382、381 页。
④ 王先谦：《荀子集解》，第 159 页。
⑤ 阮元校刻：《十三经注疏》，第 269—270 页。
⑥ 阮元校刻：《十三经注疏》，第 2527 页。
⑦ 阮元校刻：《十三经注疏》，第 271、272 页。
⑧ 程颢、程颐：《二程遗书》，第 190 页。
⑨ 黎靖德编，王星贤点校：《朱子语类》，中华书局 1986 年版，第 1079 页。
⑩ 朱熹：《四书章句集注》，第 254 页。

第五章　礼乐之知识谱系（下）：诗

在原生的历史文化语境中考察，诗作为礼乐文化之载体，是三代社会精神生活中的重要组成部分。诗源于乐，诗论源于乐论，从其产生的知识背景和学理逻辑上看，都带有深刻的礼乐文化印记，这已经是学界的基本共识。本章在总结前人研究成果基础上，将诗的缘起置于礼乐文化的背景下，以顺时性的梳理与逆时性的追溯作纵深研究，以期重新审视其原初历史情景、知识构成及学理演进。对于《诗三百》的研究，历来有政事和乐制两条路径，这也是本章即将展开的思路。本章首先从三代礼乐政治等外在制度演进，探讨《诗三百》的形成、结集以及讽喻特征的形成；其次从乐歌到诗歌的演变，研讨诗之渊源；在此基础上，考察诗教形成的历史过程，从"六艺"之教、孔子诗教到汉代诗教，从浑融诸多意识形态品格到单一政教品格，其精神品相已大不相同，由此论及诗教对于古代文学思想的深刻影响。同时，我们也应该认识到，有诗歌不等于有诗教，在古人的思想文化视野中，诗教作为一种有意识的政教运作与信仰建构，其产生与诗歌的产生并不等同，它的价值和意义要远远超越今日所谓的文学。

第一节　诗源论

作为最早的乐歌总集，《诗三百》从产生、结集到流传，既是三代礼乐制度的产物，更是三代社会物质生活与精神风貌的反映。对于《诗三百》中所反映的礼乐文明，历代学者进行了极为细致的研讨，取得了丰厚的研究成果。本节主要从三代政治制度之巡狩制与听谏制，也即着眼于外在制度性因素，对《诗三百》的形成、结集以及基本品格进行探讨。

　　巡狩制历史悠久，雏形已不得而知，但至迟在商周时期，已经形成了完善的制度。从《史记·周本纪》《礼记·乐记》和《吕氏春秋·慎大》的记载可以看到，分封诸侯，建立地方政权，推广宗法制度，是西周建国的根本大计。与之相适应的行政措施，就是巡狩制。作为"制礼作乐"的一个重要组成部分，周代巡狩制与分封制、等级制等国家形态相表里，主要包括观览风俗、察询民情、考政治得失、厘正典制，它与册命、朝聘和职贡等一样，是周王朝重要的行政管理制度，目的在于强化王权，应对《诗经·小雅·北山》中"溥天之下，莫非王土，率土之滨，莫非王臣"[1]的集权统治局面。关于巡狩制，典籍中有很多记载：

　　　　天子适诸侯曰巡狩。巡狩者，巡所守也。诸侯朝于天子曰述职。述职者，述所职也。无非事者。春省耕而补不足，秋省敛而助不给。（《孟子·梁惠王下》）[2]

　　　　天子五年一巡守。……命大师陈诗，以观民风。命市纳贾，以观民之所好恶，志淫好辟。命典礼，考时月，定日，同律、礼、乐、制度、衣服，正之。（《礼记·王制》）[3]

---

① 阮元校刻：《十三经注疏》，第 463 页。
② 阮元校刻：《十三经注疏》，第 2675 页。
③ 阮元校刻：《十三经注疏》，第 1327—1328 页。

作为巡狩制中的一个重要部分，周代的听谏制，乃天子巡视诸侯并厘正典制的大礼，《易》观卦象辞所谓"先王以省方观民设教"[1]，就是指周王巡狩四方，考察诸侯治绩，据此赏罚黜陟。《国语·周语上》中所记载的西周末年邵公对厉王压制言论的进谏，就是一个典型的例子。西周听谏制发展到春秋战国，有所谓"省风"、讽喻制度的形成，通过"省风""采诗"，观风俗、考得失。如《左传·襄公十四年》载：

> 史为书，瞽为诗，工诵箴谏，大夫规诲，士传言，庶人谤，商旅于市，百工献艺。故《夏书》曰："遒人以木铎徇于路。官师相规，工执艺事以谏。"正月孟春，于是乎有之，谏失常也。[2]

在《国语·楚语上》中，记载年逾九十五的卫武王自我警戒，要求臣民言事的要求：

> 自卿以下至于师长士，苟在朝者，无谓我老耄而舍我，必恭恪于朝，朝夕以交戒我。闻一二之言，必诵志而纳之，以训导我。在舆有旅贲之规，位宁有官师之典，倚几有诵训之谏，居寝有亵御之箴，临事有瞽史之导，宴居有师工之诵。史不失书，矇不失诵，以训御之。[3]

卫武王作《懿戒》诗，以此自儆，故称为睿圣武公，这与《诗

---

① 阮元校刻：《十三经注疏》，第 36 页。
② 阮元校刻：《十三经注疏》，第 1958 页。
③ 徐元浩：《国语集解》，第 501 页。

经·大雅·抑》的内容可相印证。《周礼·春官宗伯·瞽矇》有"讽诵诗"的说法，郑玄注引郑众曰："主诵诗以刺君过。"①由此可见，采诗、献诗、诵诗以反映民风，讽喻君主，匡救朝政，是《诗三百》从采集到汇集成册的重要政治职责。正因为如此，我们也更容易理解为什么其中有那么多怨、讽、刺诗的存在以及作者对此的公开表白了。

巡狩制发展到汉代，即所谓"行人采诗"说。西周的巡狩制，除天子亲自巡行之外，还要派遣一些使者巡行各地，采择民谣以献于天子，这就是所谓"遒人"。孙诒让《周礼正义》卷六十五以"遒人"为"行人"，云："盖行人乘輶轩车而巡行天下，因谓之遒人。"②这也即汉代的采诗官。对此，汉人是这样认为的：

> 孟春之月，群居者将散，行人振木铎徇于路，以采诗，献之大师，比其音律，以闻于天子。故曰王者不窥牖户而知天下。（《汉书·食货志》）③

> 男女有所怨恨，相从而歌，饥者歌其食，劳者歌其事。男年六十，女年五十无子者，官衣食之，使之民间求诗。乡移于邑，邑移于国，国以闻于天子。（《春秋公羊传注疏》卷十六《宣公十五年》何休解诂）④

"行人采诗"说源于汉人，但汉代各家的说法不一，加之先秦诸书，均未言及采诗之官，因此，历代争论很多，各执一端。清人崔述否定采诗之说，他在《读风偶识》卷二中认为："周之诸侯千八百，何

---

① 阮元校刻：《十三经注疏》，第 797 页。
② 孙诒让：《周礼正义》，第 2735 页。
③ 班固：《汉书》，第 1123 页。
④ 阮元校刻：《十三经注疏》，第 2287 页。

以独此九国有风可采，而其余皆无之？"①崔氏此论倒是言之有理。对此，近人张西堂在《诗经的编订》一文中，从汉代各家关于采诗之人、采诗之时、采诗方式等角度进行分析，认为采诗制古无定制，且无明据，古代虽有采诗之事，但无定制可言，故而说法不一。②张氏此论确凿可信。上博简《孔子诗论》的公布，为采诗说找到了有力的证据，《诗论》第三简云："邦风其纳物也，溥观人俗焉，大敛材焉。"③这就与《汉书·食货志》的说法相印证了。

汉代以后，《诗三百》的研究业已成为一门显学，纵观历代的研究，无论是归结为民间的"采诗"，还是归结为贵族文士的"献诗""陈诗"，从源头上考察都是三代礼乐政治的产物，皆源于外在制度性因素的影响。

对于《诗三百》形成之乐制、礼制背景，历代学者已作了卓有成效的研究。从另一个角度，即诗乐本身的发展逻辑来看，诗乐舞同源，诗论来源于乐论，早出的乐歌、乐教对于诗及诗教的产生，也有着极为内在的影响。

诗歌源于乐歌，在《诗三百》形成之前经历了漫长的前诗歌阶段，即乐歌阶段，三代乐歌向诗歌发展的轨迹，实际上也是中国早期诗歌形成的内在流变过程。对此，历代学者留下许多具有说服力的研究，其中较有代表的说法有二。一是梁沈约《宋书·谢灵运传》中认为：

> 虽虞夏以前，遗文不睹，秉气怀灵，理无或异。然则歌咏所兴，宜自生民始也。④

---

① 崔述：《崔东壁遗书》，上海古籍出版社1983年版，第543页。
② 张西堂：《诗经六论》，商务印书馆1957年版，第78页。
③ 马承源主编：《上海博物馆藏战国楚竹书》（一）。
④ 沈约：《宋书》，中华书局1974年版，第1778页。

二是唐孔颖达《毛诗正义》论黄帝《云门》，判定为"弦之所歌，即是诗也"，并认为：

> 然则上古之时，徒有讴歌吟呼，纵令土鼓、苇籥，必无文字雅颂之声。故伏羲作瑟，女娲笙簧，及蒉桴、土鼓，必不因诗咏。如此则时虽有乐，容或无诗。[①]

对此，近代以来一些学者亦作了深入的研究。如：

> 上古之时，先有语言，后有文字。有声音，然后有点画；有谣谚，然后有诗歌。谣谚二体，皆为韵语。（刘师培《论文杂记》）[②]
>
> 音者，歌之所从出也。歌者，所以补言之不足也。太古之民，言语渐次发达，遂不知不觉而衍为声歌，以发抒其心意。（张亮采《中国风俗史》）[③]
>
> 想像原始人最初因感情的激荡而发出有如"啊""哦""唉"或"呜呼""噫嘻"一类的声音，那便是音乐的萌芽，也是孕而未化的语言。……这样界乎音乐与语言之间的一声"啊……"便是歌的起源。（闻一多《神话与诗·歌与诗》）[④]

日本学者泽田总清在《中国韵文史》中，为我们提供了一条周代

---

① 阮元校刻：《十三经注疏》，第 262 页。
② 刘师培：《刘师培全集》第二册，第 85 页。
③ 张亮采：《中国风俗史》，商务印书馆 1917 年版，第 7 页。
④ 闻一多：《神话与诗·歌与诗》，载《闻一多全集》第一卷，上海开明书店 1948 年版，第 181 页。

以前原始乐歌向诗歌发展的粗略线索：

> 葛天氏时代（八阕歌）—— 伏羲时代 —— 神农时代（都
> 已失传）—— 黄帝时代（相传有《竹弹歌》）—— 唐尧时代（相
> 传有《唐衢谣》《击壤歌》等）—— 虞舜时代（相传有《南风
> 歌》《卿云歌》等）—— 夏代（《吕氏春秋》以《候人歌》为南
> 音之始，《燕往飞歌》为北音之始）—— 殷代（相传有《采薇
> 歌》《麦秀歌》等）[1]

这里所列举的是周代以前的原始乐歌发展梗概，周代以后，原始
乐歌就向诗歌蜕变了。

考之于文献，我们从《礼记·郊特牲》中所载伊耆氏"土反其宅，
水归其壑，昆虫毋作，草木归其泽"[2]的《蜡辞》，到《吕氏春秋·古
乐》所载葛天氏"昔葛天氏之乐，三人操牛尾，投足以歌八阕"[3]的
"八阕"之歌，逮至商周之际《周易》古歌卦爻中的大量民间谚语、俗
语和歌谣来看，其间明显存在一条由巫歌、卜辞连结而成的乐歌向诗
歌发展演化的轨迹。

夏代乐歌的踪迹，在《山海经》和《墨子》的记载中可寻觅一二。
在《山海经》的《海外西经》和《大荒西经》中，屡次记载夏后启登
天，从上帝处得到《九歌》《九辩》的事迹，这赋予了原始乐歌浓厚的
巫卜文化色彩。《墨子·耕柱》中记载了两首夏启铸鼎，卜官采自民间
的歌谣：

---

① 〔日〕泽田总清：《中国韵文史》上册，王鹤仪编译，上海书店1984年版，第25页。
② 阮元校刻：《十三经注疏》，第1454页。
③ 许维遹：《吕氏春秋集释》，第118页。

　　昔者夏后开使蜚廉折金于山川，而陶铸之于昆吾，是使翁难卜于白若之龟，曰："鼎成三足而方，不炊而自烹，不举而自臧，不迁而自行，以祭于昆吾之虚，上飨！"卜人言兆之由，曰："飨矣！逢逢白云。一南一北，一西一东，九鼎既成，迁于三国。"夏后氏失之，殷人受之；殷人失之，周人受之。夏后、殷、周之相受也，数百岁矣。①

　　这两首卜歌，用简短的韵语，以物喻理，作预言劝诫，应该是卜官采自民间的歌谣，较之于《周易》中卦爻辞及古歌更加原始、古朴一些。

　　商代乐歌有《商颂》十二篇，现存五篇，即《诗经·商颂》中的《那》《烈祖》《玄鸟》《长发》和《殷武》，内容包括商族的祖先事迹、祭祀制度、民族关系、部落关系等。关于《商颂》的作者，学界一直存有争议。一以为是商代祭祀诗，一以为是春秋时宋国大夫正考父所作。前者以《毛诗序》为代表，郑玄、孔颖达、朱熹、姚际恒等持此说，如《商颂·那》的小序："《那》，祀成汤也。微子至于戴公，其间礼乐废坏。有正考甫者，得《商颂》十二篇于周之太师，以《那》为首。"②后者以《史记》为代表，近代以来学者，如魏源、皮锡瑞、王先谦、王国维、梁启超都赞同太史公的说法，如王先谦根据今文鲁、齐、韩三家的说法，认为是春秋前期宋人正考父所作。③从三代礼乐文化的传承分析，前者的说法比较合乎历史的发展线索，《商颂》实际上是商人宗庙祭祀时的歌辞，既有炫耀武功和追念祖先之用，也带有商族史诗的性质。

---

① 吴毓江：《墨子校注》，第 656 页。
② 阮元校刻：《十三经注疏》，第 620 页。
③ 王先谦：《诗三家义集疏》卷二十八，中华书局 1987 年版，第 1089 页。

商代卜辞和《周易》中的卦爻辞，是流传至今最为可靠的早期文献。甲骨卜辞虽然是源于宗教的实用目的，但也具有了一定的文学性。其语句简略，韵散无明显界限，初具叙事手段和比较复杂的构思，叙事中用对偶、排比句式，比兴手法开始使用，语言有一定的语气和感情色彩，有的还带有一定的哲理性，具有诗歌和散文的雏形，故刘大杰先生认为："中国文学的信史时代，是起于商朝。"[1] 目前所见的卜辞中，最典型的诗歌形态是郭沫若先生所编《卜辞通纂》中的第 375 片：

> 癸卯卜，今日雨。其自西来雨？其自东来雨？其自北来雨？其自南来雨？[2]

此片连用四个排比句式，明显具备了一定的诗歌形式，我们从《诗三百》和汉乐府中都可以看出对这一类句式的承继。近人唐兰曾经引证典籍探讨"卜辞文学"[3]，说明当时已经出现了韵文形式。

殷周之际《易》中的卦爻辞和古歌，采用韵文的形式表情达意，并伴有大量的象征、比喻，具有很强的哲理性，虽然不是严格意义上的诗歌，但较之于殷商卜辞，无疑具有更明显的文学意味了。对此，高亨分析《周易》中不少短歌采用了兴的手法，这与《诗三百》中的情诗，已经有了相似之处，他认为："由《周易》中的短歌到《诗经》民歌，也显示出由《周易》时代到《诗经》时代，诗歌的创作艺术逐步提高的过程。如果我们说《周易》中的短歌是《诗经》民歌的前驱，

---

① 刘大杰：《中国文学发展史》上卷，古典文学出版社 1957 年版，第 6 页。

② 郭沫若：《卜辞通纂》，载《郭沫若全集》考古编第二卷，科学出版社 1983 年版，第 369 页。

③ 唐兰：《卜辞时代的文学和卜辞文学》，《清华学报》1936 年第 3 期。

似乎也接近事实。"① 李镜池认为："卦、爻辞中有两种体制不同的文字——散体的筮辞与韵文的诗歌。"并进一步指出："'比'与'兴'这两种诗体，在《诗经》中是很多的，说诗的人自会依体解释。但《周易》中也有这类的诗歌，却从来没有人知道，更没有以说《诗》之法说《易》了。现在我们不特从《周易》中看出诗歌，且可从这些诗歌来推考《周易》的著作年代。"② 实际上，《易》卦爻辞的比兴手法，对战国寓言、诗文的影响很大，对《诗三百》的影响也很深，对此，章学诚《文史通义·易教下》中已有清楚的分析。

我们从《诗经》和楚辞本身也可以看到原始时代巫卜乐歌的痕迹。《诗经》虽然是西周礼乐文明的一面镜子，但也残留了一些巫卜文化的痕迹，最突出的是《陈风》。《汉书·地理志》载："（陈国）妇人尊贵，好祭祀，用史巫，故其俗巫鬼。《陈诗》曰'坎其击鼓，宛丘之下，亡冬亡夏，值其鹭羽。'又载：'东门之枌，宛丘之栩，子仲之子，婆娑其下。'此其风也。"③ 郑玄《诗谱》云："太姬无子，好巫觋，祷祈鬼神，歌舞之乐，民俗化而为之。"④ 班固列举的《宛丘》《东门之枌》，所描写的都是巫师歌舞祭神的场景。我们知道，《诗经》中有大量宗庙祭祀乐章，故《礼记·礼器》云："颂诗三百，不足以一献。一献之礼，不足以大飨。大飨之礼，不足以大旅。大旅具矣，不足以飨帝。"⑤ 这一段话很清楚地表明，就功能而言，《诗三百》与"献""飨"一样，都是用以宗教祭祀的，从这个意义上，我们似乎可以推测《诗三百》中的一部分本来就是古代巫觋所用的乐歌。

---

① 高亨：《周易卦爻辞的文学价值》，《文汇报》1961 年 8 月 22 日。
② 李镜池：《周易探源》，中华书局 1978 年版，第 50、38 页。
③ 班固：《汉书》，第 1653 页。
④ 阮元校刻：《十三经注疏》，第 375 页。
⑤ 阮元校刻：《十三经注疏》，第 1442 页。

如果说巫卜乐歌的痕迹在《诗三百》中只有少量遗存的话，那么其在楚辞中就大量存在了。楚国由于没有经历北方各国礼乐文化的熏染，所以仍然是巫风盛行，这一点已经被历代学者所认同。如《吕氏春秋·侈乐》云："楚之衰也，作为巫音。"[1] 又《汉书·地理志》云："楚地……信巫鬼，重淫祀。"[2] 又王逸《楚辞章句》云："昔楚国南郢之邑，沅湘之间，其俗信鬼而好祠，其祠，必作歌乐鼓舞以乐诸神。"[3] 近人范文澜也认为："楚国传统文化是巫官文化，民间盛行巫风，祭祀鬼神必用巫歌，《九歌》就是巫师祭神的歌曲。"[4] 长期浸淫其中的屈原以极大的热情来描写民间祭歌，如《九歌》云：

> 羌声色兮娱人，观者憺兮忘归。緪瑟兮交鼓，萧钟兮瑶虡。鸣箎兮吹竽，思灵保兮贤姱。翾飞兮翠曾，展诗兮会舞。应律兮合节，灵之来兮蔽日。[5]

这里描绘的是以灵巫为首表演迎神的歌舞，色彩艳丽，歌舞狂欢，着力渲染的是降神之时声色之盛。故朱熹《楚辞辩证》论《九歌》云："声色娱人，观者忘归，正为主祭迎日之人，低回顾怀，而见其下方所陈之乐，声色之盛如此耳。緪瑟交鼓，灵保、贤姱，即其事也。"[6]《九歌》是楚国典型的民间祭歌，描绘了一幅融歌、舞、乐、祭祀为一体的狂欢场面，胡适称之为"湘西民族的宗教歌舞"[7]。楚辞

---

① 许维遹：《吕氏春秋集释》，第 112 页。
② 班固：《汉书》，第 1666 页。
③ 洪兴祖：《楚辞补注》，第 55 页。
④ 范文澜：《中国通史》第一册，人民出版社 1978 年版，第 263 页。
⑤ 洪兴祖：《楚辞补注》，第 74—75 页。
⑥ 朱熹：《楚辞辩证》，载《朱子全书》第 19 册，上海古籍出版社 2002 年版，第 198 页。
⑦ 胡适：《读楚辞》，载《胡适古典文学论文集》上册，上海古籍出版社 1988 年版，第 348 页。

是乐官文化盛行时代的产物，与充满理性精神的中原礼乐文明相比，带有明显的巫卜文化痕迹，至于其后汉代经师对楚辞的阐释，则已经是礼教背景下的衍生意义，与其发生意义相比，已经呈现出完全不同的样态了。

第二节　诗之政教品格

西周用诗制度的内涵极为丰富，从《诗三百》的采集、雅化到演示的每一道程序，都是西周礼乐政治的重要组成部分，承载了周人宗法伦理和政教等级等意识形态的诸多因素；春秋以降，诸子用诗、引诗盛行，无论是引诗言志或辞令外交或政治讽谏，《诗三百》在社会政治、个人修养、哲学之思等精神生活中具有广泛的实用价值；汉代诗教原则的最终形成是一个复杂的过程，这既是先秦说诗经验的历时性累积，更是大一统的时代感受与个体经验的共时性因果关联。就发展演变看，上古诗教经历了从浑融诸多意识形态品格到逐渐单一化、政教独尊的过程。

作为三代礼乐制度的有机组成部分，乐教、礼教、诗教同源共生，在各种礼仪中，合乐、行礼、用诗是交替进行的，顾颉刚认为："从西周到春秋中叶，诗与乐是合一的，乐与礼是合一的。"① 三者在精神气质上是相通的。相对而言，诗教更多地受到乐教、礼教的精神沾溉。诗乐同源，诗教与乐教具有相同的情志因素、社会功能和精神品格，带有早期巫卜文化、祭祀文化的色彩，因此乐教所具有的种种特征和规范就自然移植到诗学活动中；从西周到春秋，随着乐教的衰落、礼

---

① 顾颉刚：《〈诗经〉在春秋战国间的地位》，载《古史辨》第三册下编，第366页。

教的兴盛，用诗活动中以礼教为旨归的"义用"原则渐起，逐渐代替了以乐教为旨归的"声用"原则，因而礼教的若干精神品格也就用于规范诗教，尤其在汉代以后的经学视野下，从三家诗到毛诗《诗大序》诗教原则的最终确立，汉儒以礼释诗遂成为中国古代学术史上的重要传统。

　　诗之意义在于用，无论是西周的用诗制度、春秋赋诗言志或诸子用诗，还是汉代诗学定于一尊，都不离用的原则，因而用诗原则的变化也就体现了政教品格的演化。本节主要从礼乐发展的三个阶段，即"制礼作乐""礼坏乐崩"和"礼乐复兴"，用诗、赋诗、解诗传统的流变来考察诗教意识形态品格的衍变。在中国古代文学研究领域，论者常常贬斥先秦两汉说诗不注重诗的艺术性和文学价值，尤其是汉儒解诗，往往牵强附会，说出许多诗中未必有的意义，其实对古人而言，本来就没有把诗看成纯文学，而是看重其在政治、伦理、教育、文化等意识形态中的建构功能。笔者以为，考察先秦两汉时期的用诗制度、用诗方法及诗教原则，明显地呈现这样一个特点，即在古人的思想文化视野中，诗是政治运作、信仰建构中的一个部分，它的价值和意义远远高于今日所谓文学。

　　三代用诗制度本身就是礼乐政治中一个组成部分，既有采集、雅化民歌的"采诗"制作过程，也有大量为用而"献诗"的乐歌应制，目的在于传达出等级贵贱、王权尊严、先祖追思等思想感情，实现古人以诗观政教得失、督导君主、教化民众、移风易俗的政治想象。凡举行典礼，必然要合乐、行礼、用诗，交替进行，缺一不可，不同场合的合乐、行礼、用诗不同。从宴享之乐的等级来看，在乐制上有堂上、堂下之分，如《礼记·郊特牲》载："歌者在上，匏竹在下。"① 首

---

① 阮元校刻：《十三经注疏》，第 1446 页。

先是堂上升歌，据《祭统》《明堂位》的记载，天子用《颂》；据《左传·襄公四年》《礼记·仲尼燕居》的记载，两君相见用《大雅》；据《仪礼·燕礼》《大射》的记载，诸侯宴享士大夫用《小雅》；据《乡饮酒礼》的记载，大夫、士宴享用《小雅》。从用礼、用诗的顺序来看，据《乡饮酒礼》《乡射礼》《燕礼》的记载，在堂上升歌完后，便奏《南陔》《白华》《华黍》等笙诗，乃间歌《鱼丽》，笙《由庚》；歌《南有嘉鱼》，笙《崇丘》；歌《南山有台》，笙《由仪》：这些都在《小雅》之中。最后的合乐，《周南》三章，即《关雎》《葛覃》《卷耳》；《召南》三章，即《鹊巢》《采蘩》《采蘋》。

用诗以合乐、行礼，多见于《雅》《颂》，主要涉及祭礼、燕礼和射礼。《周颂》有一半以上明显是祭祀诗，如《清庙》《维天之命》《噫嘻》《丝衣》等，顾颉刚认为："大概颂是乐诗中用得最郑重的，不是很大的典礼不轻易用，最大的典礼莫过于祭祀，所以颂几乎全用在祭祀上。"[1]《小雅》则与燕礼关系密切，据《仪礼·乡饮酒礼》《燕礼》的记载，所用笙诗、歌都在《小雅》之中。射礼所奏诗乐，据《礼记·射义》载："天子以《驺虞》为节，诸侯以《狸首》为节，卿大夫以《采蘋》为节，士以《采蘩》为节。"[2]其中除了《狸首》为逸诗外，其余皆在《二南》。《周南》《召南》风格上接近雅乐，故而也能兼用。用诗与合乐、行礼是一体的，互相印证的，三者在精神上是一致的，故用诗可以体现、引申或隐含出礼乐的精神品格。

春秋以后，随着《诗三百》的广为流传，其文本基本成熟，加之"礼坏乐崩"局面的加剧，已经很少有合乐、行礼的要求，于是新的用诗方法开始形成。从春秋引诗、赋诗到以礼释诗，乃是用诗层面上的

---

[1]　顾颉刚：《诗经在春秋战国间的地位》，载《古史辨》第三册下编，第 324 页。

[2]　阮元校刻：《十三经注疏》，第 1686 页。

发展，作为现实政教制度层面上的意义已不复存在，这是新的思想武器没有出现之前，文化惯性的巨大力量使然。此一时期，基于对三代礼乐传统业已形成的价值观的普遍认可，人们在各种场合广泛地用诗，无论是"赋诗言志"、引诗为证还是以诗为谏，或随意性的联想类比，或断章取义的方式，或双方不言而喻的意会与互动，都婉转地表达自己的政教伦理意图，以《诗三百》为核心，形成了一套贵族阶层普遍熟知的话语系统。这是一种偏重于道德说教、政治讽喻的用诗法，具有很强的现实功用性。所以闻一多认为，诗"是宗教，是政治，是教育，是社交，它是全面的社会生活"①。

春秋时期，诗之政教品格的重要表征之一，就是诗史互证观念的普遍流行。所谓诗史互证，是指由诗乐可以观历史上的治教得失；反之，由历史治教可以知乐、知诗，它们之间是一种互相印证的关系。最典型的以诗乐观治，见于《左传·襄公二十九年》所载吴公子季札观乐：

> 　　吴公子札来聘，……请观于周乐。使工为之歌《周南》《召南》，曰："美哉。始基之矣，犹未也。然勤而不怨矣。"为之歌《邶》《鄘》《卫》，曰："美哉，渊乎。忧而不困者也。吾闻卫康叔、武公之德如是，是其《卫风》乎？"为之歌《王》，曰："美哉，思而不惧，其周之东乎？"为之歌《郑》，曰："美哉，其细已甚，民弗堪也，是其先亡乎？"为之歌《齐》，曰："美哉，泱泱乎，大风也哉，表东海者，其大公乎。国未可量也。"为之歌《豳》，曰："美哉，荡乎，乐而不淫，其周公之东乎？"为之歌《秦》，曰："此之谓夏声。夫能夏则

---

① 闻一多：《神话与诗·文学的历史动向》，载《闻一多全集》第一卷，第202页。

大，大之至也，其周之旧乎？"为之歌《魏》，曰："美哉，沨
沨乎，大而婉，险而易行，以德辅此，则明主也。"为之歌
《唐》，曰："思深哉，其有陶唐氏之遗民乎？不然，何忧之远
也。非令德之后，谁能若是？"为之歌《陈》，曰："国无主，
其能久乎？"自《郐》以下无讥焉。为之歌《小雅》，曰："美
哉，思而不贰，怨而不言，其周德之衰乎？犹有先王之遗民
焉。"为之歌《大雅》，曰："广哉，熙熙乎，曲而有直体，其
文王之德乎？"为之歌《颂》，曰："至矣哉，直而不倨，曲
而不屈，迩而不偪，远而不携，迁而不淫，复而不厌，哀而不
愁，乐而不荒，用而不匮，广而不宣，施而不费，取而不贪，
处而不底，行而不流，五声和，八风平，节有度，守有序，盛
德之所同也。"[①]

　　季札之时已为春秋末期，鲁国为周公旦封地，礼乐传统保持尚好，
合乐、行礼与用诗体制尚且保存完备，故季札通过所演奏的诗乐，能
够准确地判断出各诸侯国的德化礼义、风土人情、治教得失等。虽然
通篇都在记录季札观乐的感受，但重要的是杜预注所说"依声以参时
政"，"论声以参时政"，旨在"知其兴衰"。[②]观乐的实质是观史，观
政，这说明在诗、乐、舞合一的时代，人们已经认识到，诗乐不仅是
特定历史时期特定地区民情风俗的自然流露和体现，而且更为重要
的价值在于对社会政治的认识作用。这对其后孔子"可以观"、汉代
"采诗"说以及汉乐府的创作传统和理论形成都有极大的影响。季札这
一段精彩的评论，包含了极为丰富的思想文化内涵。季札能够一边欣

① 阮元校刻：《十三经注疏》，第 2006—2007 页。
② 阮元校刻：《十三经注疏》，第 2008 页。

赏乐舞，一边即兴做出极为精当的点评，说明其已经熟练地掌握了整套的礼乐话语及思维模式，能够娴熟地使用各种礼乐背景知识，他将乐教与礼教、情与理、中和原则等恰如其分地运用于诗乐欣赏之中，标志着在诗乐更迭的时代，一种新的诗教批评范式开始出现，这在稍晚的孔子思想中体现得更为明显。

诗之政教品格在先秦的发展，孔子是一个非常重要的环节，向上可以追其源流，向下可以察其演变。《论语》中孔子诗论，大致如下：

> 小子何莫学夫诗。诗可以兴，可以观，可以群，可以怨。迩之事父，远之事君。多识于鸟兽草木之名。（《阳货》）[1]
>
> 兴于诗，立于礼，成于乐。（《泰伯》）[2]
>
> 诵诗三百，授之以政，不达。使于四方，不能专对。虽多，亦奚以为。（《子路》）[3]
>
> 不学诗，无以言。（《季氏》）[4]

其意义指向，大约有二：一是社会政治教化的作用，二是个体博物修身的意义。后世诗教的发展，基本上沿着这两个方向发展，如汉儒迂曲说诗是将前者发挥到极致，后世一大批博物学著述的出现，如陆玑《毛诗草木鸟兽虫鱼疏》、姚炳《诗识名解》、许鼎《毛诗名物图说》等，则沿着后者的方向在发挥。孔子说诗，更重视《诗三百》的思想意义和教化功能，较之西周的用诗范围，已经大大地缩小了。在孔子的时代，"礼坏乐崩"，礼乐已不存，诗也就无处安顿了，一旦离

---

[1]　阮元校刻：《十三经注疏》，第 2525 页。

[2]　阮元校刻：《十三经注疏》，第 2487 页。

[3]　阮元校刻：《十三经注疏》，第 2507 页。

[4]　阮元校刻：《十三经注疏》，第 2522 页。

开了其原生的思想文化语境，其先天的诸多意识形态品格也就所剩无几了，因而大致不离修身养德、政治教化两个层面。是时，诗乐已经分家，虽然孔子也有"正乐""复礼"之举，但时势异矣，大抵都难以行得通。

孔门后学从不同角度发挥孔子诗论，形成了儒学内部不同的流派。新近整理的上博竹书《诗论》，是目前所能见到的最早的较为系统的孔门论诗之作，它的发现对于儒家诗教的传承与流变问题，特别是辨明孔子诗教与汉儒诗教的异同，有着不可低估的学术价值。对于《诗论》的作者和作年、在儒家诗学体系中的位置及与汉代诗学的渊源等问题，许多学者已经作了一些很有启发性的研究与推断。在已经公布的第一批竹书中，就明确地彰显出礼、乐、诗之间的密切关联：

> 诗亡离志，乐亡离情，文亡离言。（第一简）
>
> 讼，坪德也，多言后。其乐安而迟，其歌绅而藡，其思深而远。至矣。（第二简）
>
> 王德也，至矣，敬宗庙之礼，以为其本，秉文之德，以为其业。（第五简）
>
> 《关雎》以色喻于礼。（第十简）
>
> 《鹿鸣》以乐词而会，以道交见善而俲，终乎不厌人。（第二十三简）
>
> 吾以《甘棠》得宗庙之敬，民性固然。（第二十四简）
>
> 《大田》之卒章，知言而有礼。（第二十五简）
>
> 《蓼莪》有孝志。（第二十六简）①

---

① 马承源主编：《上海博物馆藏战国楚竹书》（一），上海古籍出版社 2001 年版。

　　马承源认为，诗本是音乐的组成部分，诗句就是乐曲的词。楚竹书中的《诗乐》是残件，所见七支简上端正地抄写着各种诗的篇名和演奏诗的各种音高。现今可以知道，每一篇诗都有其特定的音高，并不是随意用任何音调都可以自由地演唱。[①] 从中也可以推知当时诗乐合一的情况。

　　其后的孟子与荀子都有独具特色的用诗方法，"诗教终为儒家本务，故孟子犹善说《诗》；荀卿著书，于《诗》亦动有称引"[②]，他们承上启下，对于汉以后用诗原则的形成具有关键性的影响。孟子的时代，《诗三百》居于"六艺"之首，引诗之风盛行，但多着眼于实用目的，对其本身所包含的乐制、礼制少有提起，也就出现了很多的曲解误释。孟子为纠正时弊，提出了新的用诗方法，即"以意逆志"与"知人论世"，[③] 尤其后者影响巨大。汉代经师受此启发，把《诗三百》中《风》《雅》《颂》的作诗时间一一考证，认为排在前面的是文、武、成、康盛世之作，后面的便是厉幽以后衰世的变风、变雅，汉代《毛诗序》、郑玄《诗谱》，都是此一思维模式下的产物。

　　孟子论《诗》的另一大创见，是提出"诗亡"说，首开以史观诗的先河，宣告了《诗三百》时代的结束。《孟子·离娄下》云："王者之迹熄而《诗》亡，《诗》亡然后《春秋》作。"[④] 对于此一命题，后人作过不少研究，传统时代学者多从王权兴衰角度解释，这以东汉赵岐《孟子章句》为代表，晚近以来学者多从采诗制角度解释，颇有新见，如清人顾镇《虞东学诗·迹熄诗亡说》、焦竑《焦氏笔乘》卷四"诗亡辩"，等等。我们知道，《诗三百》在三代之所以受到重视，并成为

---

① 参见朱渊清、廖名春：《上博馆藏战国楚竹书研究》，上海书店 2002 年版。
② 张须：《论诗教》，《国文月刊》1948 年第 69 期。
③ 阮元校刻：《十三经注疏》，第 2735、2746 页。
④ 阮元校刻：《十三经注疏》，第 2727 页。

礼乐传统中不可或缺的组成部分而广泛运用，就在于它不仅直接记录了三代历史与王者政绩，而且通过"采诗""献诗"，了解风俗，考见得失，补察时政，是极为重要的政教工具之一。孟子所谓"诗亡"，显然不是《诗三百》本身的亡佚，此论明显是一个经学命题，目的在于张扬王者之功绩以及拔高《春秋》的地位，《诗》只是顺便提及的一个问题。因此，所谓"亡"是指作为礼乐传统核心乐制的衰败，由合乐、行礼、用诗三者并行不悖到乐制消亡，这就意味着诗乐所具有的特殊政教工具意义的丧失，也意味着在孟子的时代，《诗三百》已经成为纯粹意义上的诗歌总集了。

孔子论《诗》，涉及面广，意蕴深厚。与孔子关注《诗》本身的性质、功能不同，孟子将议论重点转到读诗方法上，无论是为王道理论张本还是作哲学之思或申述个人抱负，孟子多从德义角度引诗为证，以应用为目的，常常断章取义。

先秦引诗为证的风气到荀子而极盛，荀子乃先秦诸子中引《诗》最多者，《荀子》三十二篇中征引《诗》中诗句者八十多处，所谓"善说《诗》者不说"，并以《国风》"好色"和《小雅》"疾今"，[1]对整部《诗》作了精辟扼要的评价。《荀子》一书中，常常在论证结尾处引《诗》，所谓"诗云"，然后在段落结尾处加上"此之谓也"为结语，形成了固定的格式，这作为一种重要的论证方法在汉代以后用诗传统中被广泛地采用。

荀子用诗，以诗证礼，虽然在理论上颇为注重合乐，但具体运用时，只用诗义不用诗乐。在荀学中，"六经"地位最高的是《礼》，用诗是为证礼。比如《荀子》一书中两次提到"隆礼义而杀《诗》

---

[1]　王先谦：《荀子集解》，第 507、511 页。

《书》①，对于"杀"字，梁启雄《荀子简释·儒效注》云："杀，差也，省也。……此文认实践'礼义'为首要，记诵《诗》《书》为次要。杀《诗》《书》，谓对于研究《诗》《书》应依其重要性的差等比'隆礼义'酌量减省一些。"②因此，荀子此论，是用"杀《诗》《书》"，强调礼义的纲领性作用。荀子引《诗》众多，目的不在于解释其本身的内容、性质，而是以《诗》中含有哲理的格言来加强自己的论据，类似于比喻的修辞方法，这种例子在《荀子》一书中比比皆是，如《修身》篇中引用《小雅·楚茨》"礼仪卒度，笑语卒获"，强调"故人无礼则不生，事无礼则不成，国家无礼则不宁"③；又如《王霸》篇引逸诗"如霜雪之将将，如日月之光明，为之则存，不为则亡"，强调"国无礼不正，礼之所以正国也"④。对于礼义的阐释是荀子学术思想的根本问题，"由荀子开始把礼当作圣人教示的天地之道和人伦之极，把礼学放在儒学的根本位置上"⑤。

考察春秋战国时期引诗风气的盛行，存在的原因可能在于：其一，随着《诗三百》经典地位的逐渐确立，引诗、用诗成为一种话语权力的象征；其二，能够在各种场合熟练地运用《诗三百》，代表了相应的社会地位、思想修养和文化素质，乃此一时期贵族生活方式与文化时尚的象征；其三，作为一种含蓄而富有弹性的交流方式，引诗、用诗可以表达许多意会的知识，更符合古人内向型的生活方式。《诗三百》广泛地运用，成为古代思想文化的一个重要传统，但是过度阐释也必然带来问题，形式的滥用，庄严感消失，意义消解，实际上也

---

① 王先谦：《荀子集解》，第 138、140 页。
② 梁启雄：《荀子简释》，中华书局 1983 年版，第 92 页。
③ 王先谦：《荀子集解》，第 23 页。
④ 王先谦：《荀子集解》，第 210、209 页。
⑤ 〔日〕户川芳郎：《古代中国的思想》，姜镇庆译，北京大学出版社 1994 年版，第 43 页。

正是导致所谓"《诗》亡"的原因之一，因此重新塑造一种文化模式成为时代的需要，这与秦汉思想整合，礼乐复兴的目标是一致的。

汉代经学兴盛，诗学大兴。汉代诗教原则的形成是一个历史的融合过程，既有历时性的历史经验，更有共时性的互动关联。前者包含原道、征圣、宗经的思想模式以及先秦以来说诗传统等历史累积，后者包括大一统时代士人的个人际遇与时代感受。汉儒阐释《诗三百》，与先秦诸子用诗不同，已经不仅仅停留在用的层面，他们将尊孔与宗经思想演绎到极致。他们认为诗教的目的就是发掘圣人的微言大义，以圣人之意抑制皇权，发挥通经致用的原则，并由此生发出种种阴阳五行附会之语。汉代诗教原则主要体现在两个方面：一是以礼说诗，二是以诗教配合政教。这两点往往相互交叉，难以分梳。

以礼释诗传统的形成是一个漫长的过程，并非是汉儒的创见。在《诗三百》后期作品中，关于德孝、伦理的内容增多，反映了周人对于礼认识的不断深入。春秋时期，儒家对礼的总结，如孔子以中和释礼，孟子、荀子以人性释礼，这是诗教传统的价值核心，因而以礼说诗是秦汉以前的普遍认识，只是汉儒的阐释更加偏执一端罢了。汉人对《诗》的阐释应该有四家，解释虽然各异，但以诗为政教工具，以礼说诗却是共识。以毛诗为例，在《毛诗序》和《毛诗故训传》里，较为完整地保存了先秦至汉初这一派的资料。在《毛传》的解释系统中，对节制人的欲望尤其是男女关系的礼表示了极大的关注，表现在对爱情诗的解读上，多把表现淳朴爱情内容的诗歌置于礼乐政教语境中去理解，将是否符合礼制作为评定诗篇内容是否健康的首要尺度，形成了以礼释情的解诗特色。在《邶风·匏有苦叶》中，《毛传》用礼义的观念注释全诗，强调男女交往时必须遵守礼义的规定，其间掺入了大量礼义的说法，如第一章有"男女之际，安可以无礼义"，第二章有"违礼义不由其道",第四章有"非得礼义,昏姻不成"①;又如《郑风·子衿》是一首描写女子思念情人的诗,《毛传》把"青青"释为"青领也,学子之所服","一日不见,如三月兮"句注为"言礼乐不可一日而废"②,将一首情诗彻底改造为规劝学子不可一日荒废礼乐的政教诗。此类例子《毛传》中比比皆是。

《诗三百》的来源中历来有采诗一说,由此形成了汉儒采诗的观点。由于采诗的目的乃为王者观风俗,必然就会注目于诗中反映的风土人情,由此分析礼乐兴衰,政治得失。汉人以"大汉继周"自居,在他们的文化视野中,《诗》是三代礼乐文化之载体,在汉代复兴礼乐的时代思潮中,更是大一统政治之载体,其政教功能不言而喻,所以《诗》中才有大量情诗被诠释为政教诗。如《周南·桃夭》本系民间婚嫁之诗,《诗序》云:"《桃夭》后妃之所致也。不妒忌,则男女以正,婚姻以时,国无鳏民也。"③引申为民风淳朴,民间没有鳏寡之苦。《周南·汉广》为江汉地区民间男女相爱之诗,《诗序》云:"文王之道被于南国,美化行乎江汉之域,无思犯礼,求而不可得也。"④又如《唐风·绸缪》本为夫妇之间相悦之诗,《诗序》云:"刺晋乱也,国乱则婚姻不得其时焉。"⑤这样的例子,在《国风》中很多。汉儒所关注的既不是作者的本意,也不是文本本身,而是文学以外的政治文化内涵,如果政治清明,教化推行,百姓就得以安居乐业;如果男思女怨,百姓不能及时男婚女嫁,就是政治混乱,教化不兴的表现了。

汉儒说诗的特点,班固在《汉书·艺文志》中论及齐、鲁、韩

---

① 阮元校刻:《十三经注疏》,第 302、303 页。
② 阮元校刻:《十三经注疏》,第 345 页。
③ 阮元校刻:《十三经注疏》,第 279 页。
④ 阮元校刻:《十三经注疏》,第 281 页。
⑤ 阮元校刻:《十三经注疏》,第 364 页。

三家时，认为："或取《春秋》，采杂说，咸非其本义。"① 明确指出三家都重在挖掘《诗三百》背后的政教内涵，达到以诗教配合政教的目的。以汉代各家关于《诗经》"四始"的说法为例，这代表了汉儒解诗的主要倾向。所谓"四始"，是指代表周王朝起始盛衰的四个起点，以此揭示《诗》的结构及其代表的政教意蕴，主要路数有二：一为毛诗、鲁诗和韩诗，一为齐诗和现存《诗纬》。毛诗以《风》《大雅》《小雅》《颂》为"四始"；鲁诗以《关雎》为《风》始，《鹿鸣》为《小雅》始，《文王》为《大雅》始，《清庙》为《颂》始；韩诗与鲁诗相同。其中，《关雎》将礼乐传统的源头追溯到男女婚姻、社会治乱、王朝兴衰，体现了缘人情制礼的传统；《鹿鸣》描写燕饮，体现了"亲亲""尊尊"的宗法传统；《文王》歌颂周代文治武功的创始人及其德治天下，垂范后世的功绩，展示周王朝政治面貌与法则仪象；《清庙》以文王德治天下，歌颂周代德政教化的理想政治，故郑笺云："始者，王道兴废之所由。"孔疏云："此四者，人君行之则为兴，废之则为衰。"②

齐诗与《诗纬》的解释路数不同，它们在天地人的框架中，将阴阳、五行、方位、时辰、人情纠结在一起，以天地阴阳五行之变比附历史人事之变迁，以阴阳始终际会推度国家吉凶休咎，如：

> 四始皆阳，木、火、金、水分布于四方，故为四始也。土独无始者，土为五行之君，周流于四者之间，循环无端也。（迮鹤寿《齐诗翼氏学·四始五际名义》）③

---

① 班固：《汉书》，第1708页。
② 阮元校刻：《十三经注疏》，第272页。
③ 迮鹤寿：《齐诗翼氏学》卷一，载《续修四库全书》第75册，上海古籍出版社2002年版，第7页。

《大明》在亥，水始也。《四牡》在寅，木始也。《嘉鱼》在巳，火始也。《鸿雁》在申，金始也。（《诗纬·汎历枢》）①

纬说因金木水火有四始之义，以诗文托之，盖欲王者法五行而正百官，正百官而理万事，万事理而天下治矣。政教之所从出，莫不本乎五行，乃通于治道也。

古之作乐，以三诗为一终。……说始际者，则以与三期相配，《文王》为亥孟，《大明》为亥仲，《緜》为亥季，其水始，独言《大明》，犹三期之先仲次季而后孟也。（陈乔枞《诗纬集证》）②

其论虽另开一路，但论诗主旨与前三家并无不同，旨在以《诗》中所载周王朝的兴衰历史为明鉴，从中寻出"王道兴废之所由也"，具有鲜明的资治目的。《史记·儒林传》在评价韩诗与齐、鲁的学术主旨后，认为"然其归一也"③。对此，清人陈乔枞《韩诗遗说考序》中发挥为：

今观《外传》之文，记夫子之绪论与春秋杂说，或引《诗》以证事，或引事以明《诗》，使"为法者章显，为戒者著明"。虽非专于解经之作，要其触类引申，断章取义，皆有合于圣门商、赐言《诗》之义也。况夫微言大义往往而有，上推天人性理，明皆有仁义礼智顺善之心，下究万物情状，多识于鸟兽草木之名，考风雅之正变，知王道之兴衰，固天命性道之

---

① 黄奭辑：《诗纬》，上海古籍出版社 1993 年版，第 14 页。
② 陈乔枞：《诗纬集证》，载《续修四库全书》第 77 册，上海古籍出版社 1997 年版，第 762、786 页。
③ 司马迁：《史记》，第 3124 页。

蕴而古今得失之林邪？[1]

朱自清认为这一段话既可视为汉代四家诗的总论，也可以视为汉人《诗》教总论。[2]

以仁义释性，喜怒释情，以礼节情，是源于孟子、荀子以来的人性论传统，但杂以阴阳五行，却是汉儒的创见，这也是汉代天人学说运用于经学领域的一个相当典型的例子。战国以来零碎化的知识片段，到汉代已经整合成为统一的知识体系。诗学话语的形成，不仅受制于特定的社会政治语境，而且对统一知识体系具有高度的依赖性。将诗与阴阳五行、月历、方位、季节比附，进行形上阐释，为诗学话语寻找终极的理论依据，并为之曲解，其论固然荒谬，但却影响了古代学术思想两千多年。历代《诗》学研究中，对齐诗的评价甚低，但是如果我们将其放入汉人整体知识背景中考察，可以看到，齐诗的阐释方向代表了汉代学术的发展方向，也代表了汉代诗学经学化、官学化的主要途径，故通齐诗者入仕最为容易，《汉书·儒林传》云："诸齐以《诗》显贵，皆固（辕固生）弟子也。"[3] 原因正在于此。

先秦两汉诗教的发展，是诗之意识形态品格的演变过程，也即从融合了巫卜、祭祀、宗教、宗法等诸多因素到单一政教品格的流变过程，同时，也是诗不断地溢出礼乐知识系统，成为独立文学样式而渐趋审美化、单一化的过程。总体而言，先秦两汉用诗传统发生了很大的变化。随着三代以来巫卜文化、宗教文化到政教文化的演变，"六艺"之教所涵盖的一系列精神活动也由宗教目的转换为政教目的。孔门论诗，不仅重视政教伦理，博物修身之功能，更重视由此及彼、委

---

① 陈寿祺撰，陈乔枞述：《三家诗遗说考》，上海古籍出版社 2002 年版，第 494 页。
② 朱自清：《诗言志辨》，第 112—113 页。
③ 班固：《汉书》，第 3612 页。

婉曲折之表达方式，所谓"言近旨远""告诸往来"。先秦说诗，包括春秋"赋诗言志"，孔、孟、荀说诗等，无论是断章取义，诗义引申或以诗为喻，所用的均为《诗三百》中某些句子，故用诗并不影响诗的本义；汉儒说诗不仅将用诗、说诗的范围大大地缩小了，更是将其本来的作意，大部分曲解为政治教化意义。如先秦以来以诗为谏的传统，虽断章取义、随意引申，但本质上仍然属于用诗的范围，汉儒则把诗之讽谏功能发挥到极点，纯以政教立论，明确视诗为谏书。这种阐释方法对后世学术思想产生了极深远的影响。王安石《答吴孝宗书》云："子经以为《诗》《礼》不可以相解，乃如某之学，则惟《诗》《易》足以相解，以其理同故也。"[①] 他认为《诗》与《礼》同样产生于西周春秋时期，所反映的社会生活是相同的，名物度数也是相同的，所以以礼释诗，就是以周礼作为道德准绳衡量《诗》，以此说明《诗》之美刺所在。后世所谓"言志"说、"比兴"说、"美刺"说以及文学批评中种种附会寄托之说，大抵都不离此一传统。

第三节　诗教与中国文论精神

诗教是个历史概念，有源远流长的传统，在各个时代的理解也不相同。早期诗教萌生于西周乐教体制中的"乐语""乐德"，用诗、合乐、行礼合一，"六艺"之教是一个整体。东周以后"礼坏乐崩"，"王官之学"散落为百家之学，出现了各种用诗方法的兴盛。孔门最重诗教，孔子最早用"六经"教育弟子，包括诗乐之教、德行之教、政事之教、文学之教几个方面。孔子论《诗》，包括论合乐与说礼义

---

① 王安石：《临川先生文集》卷七十四，中华书局1959年版，第786页。

两个部分，其间融入乐教、礼教的诸多品格，思想的核心在于复兴周礼，重建文化秩序与精神信仰。秦汉以后，经学视野下的诗教原则形成，诗教内涵有了新的发展。汉代诗教偏于一端，将礼教的诸多品格附会到诗教上，并逐渐形成礼教原则下的文学创作观与审美标准，《礼记·经解》篇"温柔敦厚"诗教原则的出现，影响甚大，并在很大程度上遮蔽了孔子诗教的本义。对于这一演变，论者常常作《诗》教与诗教之分，但两者大抵都以《诗三百》为文本，以三代礼乐为参照，以政教伦理为核心，在内涵上基本重合，在价值指向与审美品格上也是一致的，故而这种区别并不能说明本质问题。笔者以为，所谓诗教，其基源意义与衍生意义及价值指向有一个逐渐衍变的过程，西周"六艺"之教、孔子诗教与汉代诗教存在明显的分梳，本节论述后面两者，关于"六艺"之教，将在第六章中专门论述。

（一）孔子诗教及若干范畴

孔子学问，范围极广，从心理学、伦理学、教育学、政治学，以至宇宙哲学与宗教哲学。孔子经常提及的概念很多，如忠恕、中庸、智仁勇、仁义礼智信、忠孝慈悌友敬等；孔门设教有德行、言语、政事、文学四科，传授经典有《诗》《书》《易》《礼》《春秋》。从表面看，头绪似很纷繁，名谓也不一致。那么孔子思想中有没有一以贯之的价值取向和方法论原则呢？我们知道，礼乐斐然、秩序井然的西周盛世，是孔子一生追求的政治理想，孔子思想有关的一系列命题，如"正名""正乐""复礼""删诗"乃至"思无邪""辞达""兴观群怨"等，虽然多为简约性的判断，但均是"礼坏乐崩"背景下围绕复兴周礼，价值重建的中心展开的，这正是孔子一以贯之的原则。

诗教在孔子思想体系中具有重要的地位，这大体上也是古今学者的共识，如《孔丛子·杂训》云："故夫子之教，必始于《诗》《书》

而终于《礼》《乐》。"①对此，近人马一浮《〈诗〉教绪论序说》中的一段论述也颇有启发性：

> 六艺之教，莫先于《诗》。于此感发兴起，乃可识仁。故曰："兴于诗"。又曰："诗可以兴。""诗者，志之所之也，在心为志，发言为诗。"故一切言教皆摄于《诗》。②

他认为《礼记·孔子闲居》篇，最能明孔子诗教之大义，只有明乎诗教，才能达于礼乐之原。在孔子的思想中，要明确地划分出乐教、礼教、诗教，本身是很困难的，因为在礼乐文化的原生语境中，三者是同生共长的关系，所以徐复观认为，孔子的诗教就是孔子的乐教，③这在一般意义上是正确的。但是，如果仔细加以分梳，还是可以发现三者在价值取向上的异同。关于孔门说诗的基本特色在上一节业已论述，对于孔子诗教中一些重要范畴，如"正乐""正名""文质""中和""以象比德"等，在本书的其他章节也各有论述，本节将重点考察"辞达""思无邪""删诗""温柔敦厚"和"可以兴"在孔子诗教中的意义。简言之，孔子诗教，从实用层面看，是"辞达"的问题；从价值判断层面看，是"思无邪"和"兴观群怨"两大批评标准的确立。

言意问题，是先秦子学的一个重要命题。围绕此一命题展开的争辩，形成了儒家"慎言"观、"辞达"论，墨家"三表"法、"以辞抒意"和老庄"言不尽意""得意忘言"④等命题。不同于墨家取实用，

---

① 王钧林等：《孔丛子》，中华书局 2012 年版，第 75 页。
② 马一浮：《复性书院讲录》卷四，载刘梦溪主编：《马一浮卷》（"中国现代学术经典"），河北教育出版社 1996 年版，第 239 页。
③ 徐复观：《中国艺术精神》，华东师范大学出版社 2001 年版，第 4、19 页。
④ 王先谦：《庄子集解》，第 244 页。

道家取本体，儒家主要从政治伦理角度阐释言意关系，形成了以礼乐法度为主要标准的批评方法。孔门四科中的"言语"发展为后来的文学，但在孔子时代，表现思想感情的主要是言，故而孔子重言。《论语·季氏》有"不学诗，无以言"[①]，反之可知，只有学《诗》，才能言，而只有善言，才合于礼的要求。《诗三百》在春秋的应用范围已经超越了原初合乐、行礼的目的，或为外交场合的赋诗言志，或为言语交谈增加文采与感染力，在此背景下，诗教也就成为贵族阶层的重要教育科目。从孔子强调"诵诗"，要"使之四方"，能"专对"来看，他所重视的是《诗》赋诗言志与言语交谈的实用功能。张须认为："孔门诗教，用之应对为最急，而雅言与正乐二者又复相为表里。"[②]是为确论。

除为人熟知的"删诗""正乐"外，孔子还有"正言"之举，《论语·述而》云："《诗》、《书》、执礼，皆雅言也。"[③]夏传才认为，孔子正是基于"雅言"的要求，才对《诗三百》作文字和语法上的加工改动，使其文句统一，并以十五国风语言文句的统一为显证。[④]此说是具有说服力的。孔子又有"慎言"之论，《为政》云："多闻阙疑，慎言其余，则寡尤。"[⑤]夫子对于言辞的思考，并不纯然是放在言语辞说层面的，而是更侧重于政治伦理角度的考察，凡遵循政教原则，合乎礼义法度的，夫子便持赞赏态度。如：

仁者，其言也讱。（《颜渊》）

① 阮元校刻：《十三经注疏》，第 2522 页。
② 张须：《论诗教》，《国文月刊》1948 年第 69 期。
③ 阮元校刻：《十三经注疏》，第 2482 页。
④ 夏传才：《〈诗经〉研究史概要》，中州书画社 1982 年版，第 43—44 页。
⑤ 阮元校刻：《十三经注疏》，第 2462 页。

　　君子欲讷于言而敏于行。(《里仁》)

　　论笃是与，君子者乎。(《先进》)

　　言忠信，行笃敬。(《卫灵公》)[①]

　　凡不符合此一标准者，夫子便持贬斥态度。如：

　　巧言令色，鲜矣仁。(《学而》)

　　巧言乱德。(《卫灵公》)

　　君子耻其言而过其行。(《宪问》)

　　邦有道，危言危行。邦无道，危行言孙。(《宪问》)[②]

　　孔子论"言"，与"仁""切""讷""笃""忠信""德"等教化视野下君子的理想品格与行为规范相提并论，其浓厚的政教伦理色彩显而易见。在"慎言""慎辞"的原则上，孔子提出了更为具体的批评标准，《卫灵公》云："辞达而已矣。"孔安国注云："凡事莫过于实，辞达则足矣，不烦文艳之辞。"邢昺疏云："明言语之法。"[③]他们多从言语辞说层面立论，而没有体察到孔子思想中浓厚的礼乐文化情结。我们对照《仪礼·聘礼》："辞无常，孙而说。辞多则史，少则不达。辞苟足以达，义之至也。"[④]再对照《礼记·表记》："情欲信，辞欲巧。"[⑤]以经证经，可知"辞达"是指辞令要恰如其分地传达礼义，所谓"义之至"也即礼之至。无论是"慎言"，还是"辞达"，虽然不乏后世所

---

① 阮元校刻：《十三经注疏》，第 2502、2472、2499、2517 页。

② 阮元校刻：《十三经注疏》，第 2457、2518、2512、2510 页。

③ 阮元校刻：《十三经注疏》，第 2519 页。

④ 阮元校刻：《十三经注疏》，第 1073 页。

⑤ 阮元校刻：《十三经注疏》，第 1644 页。

谓言语修辞的意义指向，但在其原生的思想文化语境中，孔子是针对春秋以来礼制废坏、"巧言令色"盛行的事实，"礼之文"胜过"礼之质"的现实倾向，将言辞的最终价值指向礼义，这也符合其一贯的政治思想立场。

"思无邪"一语，见于《论语·为政》："诗三百，一言以蔽之，曰：'思无邪。'"[①] 它本是《鲁颂·駉》中的一句话，孔子借它来概括《诗》的全部特征，历来视为孔子政治思想、文学思想与审美标准的概括，虽然这并不符合《诗》的实际。对于"思无邪"，历代解释众多，故宋儒张戒《岁寒堂诗话》中归结为"世儒解释终不了"[②]。如郑玄笺《诗》，于"思无邪"下云："思遵伯禽之法，专心无复邪意也。"[③] 把"思"字解为实词，"邪"字解为邪正之邪，郑氏此言，明显是汉儒"美刺"释诗的路数。邢昺疏云："此章言为政之道在于去邪归正，故举诗要当一句言之。……诗之为体，论功颂德，止僻防邪，大抵都归于正，故此一句可以当之也。"[④] 邢氏从社会功能的角度明确了"思无邪"所指称的范围与对象。其后吕祖谦《吕氏家塾读诗记》中云："诗人以无邪之思作之，学者亦以无邪之思观之。"[⑤] 吕氏此论揭示了诗人的创作目的与动机，兼指作者与读者。针对吕氏之言，朱熹《读吕氏诗记桑中》篇云："彼虽以有邪之思作之，而我以无邪之思读之。则彼之自状其丑者，乃所以为吾警惧惩创之资。"[⑥] 朱子的发挥就更为圆融了。

关于"思无邪"，历代争论的焦点主要是围绕着"思"与"邪"展开的。"思"有两解，本义作语助词，没有实际的意义，汉以后，开

---

① 阮元校刻：《十三经注疏》，第 2461 页。
② 陈应鸾：《岁寒堂诗话笺注》，巴蜀书社 2000 年版，第 107 页。
③ 阮元校刻：《十三经注疏》，第 610 页。
④ 阮元校刻：《十三经注疏》，第 2461 页。
⑤ 黄灵庚等：《吕祖谦全集》第四册，浙江古籍出版社 2008 年版，第 109 页。
⑥ 朱熹：《朱文公文集》卷七十，载《朱子全书》第 23 册，第 3371 页。

始释为思想，但这两种解释本质上没有太大的区别；关于"邪"，多与"正"相对而言，如何晏《论语集解》引汉人包咸注"归于正"①，《广韵》释"邪"为"不正也"。故"思无邪"大抵包括两层意思：一是指言语音调的中正平和，强调"文质彬彬"；一是指思想内容纯正，合乎礼义。以今人眼光考之，实则文学研究的三个视界：一是针对诗之社会功能立论，要求诗对政治教化、社会风俗发挥引导作用，这是历代思想的主流；二是针对诗人创作动机和目的而言，要求作者思想纯正，春秋时代的人们普遍地视《诗》的内容纯正无邪，故后世研究者多从作者的世界观立论；三是针对《诗》之接受而言，认为读诗者应怀着纯洁、健康的心态，才能受到教育感化。但这些均不符合孔子的本意。

笔者认为，"思无邪"既是孔子的乐教主张，也是其诗教原则，最能体现孔子在礼乐崩坏背景下矛盾的文化心态。首先，从孔子一以贯之的思想原则考察，"正乐""正名""复礼""删诗"具有相同的政教价值取向。自太史公开始，就有孔子"删诗"一说，《史记·孔子世家》云："古者诗三千余篇，及至孔子，去其重，取可施于礼义。……三百五篇孔子皆弦歌之，以求合韶武雅颂之音。礼乐自此可得而述，以备王道，成六艺。"②但后人对此多持异议，认为孔子"述而不作"，"删诗"不大可能，但对《诗》的音乐进行整理却有可能。孔子时代，雅乐败坏，诗乐分家，《论语·子罕》记载，孔子自卫返鲁，做的第一件事情就是"正乐"，《阳货》谓之"恶郑声之乱雅乐也"③，故"放郑声"，使"雅颂各得其所"，也就是以雅正俗，以"乐而不淫、哀而

---

① 程树德：《论语集释》，中华书局1990年版，第65页。
② 司马迁：《史记》，第1936—1937页。
③ 阮元校刻：《十三经注疏》，第2525页。

不伤"①的中和尺度重建乐教体系，以此维护雅乐的纯正性，实现复兴周礼的政治理想。方孝岳认为："我们看《周礼》分明说'六德为之本'，孔子删诗，也是'取可施于礼义'；所以凡是周公、孔子所录的《诗》，当然都是'思无邪'的了。"②其后《荀子·乐论》篇中，进一步从理论上论述了"正乐"的重要性，可见要求诗合乎政教，合乎中和品格是孔子以来儒家一贯的传统。

其次，在礼乐文化背景下考察，孔子所言"正"与"邪"，针对的主体是整个礼乐传统，其参照系统是周礼，雅乐与"郑声"一体两面均为礼乐文化的表征。在三代乐教系统中，雅乐、古乐与"郑声"、新乐有严格的区分。虽然对于这种区别，今人已经不甚清楚，但孔子褒雅贬郑的态度是极为鲜明的。耐人寻味的是，《论语》中所引四首《国风》全系郑卫之声，《学而》篇的《卫风·淇奥》、《八佾》篇的《卫风·硕人》、《子罕》篇的《邶风·雄雉》、《宪问》篇的《邶风·匏有苦叶》。如果郑卫之声在内容上都是"邪"的，那么，为什么会被孔子一再引用呢？一种可能的解释就是，对于"正"与"邪"的划分，孔子或许是取其声类而非义类。按照朱自清的说法，孔子生活在《诗三百》由声用到义用的过渡时期，③故而孔子取其音乐上的美而舍其内容上的未尽善。换言之，春秋时期，郑卫之声被称为新声广为流传，但却被儒家视为乱世之音、亡国之音反复贬斥，用孔子的审美标准衡量，它和《武》乐一样，同属尽美而未尽善者，好听而不可用者。

汉人将孔子的诗教主张归结为"温柔敦厚"。有关《礼记·经解》的这一提法，孔疏云："温谓颜色温润，柔谓情性和柔。《诗》依违讽

① 阮元校刻：《十三经注疏》，第 2468 页。
② 方孝岳：《中国文学批评》，生活·读书·新知三联书店 1986 年版，第 26 页。
③ 朱自清：《诗言志辨》，第 123 页。

谏，不指切事情，故云温柔敦厚，是《诗》教也。"①孔氏"依违讽谏"之说，源于《诗大序》："上以风化下，下以风刺上，主文而谲谏，言之者无罪，闻之者足以戒，故曰风。"对此，郑注："风化，风刺，皆谓譬喻不斥言也。主文，主与乐之宫商相应也。谲谏，咏歌依违，不直谏也。"孔疏云："其作诗也，本心主意，使合于宫商相应之文，播之于乐，而依违谲谏。不直言君之过失。故言之者无罪，人君不怒其作主而罪戮之；闻之者足以自戒，人君自知其过而悔之。"②视"温柔敦厚"为孔门诗教原则，后世响应者甚多。朱熹不主张以"温柔敦厚"为孔门诗教原则，而主张以"思无邪"代之。在《诗集传》"序"中，论"《诗》之所以为教"，便只发挥了"思无邪"的意义。朱子从两个方面阐明其意：从作诗者立场来看，"心之所感有邪正，故言之所形有是非。惟圣人在上，则其所感者无不正，而其言皆足以为教。其或感之杂，而所发不能无可择者，则上之人必思所以自反，而因有以劝惩之。是亦所以为教也"，心之感有纯有杂，纯者固然为教，杂者"思所以自反"而"劝惩之"，也可以为教；从诗教形成的缘由来看，"孔子生于其时，既不得位，无以行帝王劝惩黜陟之政。于是特举其籍而讨论之，去其重复，正其纷乱。而其善之不足以为法，恶之不足以为戒者，则亦刊而去之，以从简约，示久远"，故而对于后学者而言，"考其得失，善者师之，而恶者改焉"③。朱熹讨论"思无邪"，以正邪为准，着眼于教化成人，深得孔子之意。朱自清据此认为，以"思无邪"为诗教的正式宣言，朱子是第一人。④

　　虽然"温柔敦厚"的诗教原则在汉代以后有很大的影响，超过孔

---

① 阮元校刻：《十三经注疏》，第 1609 页。
② 阮元校刻：《十三经注疏》，第 271 页。
③ 朱熹：《诗集传》，赵长征点校，中华书局 2011 年版，第 1 页。
④ 朱自清：《诗言志辨》，第 138 页。

子的"思无邪"，但比较而言，出自《论语》的"思无邪"，较之"温柔敦厚"更能代表孔子的诗教观。究其根源，不仅在于"思无邪"更能体现孔子的中庸之道，还在于"思无邪"的思想内涵与理论张力远远胜过"温柔敦厚"，而更为关键的原因在于"思无邪"这一命题中，包含了深厚的乐教、诗教背景。"礼坏乐崩"时代的孔子，处于这样一种既矛盾又调和的思想状态之中：孔子是重乐教的，但春秋的现实是重诗与重礼，远胜过乐，赋诗言志、断章取义乃时代风尚，置身其间的孔子不可能不受到冲击。因此，如何在理想与现实之间，在乐、礼、诗之间作一个合理的安顿，是孔子必须面对的。他一方面力倡乐教，企图挽回其已逝的辉煌，如徐复观言："礼乐并重，并把乐安放在礼的上位，认定乐才是一个人格完成的境界，这是孔子立教的宗旨。"[1] 另一方面，他又提出了若干切实可行的诗教原则，如"思无邪""兴观群怨"等。论者或强调孔子重诗教，或重乐教、礼教，实际上，唯有将孔子的思想放回原生语境中，方能体会他在礼乐崩溃时期复杂的文化心态。

"兴观群怨"是孔子的诗教主张，见于《论语·阳货》：

> 小子，何莫学夫《诗》？《诗》可以兴，可以观，可以群，可以怨。迩之事父，远之事君。多识于鸟兽草木之名。[2]

孔子这一段话，内涵极为丰富，至少可以从三个层面考察：一是价值层面上，揭示了《诗》与礼乐传统的核心价值，即"礼""仁"的关系；二是功能层面上，揭示了《诗》对于社会、个体的意义，即参

---

① 徐复观：《中国艺术精神》，第 3 页。
② 阮元校刻：《十三经注疏》，第 2525 页。

政、修身的功能；三是思维模式上，"兴"是"象喻"思维的产物，"可以兴"指明了《诗》的阐释路径，为尔后在艺术审美领域的展开提供了可能性。

考察"兴"的本意，我们不妨先分析《论语》中所见的另外几处，然后以经证经，以先秦其他典籍佐之，以求正解。《论语》中"兴"字出现凡七处，用于论《诗》的，除"兴观群怨"外，还有"兴于诗"。《泰伯》云："兴于诗，立于礼，成于乐。"包咸注："兴，起也，言修身当学诗。"① 孔颖达疏、朱熹集注、刘宝楠正义意思都相同，释"兴"为"起"，"兴于诗"是指礼乐教化的一个阶段。此句用以解释学诗、学礼、学乐三者的顺序，分别是指人生修养的三个阶段，这与《礼记·内则》中关于贵族子弟培养的阶段性划分是相吻合的。除上述两处论诗以外，《论语》中"兴"还有两层意思：其一，《卫灵公》谓"从者病，莫能兴"②，《泰伯》谓"君子笃于亲，则民兴于仁"③，这里"兴"作"起、引发"之意；其二，《子路》谓"事不成则礼乐不兴""一言而可以兴邦"④，《尧曰》谓"兴灭国，继绝世，举逸民"⑤，这里"兴"作"兴盛"之意，指诸子关注的政治改革、思想重建的时代问题。以上两层意义在本质上是一致的，前者是本意，后者是引申意。

参之于先秦其他典籍，"兴"的意义上也大多分属这两层意思。譬如作"起、引发"之意的，如《卫风·氓》云："夙兴夜寐，靡有朝矣。"⑥《小雅·斯干》云："乃寝乃兴，乃占我梦。"⑦ 又《左传·昭公元

① 阮元校刻：《十三经注疏》，第 2487 页。
② 阮元校刻：《十三经注疏》，第 2516 页。
③ 阮元校刻：《十三经注疏》，第 2486 页。
④ 阮元校刻：《十三经注疏》，第 2506、2507 页。
⑤ 阮元校刻：《十三经注疏》，第 2535 页。
⑥ 阮元校刻：《十三经注疏》，第 325 页。
⑦ 阮元校刻：《十三经注疏》，第 437 页。

年》云："穆叔、子皮，及曹大夫兴拜。"①《昭公五年》云："国家之败，失之道也，则祸乱兴。"②譬如作"兴盛"之意的，如《大雅·生民》云："载燔载烈，以兴嗣岁。"③《小雅·天保》云："天保定尔，以莫不兴。"④又《左传·昭公四年》云："善亦如之，德远而后兴。"⑤《庄公三十二年》云："国将兴，听于民。将亡，听于神。"⑥此外，"三礼"中的"兴"，主要有"作、演奏"之意，如《礼记·仲尼燕居》云："入门而县兴。"⑦《文王世子》云："天子视学，……乃命有司行事，兴秩节，祭先师先圣焉。"⑧又《周礼·地官司徒·乡大夫》云："以乡射之礼五物询众庶，一曰和，二曰容，三曰主皮，四曰和容，五曰兴舞。"⑨凡此种种，屡见不鲜。

关于孔子"可以兴"，汉代以后学者的训释主要有两种：一是孔安国释为"引譬连类"，一是朱熹释为"感发志意"。孔安国、朱熹均指出了《诗》不同于其他先秦典籍的特点，即具有"引譬连类"的形象性和"感发志意"的情感性。这种解释不仅与春秋时期"赋诗言志"的根本法则具有内在一致性，而且点出了"兴"所具有的"象喻"思维特征。所谓"兴"的方式，带有强烈的主观情志色彩，它通过联想感悟、类比引申的方式，将《诗》的世界置换成自己的世界，形成新的意义关联，从而达到举一反三、闻一知十的效果。故而以上两种解释，后世论者常常附和，并将其在艺术审美领域自然地生发开去。但

① 阮元校刻：《十三经注疏》，第 2021 页。
② 阮元校刻：《十三经注疏》，第 2042 页。
③ 阮元校刻：《十三经注疏》，第 531 页。
④ 阮元校刻：《十三经注疏》，第 412 页。
⑤ 阮元校刻：《十三经注疏》，第 2035 页。
⑥ 阮元校刻：《十三经注疏》，第 1783 页。
⑦ 阮元校刻：《十三经注疏》，第 1614 页。
⑧ 阮元校刻：《十三经注疏》，第 1410 页。
⑨ 阮元校刻：《十三经注疏》，第 716 页。

是，笔者以为，仅仅着眼于表现手法与思维模式，并不符合《论语》的原意。当礼乐崩坏不可挽回之时，孔子所谓"诗可以兴"，是寄希望于《诗》来兴邦、兴礼乐。《诗》作为三代礼乐文明之载体，在西周和春秋的社会政治生活中占据了特殊的地位，因此，"诗可以兴"的一个重要思想参照系统，就是紧随其后的"迩之事父""远之事君"及"多识于鸟兽草木之名"，这业已揭示出"兴观群怨"所包含的政教、伦理、道德，修身、博物等礼乐传统的核心价值成分；关于"兴"，还有一个重要的参照系统，就是《子路》中的这段话："名不正则言不顺，言不顺则事不成，事不成则礼乐不兴，礼乐不兴则刑罚不中。"①此处中心内容是讨论"名"与礼乐的关系，其理论逻辑为：礼乐废坏，导致名实散乱，要复兴礼乐，首先就要"正名"。这里所谓"兴"，是指礼乐的中兴。从孔子的思想体系考察，"可以兴"与"正名""正乐""复礼""删诗"在价值取向上是相同的，其中一以贯之的原则，就是复兴周礼。因此，"诗可以兴"所强调的正是《诗》对于礼乐复兴、信仰重建的重要意义。

"兴观群怨"是孔子诗教的有机组成部分，这既是关乎《诗》社会功能的论述，也是关乎个体道德修养的概括，包含了经世之用、进退之德等多重意蕴。为了更好地理解"兴"，我们还可以考察其后"观""群""怨"的意义。先看"观"。"观"在春秋时期有"观风"和"观志"的意思，如《左传·襄公二十九年》有季札"观于周乐"和赵孟"观七子之志"的记载。"观风"为观风俗、政教之兴衰，"观志"为观人之情志。在《论语》中，孔子常用的"观"，主要是针对个体"观志"而言的，如《学而》云："父在，观其志，父没，观其

---

① 阮元校刻：《十三经注疏》，第 2506 页。

行。"①《为政》云："视其所以，观其所由，察其所安。人焉廋哉？人焉廋哉？"②郑玄注为"观风俗之盛衰"③，朱熹集注为"考见得失"④，重在观政教、观风俗，而非观人情志，可能并不符合孔子的原意；其次看"群"。夫子强调"群"，将其视为文野之分、君子与小人之辨的根本标准，如《微子》云："鸟兽不可与同群。"⑤《卫灵公》云："君子矜而不争，群而不党。"⑥这里所谓"群"，既是区分人与禽兽的标准，也是区分君子与小人道德高下的标准，不仅能够在个体之间起到协调沟通作用，而且在人社会化进程中具有重要意义，故孔安国注为"群居相切磋"⑦，朱熹集注为"和而不流"⑧；再次看"怨"。所谓"怨"，乃《诗三百》的创作传统，或感于社会时政，或源自个人际遇，内涵极为丰富。孔子在此明确地点出了这一特征，孔安国注为"怨刺上政"⑨，朱熹集注为"怨而不怒"⑩，均偏于政教一隅，将"怨"的内涵明显缩小了。由以上论述可知，所谓"观""群""怨"，大抵是孔子针对《诗》之社会功效而言的，着眼于《诗》对于政治教化及个体修养的意义，而并不是从《诗》本身的修辞、表现手法等作诗层面立论的。正因为如此，对于"兴"的理解，我们就只能从社会认识功能的角度考察，而不可能从艺术审美的角度考察，唯其如此，"兴观群怨"四者才具有价值判断的同一性和思维的连贯性。

---

① 阮元校刻：《十三经注疏》，第 2458 页。
② 阮元校刻：《十三经注疏》，第 2462 页。
③ 阮元校刻：《十三经注疏》，第 2525 页。
④ 朱熹：《四书章句集注》，第 178 页。
⑤ 阮元校刻：《十三经注疏》，第 2529 页。
⑥ 阮元校刻：《十三经注疏》，第 2518 页。
⑦ 阮元校刻：《十三经注疏》，第 2525 页。
⑧ 朱熹：《四书章句集注》，第 178 页。
⑨ 阮元校刻：《十三经注疏》，第 2525 页。
⑩ 朱熹：《四书章句集注》，第 178 页。

　　孔子关于礼、乐、诗的诸多看法，如"辞达""思无邪""尽善尽美""兴观群怨"，等等，对于后世文学思想有直接的启发意义。但是，我们也应该看到，孔子关怀的中心是人的存在及其价值问题，文学只有在关涉到人的生命存在或社会存在此一中心命题时，才会以工具性的地位加以讨论。在孔子的文化视野中，尚无后世纯文学观念，因此，如果从表现手法、创作或鉴赏角度去附会，并不合乎孔子原意。今人受现代西方诗学、美学观念影响，阐释孔子思想，如李泽厚认为，兴"在中国美学史上第一次深刻地揭示了诗（艺术）应以个别的、有限的形象自由地、主动地引起人们比这形象本身更为广泛的联想，并使人们在情感心理上受到感染和教育"[1]。叶朗认为，孔子的"兴观群怨"，"对于诗歌欣赏（作为一种美感活动）的心理特点作了深刻的分析"[2]。以上所论，显然是将《诗》的表现手法、社会功能与读者接受等不同层面的问题混淆，未能抓住孔子思想的精神实质。

（二）汉代诗教对文论的影响

　　汉代文学思想主要体现在《诗经》、汉大赋和楚辞三大中心话题。在有汉一代的"礼乐复兴"中，汉儒将以礼说诗、以诗教配合政教的原则广泛地运用于文学创作与批评中，诗、赋、骚作为礼乐文化之载体，在思想重建中被赋予了鲜明的政教品格。对于《诗经》的阐释，上节论述较为详尽，本节主要考察汉赋与楚辞。

　　汉赋风靡汉代达四百年之久，作家众多，是汉代文学的代表。考察汉赋与礼乐文明之密切联系，主要体现在三个方面。就汉赋的产生而言，汉代最具有代表性的观点，是班固《两都赋序》中"古诗之

---

[1]　李泽厚、刘纲纪主编：《中国美学史》第一卷，中国社会科学出版社1984年版，第125页。

[2]　叶朗：《中国美学史大纲》，上海人民出版社1985年版，第51页。

流"①的说法，对此，《汉书·艺文志》的阐述更为具体："春秋之后，周道浸坏，聘问歌咏不行于列国，学《诗》之士逸在布衣，而贤人失志之赋作矣。"②班氏力图从时代变迁中寻觅诗赋递变的轨迹，诗衰败后赋兴起，诗为礼乐文明溃败前的产物，赋为礼乐文明衰败后的产物。这无疑是承续了孟子"诗亡"的说法，也与《诗大序》中"王道衰，礼义废，政教失，国异政，家殊俗，而变风、变雅作"③的观点相同，视赋为变风、变雅之后，政愈衰，俗愈怨的产物。在汉人眼里，《诗经》四言诗是周代礼乐文明的表征，而赋则是春秋以后衰微之世的产物。因而被视为正统文学代表的《诗经》含蓄中正，哀而不伤，而被视为支流的赋则常常抒写失意与不遇，充满了悲愤与牢骚。纵观两汉时期士人的创作与批评，这种意识流露得颇为明显。

　　从内容来看，汉大赋所表现的主要是帝王的苑囿田猎、宫殿台榭和音乐舞蹈，这些均为三代礼乐制度的遗存。田猎制度源于三代的巡狩制度，在"三礼"中，对君主苑囿大小及田猎制度都有明确的规定。汉代自武帝开始，就广辟苑囿，蓄养禽兽以供游戏田猎，主要目的在于娱乐、炫耀武力和财富，这已经与三代礼制的精神实质相距甚远了。汉大赋的创作，许多是以苑囿田猎为题材，如枚乘的《七发》、司马相如的《子虚赋》《上林赋》、扬雄的《羽猎赋》《长杨赋》、班固的《两都赋》、张衡的《二京赋》，等等。赋家写苑囿，从山川之广大，物产之丰饶，到宫廷苑囿之嵯峨高峻与富丽堂皇，极尽铺陈之能事；写田猎，从校猎队伍的庞大，校猎时的勇猛，到猎后的赐胙与歌舞欣赏，都极力张扬汉天子之声威，具有强烈的事功色彩，这一类题材最能体现汉大赋的特色。

---

① 萧统：《文选》第一卷，李善注，上海古籍出版社1986年版，第1页。
② 班固：《汉书》，第1756页。
③ 阮元校刻：《十三经注疏》，第271页。

　　从讽谏标准来看，赋家往往以帝王的奢侈作为讽谏的对象，而判定奢侈与节俭的标准是"礼"。司马相如作《上林赋》与《子虚赋》，目的在于"其卒章归之于节俭，因以风谏"[①]；扬雄作《校猎赋》，源于"非尧舜成汤文王三驱之意也，又恐后世复修前好，不折中以泉台，故聊因《校猎赋》以风"[②]；马融《广成赋》明言"奢俭之中，以礼为界"，《后汉书·马融传》亦载"元初二年，上《广成赋》以讽谏"[③]；班固作《两都赋》，原因在于"固感前汉相如、寿王、东方之徒，造构文辞，终以讽劝，乃上《两都赋》"[④]；张衡《二京赋》中称道东汉天子合于"六典"，对凭虚公子"不能节之以礼"[⑤]进行斥责。凡此种种，赋家的讽谏标准之一是"礼"，以是否合于"礼"作为创作目的，借礼乐传统之正统性确立创作的合法性依据，这正是礼教、诗教长期熏染下文化心态的自然流露。我们以司马相如《上林赋》中对儒家礼乐政治图景的描绘为例："游乎六艺之囿，骛乎仁义之涂，览观春秋之林，……修容乎礼园，翱翔乎书圃，述易道，……登明堂，坐清庙。"[⑥]他能够娴熟地运用礼乐知识话语，通过高悬的礼乐政治理想影射批评现实政治，以此表达赋家对于汉代礼乐制度缺失的焦虑。这是汉代"礼乐复兴"背景下，最为典型的文学话语，究其根源，从赋家的知识构成、学术兴趣到社会需求、文化语境，礼乐传统的影子已经无所不在了。

　　从赋家的创作心态来看，复兴礼乐是有汉一代士人的理想与信念，但在好大喜功的君王那里，礼乐仁义的作用不过是粉饰太平而已，形式主义的礼乐复兴并没有儒家传统的真义，加之汉代"霸王道杂之"

---

① 班固：《汉书》，第 2533 页。
② 班固：《汉书》，第 3541 页。
③ 范晔：《后汉书》，中华书局 1965 年版，第 1954 页。
④ 范晔：《后汉书》，第 1335 页。
⑤ 萧统：《文选》第一卷，第 93 页。
⑥ 司马迁：《史记》，第 3041 页。

的制度也不符合正统的宗周传统，所以，汉儒对于汉政的批评，自汉初开始就没有停止过，而这种批评态势愈到汉末愈强烈；另一个方面，汉代业已复兴的礼乐教化，作为一种新的政治文化模式，在儒学成为帝国意识形态的氛围之下，不可能不对赋家的政治价值取向产生影响，加之汉代的赋家多为儒家这一事实决定了他们不可能摆脱这一特定的历史语境，委身于大一统皇权专制的体制内，为其合理性讴歌也就成为多数士人的选择。赋家这种矛盾的心态不可避免地反映到他们的文学实绩中。表现在创作上，赋家在主观上想发出批判的声音，所谓"劝一讽百"，但文本制作中却极力用文辞修饰来掩盖这种批判的声音，因此其阅读效果往往违背作者的初衷，所谓"欲讽反劝"，与讽谏、美刺的诗教期待相差甚远。故而汉武帝读司马相如的《大人赋》后，反而"缥缥有凌云之志"[①]。汉赋作为文人的创作，虽然具有艺术创作上的自觉，但由于赋家们满腔热忱地为君王歌功颂德，借文学话语为政治张本，目的在于资治，因而缺乏独立的文学品格。从本质上看，汉赋作为有汉一代"礼乐复兴"中意识形态的产物，它本身又在生产新的意识形态，成为维护现实政治秩序的有效文化力量，故而它的兴盛也只可能出现在大一统的汉代。

　　下面我们来考察汉人对《楚辞》的评价。围绕屈原和《楚辞》的争论是贯穿了整个汉代的文化事件，表面上批评家的分歧在于对屈原自沉的选择和其作品中所表现的怨伤情绪的不同理解，但从本质上看，从高度肯定到否定再到肯定的曲折过程，是与汉代"礼乐复兴"中诗教原则的独尊相始终的。

　　汉初对屈原及其作品是高度赞扬的，代表人物是刘安和司马迁。这一时期，礼乐复兴，国运昌盛，整个社会充满了一种蓬勃向上的盛

---

① 司马迁：《史记》，第 3063 页。（《汉书·扬雄传》"气"作"志"）

世气象，刘勰《文心雕龙·时序》中评价为"润色鸿业，礼乐争辉，辞藻竞骛"。屈赋的影响更是巨大，"虽世渐百龄，辞人九变，而大抵所归，祖述楚辞，灵均余影，于是乎在"[①]。因而汉初文坛上，拟骚、仿骚之风盛行，始有刘安、司马迁之流出，弘扬屈骚传统。刘安对屈原及楚辞的褒扬有两个标准。首先，他以孟子之"知人论世"，借屈原的人格魅力来提升《离骚》的价值。《史记·屈原贾生列传》中存有刘安《离骚传序》的一段遗文：

> 其文约，其辞微，其志絜，其行廉，其称文小而其指极大，举类迩而见义远。其志絜，故其称物芳。其行廉，故死而不容自疏。濯淖汙泥之中，蝉蜕于浊秽，以浮游尘埃之外，不获世之滋垢，皭然泥而不滓者也。[②]

这里对屈原高洁人格的评价既是空前的，也是绝后的，后世论者多赞同此说。但仅凭个人魅力是不够的，要确立《离骚》的主流文化地位，就必须依经立义，借助正统诗教话语的力量，因此，他对《离骚》内容及美学品格进行了全面的颠覆：

> 《国风》好色而不淫，《小雅》怨诽而不乱。若《离骚》者，可谓兼之矣。上称帝喾，下道齐桓，中述汤武，以刺世事。明道德之广崇，治乱之条贯，靡不毕见。[③]

这明显是承续了荀子《国风》"好色"，《小雅》"疾今"的说法，

---

① 刘勰著，詹锳义证：《文心雕龙义证》，第 1668、1677 页。
② 司马迁：《史记》，第 2482 页。
③ 司马迁：《史记》，第 2482 页。

认为《离骚》兼有《国风》和《小雅》之长，这就将其提升到与儒家经典《诗经》相提并论的崇高地位，与《诗大序》"上以风化下，下以风刺上，主文而谲谏"[①]的政教观如出一辙。以政治和伦理价值为标准，把《离骚》的功能定格在政治教化上，就是在这个意义上，刘安肯定了屈原及其作品的价值。

稍晚的司马迁在《史记》中保存了最详细的屈原生平资料，从他全文照引刘安《离骚传序》中对屈原评价的一段话来看，他对刘安的评价是完全赞同的。所不同的是刘安是针对屈原的人格而言，司马迁则从创作心态上，对屈原身世际遇及思想感情表示了深切地认同，他对屈原"盖自怨生""直谏"的肯定与其倡导"发愤著书"在价值取向与情感体认上是一致的。虽然他对《离骚》的艺术性和审美性给予了一定的关注，但论述的重心仍然在强调文学作品与国家兴衰的密切联系上。

西汉末到东汉初，谶纬之学风行，整个社会风气遂变，士人的心态遂由汉初对大一统礼乐政治的热切期盼转入专制政治禁锢下普遍的"士不遇"[②]情结。其时，礼教、诗教大盛，唯有通于儒家经典者，才能得到安身立命与显达的机会，因此，整个社会思想日益处于狭隘的功利目的中，安命顺时成为思想的主潮，反《离骚》之风骤起，代表人物是扬雄、班固。

扬雄仰慕屈原人格，每读《离骚》，"未尝不流涕也"，赞赏其"文过相如"，但根深蒂固的顺应时命思想，使他对屈原自沉之举颇有异议，《汉书·扬雄传》云："以为君子得时则大行，不得时则龙蛇，

---

① 阮元校刻：《十三经注疏》，第271页。
② 从董仲舒《士不遇赋》、司马迁《悲士不遇赋》、东方朔《七谏》到王褒《九怀》、刘向《九叹》等，共同主题均为追慕与伤悼屈原，但每每又关涉到自身的生存困境，故他们悲屈原实际上是悲自己。

遇不遇，命也，何必湛身哉。"故其"往往摭《离骚》文而反之"①。班彪延续了扬雄的思想，认为"圣哲之有穷达，亦命之故也"②，撰《悼离骚》一文，对屈原之怀沙自沉，表示难以理解。班固走得更远，他对屈原的全面否定，空前绝后。班固作《离骚序》时，正值"孝章即位，深弘道艺"③，这是古代伦理纲常的形成时期，班固本人就是《白虎通义》的整理者。加之其"大汉继周"的盛世文化观与《离骚》衰世之作也是不相容的，因而他否定屈原其人、其行、其文也就顺理成章了。就他采用的批评标准来看，也是纯然的诗教话语，所谓"皆非法度之政，经义所载"④，既然于礼乐教化无补，也就不符合儒家对士人的要求了。

　　东汉末期，礼乐崩溃，各种社会批判思潮泛起，有识之士纷纷指斥朝政纲常，屈原不惜以性命直谏的爱国精神与伟大人格再次成为士人的精神支柱，遂有王逸为屈原翻案之举。王逸在《楚辞章句序》中"以经解骚"，将《离骚》与《诗经》《周易》《尚书》进行比较，认定："夫《离骚》之文，依托五经以立义焉。"⑤对此，刘勰《文心雕龙·辨骚》的总结甚为精当："王逸以为诗人提耳，屈原婉顺，《离骚》之文，依经立义。"⑥关键在于"依经立义"。王逸之所以肯定屈原，是因为屈骚能"怨"，得讽谏之旨，借比兴之法，做到了"怨诽而不乱"⑦。他认为屈原"优游婉顺"⑧的讽谏合于儒家诗教精神，《离

①　班固：《汉书》，第 3515 页。
②　欧阳询：《艺文类聚》，上海古籍出版社 1965 年版，第 1016 页。
③　洪兴祖：《楚辞补注》，第 48 页。
④　洪兴祖：《楚辞补注》，第 49—50 页。
⑤　洪兴祖：《楚辞补注》，第 49 页。
⑥　刘勰著，詹锳义证：《文心雕龙义证》，第 142 页。
⑦　司马迁：《史记》，第 2482 页。
⑧　洪兴祖：《楚辞补注》，第 49 页。

骚经序》云："其词温而雅。"[①] 遂将其文采也纳入符合儒家经义的思想中。从王逸对屈骚的具体评价来看，《离骚经序》云："犹依道径，以风谏君也。"[②]《九歌序》云："上陈事神之敬，下见己之冤结，托之以风谏。"[③]《惜誓序》云："盖刺怀王有始而无终也。"[④] 他所借鉴的思想资源仍然不离汉代诗教"美刺""讽喻"二端。也正因为他更多地是从政教纲常的概念出发来阐发，所以，一旦涉及作品的文学性和美学价值时，就显得牵强了。

汉人对屈骚的评价，是有汉一代典型的文化事件，从中可以看到，除汉初政治思想比较自由的氛围下，司马迁对屈骚有一些文学、美学上的思考外，批评家们借屈骚为其政治思想张本的意图是很明显的，可以说它是汉代礼乐政治发展的一面镜子，其间既折射出文学与礼乐盛衰之间的内在联系，也反映出文学话语与政治话语之间的紧张关系。就汉代文学批评的状况而言，已经由先秦零散的文化评论向有意识、有体系的文学批评过渡了，其间既有针对作家作品的争鸣，也有针对某种文学现象的评论，还有文艺思想的总论等相当数量的文论专篇，但在汉人倡导礼乐、重视政教的时代氛围中，理论家较先秦诸子更自觉地看到文学艺术与现实政治的密切联系，他们对文学艺术的社会功能有了更切肤的理解，故而把政治、道德、风俗与文艺之间不可分割的关系阐述得清楚明白，如《毛诗序》强调以"美刺"来实现礼乐教化之社会功能，《楚辞章句序》以"怨主刺上"评价屈原之批判精神等，都是中国古代文论发生期的经典之论。由此也可以看到，文学创作与文学观念要摆脱礼乐政教话语走向自觉，是一条非常艰难而漫

---

① 洪兴祖：《楚辞补注》，第 3 页。
② 洪兴祖：《楚辞补注》，第 2 页。
③ 洪兴祖：《楚辞补注》，第 55 页。
④ 洪兴祖：《楚辞补注》，第 227 页。

长的道路。

　　萌生于礼乐政教传统，中国古代文学思想中形成了以政教为首的价值判断标准，这是古代文论发生期最早成熟的一种批评观。先秦两汉时期的教化理论主要表现在两个向度：一是自上而下的乐教、礼教、诗教等教化传统；一是自下而上的讽喻传统。两相比较，自上而下的乐教、礼教、诗教显然占据了教化说的中心地位，自下而上的讽喻传统基本上处于边缘的批判地位。这种政教意识表现在文论上，前者有"诗言志""思无邪""尽善尽美""温柔敦厚""文以载道"等主流命题对文学创作和批评进行的规范；后者有"美刺"说、"讽喻"说等边缘性批评话语的形成。政教文学观在汉代占据主流地位以后，儒生自幼浸淫其间，决定了他未来的知识构成、思维方式、价值取向乃至行为方式也必然与政治密切联系在一起，因此，文学思维从内容到形式都封闭在政治的世界里，欲从文学创作、文学理论和批评中抹去政教维度几无可能。这反映在文学创作态度上，要求作家关注人生、关注社会，要求文学为政治服务并对社会人生产生积极影响；在文学批评意识上，道德价值、伦理规范常常作为文论家先在的知识资源遮蔽了艺术审美价值，从而规定了他们理解的视野和方向。但是我们也应该看到，教化论应用虽然广泛，但极端的教化论也是行不通的。在《中国文评流别述略》中，朱自清列举了极端教化论的例子，如宋代王柏《诗疑》要重删郑卫之诗，清代陈祚明《古诗选》以"不闻孝道"评焦仲卿妻。又如"主于论理而不论文"的真德秀《文章正宗》，朱自清认为其"虽所持之理甚正"，但是"自宋以来罕有诵习之者"，这就说明"极端的教化论是行不通的"。①

---

①　朱自清：《中国文评流别述略》，载《朱自清古典文学论文集》，上海古籍出版社 1980 年版，第 19 页。

第六章 礼乐发展与思想文化之演进

第一节 礼乐发展三阶段

就主要形态及趋势而言，先秦两汉时期礼乐大致经历了三个阶段：第一阶段的标志是周公"制礼作乐"，西周以具体而复杂的礼乐体制代表了真正意义上的思想一统而成为后世诸子追捧的黄金时期，这是礼乐由宗教巫卜文化演变为政教伦理文化时期，特点是乐主礼辅；第二阶段是春秋"礼坏乐崩"，在此背景下兴起的诸子之学，自然将礼乐作为关注的中心话题，从他们或肯定或否定的表述中可以看出，礼乐不仅仅是政治观点和政治制度的问题，更是关涉到人的本质及现实存在的问题，这是礼乐传统的理论总结时期，特点是礼乐蜕变；第三阶段是汉代"礼乐复兴"，有汉一代政治思想的主流一直在礼乐的兴衰之间反复拉锯，这是对诸子思想重新整合以后形成的新传统，学术信仰与政治的高度结合使之最终演变为帝国意识形态，特点是礼主乐辅。礼与乐在这三个阶段的历史地位是不一致的，由此在思想文化史上的影响也是不同的。本章主要就礼乐发展三阶段的不同状况，以及衍生的主要学术传统及精神品格作一个梳理，以期找到两者之间若隐若显的关系。因此，首先厘清礼乐发展三阶段的思想传统、文化模式及精神气质就十分必要了。

（一）"制礼作乐"

三代礼乐相因的说法，始于孔子，这已经被近代以来的考古发现所证明。从考古物质遗存与传世文献的印证，可以看到，最早文字样式的出现及文学思想的萌芽，目前可以追溯到殷商。

商代的历史文化已有许多学者研究，在甲骨文发现以前，主要根据《史记·殷本纪》以及《诗经》《尚书》《左传》《礼记》等的记载，尽管这些文献对于殷商六百年间的历史取一种静态描述，尤其缺乏对殷礼与思想文化演进之间关系的剖析。近一个世纪以来，大量商代城池及物质遗存的出土，对于我们理解包括祭祀制、丧葬制以及立嫡制在内的殷代礼乐制度的基本状况，以及由此形成的殷人精神信仰世界有着重要的启发意义。无论是早期方国联盟，还是后期随着王权的加强，逐渐形成的嫡长制、宗法制和分封制，殷商王朝实行的是以神为本的统治，神权独尊、巫祝、贞卜至上。商王占卜频繁，事无巨细，都要征询上帝、神灵及先公、旧臣的看法，然后作出决定。如：

丁酉，贞王乍（作）三师：右、中、左？（《合集》33006）

丁未卜，王贞，今夕雨？吉。告之夕允雨。之于戊申雨。在二月。（《合集》24773）

□□卜，韦贞：王［往］省从西，告于大甲。（《合集》1434）

甲子卜，□贞：出兵，若。（《合集》7204）

甲寅卜，王曰贞翌乙卯其田，亡灾于谷。（《合集》24471）

辛卯卜，争，勿乎取奠女子。二告。辛卯卜，争，乎取奠女子。（《合集》536）

己丑卜，争贞，有疾齿，父乙唯在闻，在兆。（《合集》13651）

　　辛未，贞求禾于河，燎三牢，沉三牛，宜牢？（《合集》32028）

　　乙亥卜，行，贞王其拜舟于河，亡灾？（《合集》24609）[1]

　　商王问及的范围极广，上至年岁丰歉、战争胜负、婚丧大事，下至风雨晴晦、出入吉凶、田猎获否、疾病安否，等等。在商人的精神世界中，人神混杂，人与祖先、神灵生活在同一个世界中，彼此精神上共感互通。在以至上神——帝、自然神——日月星辰和祖先为主的祭祀谱系中，祖先崇拜占有重要地位。在全部卜辞中，可以确定为祭祀祖先的卜辞有15000多条，超过任何一类辞例的数量；[2] 殷礼名目繁多，每一次占卜的过程实际上都是一次行礼的过程，因此，甲骨卜辞无一不与殷礼有关。陈戍国先生根据甲骨卜辞与文献的印证，考证了殷商时期的告天祭天之礼、祭祀地祇之礼、祭先人之礼、丧葬之礼、朝聘贡巡之礼、军礼、田狩礼、昏礼、籍田礼等，认为殷礼复杂而丰富，比先殷之礼面貌确实清晰多了。[3]

　　周礼的根本是分封制和宗法制，这是周公思想改革的外在政治体制。所谓分封制，是依据血缘亲疏关系，对土地、财产和权力进行分配的制度。周人克殷后，便以"宗功"[4] 的形式对殷商旧地进行了分封，如康叔封为卫君，都殷墟，监督殷民七族；周公之后封于鲁，初在河南，后徙都奄，监督殷民六族；姜尚之后封于齐，都营丘。所谓宗法制，是以血缘为基础的嫡长子继承父位的分配制度。它包括分宗

①　郭沫若主编、胡厚宣总编辑：《甲骨文合集》。
②　晁福林：《论殷代的神权》，《中国社会科学》1990年第1期。
③　陈戍国：《中国礼制史》（先秦卷），湖南教育出版社2002年版，第131—200页。
④　参见《尚书·洛诰》："周公曰：今王即命曰：'记功，宗以功，作元祀'。"见阮元校刻《十三经注疏》，第214页。

的大宗、小宗制，宗统继承的嫡庶制，尊祖敬宗的祭祀、庙祧制和昭穆制等，体现了各等级之间的隶属关系，是整个社会秩序建立的基础。对此，《礼记·丧服小记》中的表述最为经典："别子为祖，继别为宗，继祢者为小宗。有五世而迁之宗，其继高祖者也。是故，祖迁于上，宗易于下。"①

周人重视"尊天""敬德"和"保民"，这是周公政治改革的内在思想资源。周初统治者面对"大邑商"骤亡及建国初年"三监"叛乱及东方商残余势力蠢蠢欲动等事实，认识到"天命靡常"②，总结夏殷"不敬厥德，乃早坠厥命"（《大雅·文王》）③的惨痛教训，尤其重视"聿修厥德"（《尚书·召诰》）④。针对殷人天命观，周人提出了"惟命不于常"（《大雅·文王》）⑤的思想。商王自认为"帝"之子，以至于在周人"三分天下有其二"（《尚书·康诰》）⑥的情况下，仍自命"我生不有命在天"（《尚书·西伯戡黎》）⑦。周人以"易"的观念修正了殷商天命观。所谓"易"，其基本精神就是"变易"，《系辞下》云："宜穷则变，变则通，通则久。"⑧依《系辞》之义，《周易》产生于殷之末世，因此，其"变易"思想为周人代商取天下提供理论武器的意图是很明显的。周人祭祀民神并重，包括祖先、上帝、天地、鬼神，但以民为本，他们认为祭祀重在德行而非祭品，如《左传·僖公五年》中宫之奇指出有德者祭则受其福，无德者祭则神不享。又《文公十八年》

---

① 阮元校刻：《十三经注疏》，第 1495 页。
② 阮元校刻：《十三经注疏》，第 505 页。
③ 阮元校刻：《十三经注疏》，第 213 页。
④ 阮元校刻：《十三经注疏》，第 505 页。
⑤ 阮元校刻：《十三经注疏》，第 205 页。
⑥ 阮元校刻：《十三经注疏》，第 2487 页。
⑦ 阮元校刻：《十三经注疏》，第 177 页。
⑧ 阮元校刻：《十三经注疏》，第 86 页。

载鲁国季文子语："先君周公制《周礼》曰，则以观德，德以处事，事以度功，功以食民。"[1]就明确地点出了周公"制礼作乐"与"德政"的关联。对此，观堂先生《殷周制度论》中高度评曰："是殷周之兴亡，乃有德与无德之兴亡，故克殷之后，（周）尤兢兢以德治为务。"[2]从重治神到重治民，从神事走向民事，这与殷商神权统治形成了强烈的反差。

周礼实施的黄金时间在西周至春秋中叶，东周末年，礼乐制度创造了丰硕的文化成就，同时也产生了广泛的社会危机。随着分封制的瓦解，宗法制的崩溃，随着对天道的质疑以及轻神重民等观念性思想革命，被儒家指斥为乱世的春秋也就到来了。这表现在王室衰微、诸侯放恣、五霸争雄、天子失官、大夫专权、学术四散等方面。在儒家的正统观念中，之所以讨伐春秋，就在于它是中国历史上一个毫无礼制秩序的混乱时代，带来了深刻的思想困惑与信仰危机。对此，《庄子·天下》篇中从学术上作了总结，《史记·十二诸侯年表》中也深有同感，那么，春秋时期礼乐的状况到底如何呢？

（二）"礼坏乐崩"

按照历史学的传统，习惯将 550 年东周的历史分为春秋与战国两段。这是中国历史上思想剧变的时期，对于这一段时间礼乐传统的特点，自汉代以后就有"礼坏乐崩"的说法，这表现在继承与变革，即不变与新变两个方面。

从思想发展的内在逻辑和历史发展的连续性来看，所谓的不变，主要表现在思想传统和知识背景上。春秋以来，诸子蜂起，百家争鸣，

---

[1]　阮元校刻：《十三经注疏》，第 1861 页。
[2]　王国维：《殷周制度论》，载《观堂集林》第二册，第 479 页。

古人的精神世界发生了巨大的变化，但所依据的知识背景仍然是商周以来所延续的一般知识结构。以"三才"、阴阳五行为核心范畴构成的宇宙知识系统以及以礼乐传统为主体所推衍的人间知识系统，诸如宗族情感、家庭伦理和等级秩序等，依然是人们支撑信仰、重建秩序、实现革新的知识背景。在这个观念性的框架中，"三才"、道、阴阳、五行、四时、八卦等范畴，同源共构、相互关联，处于整饬有序、流转不居的运转之中。此一系统中的各种思想因子，自春秋战国以后不断成熟与融合，构成了中国古代学术思想体系中最大的解释系统乃至价值核心所在。

不变的部分，还表现在社会的根本性质没有变化，尚没有新的完整的制度出现。春秋时期，各诸侯国基本上实行着从西周沿袭下来的宗法等级制度，如《左传·桓公二年》中，记载晋国大夫师服之言：

> 吾闻国家之立也，本大而末小，是以能固。故天子建国，诸侯立家，卿置侧室，大夫有贰宗，士有隶子弟，庶人工商各有分亲，皆有等衰。是以民服事其上而下无觊觎。[1]

在《隐公十一年》中，礼乐仍然被视为"经国家，定社稷，序民人，利后嗣"的"君之大柄"[2]，即使是心存僭越的诸侯、卿大夫，为了争夺正宗，稳固基业，图谋发展，往往更为重视礼乐传统。如春秋五霸之首的齐桓公，在前651年的"葵丘之会"中，周襄王使宰赐胙，以其年迈免拜礼，据《僖公九年》载，齐桓公为了表示自己"尊王"，仍然"下、拜，登受"；前632年，晋文公称霸，在城濮之战后对周

---

① 阮元校刻：《十三经注疏》，第1744页。
② 阮元校刻：《十三经注疏》，第1736页。

襄王行献俘之礼，据《僖公二十八年》载，整个册命仪式仍然是按照西周旧制进行的；前 587 年，郑襄公依照战败而降的七礼，《宣公十二年》载"肉袒牵羊以逆"①，迎接入城的楚庄王，并以适当的辞令，遂使楚军后退三十里，与郑媾和；据《闵公元年》载，鲁国因完整保存周礼，"周礼所以本也""鲁不弃周礼，未可动也"②，迫使齐桓公放弃取鲁而采取亲鲁的政策。由此可见，在春秋早期，整个社会仍然在宗法制度和礼乐传统的整体氛围下得到一种政治认同与思想整合。

至于新变的部分，主要表现在社会政治生活层面上：一方面是内在政治制度的崩溃和外在礼仪节文的僭越；另一方面是对礼乐传统的普遍应用与理论总结。对于春秋至战国时期礼乐的发展，顾亭林在《周末风俗》中曾作过具体的比较：

> 如春秋时，犹尊礼重信，而七国则绝不言礼与信矣。春秋时，犹宗周王，而七国则绝不言王矣。春秋时，犹严祭祀，重聘享，而七国则无其事矣。春秋时，犹论宗姓氏族，而七国则无一言及之矣。春秋时，犹宴会赋诗，而七国则不闻矣。春秋时，犹有赴告策书，而七国则无有矣。邦无定交，士无定主，此皆变于一百三十三年之间。③

其论虽然有表面化的一面，但指出了春秋"礼坏乐崩"是一个渐进的加剧过程。到了战国七雄时代，不但上层社会与礼乐制度无缘，即使民间习俗与旧有的礼乐生活也相距甚远了。

---

① 阮元校刻：《十三经注疏》，第 1878 页。
② 阮元校刻：《十三经注疏》，第 1786 页。
③ 顾炎武著，黄汝成集释：《日知录集释》，栾保群点校，上海古籍出版社 1985 年版，第 467 页。

春秋是西周宗法制度的解体时期。随着社会生产力迅速的发展和诸侯国经济制度的改革，政治形势发生了很大的变化，周天子式微，诸侯、卿大夫崛起以及民地位的提高，这表现在政治制度上，是作为西周建国根本的分封制和宗法制的崩溃，分封制被郡县制、官僚制代替，以"亲亲""尊尊"为特征的宗法制也受到了来自"尚贤"的外在压力。对于春秋后期政治秩序的变化与危机，《论语·季氏》中记载了孔子的评论：

> 天下有道，则礼乐征伐自天子出。天下无道，则礼乐征伐自诸侯出。自诸侯出，盖十世希不失矣。自大夫出，五世希不失矣。陪臣执国命，三世希不失矣。天下有道，则政不在大夫。天下有道，则庶人不议。①

孔子这一段话点出了礼乐崩坏的实质，即天子、诸侯、大夫和陪臣之间等级关系的紊乱，破坏了西周礼乐制度所建立的权力制度与分配制度，因而从根本上改变了旧有的礼制秩序。这已经是孔子所处时代一种普遍的政治现状了。

与内在政治制度崩溃和外在礼仪节文僭越相反的是，春秋是对礼乐的普遍重视与广泛应用时期，也是诸子的理论总结时期，这尤其体现在思想精英们的礼仪之辨与礼法之争中。古人研究春秋时期礼乐的发展演变往往离不开《左传》，如郑玄《六艺论》中就有"左氏善于礼"②的评价，我们在《左传》中可以发现大量的材料。如《昭公五年》鲁昭公与晋侯相见，晋国大臣女叔齐批评昭公不懂"礼"，又如

---

① 阮元校刻：《十三经注疏》，第 2521 页。
② 王应麟：《汉艺文志考证》，《文渊阁四库全书》"史部十四"。

《昭公二十五年》中子大叔论"礼"的一番话都可以看出，所谓"礼"已经不再作为西周时期思想文化之整体范畴，而是作为现实政治秩序中的核心原则出现了，礼与仪、礼义与礼仪的区别已经出现，礼义是指宗法、等级、伦理关系的根本原则，礼仪则是具体的礼制仪典等外在形式，也即《礼记》所谓"礼之本"与"礼之文"。随着西周礼治秩序的日益解体，出现了礼与法的争论。据《昭公六年》记载，在郑国执政的子产把"刑书"铸在鼎上公布时，晋国叔向写信表示反对。叔向反对子产的"弃礼用刑"，寄希望于巩固旧有礼治秩序来应对现实的挑战，可是到昭公二十九年，晋国也"铸刑鼎"，可见由礼到法，已是大势所趋了。

（三）"礼乐复兴"

经过春秋战国的蜕变，礼乐制度与三代旧制相距甚远。秦始皇奉行法家路线，加之有"焚书坑儒"之举，遂有"秦世不文"（《文心雕龙·诠赋》）[1] 的说法。但体系庞大、内涵丰富的礼乐传统，具有深厚的历史延续性以及广泛的民众基础，即使在短秦仍然具有相当的影响力。秦始皇统一中国，在实行"车同轨、书同文、行同伦"的大一统时，对于礼乐制度的完善仍然有不少推动。其一，根据《史记·秦始皇本纪》的记载，他正式把五行说引进国家的思想信仰系统，以秦代周之火德而为水德，这就从国家制度层面为秦汉时期阴阳五行说的大盛奠定了基础；其二，据《封禅书》记载，秦始皇实行了一系列礼制改革，如统一天下祭祀的管理，确定祭祀对象和时间，规定祭品，规定郡县对民间各种信仰活动具有独立的管辖权，建立了一个完善的国家祭祀制度体系；其三，秦代开始出现乐府，这是中央集权的国家通

---

① 刘勰著，詹锳义证：《文心雕龙义证》，第 280 页。

过礼乐教化进行思想文化控制的重要手段。1976年秦始皇陵出土了一件错金、错银纽钟，钟侧镌有篆书"乐府"二字，这就纠正了乐府始于西汉的成说。对于秦代礼乐在思想文化层面的表现，顾亭林《秦纪会稽山刻石》有言：

> 秦始皇刻石凡六，皆铺张其灭六王，并天下之事。其言黔首风俗，在泰山则云："男女礼顺，慎遵职事，昭隔内外，靡不清静。"在碣石门则云："男乐其畴，女修其业。"如此而已。……然则秦之任刑虽过，而其坊民正俗之意，固未始异于三王也。[1]

参之新近出土的湖北云梦秦简，《为吏之道》有"慈下勿凌，敬上勿犯""恭敬多让""宽裕忠信，和平毋怨""父慈子孝，政之本也"[2]等说法，可以印证亭林之言，亦可以证明礼乐传统在短秦仍有一定的发展。

汉代为确立思想文化之正统，在统治者的提倡和汉儒的努力下，礼乐思想由人文理念进入了实际操作层面，形成了政治运作与学术信仰高度结合的帝国意识形态，本文称之为汉代"礼乐复兴"。从叔孙通定礼制乐到汉武帝大兴乐府，逮至王莽"元始改制"到《白虎通义》的国家制度化过程，从西汉陆贾、贾谊、董仲舒到东汉郑玄之集大成，汉代"礼乐复兴"表现在制度建设和理论总结两个方面。

汉初礼乐，多承秦制，或沿楚声。叔孙通的定礼制乐，是汉代"礼乐复兴"中一件重大事情。叔孙通的礼乐活动全面，包括定朝仪、

---

① 黄汝成：《日知录集释》，第586—587页。
② 睡虎地秦墓竹简整理小组：《睡虎地秦墓竹简》，文物出版社1978年版，第281—285页。

宗庙礼乐、宗庙仪法、天子服制等，并著有《傍章》十八篇和《汉礼器制度》。据《史记·叔孙通列传》记载：

> 仪：先平明，谒者治礼，引以次入殿门。廷中陈车骑步卒卫官，设兵，张旗志。传言"趋"。殿下郎中侠陛，陛数百人。功臣列侯诸将军军吏以次陈西方，东乡；文官丞相以下陈东方，西乡。大行设九宾，胪传。于是皇帝辇出房，百官执职传警，引诸侯王以下至吏六百石以次奉贺。自诸侯王以下莫不振恐肃敬。至礼毕，复置法酒。诸侍坐殿上皆伏抑首，以尊卑次起上寿。觞九行，谒者言"罢酒"。御史执法举不如仪者辄引去。[1]

叔孙通"采古礼与秦仪杂就之"（《史记·叔孙通列传》）[2]，最大的特点在于适应时势，因时而变，调整了儒学传统与现实政治之间的距离，从而使儒家理念能够在政治生活中得到贯彻推行，这种努力为礼乐复兴打下了良好开端。

汉承秦制，乐府制度也就沿袭下来。秦汉乐府制度分为两部分，分属太常属下的太乐和少府属下的乐府，职责各不相同，宋人王应麟《汉艺文志考证》卷八引吕氏语："太乐令丞所职，雅乐也；乐府所职，郑卫之乐也。"[3]雅乐在汉代始终未曾兴盛，与此相反，乐府得到了进一步的发展，据《史记·乐书》记载："高祖过沛诗三侯之章，令小儿歌之。高祖崩，令沛得以四时歌舞宗庙。孝惠、孝文、孝景无所增更，

于乐府习常肄旧而已。"[①] 武帝时期，随着大一统帝国的日益隆盛，不仅需要思想理论上的建设，而且需要具体的礼仪来祭祀天地鬼神，因此，进一步制礼作乐，也就成为必不可少的政治文化举措，乐府由此得到了更大的发展。在《汉书·礼乐志》中，班固特别描述了这一盛世：

> 至武帝定郊祀之礼，祠太一于甘泉，就乾位也；祭后土于汾阴，泽中方丘也。乃立乐府，采诗夜诵，有赵、代、秦、楚之讴。以李延年为协律都尉，多举司马相如等数十人造为诗赋，略论律吕，以合八音之调，作十九章之歌。以正月上辛用事甘泉环丘，使童男女七十人俱歌，昏祠至明。夜常有神光如流星止集于祠坛，天子自竹宫而望拜，百官侍祠者数百人皆肃然动心焉。[②]

据《礼乐志》记载，武帝到成帝的一百多年是乐府的昌盛期，成帝末年，乐府人员多达八百余人，成为一个规模庞大的音乐机构。哀帝登基，下诏罢乐府，大量裁减乐府人员，所留部分划归太乐令统辖，至此，汉代再没有乐府建制。对于汉初礼乐的复兴，章太炎在《史学略说》中认为"《史记》八书，未曾完具"，原因在于"《礼书》录自《荀子》，《乐书》全袭《乐记》。……其实太史公时，礼乐已有制作。叔孙通所定之朝仪，可入《礼书》。饶歌楚调，可入《乐书》，不知何以剿袭充数也"。[③] 可见，他对于汉初礼乐复兴的成效还是肯定的。

随着今古文经之争，古文经之崛起，推动了儒学的复古运动，王

---

① 司马迁：《史记》，第 1177 页。
② 班固：《汉书》，第 1045 页。
③ 章太炎：《国学略说》，第 116—117 页。

莽借复古之力，以复兴西周古制为名，策动了对汉家郊庙制度的全面改革，出现了所谓的"元始改制"。以周公自居的王莽，以《周礼》为蓝本，以西周模式的郊庙制度为依据，对汉武帝以来建立的礼乐制度进行了全面的革新，为代汉自立制造声势。如重新尊奉昊天上帝为至尊神，配以皇地后祇，次以五帝，而将天地群神分为五部，以类相从，从而形成一个新的祭祀谱系。对此，顾颉刚评曰："王莽是礼家出身，所以要把所有的礼制都用他自己的意思改变过，使它成为极整齐的一大套。从国家的宗庙、社稷、封国、车服、刑罚等制度，以及人民的养生、送死、嫁娶、奴婢、田宅、器械等品级，他没有不改定的。这确是一代的大手笔。"①

东汉时期，礼乐制度一如西汉，虽有诸多欠缺但仍在致力完善。据《后汉书·礼仪志》中的记载，明帝时期，制定冕服制，推行上陵礼，改革宗庙制度，完善了汉初以来的乐制建设；章帝时期，在礼乐制度建立上颇有成就。据《儒林传》记载，章帝于建初四年（79），"大会诸儒于白虎观，考详同异，连月乃罢，肃宗亲临称制，如石渠故事"②，此乃有名的白虎观会议，根据会议记录整理而成的《白虎通义》，明言"三纲者何谓也？谓君臣、父子、夫妇也"，对"君为臣纲，父为子纲，夫为妻纲"③作了具体的规定和解释，确立了"三纲五常"为礼制秩序的最高原则，从国家制度层面完成了儒学国教化、礼乐制度帝国意识形态化的过程。东汉后期逮至建安时期，礼治溃败，君不君臣不臣，乱纲常者比比皆是，自此汉代"礼乐复兴"进入了衰落期。

汉代"礼乐复兴"，从表象上看是古代特定的历法、车舆、冠冕、

①　顾颉刚：《汉代学术史略》，东方出版社1996年重排本，第77页。
②　范晔：《后汉书》，第2546页。
③　陈立：《白虎通疏证》，吴则虞点校，中华书局1994年版，第373页。

乐舞的复兴，但在古人的政治想象中，通过改正朔、定服色、改官称、设庠序、兴明堂等具象，并伴随着凤鸟、麒麟、河图、洛书、甘露、紫芝、嘉禾等符瑞的出现，一个完美的古礼雅乐盛事就会重现人间。汉代"礼乐复兴"，在制度上虽然多有缺陷，但在思想传统上，礼乐文化的精神却延续了下来。尤其是汉乐府，采集了大量的文人创作和民间歌谣，无论是用于宗庙颂歌的《安世房中歌十七章》《郊祀歌十九章》，还是反映下层生活的"鼓吹曲辞""相和歌辞""杂曲歌辞"，其用途涵盖了从祭祖、祭神到朝会、宴飨、军旅，几乎渗透到礼乐文化的各个方面。在中国古代文学艺术的发展史上，汉乐府以其反映社会生活的深度与广度，留下了宝贵的思想资源与创作传统。

第二节　礼乐背景下的学术传统

从学术传统上考察，春秋时期对于三代礼乐的延续，主要表现在两个层面：其一是诸子之学的兴起，这是从社会政治层面对礼乐传统的理论总结，目的在于救世；其二是"六艺"之学的兴起，这是从学术层面对礼乐传统载体"六经"的整理与阐释，目的在于传学。

（一）诸子之学

就学术史而言，"礼坏乐崩"宣告了先秦子学时代的来临。诸子之学的缘起与兴衰与礼乐传统密切相关。处于思想交锋中的诸子思想，产生的现实背景是三代礼乐制度的崩溃，产生的思想根源是对历史传统与现实政治的反思。诸子思想在战国以后的兴衰走向，关键并不在于他们对于现行制度的批判或对社会苦难的同情，而在于与时代政治的结合，其中他们对待三代礼乐传统的不同态度是重要原因之一。

从司马谈《论六家要旨》开篇引用《周易·系辞下》"天下一致而百虑，同归而殊涂"[1]开始，古人对于先秦学术思想相生相因这一特点就有了明确的认识。班固《汉书·艺文志》中谈论诸子的学术渊源时认为，"出于司徒之官"的儒家，"出于史官"的道家，"出于羲和之官"的阴阳家，"出于理官……以辅礼制"的法家，"出于礼官"的名家，"出于清庙之守"的墨家，[2]都与三代礼乐传统以及整体知识系统有着直接的联系。本文择其要，就先秦诸子之学的礼乐观作一个研讨，主要关注儒家、墨家、道家和法家。

关于儒家思想的起源和特点，儒家最早的反对者墨家的描述，以及汉代司马谈和班固的说法是传统时代最有代表性的观点：

> 孔丘盛容修饰以蛊世，弦歌鼓舞以聚徒，繁登降之礼以示仪，务趋翔之节以观众。（《墨子·非儒》）[3]
>
> 序君臣父子之礼，列夫妇长幼之别。（《论六家要旨》）[4]
>
> 儒家者流，盖出于司徒之官，助人君顺阴阳明教化者也。游文于六经之中，留意于仁义之际，祖述尧舜，宪章文武，宗师仲尼，以重其言，于道最为高。（《汉书·艺文志》）[5]

近代以来，关于儒家缘起纷争众多，其中较有说服力的是章太炎《国故论衡·原儒》所论："类名为儒，儒者知礼乐射御书数。《天官》曰：儒以道得民；说曰：儒，诸侯保氏有六艺以教民者。《地官》曰：

---

① 司马迁：《史记》，第 3288 页。
② 班固：《汉书》，第 1728、1732、1734、1736、1737、1738 页。
③ 吴毓江：《墨子校注》，第 439 页。
④ 司马迁：《史记》，第 3289 页。
⑤ 班固：《汉书》，第 1728 页。

联师儒；说曰：师儒，乡里教以道艺者。此则躬备德行，为师效其材艺，为儒。"① 虽然关于"儒"的起源有种种说法，但是，儒家学术以传承西周礼乐传统为中心，以"六经"为教义，对此各家均无疑义。在近代学者中，最早指出孔子与周公等周初政治家有师承关系的是梁漱溟。他在 1949 年完成的《中国文化要义》中把中国数千年来所形成的文化特征称之为"周孔教化"②，周即周公，孔即孔子。他认为周公等人是儒家思想的奠基人，贡献在于创造礼乐制度，孔子是继承和宣传者，以理教人，启迪后人无穷。

儒家有着明确的文化传承意识，对三代礼乐，尤其是周礼进行了全面总结与阐述。孔子毕生以复兴周礼为己任。其礼乐观的核心是：重乐，视乐为人道德品质的完善阶段；重礼，以和、中释礼；重"仁"，"仁"与礼乐互为表里。孔子后学，礼乐传统一以贯之。孟子从性善的角度发展了孔子仁学。荀子在理论上总结了儒家礼乐观，《荀子》中专设《礼论》《乐论》两篇，在礼乐的研究历史上，第一次明确地将两者放在教化传统中比较不同特点，得出礼教、乐教相分相济的特点。孟子和荀子虽然在人性论上识见相左，但在坚持礼乐教化、德治仁政等方面却是一致的，只是孟子偏重于内在心性的修养与完善，荀子则偏重于外在礼法制度的建立而已。

在先秦与儒学并列为显学的是墨学，从早期记载中，可以看出墨学与三代礼乐传统之间的血亲关系：

（墨子）作为非乐，命之曰节用，生不歌，死无服。……

---

① 章太炎：《国故论衡》，载傅杰编校：《章太炎学术史论集》，中国社会科学出版社1997 年版，第 193 页。

② 梁漱溟：《中国文化要义》，学林出版社 2000 年版，第 102 页。

不与先王同，毁古之礼乐。（《庄子·天下》）①

　　墨子学儒者之业，受孔子之术，以为其礼烦扰而不说，厚葬靡财而贫民，服伤生而害事，故背周道而用夏政。（《淮南子·要略》）②

　　墨家是礼乐制度最早的反对者，他们基本上由中下层劳动者组成，这一结构决定了他们对礼乐制度中所体现的尊卑贵贱，以及日趋复杂繁缛的状况深恶痛绝。墨子虽然对三代礼乐传统有着很多的批评，但对于礼乐文明所取得的成就并非一概否定，如《墨子·贵义》云："古之圣王欲传其道于后世，是故书之竹帛，镂之金石，传遗后世子孙，欲后世子孙法之也。今闻先王之遗而不为，是废先王之传也。"③他对《诗》《书》中所传载的先王之道也是相当重视的。

　　对于礼的解释，墨子与儒者不同。《经上》云："礼，敬也。"又《经说上》云："礼，贵者公，贱者名，而俱有敬慑焉。等异论也。"④墨子倡导为父母行"三月之丧"，《尚同中》对"无君臣上下长幼之节，父子兄弟之礼"⑤的现象很不满意，只要符合节用和义利的原则，礼仍然是有用的，如《三辨》云："昔者尧舜有茅茨者，且以为礼，且以为乐。"⑥又《辞过》云："宫墙之高足以别男女之礼。"⑦因此，以礼为治国方略，儒、墨并无区别，清人俞樾《墨子序》中引述尸佼的

---

① 王先谦：《庄子集解》，第288—289页。
② 何宁：《淮南子集释》，第1459页。
③ 吴毓江：《墨子校注》，第687页。
④ 吴毓江：《墨子校注》，第469页。
⑤ 吴毓江：《墨子校注》，第116页。
⑥ 吴毓江：《墨子校注》，第61页。
⑦ 吴毓江：《墨子校注》，第46页。

话："孔子贵公，墨子贵兼，其实则一。"[①] 同时，墨子对乐非常精通，见于《吕氏春秋·贵因》和《艺文类聚》四十四引《尸子》，均记载了墨子通音律。正是基于他对乐的了解，方能站在政治功利的角度提出"非乐"：

> 凡入国，必择务而从事焉。国家昏乱，则语之尚贤、尚同。国家贫，则语之节用、节葬。国家憙音湛湎，则语之非乐、非命。国家淫僻无礼，则语之尊天、事鬼。国家务夺侵凌，则语之兼爱、非攻。故曰择务而从事焉。(《鲁问》)[②]

从墨子的这一段治国方略看，"非乐"与"尚贤""节用""尊天""兼爱"一样，是其针对社会现状，提出的补救时弊的施政主张。所谓"非乐"并不是"大钟、鸣鼓、琴瑟"之声不美，而是因其不合于"尚用""尚质"的原则，故无益于"兴天下之利除天下之害"的"仁之事"[③]。墨子"非乐"，能够就艺术与政治之间的关系进行思考，其思想的深刻程度与学理价值都是很高的，只是墨学关注的中心话题并非人文化成领域，其论证方法也更倾向于哲学思辨的逻辑层面，对于政治制度的创设无益，这就自然导致了墨家思想在战国以后的衰微。

与儒、墨相比，道家思想的形成较为晚近。关于道家学说与三代礼乐传统之间的渊源，汉人是这样认为的：

> 无为，又曰无不为，其实易行，其辞难知。其术以虚无为

---

① 俞樾：《春在堂全书》第四册，凤凰出版社 2010 年版，第 631 页。
② 吴毓江：《墨子校注》，第 737 页。
③ 吴毓江：《墨子校注》，第 379—380 页。

本，以因循为用。(《论六家要旨》)[①]

　　道家者流，盖出于史官，历记成败存亡祸福古今之道，然后知秉要执本，清虚以自守，卑弱以自持，此君人南面之术也。合于尧之克攘，易之嗛嗛，一谦而四益，此其所长也。及放者为之，则欲绝去礼学，兼弃仁义，曰独任清虚可以为治。(《汉书·艺文志》)[②]

　　老庄对于西周末年礼乐制度崩坏所带来的种种弊端，极度沮丧，一开始就以礼乐传统的反对者面目出现，其理论策略有二：其一，道家从历史的最本源处颠覆了三代礼乐传统的合理性。《老子》一书中对于人类自文明时代开始的无道状态进行了激烈地批判，欲以"天道"之朴救世道之崩坏，为乱世开出一个"无为而无不为"的药方。老子认为"天道"本"不争""不言""不召"，"道常无为，而无不为"[③]，但上位之人却"食税之多""求生之厚"[④]，因而圣人应该"为无为，事无事，味无味"[⑤]，"处无为之事，行不言之教"[⑥]；常人应该遵循"天道"，处于一种"不自见""不自是""不自伐""不自矜""沌沌兮，如婴儿之未孩"[⑦]的状态。老子的解决之道，不同于儒家对尧舜的追寻，也不同于墨家对夏代的追寻，而是倒退得更加彻底，在其理想中，在早于三代建立的人为秩序之前，有一个更为古老、质朴而单纯的自然秩序时代，这是一个人民"自化""自正""自富""自朴"的黄金时代。

---

① 司马迁：《史记》，第 3292 页。
② 班固：《汉书》，第 1732 页。
③ 楼宇烈：《老子道德经注校释》，第 90 页。
④ 楼宇烈：《老子道德经注校释》，第 184 页。
⑤ 楼宇烈：《老子道德经注校释》，第 164 页。
⑥ 楼宇烈：《老子道德经注校释》，第 6 页。
⑦ 楼宇烈：《老子道德经注校释》，第 46 页。

　　其二，道家从价值批评的立场出发，推翻了三代礼乐传统中一系列重要命题存在的合理性，并从历史演进的角度，对西周礼制传统的诸多核心范畴，如贤、德、仁、义、礼等，进行了全面的批判，提出"不尚贤""绝仁弃义"以及礼为"乱之首"等观点，如《老子》第三十八章云："故失道而后德。失德而后仁。失仁而后义。失义而后礼。夫礼者忠信之薄而乱之首。"[①] 老学从宇宙本原之"道"到天之"德"，从源于人内心的"仁义"到约束人的"礼"，层层推进，对礼乐文明的一系列核心范畴，从历史的本原上进行了颠覆。对此，庄子也有相同的论述，《庄子·大宗师》中虚构了孔子与颜回就"坐忘"体道的三段对话：

　　　　颜回曰："回益矣。"仲尼曰："何谓也？"曰："回忘仁义矣。"曰："可矣，犹未也。"他日复见，曰："回益矣。"曰："何谓也？"曰："回忘礼乐矣。"曰："可矣，犹未也。"他日复见，曰："回益矣。"曰："何谓也？"曰："回坐忘矣。"[②]

　　从颜回一忘仁义，次忘礼乐，方能言坐忘的顺序来看，老庄的逻辑理路是相同的。在老庄的意念中，礼乐是人类社会精神生活倒退、衰败到极致的表征，如《庄子·缮性》所谓"礼乐遍行，则天下乱矣"[③]，因此在礼乐产生的内在逻辑起点处就是应该否定的。

　　值得一提的是，湖北荆门郭店一号楚墓出土了迄今年代最早的《老子》（甲、乙、丙）传抄本，其中简本甲组与王弼通行本的几处不同引起了学界极大的关注，最突出的例子是简本甲组开头一段（相合

---

① 楼宇烈：《老子道德经注校释》，第93页。
② 王先谦：《庄子集解》，第68页。
③ 王先谦：《庄子集解》，第135页。

于通行本十九章部分）：

> 简本（甲组）：绝智弃辩，民利百倍；绝巧弃利，盗贼亡
> 有。绝伪弃诈，民复慈孝。①
> 通行本（王弼本）：绝圣弃智，民利百倍；绝仁弃义，民
> 复孝慈；绝巧弃利，盗贼无有。②

"绝智弃辩""绝伪弃诈"的出现重新找回了老学的伦理道德阐释
空间，从而使"绝圣弃智""绝仁弃义"是对儒家仁义之说反驳的成说
得到有力的纠正，也印证了班固所谓诸子之学"殊途同归"的说法。

法家思想是战国时期的指导思想，其理论的形成与礼乐制度的崩
溃有着密切的关联：

> 尊主卑臣，明分职，不得相逾越。（《论六家要旨》）③
> 法家者流，盖出于理官。信赏必罚，以辅礼制。《易》曰
> "先王以明罚饬法"，此其所长也。及刻者为之，则无教化，去
> 仁爱，专任刑法而欲以致治，至于残害至亲，伤恩薄厚。（《汉
> 书·艺文志》）④

法家在政治上提倡中央集权，严格强调上下纲常名分，这在本质
上与儒家礼治观并无不同。故刘向评曰："刑名者，循名以则实，其
尊君卑臣，崇上抑下，合于六经。"⑤ 在多数法家理论中，重法但不废

① 李零：《郭店楚简校读记》，第 4 页。
② 楼宇烈：《老子道德经注校释》，第 45 页。
③ 司马迁：《史记》，第 3291 页。
④ 班固：《汉书》，第 1736 页。
⑤ 班固：《汉书》，第 2204 页。

礼，仍然视礼为治国手段之一，如《商君书》提出变更礼，慎到礼法并提。《管子》对礼也颇为重视，如《君臣下》云："选贤遂材，而礼孝弟，则奸伪止。"[1] 又《形势解》云："礼义者，尊卑之仪表也。"[2] 又《任法》云："群臣不用礼义教训，则不祥。"但礼从属于法，如《任法》有"仁义礼乐者，皆出于法"[3]，这与儒家思想的主旨不同，儒家认为"礼乐刑政，其极一也"[4]，为政必先以礼乐，礼乐的功夫到了，刑政就可以不用。礼与法之间的取舍，决定了法家思想在秦以后的衰微。

法家重"耕战"，"国以富强"，专务"逐于智谋"，"争于气力"[5]，认为礼乐仁义违反"法治"原则，故"非所以持国也"。在商鞅指斥的"六虱"中，礼乐居于首位；[6] 在韩非指斥的"亡国之祸"的"十过"中，礼乐是其中之一。[7] 法家发扬、推衍了荀学"人性恶"及重法、重实用性的一面，希望建立一个严格有序的管理型社会来取代三代以来的宗法社会，并希望借外在的法律规范来取代儒家所倡导的内在心理自律与道德自觉。我们从《韩非子》中大量寓言可以看到，法家认为儒家礼乐所追求的理想社会，与缘木求鱼、守株待兔、刻舟求剑一样迂阔、愚蠢，所谓"论有迂深闳大，非用也"，"言而拂难坚确，非功也"，皆属《外储说左上》中所谓"鬼魅""坚瓠"一类。[8] 但也应该看到，在法家思想体系中，仍然隐含着对三代传统及其文明

① 黎翔凤：《管子校注》，第 574 页。
② 黎翔凤：《管子校注》，第 1181 页。
③ 黎翔凤：《管子校注》，第 901 页。
④ 阮元校刻：《十三经注疏》，第 1527 页。
⑤ 王先慎：《韩非子集解》，第 97、445 页。
⑥ 蒋礼鸿：《商君书锥指》，中华书局 1986 年版，第 80 页。
⑦ 王先慎：《韩非子集解》，第 59 页。
⑧ 王先慎：《韩非子集解》，第 262 页。

成就的认可。如《国语·齐语》中记载管子的一段话:"昔吾先王昭王、穆王,世法文、武远绩以成名,合群叟,比校民之有道者,设象以为民纪,式权以相应,比缀以度,薄本肇末,劝之以赏赐,纠之以刑罚,班序颠毛,以为民纪统。"[1] 可见他对于西周昭王、穆王推行礼乐教化的成就还是很肯定的。又如《商君书·更法》中描绘了三代的历史谱系,《韩非子·五蠹》中亦不乏对人类黄金时代的追忆,等等。

总体而言,"礼坏乐崩"背景下兴起的诸子之学,均热衷于对周代礼乐的评判,其政治主张的提出,均是针对"礼坏乐崩"所带来的一系列人与人、国与国、君与臣、父与子关系的现实变化,设计出的不同政治改良方案和理想社会蓝图,因此,在早期的思想上是比较贴近的。儒家是周代礼乐薪火的传承者和发扬光大者,先秦各家中,唯儒家给予礼乐最大的推崇。阎步克据此推测,这与儒与乐师在文化上的传承有关。[2] 儒家重视礼乐,目的是借礼乐来阐释他们对世界、社会和人生的理解,助仁君教化,实现礼乐治天下的最高理想。儒学从产生到汉代高居政治文化的主流,是与其传承西周礼乐文化的积极态度密切相关的。诸子各家对待礼乐的不同态度决定了他们学说在后世的不同走向。与儒家传承礼乐不同,道、墨、法各家对西周礼乐文明均持有深刻的怀疑。道家从历史的起源处颠覆礼乐产生的内在逻辑,动摇了传统价值体系的基础,目的在于超越三代礼乐制度,重建一个以道为本体的"前秩序化"时代,这是道家思想在后世成为儒学思想补充的重要原因。墨、法两家否定礼乐传统,墨家从实用的角度向礼乐的形式正面进攻,法家从政治功利角度重法弃礼,这就直接导致了墨、法两家思想在秦汉的衰微。

---

[1] 徐元诰:《国语集解》,第 218 页。

[2] 阎步克:《乐师与"儒"之文化起源》,载《阎步克自选集》,广西师范大学出版社 1997 年版,第 331 页。

（二）"六艺"之学

春秋时期对于三代礼乐传统的延续，除诸子从社会政治层面进行反思和理论总结外，还表现在对三代礼乐传统的文本载体——"六经"的重视、整理与阐释，也即"六艺"之学的传统。此一传统在汉代兴盛发达，形成了中国古代学术史上源远流长的经学传统。

关于"六艺"的说法有二：一是礼、乐、射、御、书、数六种实用的技能，见于《周礼·地官司徒》：

> 保氏掌谏王恶，而养国子以道。乃教之六艺，一曰五礼，二曰六乐，三曰五射，四曰五驭，五曰六书，六曰九数。[1]

一是"六经"。"六经"最早的说法见于《庄子·天下》篇，但该文的确切年代和作者都缺乏明确的考证，近年来考古材料为此提供了线索。郭店楚简的一些篇章，对"六艺"之学的性质进行了探讨：

> 《诗》《书》《礼》《乐》，其始出皆生于人。《诗》，有为为之也。《书》，有为言之也。《礼》《乐》，有为举之也。（《性自命出》）
>
> 《易》，所以会天道人道也。《诗》，所以会古今之诗也者。《春秋》，所以会古今之事也。《礼》，交之行述也。《乐》，或生或教也。《书》，□□□□者也。（《语丛一》）[2]

汉代流行的"六艺"大都指的是"六经"，最早如贾谊《新书·六

---

① 阮元校刻：《十三经注疏》，第731页。
② 李零：《郭店楚简校读记》，第106、160页。

术》云："是故内法六法，外体六行，以与《诗》《书》《易》《春秋》《礼》《乐》六者之术以为大义．谓之六艺。"① 《淮南子》《史记》《汉书·艺文志》所提到的"六艺"，也均指"六经"。

在古人的文化视野中，"六艺"是三代礼乐文明的产物，从先秦诸子开始就有关于其得失之研讨。《庄子·天下》篇有"道术将为天下裂"② 的说法，认为古代有一个完整的"政教合一"的学术思想与文化传统，即所谓"六艺"之学，也即章学诚《文史通义·易教上》中所谓"六经皆先王之政典也"③。东周末年，天子失官，学术四散，统一完整的王官之学，分裂流变为诸子百家之学，靠在"六经"中得以保存。我们从孔子对尧、舜、文王、武王、周公的讴歌，墨子上下一体的"尚同"和不分亲疏的"兼爱"，乃至庄子以齐物论生，物我归于自然的观念中，都可以看到"六艺"之学的存在及其潜在影响。劳孝舆《春秋诗话》认为，早在春秋时代士人就已经"事物细微，皆引《诗》以证其得失"，因为"诗书"乃"义之府也"，"诗以正言，义之用也"④。阮元《诗书古训序》认为："《诗》三百篇，《尚书》数十篇，孔孟以为学，以此为教，故一言一行深奉不疑，即如孔子作《孝经》，子思作《中庸》，孟子作七篇，每讲一义，多引《诗》《书》为证据，若曰世人亦知此事之义乎？《诗》曰某某即此也，《书》曰某某即此也，否则恐自说有偏弊。不足以有训于人。"⑤ 这都说明以"六艺"为经典的风气始于先秦，这是汉人"依经立义"的源头。

在"六艺"传统的形成中，儒家学者功不可没。孔子的贡献尤

① 贾谊：《新书》，阎振益、钟夏校注，中华书局 2000 年版，第 316 页。
② 王先谦：《庄子集解》，第 288 页。
③ 章学诚：《文史通义》，第 1 页。
④ 劳孝舆：《春秋诗话》卷三，中华书局 1985 年版，第 42 页。
⑤ 阮元：《诗书古训序》，载《揅经室续集》卷一，中华书局 1985 年版，第 37 页。

其巨大，他将毕生的理想都寄托于典籍的整理和传承上。孔子与《易传》的关系，是历代学者争论的一个重要问题，从司马迁到朱熹都认为是孔子所作，从欧阳修到崔述则认为与夫子无关。根据马王堆《易传》《要》的记载，可以否定孔子与《易传》无关的说法，但是，孔子对《易》到底作了哪些阐释，是尚未明了的。就易学的研究而言，前人解《易》，经传不分，今人解《易》，经传两分，都有偏颇之处。就本书所研究的内容而言，《周易》对于古文论发生形态的影响，主要表现在两个方面：其一，《传》之作者在天地人的宏大背景下，建立了古代学术思想中以"三才"、阴阳为中心的解释系统。在思维模式上，古人习惯以整个世界为思考对象，将一切人文现象的源头追溯到天地以取得存在的依据，这主要源于易学中"近取诸身，远取诸物"[①]，观物取象，"立象尽意"思想，这也是文论传统中"物感"说、"言志"说、"缘情"说、"正变"说形成的原初理论语境。其二，《周易》之辩证观，对于文学史观的形成有直接影响，其六十四卦的对立排列，"无平不陂，无往不复"[②]的辩证观念，以及"穷则变，变则通，通则久"[③]的变通思想，形成了在对待立义，循环往复中求变、求中的基本品格，在古代文学思想的发展中有源远流长的传统，从六朝的"新变论"、刘勰的"通变论"、唐代的"复变"文学观，逮至清王国维"一代有一代之文"的说法，无疑都是这种思想的承继。

　　孔子后学是"六艺"之学发展中的重要环节。《史记·孔子世家》载："孔子以诗书礼乐教，弟子盖三千焉。身通六艺者，七十有二人。"[④]孟子发展了《诗》《书》《礼》的意义，提高《春秋》的地位，

---

① 阮元校刻：《十三经注疏》，第 86 页。
② 阮元校刻：《十三经注疏》，第 28 页。
③ 阮元校刻：《十三经注疏》，第 86 页。
④ 司马迁：《史记》，第 1938 页。

特别突出孔子作《春秋》的意义。《孟子·滕文公下》认为"《春秋》，天子之事"，孔子作《春秋》，"乱臣贼子惧"[1]，是继尧使禹治水而天下平，周公相武王诛纣而拨乱反正之后又一大关键，由此确立了《春秋》在"六艺"之学中的地位。

我们知道，《春秋》是孔子在鲁史策书基础上修订的编年大事记。《春秋》一万六千余字，叙述东周前半期二百余年的史事，记事一千八百余条，后世只有通过"三传"的解说才能比较顺利地理解。"三传"之于《春秋》是一个阐释的过程，阐释的方式各有不同，《左传》尚霸力、重民本、尊礼教，《公羊传》尊王攘夷、大一统，《穀梁传》重礼仪与德行。一部《春秋》的历史就是一部"礼坏乐崩"的历史，它的形成与广泛的流传都是以三代礼乐文化和制度为思想背景的。《春秋》及其"三传"对于古代文学传统的影响主要体现在"春秋笔法"上。虽然在今天的研究者眼里，"春秋笔法"已经演变为一种历史、文学的书写形式与修辞技巧，但是在其原生的历史语境中，其实质是一种关乎思想文化的政治立场，是一种关于善恶判断的价值标准。《春秋》通过一套复杂而隐晦的表述规则来表达其褒贬意向，如以"书""不书"，"先书""故书"，"言""不言"，"称""不称"等，表达著者之"微言大义"，从而"一字褒贬"。对于合于礼法之事，则以"进之""贤之""喜之""贵之""大之"；对于非礼之事，则以"罪之""非之""疾之""绝之""疏之"；等等。故而《春秋》既是一部记录历史的史书，更是借历史的形式表达政治观念与是非善恶价值标准的书，对于后世思想文化的影响主要体现在审美价值标准和文化思维模式上。

荀子发展了"六艺"之教，他将《诗》《书》《礼》《乐》《春秋》

---

[1]　阮元校刻：《十三经注疏》，第 2714、2715 页。

相提并论，视为先王圣人道之所在。《荀子·儒效》篇云："圣人也者，道之管也。天下之道管是矣，百王之道一是矣；故《诗》《书》《礼》《乐》之归是矣。《诗》言是，其志也；《书》言是，其事也；《礼》言是，其行也；《乐》言是，其和也；《春秋》言是，其微也。"[1]《劝学篇》中提出："学恶乎始？恶乎终？曰：其数则始乎诵经，终乎读《礼》。其义则始乎为士，终乎为圣人。"[2] 荀子明确地将儒者的礼乐实践与经典的学习、成圣的目标联系在一起，开启了原道、征圣、宗经理论的先河。实际上，汉代以后"六艺"之教的发展都与荀子有莫大的关系，《毛诗》、《韩诗》、《左传》、《穀梁》、大小戴《礼记》等都经荀子而传承下来，荀子乃是早期儒学从子学向经学过渡时期承前启后的人物。清人汪中《荀卿子通论》中业已明确地指出了这一点。

"六艺"之学的兴盛，是汉代"礼乐复兴"的重要内容，这主要表现在有汉一代思想家对先秦子学与"六艺"传统的重建上。从汉初陆贾、贾谊、董仲舒"春秋学"到《白虎通义》及郑氏"礼学"，通过汉儒不懈努力，从理论与实践两个层面重建了礼乐话语系统，为经学传统的形成奠定了学术思想基础。汉初陆贾奉高祖之命，著《新语》十二篇，总结秦亡汉兴乃至历代兴衰的教训，陈述诗书礼乐有益于治国。《新语·本行》云："《诗》《书》《礼》《乐》，为得其所，乃天道之所立，大义之所行也。"[3] 陆贾从汉初现实出发，大谈"六艺"之学，主导思想仍然是提倡儒家的礼乐政治。文帝时的贾谊糅合儒、法思想，继承荀子"礼治"思想，在以"过秦"为题的三篇史论中，对秦朝灭亡的原因作了极为系统的论述，并简明扼要地归结为："仁义不施，而

---

① 王先谦：《荀子集解》，第 133 页。
② 王先谦：《荀子集解》，第 11 页。
③ 王利器：《新语校注》，中华书局 1986 年版，第 142—143 页。

攻守之势异也。"[1] 他极为坚定地肯定了礼乐仁义的重要性。

汉代经学的奠定人物是董仲舒。董子宣扬"仁义""德刑""教化",对于礼乐政治的规模、内容和形式进行了深入论述。在具体的措施上,董子提出了两点影响深远的建议:其一,在"天人三策"中提出"推明孔氏,抑黜百家",《汉书·董仲舒传》载:"臣愚以为诸不在六艺之科、孔子之术者,皆绝其道,勿使并进。邪辟之说灭息,然后统纪可一而法度可明,民知所从矣。"其二,提出"置明师,以养天下之士"和"天下之士可得而官使"[2] 的主张。汉武帝接受董仲舒的建议,举贤良文学,委以官爵,奉以利禄,询以政论;设庠序之教,以"六艺"为教授内容;在文帝设《诗》博士,景帝设《春秋》博士的基础上,增设《易》《书》《礼》诸经博士为学官,合称"五经博士"。对于"天人三策"的历史功绩,班固评云:"及仲舒对策,推明孔氏,抑黜百家,立学校之官,州郡举茂材孝廉,皆自仲舒发之。"[3] 这就很客观地道出了以董子为代表的汉初儒者,已经克服了早期儒学讲究繁文缛节的倾向,尤其是孟子道德一派所固有的"迂远而阔于事情"[4] 的弊病,将"大一统"的政治理念与"六艺"之教的传统结合起来,真正将儒家的教化理想落到制度层面。因此,从"六艺"之学到汉代经学定于一尊,董仲舒是关键人物。

汉代礼学大盛。战国初年,儒生开始整理古代各类礼节,对礼进行全面理论总结,这一传统延续到汉代出现了一个高潮。汉代学者有意识、有目的地对"三礼"进行整理、加工、编撰与注释,从文本的角度使礼制趋向系统化、规范化和细致化,也以此影响了礼乐的国

---

① 严可均:《全上古三代秦汉三国六朝文》,第 217 页。
② 班固:《汉书》,第 2523、2512、2513 页。
③ 班固:《汉书》,第 2525 页。
④ 司马迁:《史记》,第 2343 页。

家制度化与社会普及化。《仪礼》在西汉时立为学官，《周礼》在西汉末年立为学官，现存的《大戴礼记》和"十三经"中《小戴礼记》定本出现在东汉中期，到唐代由"记"上升为"经"，立为学官。① 从"三礼"的传授来看，都与东汉郑玄有关。郑氏遍注"三礼"，始有"三礼"之名及排名次序，后世礼学的传授，主要是郑学。据《后汉书·郑玄传》载：

> 自秦焚六经，圣文埃灭。汉兴，诸儒颇修艺文；及东京，学者亦各名家。而守文之徒，滞固所禀，异端纷纭，互相诡激，遂令经有数家，家有数说，章句多者或乃百余万言，学徒劳而少功，后生疑而莫正。郑玄括囊大典，网罗众家，删裁繁诬，刊改漏失，自是学者略知所归。王父豫章君每考先儒经训，而长于玄，常以为仲尼之门不能过也。及传授生徒，并专以郑氏家法云。②

郑玄注礼，兼容古文、今文之法，多引杜子春、郑众、贾逵、马融诸家旧注，择善而从，无偏党之见。他将夏礼、殷礼、周礼、春秋战国之礼及秦汉之礼，条分缕析，形成了一个相对完备的礼制系统。他采用历史比较的研究方法，以汉代的典章制度与经典中的记载比较，并以不同经典所记载的同一项制度，相互参对，故能辨别精微。郑氏致力于经学阐述，注经多用礼的观点贯穿，自觉地将其他经义纳入礼学的阐释系统中。如《礼记·中庸》郑注："为政在人，政由礼也。"③

---

① 参见褚斌杰：《儒家经典与中国文化》，湖北教育出版社 2000 年版，第 237 页。
② 范晔：《后汉书》，第 1212—1213 页。
③ 阮元校刻：《十三经注疏》，第 1633 页。

又《仪礼·士冠礼》郑注："国以礼为本。"[①] 又《六艺论》云："序尊卑之制，崇敬让之节。"[②] 郑氏"三礼"注，对社会制度的规范、统治秩序的稳定起到了积极的作用，对于古代礼制的整理和刊布有很大的影响，成为传统时代支撑礼制的骨架，从唐《开元礼》、宋《政和五礼新仪》，到明《集礼》、清《通礼》，都有郑学的影子。

第三节　礼乐背景下的历史传统

诸子之学检讨礼乐政治之得失，伴随着这种反思与总结，实现了礼乐传统从西周具体政治制度到思想文化传统的理论总结，完成了自周公"制礼作乐"以来"神道设教"的过程。在被不断政治化、伦理化、终极化的过程中，礼乐的价值得以提升甚至神化，因此，礼乐传统的形成，是由三代以来的具体礼仪节文以及后世思想家的阐释共同形成的。实际上，春秋以降，礼乐传统就是在子学中得以不断阐释而意义增殖的，而这种阐释正是完成其制度层面瓦解而理论层面升华的关键步骤。礼乐传统及其衍生的诸子之学、"六艺"之学留下的思想资源极为丰富，包含了后世思想连续发展的深厚动力和取之不尽的精神源泉，中国古代思想学术的主要内容就是围绕它们展开的，并形成了连绵不断的传统，其中最为明显的就是历史复古传统与三代情结。

（一）鉴识与承传

中国文化有着浓厚的历史意识，古人不仅重视回顾自己的历史，

---

① 阮元校刻：《十三经注疏》，第 1679 页。
② 袁钧辑，袁尧年补校：《郑氏佚书·六艺论》，清光绪十四年浙江书局刊本。

常常对其作出想象性的发挥，而且善于从中引出未来的发展向度，这不仅仅是一个社会历史观的问题，更是中华文化特定的向后看思维模式所决定的，追根溯源，重要思想根源及参照系统就是三代礼乐传统。礼乐作为一个始终高悬在三代乌托邦想象中的思想传统，其深厚的历史积淀和浓厚的理想色彩深刻地影响到古代思想体系中尊古历史传统的形成，并使中国古代文学思想自产生伊始就呈现出强烈的复古倾向。对此一成因的考察，应该追溯到三代政教。

虽然三代礼乐在总体上是浑融一体的，但是如果从精神文化的整体特征考察，还是可以有一个大致的区分：夏代巫卜文化、商代宗教文化和周代宗法文化。《尚书·伊训》中有夏代"巫风"盛行的记载，《礼记·郊特牲》中有"殷人尚声"的记载，这都说明夏商两代的文化特征，重巫重祭，以乐教为特征，带有强烈的乌托邦色彩；周代宗法文化以德治为依归，强调"尊礼""尚臭"[1]"德音"[2]，呈现出强烈的理性精神品格。三代政教之特质，是古代思想家常常谈论的话题，概举如下：

> 三王之时，迭盛迭衰。衰则扶之，倾则定之。是以夏忠、殷敬、周文，庠序之教，恭让之礼，粲然可得而观也。（《盐铁论·错币》）[3]

> 三正之有失，故立三教，以相指受。夏人之王教以忠，其失野，救野之失莫如敬。殷人之王教以敬，其失鬼，救鬼之失莫如文。周人之王教以文，其失薄，其薄之失莫如忠。（《白虎

---

① 阮元校刻：《十三经注疏》，第 1457 页。
② 徐元诰：《国语集解》，第 112 页。
③ 王利器：《盐铁论校注》，第 56 页。

通义·三教》）①

古人认为，三政各有所失，故设三教辅之。这在《春秋繁露·玉杯》《礼记·表记》《说苑·修文》《春秋元命苞》中也有类似的说法。

对于三代思想文化在精神气质上的差异，《礼记·表记》中假孔子之口归纳得颇为精当：

> 夏道尊命，事鬼敬神而远之，近人而忠焉。先禄而后威，先赏而后罚，亲而不尊。其民之敝，蠢而愚，乔而野，朴而不文。殷人尊神，率民以事神，先鬼而后礼，先罚而后赏，尊而不亲。其民之敝，荡而不静，胜而无耻。周人尊礼尚施，事鬼敬神而远之，近人而忠焉，其赏罚用爵列，亲而不尊。其民之敝，利而巧，文而不惭，贼而蔽。②

夏商文化的核心是巫祭和鬼神，因而带有浓烈的原始宗教文化色彩；殷人尊神信鬼而轻礼，礼乐制度不够完善；周代文化理性成分增加，伴随着对宗教祭祀的漠视和怀疑，人的意识逐渐增强，因此，周人重礼重人，礼乐制度完备但繁缛。近人范文澜据此归结夏文化为"尊命文化"，商文化为"尊神文化"，周文化为"尊礼文化"③。对于《表记》的描述，郭沫若《两周金文辞大系·序》具有不同看法："商人气质倾向艺术，彝器之制作精绝千古，而好饮酒，好田猎，好祭祀鬼神，均其超现实之证，周人气质则偏重现实，与古人所谓'殷尚质，周尚文'者适得其反。民族之商、周，益依地域之南北，故二系之色

---

① 陈立：《白虎通疏证》，第369页。
② 阮元校刻：《十三经注疏》，第1641—1642页。
③ 范文澜：《中国通史》第一册，人民出版社1978年版，第147页。

彩浑如泾渭之异流。"① 三代政教不同的特点对于后世思想文化的影响深远，无论是夏商时期的巫卜、宗教文化传统还是周人的宗法文化传统，在古代思想文化的形成中都留有鲜明的印记。

考察三代文化的精神特质，第一个明显的特征就是带有强烈巫卜色彩的乐教文化。源自宗教动因的乐教传统使中国古代文学自产生伊始就带有明显的宗教因素，不仅内在地决定了古人的行为方式和审美价值取向，对史前思想文化观念的形成有很大的催生作用，而且深刻地影响到上古文学的内容、形式及审美精神。以咒语、祷辞、乐歌和乐舞组成的原始乐教系统是先秦时期最为成熟的文化形态，其制度化的实施是原始社会精神生活的主要内容。乐最早的实际功能是用于自然崇拜、图腾崇拜、祖先崇拜及巫术仪式等原始宗教祭祀之中，因为在特定的时间以特定的方式反复举行而不断地固定化、模式化，产生了潜移默化的影响力，从而对原始先民观察、认识自然和社会乃至思维方式形成都起到了决定性的作用。祭祀中的娱神歌舞、歌辞、咒语、祷辞是上古诗歌、韵文产生的直接源泉，而与此相关的大量神话、传说的遗留也使文学自产生伊始就带有了巫卜文化、宗教文化的基因。

以乐教为表征的巫卜文化，伴随着西周以来重人、"尊礼"的宗法文化兴起而衰退，也在春秋以来诸子的理论阐释中不断消解和失落。周公"制礼作乐"，扬弃了殷人传统中浓厚的宗教因素，以"亲亲""尊尊"的理性原则对传统思想资源进行整合，周代宗法文化使巫风渐衰，理性高扬。以《诗经》中周民族的创业史为例，也就是《大雅》中的《生民》《公刘》《绵》《皇矣》《大明》，它们记载了从周始祖后稷出世到武王灭商的许多传说和事迹，除了始祖诞生一节带有神话色彩以外，其余都是用很朴实的笔法描述周人农业生产、开垦疆土、

① 郭沫若：《青铜时代》，科学出版社1957年版，第312—313页。

城邑扩建、部族迁徙等祖先功业，其中最突出的部分是对周王文治武功的歌颂以及教化万民德行的颂扬，这与其他民族史诗中极力渲染英雄的神奇与武功等英雄崇拜是很不相同的，其浓厚的宗法伦理色彩和深厚的历史意识是与史官文化的崛起相表里的。

　　三代从事思想文化的人，多为掌管占卜、祭祀或与此相关的人员，即那些被称为巫、卜、祝、史的专门人员，他们最早掌握文字的使用，《雅》《颂》诗的一部分最早也来源于他们的制作，《易》是他们使用的占卜之辞，最早的乐官、史官都来自这一类人，因此他们是三代文化的实际掌管者，研究三代思想文化、政治制度以及宗教信仰往往不能离开他们。上古乐官与史官并立，后乐官文化衰退，史官文化兴盛。周代是史官文化崛起的时代，《尚书》《周易》中有史官在君主左右记言记史的说法，如《巽·九二》有"用史巫纷若"[①]，《尚书·金縢》有"史乃册，祝曰"[②]，《礼记·礼运》有"王前巫而后史，卜筮瞽侑皆在左右"[③]，将"史"提升到与"巫"并称的高度。不同于"巫"之主乐歌、乐舞，史官主书，记载王者言行、国之大事并编撰、保管典籍，《礼记·玉藻》云："动则左史书之，言则右史书之。"[④] 西周时期，太史掌祭祀，小史辨昭穆、太卜《易》，凡天地人、礼乐之涵盖，皆掌于史官之手，故清人龚自珍《古史钩沉论二》断言："周之世，官大者史。史之外，无有语言焉；史之外，无有文字焉；史之外，无人伦品目焉。"[⑤]

　　史官对于巫卜文化时代的神话传说进行了大量智性化、人伦化、

----

① 阮元校刻：《十三经注疏》，第 69 页。
② 阮元校刻：《十三经注疏》，第 196 页。
③ 阮元校刻：《十三经注疏》，第 1425 页。
④ 阮元校刻：《十三经注疏》，第 1473—1474 页。
⑤ 龚自珍：《龚自珍全集》，中华书局 1959 年版，第 21 页。

历史化的解释，用晚近的帝王圣哲代替了远古的神灵图腾。这种趋势到诸子时代达到高潮，他们用理性化的智性思维改造了巫卜文化中残存的原始思维与原始信仰成分，揭开了文明思维的序幕，孔子为代表的儒家就是其中的典型。夫子不语"怪力乱神"①，并认为"善为《易》者不占"②，对神话进行政治化、伦理化的改造，对带有浓厚巫卜文化、宗教文化色彩的乐教传统进行历史化、理性化的阐释。其中，孔子对"乐祖"夔的解说就是一个典型的例证。

虞舜时代的夔，来历颇为复杂，在《山海经·大荒东经》《庄子·秋水》《左传·昭公二十八年》《史记·楚世家》中均有记载。关于夔的事迹，在先秦典籍中最流行的说法是夔为著名的"典乐"。如《尚书·尧典》载："帝曰：夔，命汝典乐，教胄子。……夔曰：於，予击石拊石，百兽率舞。"③ 在《荀子》《大戴礼记》《吕氏春秋》《说苑》《礼记》中，均有关于夔为"乐正"的记载。孔子本着人的立场解释"一足"的夔，见于《韩非子·外储说左下》："夔非一足也。夔者忿戾恶心，人多不说喜也。虽然，其所以得免于人害者，以其信也。人皆曰：'独此一，足矣。'夔非一足也，一而足也。"④ 对于夔，孔子宁信其"通于乐"的乐正。在《礼记·仲尼燕居》中，孔子认真地探讨了夔与乐的关系：

子贡越席而对曰："敢问夔其穷与？"子曰："古之人与？古之人也。达于礼而不达于乐，谓之素。达于乐而不达于

① 阮元校刻：《十三经注疏》，第2483页。
② 《论语·子路》有"子曰：南人有言曰：人而无恒，不可以作巫医。善夫！不恒其德，或承之羞。子曰：不占而已矣。"后来荀子将其总结为"善为《易》者不占"（《荀子·大略》）。
③ 阮元校刻：《十三经注疏》，第131页。
④ 王先慎：《韩非子集解》，第297页。

礼，谓之偏。夫夔达于乐而不达于礼，是以传于此名也，古之人也。"[1]

夫子认为夔所表演的乐舞，合于乐，但不合于礼，这显然已经是用理性的眼光在审视原始的礼乐，是礼教视野下的阐释了。

同样的情形在舜身上也存在，在古史的记载中，舜是以巫师形象出现的。相传尧考察舜的第一个条件就是通晓礼乐。《尸子下》云："舜一徙成邑，再徙成都，三徙成国，其致四方之士，尧闻其贤，征之草茅之中，与之语礼乐而不逆，与之语政至简而易行，与之语道广大而不穷，于是妻之以媓，媵之以娥，九子事之，而托天下焉。"[2] 这与史书记载的情形是互为印证的，如《尚书·大禹谟》记载舜执干戚舞而服三苗，《礼记·乐记》记载舜作五弦之琴。可见，作为一个极具音乐才能的帝王，舜本身就兼巫师、乐官之职，是政教一体的象征。但是自孟子以后建立的儒家道统体系中，舜的个人形象演变为：身为盲者，父凶顽，母险恶，弟傲慢凶狠，他却"能和以孝，烝烝治，不至奸"[3]，并能以礼数约束尧的两个女儿，等等。其政治德行中最为人熟悉的就是化顽民为善邦的诸多业绩，见于《史记·五帝本纪》："舜耕历山，历山之人皆让畔；渔雷泽，雷泽上人皆让居；陶河滨，河滨器皆不苦窳。"[4] 在儒家的阐释传统中，舜尽孝悌之义，讲仁德伦理，是一个善战胜恶的伦理道德典范，《孟子》中对于舜的赞颂举不胜举，其人性论中最有名的表述即为"人皆可以为尧舜"。由此舜的形象就被重新塑造出来了，成为理想的君王，万世的楷模，这虽然与历史真相相差甚远，

---

① 阮元校刻：《十三经注疏》，第1614页。
② 李守奎等：《尸子译注》，黑龙江人民出版社2003年版，第73页。
③ 司马迁：《史记》，第21页。
④ 司马迁：《史记》，第33—34页。

但更符合儒家的古史理想与帝王想象。汉代以后，将神话证为历史的倾向就更明显了，汉儒以理性的眼光看待史料，将神话人物编入帝王世系中，删除那些神奇、怪诞的成分，添加种种仁德善行的政治说教，这一点在司马迁的《史记·五帝本纪》中就体现得尤其明显。

在儒学传统中，对于礼乐文化的阐释都持极为理性的态度。由于理性品格的不断强化，政教伦理的过度泛化，使乐教本身的巫卜、宗教色彩不断褪去，随着以血缘人伦和道德理性为主体精神的礼教地位逐渐上升，其浓厚的理性化、人间化色彩也不断地取代尊神奉鬼的乐教遗存，并在相当程度上掩盖、遮蔽了礼乐传统与原始巫术、宗教活动在发生意义上的关联。正是因为具有强烈理性品格的历史意识的过早成熟，古代文学传统遂形成神话品格缺失，人伦道德感沉重，历史意识厚重等特质。

（二）三代情结与复古思维

发展于三代、鼎盛于西周的礼乐理念在中国思想史上营造了一种独特的复古文化模式。其最显著的特点是，轴心时代的诸子各家都认为上古存在一个乌托邦的完美社会形态，并由此转化为真诚的信仰，对其极尽美化之能事。先秦儒、道、法各家从不同角度表达了这种复古理念，尽管诸子的学术倾向各异，论证的角度不同，且他们对于圣贤的认定与理想时代的标准也不同，但是他们在致力于探索社会改良方案与实施路径以回归他们的王道理想时，都具有相同的复古价值取向。在他们看来，人类起初都有无限美好的"黄金时代"，尔后便日趋堕落，今不如昔，一代不如一代，这是西周礼乐秩序崩溃后种种复杂情绪，诸如对现实社会的失望、对黄金时代的追忆以及对理想秩序重建的期待等共同交织而成的。葛瑞汉谈论诸子思想缘由时认为："这肯定是一个令人幻想破灭的时代，人们苦苦渴求的统一的帝国终于建立了，然而却是一个史无前例的暴政，于是几乎立即垮台，把世界抛入了更大的混乱之中。对一切有组织的政府的失望，对圣贤君主的嘲笑，对黄帝开战以前的时代的怀想，凡此一切，都成了上古思想的背景。"[1] 虽然葛氏关于《鹖冠子》的时代考证有待商榷，但他对于先秦时代思想状况与时代情绪的把握，无疑是很准确的。先秦诸子之学正是复古传统兴起的重要思想源头，到荀子、《易传》时代，此一思想集大成，从一种注重历史的思维模式提升到贯通宇宙观、历史观、时间观的认识论与方法论，成为中国古代思想传统的一个固有特征。礼乐传统影响下形成的复古传统，主要表现在：三代情结、复古理念、道统建构、历史循环论等方面。以下分而论之。

周礼的实施，是通过外在政治制度，即分封制和宗法制的推行，以及通过内在思想资源，即"变易"、敬德、保民思想的强化，营造出后世诸子追捧的西周盛世。周公定礼作乐的意义在于礼与乐的结合，完成了礼乐传统由夏商宗教巫卜文化向政教文化之转型，政教合一的周礼就是"神道设教"理论实践的结果。我们从周公的思想文化改革可以看出，礼乐的政教化过程不仅为民众确立了一整套信仰系统，而且对于社会的稳定和发展起到了巨大的作用。在古代思想家的文化视野中，周公统治的时代之所以被视为有史以来的黄金时期之一，最重要的原因就在于礼乐文明充分发挥了自身所固有的意识形态统摄功能。

那么三代情结为什么会在春秋兴盛起来呢？笔者认为，这与礼学的兴盛原因相似。我们知道，古礼的传统最早可以追溯到新石器时代，礼学思想的源头可以追溯到周公，但是礼的问题受到社会高度重视和普遍议论，并进而形成一门显学——礼学，却是东周以后，即春秋

---

[1] 〔英〕葛瑞汉（A. C. Graham）：《一部被忽略的汉前哲学著作：鹖冠子》（*A Neglected Pre-Han Philosophical Text: Ho-Kuan-Tzu*），杨民译，载《清华汉学研究》第一辑，清华大学出版社 1994 年版，第 139 页。

"礼坏乐崩"时期。春秋礼学的兴盛正是对周礼政教一体化的黄金时代的追忆。在这一个急剧变化的时代,随着有序的社会政治秩序的失去,上至周天子、诸侯、卿大夫及思想文化的精英,下至一般士人,思想无所归依,都在寻找安身处世之道,而西周盛世正是人们借鉴的榜样。虽然随着宗法制度的危机、分封制的瓦解,三代礼乐的内容已经发生了很大的质变,但其基本模式、结构和要素仍然存在。因此春秋时期,人们对礼乐社会功能的普遍重视与广泛应用程度超过了西周,尤其是对于礼乐内在义理的探索与精神实质的把握上,并没有随着西周礼制的衰落而减退,反而更加关注起来。

古代思想家之于三代的想象也是如此。三代是中国思想文化史上代表理想的政治、文化模式的一个象征符号,以代表了思想制度和文化真正的大一统而成为古人实现政治理想的必由之路。三代所创造的高度文化成就受到处于思想交锋中先秦诸子的追捧,其价值取向受到了诸子的普遍认可。以三代为核心所形成的世界观、价值观及方法论原则,既涉及对三代历史的价值判断,也包含对现实社会的价值批判,还关涉到未来的价值理想设定,换言之,三代情结是一个包含了历史、现实、未来的总和。因此,在中国历史上,三代是正统的象征,只有源自三代的思想传统才能为政治秩序与政治权力确立历史文化的合法性。

儒家学术以传承礼乐为中心,以"六经"为教义,对传统的诗书礼乐一往情深,孔子、孟子、荀子思想中都带有浓厚的复古色彩。孔子"祖述尧舜,宪章文武"[1],"述而不作,信而好古"[2],以周礼的继承者自居,其文化生命中洋溢着一股浓郁的三代情结,他对前代尧、舜、

---

① 班固:《汉书》,第 1728 页。
② 阮元校刻:《十三经注疏》,第 2481 页。

禹、文王、周公等圣王及其制度赞不绝口，如《论语·泰伯》云："巍巍乎，舜、禹之有天下也而不与焉。"[①] 又《子罕》云："文王既没，文不在兹乎？"[②] 孟子以捍卫和承继"先王之道"为己任，《孟子·滕文公下》云："正人心，息邪说，距诐行，放淫辞，以承三圣者。"[③] 正因为具有明确的圣贤传承的历史意识，其在《离娄上》中断言："《诗》云，不愆不忘，率由旧章。遵先王之法而过者，未之有也。"[④] 荀子虽然主张"法后王"，但他对"先王之道"同样也称颂不已，《荀子·乐论》篇云："先王之道，礼乐正其盛者也。"[⑤] 因而极力主张复古，《王制》篇云："声则凡非雅声者举废，色则凡非旧文者举息，械用则凡旧器者举毁。夫是谓之复古，是王者之制也。"[⑥] 这种"复古"，实质上就是恢复先王之道，先王之政。无论"法先王"或"法后王"，荀子的尊古意识是明确的。

　　不止儒家对三代推崇备至，即使是对礼乐传统深刻怀疑的道家也颇推崇三代。如《庄子·骈拇》云："自三代以下者，天下莫不以物易其性矣。"[⑦] 又《天下》云："后世之学者，不幸不见天地之纯，古人之大体，道术将为天下裂。"[⑧] 这表明庄学也充满了对"至德之世"的景慕。墨家力倡"兼相爱，交相利"的思想，《淮南子·要略》评论墨子"背周道而用夏政"[⑨]，也即是说，墨家只是将其理想国上溯到更早的夏禹之时了。法家崇古非今，直面现实，但其思想体系中仍然隐含着对

---

① 阮元校刻：《十三经注疏》，第 2487 页。
② 阮元校刻：《十三经注疏》，第 2490 页。
③ 阮元校刻：《十三经注疏》，第 2715 页。
④ 阮元校刻：《十三经注疏》，第 2717 页。
⑤ 王先谦：《荀子集解》，第 380 页。
⑥ 王先谦：《荀子集解》，第 159 页。
⑦ 王先谦：《庄子集解》，第 80 页。
⑧ 王先谦：《庄子集解》，第 288 页。
⑨ 何宁：《淮南子集释》，第 1459 页。

三代传统及其文明成就的认可。因此可见，对于三代思想文化的总结及追忆，是中国古代学术思想中一个重要的传统。

除三代情结与复古理念外，在思想谱系与文化心态上，诸子塑造了上古帝王的伟大人格与传承谱系，以此建构古史的黄金时代，这是中国道统的来源，也是复古思想的依据。道统观的确立虽然在唐宋，但源头却在先秦。究其根源，此一时期，五霸七雄纷争，社会激烈变迁，诸子欲拨乱反正，但人微言轻，遂借托古构想，假尧舜汤武打压霸主，灌输王道理想，这是道统产生的缘由。对于古代帝王系统的美化、理想化，主要体现在儒墨两家。不同于孔子多使用一些感性的、空泛的赞美之辞，孟子开始了有目的的道统建构，《孟子》七篇，篇篇提及古代帝王，他根据古代帝王的名称、出现时间，顺着朝代顺序连成一条系统，并且以德行、人伦的观念，将三代历史进行了道德上的联系，如《滕文公上》云："后稷教民稼穑，……人之有道也。"又《梁惠王下》云："文王之治岐也。"又《离娄下》云："武王不泄迩，不忘远。"又《公孙丑下》云："不识王之不可以为汤武，则是不明也。"[1]孟子还总结出一治一乱的历史观和"五百年必有王者兴"的结论，其"知人论世"的说诗方法、"尚论古之人"的最高境界，都是道统理念的产物，在孟子这里，道统已见雏形。孔孟以后，儒者对上古史构想越来越多，越推越远，由尧舜而黄帝，由黄帝而神农、伏羲，形成愈古愈好的价值取向，构成了所谓"层累地造成"的上古史观。

墨子的时代介于孔孟之间，虽然反对孔子宗周的文化理念，但孔学痕迹，斑斑可寻，对于孔子的古代帝王理想，儒家礼赞的尧舜禹汤文武之道，墨子很是推崇。《墨子》全书多处提到古代帝王之名及其业绩，并以"尚贤""节葬""兼爱"为古帝所明之道，如《尚贤中》

---

[1]　阮元校刻：《十三经注疏》，第 2705、2676、2727、2699 页。

云："尧、舜、禹、汤、文、武之所以王天下，正诸侯者，此（指尚贤）亦其法已。"[①] 又《三辩》云："昔者尧舜有第期者，且以为礼，且以为乐。"[②] 又《天志上》云："三代圣王，禹、汤、文、武。"[③] "尧举舜"的传说，就始于墨子，如《尚贤上》云："尧举舜于服泽之阳，授之政，天下平。"[④] 在墨子的思想中，已经有意识地将尧、舜、禹、汤、文、武连成一条网络了。再看其他诸子。老学不涉及古帝，《庄子》对古帝有严厉批评，但对"古之真人""古之至人"却是仰慕不已，如《天地》云："尧治天下，不赏而民劝，不罚而民畏。"[⑤] 又《庚桑楚》云："尊贤授能，先善与利，自古尧舜以然。"[⑥] 对古帝也不乏赞美之辞。《列子·杨朱》也有"太古之人……不违自然所好"[⑦] 的溢美之辞。法家韩非虽然是坚定的反复古论者，认为"贤尧舜汤武"，乃"天下之乱术"，但也不免露出一些痕迹，如《韩非子·十过》云："尧禅天下，虞舜受之。"又《用人》云："闻古之善用人者，必循天顺人而明赏罚。"[⑧] 凡此种种，先秦典籍颇为常见。

诸子景仰"上古之世"，在整体思想倾向上复古，但在价值理想上的分野不同，故所"复"之"古"也是不同的。罗根泽《晚周诸子反古考》中认为孔子乃复古改制第一人，"孔子以前，各国制度皆纯任其自然演变；孔子而后，则诸子皆托故改制"[⑨]。自孔子复古改制以后，墨子道夏禹，孟子言必称尧舜，许行则为神农之言，庄子更臆造古圣

① 吴毓江：《墨子校注》，第 75 页。
② 吴毓江：《墨子校注》，第 61 页。
③ 吴毓江：《墨子校注》，第 295 页。
④ 吴毓江：《墨子校注》，第 67 页。
⑤ 王先谦：《庄子集解》，第 103 页。
⑥ 王先谦：《庄子集解》，第 197 页。
⑦ 杨伯峻：《列子集释》，第 220 页。
⑧ 王先慎：《韩非子集解》，第 70、204 页。
⑨ 罗根泽：《诸子考索》，人民出版社 1958 年版，第 65 页。

先王之说，其他托古者，不胜枚举。诸子在古帝理想人格方面的塑造更是不同。对于古帝理想人格的各个方面，如内圣、外王、实行礼乐、发明器物、厘订历法、尚贤、尚俭、教民稼穑、树立无教、举孝等，韦政通在《传统中国理想人格的分析》一文中有详尽的列表，他分析崇古价值取向的缘由，认为崇古价值取向与国民性的交互影响，是中国道统历久不衰的主要支柱。①

先秦诸子的复古理念，形成了古代学术思想的重要传统 —— 循环论。中国古代的循环论认为天道、人事都处于一种奉常处变的循环之中，这在本质上是源于复古思想。循环论的思想渊源可以追溯到《夏小正》中有关夏代天象与物候的周期性描述，也可以在殷商卜辞的六十甲子表与周原卜辞中月相往复循环的记载中觅得，但明确的理论形态在《周易》、五行学说及诸子之学中。《易》之循环论，既表现在名为《周易》，取其周行大化、阴阳循环、周而复始的变易之道上，也体现在其循环运行方式上，即《泰·九三》所言"无平不陂，无往不复"②，《复卦》所言"反复其道，七日来复"③，还体现在其循环结构上，《周易》通行本之卦序，以乾、坤二卦开始，既济、未济二卦终结，代表宇宙万物的六十卦居中，其意在于乾为天，坤为地，乾坤处于往复无穷的交流之中，凡人之生死、家之荣辱、国之兴衰、天下之分合，都由此而生，由此而变，故此乃天地间第一大循环。

老庄的循环思想主要在自然历史观上，如《老子》第二十五章云："独立而不改，周行而不殆。"又第四十章云："反者道之动。"又第五十八章云："祸兮福之所倚，福兮祸之所伏。"④ 庄子的循环思想也

---

① 韦政通：《儒家与现代中国》，上海人民出版社 1990 年版，第 6—13、27—32 页。
② 阮元校刻：《十三经注疏》，第 28 页。
③ 阮元校刻：《十三经注疏》，第 78 页。
④ 楼宇烈：《老子道德经注校释》，第 63、110、151 页。

颇为常见，如《庄子·秋水》云："道无终始，……一虚一满。"[1] 又《则阳》云："穷则反，终则始。"[2] 又《田子方》认为生死乃"始终相反乎无端"[3] 等。儒家的循环思想则主要体现在社会历史观上，孔子不仅抒发怀古幽思，而且设计了复古路径，如《论语·雍也》云："齐一变，至于鲁，鲁一变，至于道。"[4] 孟子进行了理论上的升华，建构了一个周而复始的循环论，如《孟子·滕文公下》云："天下之生久矣，一治一乱。"又《公孙丑下》中总结出社会人事的循环结论："五百年必有王者兴，其间必有名世者。"[5]《荀子·天论》篇中所认为的社会历史观是"天行有常，不为尧存，不为桀亡"[6]，《非相》篇认为"古今一也，……虽久同理"[7]，《王制》篇认为"礼"超越时空，"始则终，终则始，与天地同理，与万世同久，夫是之谓大本"[8]。凡此种种，无不具有浓厚的循环论思想因子。

循环史观的创始，还应该追溯到邹衍的"五德始终说"。此一学说把五行说应用于社会历史领域，认为人类社会的历史是遵循五行相生相克的规律而变化发展的。就中国古代史而言，虞土、夏木、殷金、周火的历史演变，便是依照土、木、金、火、水依次相生相克的秩序，故《吕氏春秋·应同》认为，历史的下一个阶段"代火者必将水"，到了水德，历史发展便完成一个循环，此后"水气至而不知，数备，将徙于土"，社会历史就是在五行循环中周而复始发展的。[9] 这种循环

---

① 王先谦：《庄子集解》，第 144 页。
② 王先谦：《庄子集解》，第 234 页。
③ 王先谦：《庄子集解》，第 179 页。
④ 阮元校刻：《十三经注疏》，第 2479 页。
⑤ 阮元校刻：《十三经注疏》，第 2714、2699 页。
⑥ 王先谦：《荀子集解》，第 306—307 页。
⑦ 王先谦：《荀子集解》，第 82 页。
⑧ 王先谦：《荀子集解》，第 163 页。
⑨ 许维遹：《吕氏春秋集释》，第 284 页。

史观在秦汉时期极为流行，汉代公羊学家有据乱世、升平世、太平世的社会兴衰治乱"三世"说，董仲舒创黑统、白统、赤统之朝代更替"三统"说。循环论之所以在古代思维体系中极为发达，也是与自春秋以来中国历史虽王朝更迭但性质没有根本变化这一社会特征密切相关的。人们习惯于在历史的循环往复和时间的永恒轮回中解释世间万事万物，凡日月往来、寒暑交替、阴阳变幻、人事兴衰、生死轮续，乃至国家民族的兴衰递嬗，无不烙上这种循环往复的印记。循环论不仅是国人日常信仰、日常语言不可分割的一部分，而且对于古典小说、绘画、雕塑、音乐、诗歌、音韵、文字都有广泛的影响，这既可视为古代诗歌回环反复与八股文章"起承转合"形成之思想缘由，亦是小说、戏曲中宿命论、因果报应思想大量存在的原因，更是文学批评中"一治一乱""一盛一衰""一文一质""一分一合"思维模式特别盛行之缘由。

复古传统构成了中国历史上最主流的乌托邦，由此所形成的向后看的思维模式直接影响了古代学术思想中复古风气之盛行，从孔子"述而不作，信而好古"[①] 开始，历代的批评家无不以继承古代的文学思想、表现手法、风格和体例为天职。从汉代今文经学的谶纬、唐宋的"古文运动"、明清经学的注疏，到清末龚自珍、魏源、康有为的"托古改制"，要么尊道统而复古，要么假复古之名行变革之实，无不借古人之名抒己心志。这一方面促使了文学批评史上"原道、征圣、宗经"、"经世致用"、重质轻文、贵古贱今、"文以载道"以及政教传统的形成，同时亦是"原始表末""格以代降""用事"等思维模式形成之根本缘由。受此影响，中国古代文学观念在形成上多阐发而少创新，多借助古人旧概念的权威性来树立新内容的合法性；文论范畴上

---

① 阮元校刻：《十三经注疏》，第 2481 页。

多为量的积累而少质的突破，少有超越旧概念的基本内涵而另立门户，故而古代文论一方面表现出范畴质地的稳定性和丰富性，另一方面表现出思维模式上的单调性和重复性。

第七章　礼乐之思维构型 —— 象

在古代思想文化体系中，"象"是独具中华民族思维特点的重要范畴，也是中国文学思想史上出现最早，且伴随始终的一个元范畴。"象"源于先民的"尚象"意识，在三代礼乐文化尤其是巫卜文化与宗法文化的熏染下，成为构建古代思想系统的基本文化符号，经过先秦思想家的重新阐释与精神超越，遂演变为蕴含了思维特征、文化观念和审美特质的"象喻"思维模式，辐射到思想史、哲学史、美学史及文学史的诸多领域。从思想史的角度考察，"象"范畴的原初意义指向两个层面：其一，"象"与"三才"、阴阳五行属于同一层面，具有本体论意义的范畴，它不仅最大范围地概括了人与天地之间的关系，而且衍生出"观象制器""象其物宜""以象比德""名实之辩"等思想史上的重要命题；其二，所谓"象喻"思维，是以"象"为思维纽结，以天地人互通为平台而构成的整体思维方式与运思模式。它以"观物取象"为起点，以"取象比类""立象见意"为目的，契合物象世界与观念世界，借助于主体的感受，通过象征、联想、类比、暗示，以整合的、情感的方式把握和表述天地人的世界。

作为一种重要的致思方式，"象喻"思维在古代知识系统的形成中占据了主导地位，也是理解礼乐内涵具有无所不包性质的根本路径。我们现在所熟知的传统文献，如《周易》《老子》《论语》中所表述的"象"观念，虽然形成于古代思想体系的理论建构阶段，但是我们通过这些文本与考古文物的印证，还是可以追溯"象"之源流，也能考见到在这些理论文本形成之前，也即从原始巫卜仪式到政教思想传统形成过程中"象喻"思维所发挥的重要作用。基于此，本章即将展开的问题有如下三个方面：其一，从原始"尚象"意识，诸子对"象"的理论升华，"象"与天地人、阴阳的联系，以及"象"与"形""器""正名"的关联中，考察"象"在古代知识系统中的元范畴意义；其二，从"象喻"思维的基本特征及其与礼乐知识序列的关系出发，考察其在古代思想文化形成中的原初意义和礼乐知识系统中的构型作用，并以"乐象"范畴为例具体说明；其三，分析"象喻"思维对于古代文学传统的影响，主要从三个方面，即文源于"象"之广义人文起源说、"以象比德"的政教传统以及意象元范畴所形成的审美传统，旨在将文学思想的发生贯通在"象喻"思维框架下，揭示出中国古代文论传统自肇始期以来所蕴含的逻辑思维的原初意义。

第一节　象之渊源

中华文化中所具有的深厚"尚象"传统是远古思想文化观念的凝结与积淀，这不仅可以从出土的原始器具、饰物以及甲骨文、青铜器中窥得，也可以从早期宗教艺术形式如占卜之术、诗乐舞之缘起中得以体悟，还可以从许慎"依类象形"[①]"文者物象之本"[②]的象形文字理论中考见，更可以从《易》之"观象制器"、天文历法之"观象授时"及"四象"说、中医之"藏象""脉象""气象"、孙子兵学之"兵形

---

① 段玉裁：《说文解字注》，第 425 页。
② 严可均：《全上古三代秦汉三国六朝文》，第 740 页。

象水"、文学艺术"意象具足"之审美追求等观念形态的表述中领悟一二。

对于"象",目前可见的典籍中是这样训释与引申的:

> 义也,名也,时也,似也,类也,比也,状也,谓之象。(《管子·七法》)[1]
>
> 人希见生象也,而得死象之骨,案其图以想其生也,故诸人之所以意想者,皆谓之象也。(《韩非子·解老》)[2]
>
> 像者,似也;似者,像也。(段玉裁《说文解字注》)[3]
>
> 象,效也。(《广雅·释诂》)[4]

这些带有总结性质的理论表述,其间固然蕴含了古代思想家对于"象"元范畴以及"象喻"思维特征的基本理解,但显然已经是古人理性思维相当强大时期的产物了。从古代思想的发展衍变来看,"象"之缘起,可以追溯到远古的"尚象"传统。

"象"在甲骨文中作 🐘(前三·三一·三)、🐘(前四·四四·三)、🐘(乙九六〇)[5],殷商时期黄河流域产象,近代以来的考古研究已经明证,并与古籍记载多相符合。罗振玉根据卜辞"获象""来象"之文,断言殷商时候中原产象。[6] 在此基础上,徐中舒考证《禹贡》中豫州之"豫"为"象""邑"两字合文,证明"豫当以产象得名",又考

---

① 黎翔凤:《管子校注》,第106页。

② 王先慎:《韩非子集解》,第148页。

③ 段玉裁:《说文解字注》,第375页。

④ 王念孙:《广雅疏证》,第104页。

⑤ 中国社会科学院考古研究所编辑:《甲骨文编》,第395页。

⑥ 罗振玉:《殷虚书契考释》,北京图书馆出版社2000年版,第37页。

舜"田于历山，象为之耕"的传说，乃由服象之事附会而成。[①]今人根据在殷墟发掘的象坑遗址，进一步揭示出殷商时期黄河流域盛产大象，殷王曾用大象为牺牲；公元前第十世纪的气候变冷，是大象南迁的根本原因。[②]考之古代文献，大象南迁后，在广大的江南地区，也生存了很长时间。秦代设置的象郡，就以产象而得名。《淮南子·地形训》云："南方之美者，有梁山之犀象焉。"高诱注："梁山在会稽长沙湘南，有犀角、象牙，皆物之珍也。"[③]其所谓"南方"指的是今日之苏南、浙北和湖南。《说文》称象为"南越大兽"[④]，是指今日之华南地区，《论衡·书虚》篇有"苍梧多象之地"[⑤]，可为印证。

　　殷周时期，古老的"尚象"传统在祭祀的礼仪、乐舞中得以延续。帝舜"服象"的传说，凡见于《尚书·尧典》《史记·五帝本纪》《孟子·万章》中。殷人秉承"服象"的传统，视象为神圣之物，以象名号，用以牺牲祭祀，并以象尊为祭祀重器，直到周人仍然将象尊和牺象用于禘礼，在宫室中使用，如《左传·定公十年》中，就有孔子"牺象不出门"的说法。[⑥]值得一提的是，殷周之际出现的乐舞《象》，是为武王伐纣成功而作的。据《墨子·三辩》载："武王胜殷杀纣，环天下自立以为王，事成功立，无大后患，因先王之乐，又自作乐，命曰《象》。"[⑦]又《荀子·礼论》篇云："和鸾之声，步中《武》《象》，趋

① 徐中舒：《殷人服象及象之南迁》，载《历史语言研究所集刊》第2本第1分册，中华书局1987年版，第60页。
② 王宇信、杨宝成：《殷虚象坑和"殷人服象"的再探讨》，载《甲骨探史录》，生活·读书·新知三联书店1982年版。
③ 何宁：《淮南子集释》，第336页。
④ 段玉裁：《说文解字注》，第459页。
⑤ 黄晖：《论衡校释》，中华书局1990年版，第179页。
⑥ 阮元校刻：《十三经注疏》，第2148页。
⑦ 吴毓江：《墨子校注》，第61页。

中《韶》《濩》，所以养耳也。"[①]在古人的解释中，《象》又名《大武》，在郑玄《毛传》笺、《礼记》注中反复提及这一点，如《周颂·维清》毛序："维清，奏《象舞》也。"郑注："《象舞》，象用兵时刺伐之舞，武王制焉。"[②]《礼记·明堂位》中记载鲁国以禘礼祭周公："升歌《清庙》，下管《象》。"郑注："《清庙》，周颂也；《象》谓周颂《武》也，以管播之。"[③]《内则》中论国子之教："舞《勺》，成童舞《象》。"郑注："先学《勺》后学《象》，文武之次也。"[④]郑玄明确将《象》与《周颂》之《大武》等同，视之为有周一代大舞。我们知道，《大武》乃武王伐纣成功之作，是用形象的表演来展示周人伐纣、建国、分封和安定天下的创业史。根据《吕氏春秋·古乐》的记载，也可以察见《象》与《大武》之间的关系：

> 武王即位，以六师伐殷。六师未至，以锐兵克之于牧野。归乃荐俘馘于京太室，乃命周公为作《大武》。成王立，殷民反，王命周公践伐之。商人服象，为虐于东夷。周公遂以师逐之，至于江南。乃为《三象》，以嘉其德。故乐之所由来者尚矣，非独为一世之所造也。[⑤]

这里说明的是《三象》之由来，系周公平定殷人叛乱而作的庆功乐舞，与《大武》在性质是相同的，均在祭祀大典中演出。这已经隐约揭示出两者之间的关系，至于两者是等同，或者是交叉，这还有待

---

① 王先谦：《荀子集解》，第 347 页。
② 阮元校刻：《十三经注疏》，第 584 页。
③ 阮元校刻：《十三经注疏》，第 1489 页。
④ 阮元校刻：《十三经注疏》，第 1471 页。
⑤ 许维遹：《吕氏春秋集释》，第 127—128 页。

于进一步的研究。

"尚象"传统，不仅与三代物质文化与精神生活有着密切的关联，并且在春秋以后思想家的阐释中完成了理论层面上的超越。"象"与龟卜、占筮的结合，确立了"象"作为沟通天地人的中介，统摄一切文化信息的符号载体地位；老学"大象"论，"象"与道的结合，将原有的龟象、易象提升到哲学层面，确立了其形而上的意义；儒学"象"论，为其灌注了更多人间化色彩，引入伦理道德一路，形成了"象"通礼乐、"以象比德"的政教传统，凡此种种，均为由原始"尚象"意识到"象喻"思维形成过程中的重要纽结点。从比较具体的"尚象"意识发展成为比较抽象的"象喻"思维，体现了中国古代思维演进的历程。

在三代占卜之法中，古人对"尚象"理念进行了观念形态上的升华。龟卜和占筮是三代最为流行的占卜之法，是沟通天地人关系，获取宇宙信息的主要方法。所谓龟卜乃"鬼谋"时代的产物，是将龟腹骨或兽骨钻孔火烤，依据其自然裂纹的龟象，即卜兆的形状断定人事的吉凶；而占筮乃"人谋"[①]时代的产物，是以蓍草数目变化求得八卦之象，依卦象推测人事的吉凶。《左传·僖公十五年》中韩简言："龟，象也。筮，数也。"[②] 所谓"数"是指蓍草排列之数，在本质上仍然是对"象"的一种模拟。无论是龟象或卦象都反映出"象"在上古思想世界、精神生活中的重要性。在古人的思维模式中，自然的某种变化与天的意志有着神秘的关联，这些变化及其征兆就体现在兆象与卦象中。古人相信，兆象与卦象代表了宇宙秩序及变化法则，据此不仅可以判断天意变化、人事吉凶，而且宇宙人事的变化法则也可以根

---

① 王夫之《周易外传·系辞上传》中认为龟卜"多寡成于无心，不测之神，鬼谋也"，占筮"审七八九六之变，以求肖乎理，人谋也"。

② 阮元校刻：《十三经注疏》，第 1807 页。

据"象"模拟出来，模拟得准确，就可以获得思想观念的正确性和统治秩序的合理性，于是模拟的世界可以取代真实的世界。三代留存下来的占卜之法，按照《周礼·春官宗伯》的记载有连山、归藏、周易三种，即后世所谓三《易》，现在遗存下来的只有《周易》。《周易》是一部关于"象"的著作，它通过一套复杂的占筮之法，即《系辞上》所谓"象者言乎象者也"①、《系辞下》所谓"八卦以象告""《易》者象也"②等，用变化多端的卦爻之象来表现流动不居的现实吉凶祸福，总括了天地万物之法则，故《四库全书总目》认为："六经之中，唯《易》包众理，事事可通。"③王先谦评价齐学时也认为："《易》有孟京'卦气'之候，《诗》有翼奉'五际'之要，《尚书》有夏侯'洪范'之说，《春秋》有公羊'灾异'之条，皆明于象数，善推祸福，以著天人之应。"④由此可见，"象"不仅是易学的核心，也是传统经学的价值核心。

在古代思想家的理论视野中，"象"不仅是贯通形上与形下的中介，而且具有本体论的意义。老子的道论，第一个解释了宇宙的终极存在问题，为三代以来的"尚象"观念确立了形上依据。老子"非言"，对于言与名的语言表达功能持有深刻的怀疑，认为"圣人处无为之事，行不言之教""多言数穷，不如守中""知者不言，言者不知""信言不美，美言不信。善者不辩，辩者不善"⑤。正因为首倡"非言"之说，老子认为凭借语言和概念难以穷尽"道"的精微之处，对"道"的表达只能凭借"象"，尤其是"大象"。如《老子》第二十五

---

① 阮元校刻：《十三经注疏》，第77页。
② 阮元校刻：《十三经注疏》，第91、87页。
③ 永瑢等：《四库全书总目》，第210页。
④ 王先谦：《诗三家义集疏·序例》，第9页。
⑤ 楼宇烈：《老子道德经注校释》，第6、14、147、191页。

章云："有物混成，先天地生，……吾不知其名，字之曰道，强为之名曰大。"①又第三十五章云："执大象，天下往。"②河上公注云："象，道也。"老学之"象"，具有这样的形上特征：

> 道之为物，惟恍惟惚。惚兮恍兮，其中有象。恍兮惚兮，其中有物。（第二十一章）③
>
> 大音希声，大象无形，道隐无名。（第四十一章）④

老子所谓"大象"，如成玄英疏所云"犹大道之法象也"⑤，用以指称"道"所具有的不可把握、不可言状、难以穷尽的特征，唯有在无形无状、惟恍惟惚的"象"中才能对"道"的存在与运行进行精微的阐述，这是一种言语所不能表达的境域，只有对"象"之感悟与体验达到一定程度方能悟"道"。成中英认为，《老子》一书中用了一大串的意象，如"水""赤子""母""阴""朴"作为"道"的象征，这些意象均可归为"大象"，其中最著名的"大象"是母亲，老学通过这些意象与"道"形上层面的感应统一，阐释了"道"概念的深刻意义，由此建立了以"道"为核心的思想系统。⑥老学这种感悟式的思维方式，通过众多物象体悟"大象"，由此感悟本原的"道"，旨在说明"象"不仅具有本体论的意义，而且具有贯通形上之"道"与形下

---

① 楼宇烈：《老子道德经注校释》，第62—63页。
② 楼宇烈：《老子道德经注校释》，第87页。
③ 楼宇烈：《老子道德经注校释》，第52页。
④ 楼宇烈：《老子道德经注校释》，第113页。
⑤ 陈鼓应：《老子注译及评价》，中华书局2001年版，第203页。
⑥ 〔美〕成中英：《中国文化的现代化与世界化》，中国和平出版社1988年版，第132—141页；《世纪之交的抉择——论中西哲学的会通与融合》，知识出版社1991年版，第238—245页。

之"器"的功能。这成为古代学术思想中的一个重要传统，如《淮南子·精神训》云："古未有天地之时，惟像无形。"[1] 又《文史通义·易教下》云："万事万物，当其自静而动，形迹未彰而象见矣。故道不可见，人求道而恍若有见者，皆其象也。"[2] 其影响极为深远。

对于"象"的理解，先秦时期的思想家本着不同的资治救世目的，进行了创造性的阐释与精神上的超越，与老学一派将"象"论引入本体论的路数不同，孔子及其后学通过对《周易》的阐发，为"象"论注入了更多人间化色彩，引入伦理道德一路，形成了"象"通礼乐、"以象比德"的政教传统。孔子与《易》的关系，见于《论语》《史记·孔子世家》的记载，如《论语·子路》云：

> 子曰："南人有言曰：'人而无恒，不可以作巫医。'善夫。""不恒其德，或承之羞。"子曰："不占而已矣。"[3]

对此的理解，历来存有争议。马王堆汉墓帛书《周易》的出土，不仅为孔子与《易》之间的关系找到了确证，而且更进一步揭示出孔子及其后学对于"象"论的新阐发。帛书《要》篇记载了孔子晚年学《易》情况：子贡问孔子"夫子亦信其筮乎？"，孔子认为他与卜筮者不同在于"我观其德义耳"，"吾与史筮同途而殊归"。[4] 两相印证，可以发现，孔子以德代占，他认为善于学《易》的人不在于占筮是否灵验，而在于义理的阐发，核心在于"德义"，在于其辞中所蕴含的道德意味。由此可知，孔子学《易》目的并不在于占筮，孔子并未将

---

① 何宁：《淮南子集释》，第 503 页。

② 章学诚撰，叶瑛校注：《文史通义校注》，第 18 页。

③ 阮元校刻：《十三经注疏》，第 2508 页。

④ 刘斌：《帛书〈要〉篇校释》，光明日报出版社 2009 年版，第 16 页。

《周易》看作占卜之书，而是作为提高礼乐道德修养的典籍来对待的。

在以"三才"、阴阳五行为框架建立的古代知识系统中，"象"是与天地人、阴阳五行密切联系的一个核心范畴。易学之"象"，具有涵盖天、地、人的表意功能，故《说卦》云："易六画而成卦，分阴分阳，迭用柔刚，故易六位而成章。"[①] 对于"象"所表现的天地交感、春秋代序、五行始终、阴阳交易、昼夜推移，王夫之在《周易外传》卷六中概括为"天下无象外之道"[②]。把一切事物都归因于阴阳相应的"象"，是古人认识世界本质的独特方法，不独《周易》如此，《素问·阴阳应象大论》篇中有所谓"阴阳应象"，也旨在揭示"象"与阴阳之间的密切关联：

> 积阳为天，积阴为地。阴静阳躁，阳生阴长，阳杀阴藏。阳化气，阴成形。
>
> 故清阳出上窍，浊阴出下窍。清阳发腠理，浊阴走五藏。清阳实四肢，浊阴归六腑。
>
> 味厚者为阴，薄为阴之阳。气厚者为阳，薄为阳之阴。味厚则泄，薄则通。气薄则发泄，厚则发热。壮火之气衰，少火之气壮，壮火食气，气食少火，壮火散气，少火生气。气味，辛甘发散为阳，酸苦涌泄为阴。[③]

在《内经》的作者看来，无论是天地自然之象，还是人体里外之生理表象，与阴阳都有着千丝万缕的联系，故《素问·五运行大论》

---

① 阮元校刻：《十三经注疏》，第 94 页。
② 王夫之：《周易外传》，载《船山全书》第一册，第 1038 页。
③ 郭霭春：《黄帝内经素问校注》，人民卫生出版社 2013 年版，第 53—54、55、56 页。

中一言蔽之："阴阳者，不以数推，以象之谓也。"[①]虽然五脏六腑属于"器"的层面，但其论述的目的在于通过"器"来反映其功能之象。阴阳五行是用以说明"象"之动态特征的范畴，事物正是因为有了种种具象才分为阴阳五行，离开了"象"，也就无所谓阴阳五行了。换言之，正因为阴阳五行统摄了天地万物之象，故而人们能够感知、体验到的一切，无不具有阴阳五行之属性。通过研察表露于物质世界的万象来洞察天地人之动态品性与行为功能，正是传统"象"论之真义。无论是《史记·天官书》中关于种种天象的记载，还是上古典籍中常见的地震、山崩、地裂等地象剧变，以及音律、数术、风水等人间象学，乃至董仲舒"人附天数"、《内经》"五藏之象"等象学理论，都明确地表述了此一思想。因此，在天象、地象、人象的整体结构中考察，"象"与"三才"、阴阳五行相互渗透，熔铸一体，这成为古代思想传统中的重要特点，也成为沟通儒道释思想的共同基因。

　　在先秦思想家的思维逻辑中，总是将"象"的认识置于首位，通过对"象"的认知，引导出对"形""器""名""志"的认识，因而在古代知识体系中，"象"具有逻辑起点的意义。"象"不同于"形"。《系辞上》云："在天成象，在地成形，变化见矣。"[②]"象"属于天，虽可感知却不可把握，王夫之《尚书引义·毕命》云："物生而形形焉，形者质也。形生而象象焉，象者文也。形则必成象矣，象者象乎其形矣。在天成象而或未有形，在地成形而无有形象，视之则有形矣，察之则象也。所以质之视章，而文由察著。未之察者，弗见焉耳。"[③]"形"属于地，与"器"对举，《系辞上》云："见乃谓之象，形

---

① 郭霭春：《黄帝内经素问校注》，第577页。
② 阮元校刻：《十三经注疏》，第76页。
③ 王夫之：《尚书引义》，载《船山全书》第二册，第411页。

乃谓之器。"①从夏禹时代开始，"器"就是神圣之物，故《老子》第三十六章云："国之利器不可以示人。"②"器"乃"象"之表征，对于"象"与"器"之间的关系，《系辞上》的论述颇为精到：

> 易有圣人之道四焉，……以制器者尚其象。
>
> 形而上者谓之道，形而下者谓之器。化而裁之谓之变，推而行之谓之通。举而措之天下之民，谓之事业。③

所谓"道"寓于"器"，知"器"则知"道"、知礼乐。《系辞下》中关于人类器物制作、礼仪形成、制度创立的种种描述，均是以"象"所具有的整体性、可感性为价值判断标准，对形下之"器"的缘起进行追溯的，如：

> 作结绳而为网罟，以佃以渔，盖取诸离。
>
> 黄帝、尧、舜垂衣裳而天下治，盖取诸乾、坤。
>
> 古之葬者厚衣之以薪，葬之中野，不封不树，丧期无数。后世圣人易之以棺椁，盖取诸大过。
>
> 上古结绳而治，后世圣人易之以书契，百官以治，万民以察，盖取诸夬。④

汉代《白虎通义》中，对于各种政治文化制度、人生礼俗缘起的解释也取相同的路径：

---

① 阮元校刻：《十三经注疏》，第82页。
② 楼宇烈：《老子道德经注校释》，第89页。
③ 阮元校刻：《十三经注疏》，第81、83页。
④ 阮元校刻：《十三经注疏》，第86、87页。

　　月令十一月律谓之黄钟，何？黄者，中和之色。钟者，动
也。言阳气于黄泉之下动，养万物也。

　　父死子继，何法？法木终火王者也。

　　子顺父，妻顺夫，臣顺君，何法？法地顺天也。(《五行》)①

　　三纲法天地人，六纪法六合。君臣法天，取象日月屈信，
归功天也。父子法地，取象五行转相生也。夫妇法人，取象人
合阴阳，有施化端也。(《三纲六纪》)②

　　以上所论，均属于古人对于制度器物层面的描述，所谓"器"不
过是"象"的表征，是对"象"的世界的模拟，故多有附会之辞，不
必一一坐实。

　　不止"器"乃象之表征，作为先秦"名实之辩"中的重要范
畴——"名"，也源于"象"。"名"的问题，古已有之，至于"名实
之辩"演变为春秋战国时期意识形态建构中的一个突出问题，并引发
名学的产生，这是与"礼坏乐崩"过程中"象"所代表的旧有世界秩
序崩溃密切相关的。古人重"名"，《礼记·祭法》云："黄帝正名百
物。"③ 又《庄子·天道》云："有形有名，形名者，古人有之，而非所
以先也。"④ 在古人眼里，"名"与"器"乃国脉所在，《左传·成公二
年》云："唯器与名，不可以假人。"所谓"器以藏礼""名以出信"，
乃周礼之精髓。⑤ 如《逸周书》有"维周公旦、太公望开嗣王业，功于
牧野之中，终葬乃制谥叙法"⑥，说明整个周礼就是建立在册命分封、

① 陈立：《白虎通疏证》，第 182、194 页。
② 陈立：《白虎通疏证》，第 375 页。
③ 阮元校刻：《十三经注疏》，第 1590 页。
④ 王先谦：《庄子集解》，第 116 页。
⑤ 阮元校刻：《十三经注疏》，第 1894 页。
⑥ 黄怀信等：《逸周书汇校集注》，上海古籍出版社 1995 年版，第 665 页。

等级名分基础上的。又《左传·昭公七年》有"天有十日，人有十等"①，说明名分等级制度对于稳定的政治统治具有重要意义。又《桓公六年》记载鲁桓公得子，问名于大夫申繻，对曰："名有五，有信，有义，有象，有假，有类。以名生为信，以德命为义，以类命为象，取于物为假，取于父为类。"②这里提到的五种命名之法，实际上可以分为以德命名与以象命名两类，以名命名和以类命名，大抵不离取象类比之法，其价值取向都不离周礼的文化立场。正因为"名"是周礼的核心，孔子要恢复周礼，首先要"正名"，老子怀疑周礼，首先要破"名"，故《老子》首章就提出"无名"论。

在春秋战国的社会大变革中，随着西周礼乐制度的崩溃，尤其是大量"非礼"僭越事件的出现，体现原来社会秩序的名称与新的事物产生了矛盾，名实不相称，名实相悖的现象已经相当普遍了，名分的破坏必然导致统治秩序的崩坏，天下无道的局面也就出现了。如《管子·宙合》认为"名实之相怨久矣"③，《枢言》也认为"名正则治，名倚则乱，无名则死，故先王贵名"④；在《论语·季氏》中，孔子也列举了"名丧"的三点表现："礼乐征伐自诸侯出""政在大夫""庶人议政"⑤，一言以蔽之，即无其名却行其实。因此，当名实的问题与"天下无道"的现实问题联系在一起时，就由社会生活中的一个名分问题转变为政治变革中的名实问题了。故《左传·桓公二年》云："名以制义，义以出礼，礼以体政，政以正民，是以政成而民听。"⑥又《礼

---

① 阮元校刻：《十三经注疏》，第 2048 页。
② 阮元校刻：《十三经注疏》，第 1751 页。
③ 黎翔凤：《管子校注》，第 222 页。
④ 黎翔凤：《管子校注》，第 252 页。
⑤ 《论语·季氏》："孔子曰：天下有道，则礼乐征伐自天子出；天下无道，则礼乐征伐自诸侯出……天下有道，则政不在大夫。天下有道，则庶人不议。"
⑥ 阮元校刻：《十三经注疏》，第 1743 页。

记·大传》云："名者，人治之大者也。"[①]先秦诸子在思考"名实"问题时，本着不同的哲学立场和利益驱动，提出了不同的理论范式。如墨家、老子、荀子及《易传》有关于"类"的考辨，名家有"坚白、同异"之辩，孔子有"正名"之说。以"类"为例，墨子最早明确提出"类"的概念，如《墨子·非攻下》云："子未察吾言之类，未明其故者也。"[②]这种"类"的思维方式，由已知推未知，具有普遍的方法论意义，在典籍中是常见的，如《荀子·非相》篇云："以情度情，以类度类。"[③]又《系辞上》云："方以类聚，物以群分"，"触类而长之。"[④]又《素问·示从容论》云："黄帝燕坐，召雷公而问曰，汝受术诵书者，若能览观杂学，及于比类，通合道理。"[⑤]这里视"比类"为融会贯通各种知识的一种方法，就揭示出"比类"所具有的触类旁通、举一反三的特性。所以胡适将"类"解释为模型，认为其与"象"具有相似之处。[⑥]

在儒家的理论推导中，"名"是至为重要的，"名"是体验、感知"象"的一种特殊方式。古人所确定的各类名称都是有所依据，有所遵循的，所谓"古之制名，必由象类，远取诸物，近取诸身"[⑦]。圣王依"象"制名，始有人类的一切器物和制度的产生，故张载《正蒙·乐器》篇云："志至诗至，有象必可名，有名斯有体，故礼亦至焉。"[⑧]为了把握宇宙之本象，就必须追溯当下借以认知这些事物的"名"。换

---

① 阮元校刻：《十三经注疏》，第 1507 页。
② 吴毓江：《墨子校注》，第 221 页。
③ 王先谦：《荀子集解》，第 82 页。
④ 阮元校刻：《十三经注疏》，第 76、80 页。
⑤ 郭霭春：《黄帝内经素问校注》，第 787 页。
⑥ 胡适：《先秦名学史》，《先秦名学史》翻译组译，李匡武校，学林出版社 1983 年版，第 85 页。
⑦ 司马光：《资治通鉴》卷二十七，中华书局 1956 年版，第 872 页。
⑧ 王夫之：《张子正蒙注》，中华书局 1975 年版，第 281 页。

言之，除非借助于人们所熟悉的思想、制度、器物之"名"，否则就无法认知、把握"象"。故而在儒家的传统中，所谓"正名"，意味着使"名"的意义符合"象"之应有之义，意指它们应该意指的东西，只有当"名"的意义和它们的原来的"象"一致时，"名"才是"正"的，"名"正，"言"才顺，否则就"事不成"。故而重"名"就是重"象"，就是要凸显"象"背后的意义世界，尤其是历史传统与政教制度。三代礼乐尤其是周礼体现了最准确的"名"，因而是"正名"的依据。唯有"正名"才能获得正确的思想、完善的制度与和谐的生活，所以孔子企图恢复的周礼也只能借助"正名"而实现。因此，"正名"是道德重建与政治改革的首要条件，是儒家全部政治思想的逻辑起点。孔子修《春秋》，旨在"道名分"，从崩坏到重建，返黑暗于光明，这与孔子倡导的"正乐""复礼""删诗"，在价值取向上是相同的。同时，只有重"名"，才会重言，重言行一致，才能名实相随，这是遵行周礼的首要条件，故《论语·子路》有"名之必可言，言之必可行"[①]，《系辞上》有"言行，君子之枢机"[②]，这也正是孔子倡"雅言"，重"慎辞"的缘由。

　　"正名"之学，渊源甚早。饶宗颐认为："今由临沂出土新资料娄光残简'名不正不立'之语，知'正名'是殷人之旧学，渊源甚远。孔子及其门人与后之为春秋学者张皇而光大之。"[③] 孔子把"正名"引向礼制名分的厘清考查，这对于先秦名学思想有重要的影响。在其影响下，"名"被视为一个与政教治乱密切联系的决定性范畴，政治遂成为"正名"的主要价值取向。如《管子·心术下》云："凡物载名而

---

① 阮元校刻：《十三经注疏》，第 2506 页。
② 阮元校刻：《十三经注疏》，第 79 页。
③ 饶宗颐：《中国古代文学之比较研究》，载《文辙：文学史论集》（上册），台湾学生书局 1991 年版，第 10 页。

来，圣人因而财之，而天下治。"① 又《尹文子·大道上》云："形以定名；名以定事，事以检名。察其所以然，则形名之与事物，无所隐其理矣。"② 又马王堆帛书《黄帝书》的《十大经·前道》云："［名］正者治，名奇者乱。正名不奇，奇名不立。"又《经法·论》云："审三名以为事。一曰正名立而偃，二曰倚名法而乱，三曰强主灭而无名。三名察，则事有应矣。"③ 又《韩非子·扬权》云："用一之道，以名为首。"④ 这些以"名"为核心的政治理论，与孔子的"正名"思想有着相同的价值取向。对此，班固在《汉书·艺文志》中追溯名家渊源时就已经看出："名家者流，盖出于礼官。古者名位不同，礼亦异数。"⑤

后世儒家多继承发挥孔子的"正名"思想。荀子从政治需要出发，主张"制名以指实"，认为"名"具有相对的稳定性，足以表明事物的实质，强调以"名"定实，以等级名分去规范人的行为，调整社会关系。故《荀子·正论》篇云："天下之大隆，是非之封界，分职名象之所起，王制是也。"⑥ 又《正名》篇云："故知者为之分别，制名以指实，上以明贵贱，下以辨同异。贵贱明，同异别，如是则志无不喻之患，事无困废之祸，此所为有名也。"⑦ 董仲舒在《春秋繁露》有物、象、名、义的推导模式，如《深察名号》云："事各顺于名，名各顺于天。"⑧ 又《天道施》云："万物载名而生，圣人因其象而命之，然而可易也，皆有义从也，故正名以名义也。"对此，苏舆的注释颇为明晰：

---

① 黎翔凤：《管子校注》，第 778—779 页。
② 王恺銮：《尹文子校正》，商务印书馆 1935 年版，第 2 页。
③ 陈鼓应：《黄帝四经今注今译》，商务印书馆 2007 年版，第 314、138 页。
④ 王先慎：《韩非子集解》，第 45 页。
⑤ 班固：《汉书》，第 1737 页。
⑥ 王先谦：《荀子集解》，第 342 页。
⑦ 王先谦：《荀子集解》，第 415 页。
⑧ 苏舆：《春秋繁露义证》，第 288 页。

"先有物而后有名，名不先物作也。既因众象而命以名，然后整齐参伍，以义相从。是故先物而后象，先象而后名，先名而后义。"[①] 此一思想传统影响久远，逮至司马温公《资治通鉴》开宗明义，析三家分晋一事，仍强调"正名"之重要性："天子之职，莫大于礼。礼莫大于分，分莫大于名。何谓礼，纪纲是也。何谓分？君臣是也。何谓名？公侯卿大夫是也。"[②] 他认为讲礼乃天子之天职，天子失职，就是因为不能"正名"，这仍然是孔子思想的发挥。

以上，我们考察了原始"尚象"意识以及作为理论形态的"象"论所涵盖的内涵，旨在追溯"象"元范畴在上古思想传统演进与知识系统生成中的原初意义。无论是附在六十四卦《象传》中的推衍，还是《系辞下》黄帝、尧、舜"垂衣裳而天下治"的说法，[③] 乃至诸子之学或从伦理道德推衍或从哲学意义升华，都已经明白地传达出在古人思想中业已存在着一种作为观念形态的"象喻"思维方式。它广泛地运用于思想文化创造的各个方面，古代思想家们常常借助于"象喻"思维来建立自己的理论体系，这与中国古代学术思想的发生特征有着极为内在的关联，也是我们要进一步讨论的。

第二节　"象喻"思维

作为元范畴的"象"是探索整个人文现象缘起的工具，也是人类认识世界的认知路径之一，它不仅为人们仿效事物的形体提供了范式，

---

① 苏舆：《春秋繁露义证》，第 472 页。
② 司马光：《资治通鉴》，第 2 页。
③ 阮元校刻：《十三经注疏》，第 87 页。

而且用以揭示其背后的意义、思想和情感。诚如胡明师所言，形上之"象"有两方面的认识价值：一为外在的、可感的形象本身，一为内含的、只可心会的象征意义。[①]"象"实则兼有"象征符号"和"深层结构"双重含义，它的意义展开完整地体现在"象喻"思维方式中。"象喻"思维是以"象"为核心、以喻为手段构筑的一套思维机制。所谓"象"是一个特殊中介，在完整地传达可观事物之特征时，既不舍弃思维对象之具象因素又能保留思维主体之主观旨趣，从而使人类的整个思维认识活动得以顺利进行；所谓"喻"，在中国早期思想史的语汇中，与此类似的有"譬""比"。师从葛瑞汉的汉学家鲍海定认为，"喻"的本义是代表一种论证策略、逻辑现象而非文体风格技巧，表明双方之间存在着逻辑上的统一性。[②]人们在"象喻"中进行思考，"象喻"思维贯通于人类的整个思维过程中，各种概念的提出，名称的确定，均基于此一"深层结构"并借助语言文字呈现出来，正如朱熹《周易本义》曰："言之所传者浅，象之所示者深。"[③]从这个意义上考察，一种文化最本质的价值就附着在这种文化的概念、名称后面的"象喻"结构之中。

"象喻"思维是古人把握世界的一种最为重要的认知方式。王夫之在《周易外传》卷六中认为："盈天下而皆象矣。《诗》之比兴，《书》之政事，《春秋》之名分，《礼》之仪，《乐》之律，莫非象也。而《易》统会其理。"[④]在他看来，"六经"都是因"象"明义，都不离"象喻"思维的理路，其中《周易》更是此一思维方式之理论纲要。

---

① 胡明：《司空图〈诗品〉是如何品诗的——兼论"象"与"象外之象"》，载《古典文学纵论》，辽海出版社 2003 年版，第 429 页。

② 〔瑞士〕鲍海定（Jean-Paul Reding）：《隐喻的要素：中西古代哲学的比较分析》，载《中国古代思维模式与阴阳五行说探源》，江苏古籍出版社 1998 年版，第 83 页。

③ 朱熹：《周易本义》，载《朱子全书》第 1 册，第 134 页。

④ 王夫之：《周易外传》，载《船山全书》第一册，第 1039 页。

《易》归于周礼，在古人眼里，其本身就是周礼的一个组成部分。如
《左传·昭公二年》云："晋侯使韩宣子来聘，且告为政而来见，礼也。
观书于大史氏，见《易象》与鲁《春秋》，曰，周礼尽在鲁矣。吾乃
今知周公之德，与周之所以王也。"① 韩宣子将《易》与《春秋》视为
周之典籍，发出"周礼尽在鲁矣"的感叹，这透露出至少在春秋战国
之世，《周易》是被纳入了周礼系列的，《周礼·春官宗伯》中太卜
"掌三易之法"② 的记载，亦可印证。关于《周易》与周礼的关系，近
代学者完成了不少卓有成效的工作。如从"象"的角度考察，易象较
之于龟象，人文因素明显增加了。李镜池最早指出《周易》中卦爻辞
的人文事象，如《师》谈军事、《小畜》《大畜》谈农业、《贲》谈婚
姻、《复》谈行旅，等等。③ 易象中人文因素的增加，与周礼的建立
是同步的，与周人重德重人的总体思想倾向是一致的。由《易经》到
《易传》的演变，可以察见殷礼到周礼的蜕变过程，由殷人重龟象到周
人重易象，逮至《易传》"书不尽言，言不尽意"④ 的言象意互动符号
系统的形成，是由占筮之术到哲理之学的思维演进过程，这正是"象
喻"思维的形成过程，也是中华文化由蒙昧走向理性的过程。

　　作为具有浓郁中华民族特色的系统思维方式，"象喻"思维具有
相当独特的方式和路径。首先，"象喻"是建立在具体性、直观性和经
验性基础上的抽象演绎，通过卦象、卦德的引申、推衍，其范围不断
地扩展以至包罗万象。在易学传统中，借助卦象的排列与推衍，可以
穷尽天地万物之象，故《系辞上》云："通其变，遂成天地之文。极

---

① 阮元校刻：《十三经注疏》，第 2029 页。
② 阮元校刻：《十三经注疏》，第 802 页。
③ 参见李镜池《周易探源》之"序"以及《周易筮辞考》《周易筮辞续考》等篇。
④ 阮元校刻：《十三经注疏》，第 82 页。

其数，遂成天下之象。"[1] 它以阴阳二爻为基本元素，以数的奇偶排列组合推衍出八卦、六十四卦和三百八十四爻，以一套高度象征比拟意义的图式符号组建一个复杂的意向系统，并以引申、暗示、象征、隐喻、比拟、类推等手段，将情景相关、意义相通的事物联系成互通互感、可以理喻的东西，以此来把握这个瞬息万变、不确定的世界。对于这一思维特点，孔颖达在《乾·象传》中是这样解释的："或有实象，或有假象。实象者，若地上有水，比也，地中生木，升也，皆非虚，故言实也。假象者，若天在山中，风自火出，如此之类，实无此象，假而为义，故谓之假也。虽有实象，虽有假象，皆以义示人，总谓之象也。"[2] 经过归纳、概括和整饬的易象，具有极强的统摄能力，包括了具象、物象、心象等各种成分，既有实象，也有虚象，"皆以义示人"，不管是实际存在的、可能存在的或不存在的，都能在卦象中得以表现，故《易纬》云："卦者，挂也，言悬挂物象以示于人。"[3] 这正是易象的含义能够在不断扩大中具有普遍包容性的内在生成机制。

　　"象喻"思维不仅通过卦象及其变化推衍，来象征、模拟天下万物及其联系，而且通过卦象、卦德的不断引申、比附，形成了《孟子·尽心下》所谓"言近而指远"[4]，《系辞下》所谓"以类万物之情"[5]的推导模式，丰富、拓展了"象喻"世界的范围，"从自然界扩大到社会现象，从具体事物发展到抽象观念"[6]，涵盖了自然存在之天象、地变、山川、物候、植被；社会存在之祭祀、农耕、渔猎、畜牧、征战、商旅、婚娶、养生、服饰，等等。卦法推衍之目的，在于《贲·象传》

---

① 阮元校刻：《十三经注疏》，第 81 页。
② 阮元校刻：《十三经注疏》，第 14 页。
③ 阮元校刻：《十三经注疏》，第 13 页。
④ 阮元校刻：《十三经注疏》，第 2778 页。
⑤ 阮元校刻：《十三经注疏》，第 86 页。
⑥ 李镜池：《周易探源》，第 172 页。

所谓"观乎天文，以察时变。观乎人文，以化成天下"①，即通过对可观宇宙万物的体认及其规律性的把握，体悟社会人事变迁之规律，论证政治伦理之准则以及表达情感意会。对于卦法推衍的特点，韩康伯《系辞下》释为："讬象以明义，因小以喻大。"②孔颖达《小畜·象传》疏为："凡大象，君子所取之义，或取二卦之象而法之者，若地中有水，师，君子以容民畜众，取卦象包容之义。若履卦象云，上天下泽，履，君子以辩上下。取上下尊卑之义。如此之类，皆取二象，君子法以为行也。"③对此，冯友兰在《新原道》中是这样评价的："六十四卦，三百八十四爻都是象。象如符号逻辑中所谓变项。一变项可以代入一类或许多类事物，不论什么类事物，只要符合条件，都可以代入某一变项。……这一卦的卦辞或这一爻的爻辞，都是公式，表示这类事物，在这种情形下，所应该遵行底道。这一类底事物，遵行道则吉，不遵行则凶。"④

其次，"象喻"思维形成了一个唯象致思的自足理论架构。一方面，"象喻"预设了人们思维的全过程，即由具体物象到观念之象乃"观物取象"，由观念之象到万物具象乃"观象制器"，由已知象推未知象乃"取象比类"，由先在之象到理想之象乃"立象尽意"；另一方面，"象喻"规定了人们思维的出发点，即"观物取象"、以"象"定名，指引了思维的向度，即"观象制器""立象尽意"，由此培育了古代思想体系中"近取诸身、远取诸物"⑤的直观经验性和"取象比类"、触类旁通的逻辑品格。同时，"象喻"思维是双向交互式的，能够贯通

①　阮元校刻：《十三经注疏》，第 37 页。
②　阮元校刻：《十三经注疏》，第 89 页。
③　阮元校刻：《十三经注疏》，第 27 页。
④　冯友兰：《三松堂全集》第五卷，河南人民出版社 1986 年版，第 71 页。
⑤　阮元校刻：《十三经注疏》，第 86 页。

天、地、人，是天地人互感的中间环节。在"象喻"思维框架中，首先存在一个理论的前提性预设，那就是天地人"三才"是同构一体的，如《管子·君臣上》云："天有常象，地有常刑，人有常礼。"[①] 人间秩序与天地之象乃宇宙的两端，贯通其间的是阴阳五行，融通其间的心理运思机制就是"象喻"思维。它在"天意"与"人心"之间互动、沟通，既有天象到心象到具象的心理转化过程，即人间礼乐政教制度的产生，也有人们借助象征性的礼乐仪式进行天地神人之间的互通，如人间礼乐制度的缺失引起阴阳五行之变，从而引起天象之变，即所谓天之"谴告"。

对于"象喻"思维的特点，我们以《周易》为例分析一二。一部《周易》的关键词有三："象""数""辞"，这是互动互涉的三个系统。"数"是"象"的前提和规定，来源于天意；"辞"是对"象"的解读与阐释，受制于"象"；而吉凶的判断，来源于"象辞"，简言之，因"数"定"象"，观"象"以"辞"，以"象辞"定吉凶。三者之中，"象"居于核心地位，"象"将"易""数""辞""占"等具有高度象征比拟意义的图式符号串连起来，建构了一套复杂的全息意向系统。由"象"出发，形成了易学阐释系统的三个核心命题："观物取象""观象制器""立象尽意"。所谓"观物取象""观象制器"是《易传》中最关键的命题，是指易象体现了"圣人之意"，由"象"产生人类各种器物、仪式和制度，其间蕴含了人类文化创造的普遍意向；所谓"立象尽意"，阐明了"象"是思维过程的中介，是构成"象喻"思维的关键环节。这三个命题，完成了思维发展的一个连续性过程，系统地表述了我们的世界是取法于"象"，从各种物质生活现象到精神文化现象，从器物制作到典章制度等，都是由"象"的意义世界构成的，

---

① 黎翔凤：《管子校注》，第550页。

这既是对文明起源的经验性描述，也是对人类文化创造过程的理性回溯。这就突破了天地人感应的表层比附与推论，赋予了文明起源与人文创造更为深厚的历史底蕴。正因为如此，《周易》对于"象喻"思维模式的最终形成，具有不可替代的重要意义。

兴起于"礼坏乐崩"背景下的先秦学术，在发挥"象"之义理时，常常将三代礼乐作为主要知识参照系统，并以礼乐传统的若干核心范畴，如德、仁义、礼节为价值判断标准，对现实的社会政治进行批判。《易传》以"象"推衍人文之缘起和文化制度之成因，强调仁、义、礼、正、忠、孝、节、谦等观念，总是将其阐释维度引向社会秩序和政治事务以及人的自我完善方面。以"大壮"卦为例，该卦乾下震上，《象传》云："雷在天上，大壮，君子以非礼弗履。"[①] 其"象"上为雷，声势浩大，为壮；下为天，纯阳动健，所以亨道，无往不利。君子实践礼义，正大光明，非礼勿动，以德服众，这是以物象推衍人生法则的典型例子。其实，不独《易传》中有把"象"与人事密切联系的倾向，这在先秦其他典籍中也很常见，如《左传·僖公三十年》云："国君，文足昭也，武可畏也，则有备物之飨以象其德。"又《宣公三年》云："铸鼎象物，百物而为之备，使民知神奸。"[②] 由此可见，从礼乐传统的角度阐发"象"之义理是这一个时代思想文化的普遍倾向。

考察礼乐知识谱系，其间存在两类知识系统：一类是宇宙序列，一类是人文序列。前者以天地、阴阳解释宇宙经验，后者以尊卑、贵贱、刚柔解释人间经验，两者同等重要地在《周易》《春秋繁露》《礼记》《白虎通义》等典籍中展开。如《易传》中用阴阳二气来统摄宇宙秩序与人文秩序，《咸·彖传》云："咸，感也。柔上而刚下，二气

---

① 阮元校刻：《十三经注疏》，第 48 页。
② 阮元校刻：《十三经注疏》，第 1831、1868 页。

感应以相与。止而说，男下女，是以亨，利贞，取女吉也。天地感而万物化生，圣人感人心而天下和平。观其所感，而天地万物之情可见矣。"较之于《咸》之卦辞："咸，亨，利贞，取女吉。"[1]《彖传》保留了原有的"取女吉"之意，把这一卦的指涉意义推广到整个宇宙万物。就宇宙序列而言，阴阳二气感生万物；就人文序列而论，圣人查人心之所感而见万物之情。考之于其他典籍，《国语·周语下》云："象物天地，比类百则，仪之于民，而度之于群生。"[2] 以天地比类万物，推衍百姓之仪节、群生之法度，是从天道推导人伦；《礼记·丧服四制》云："凡礼之大体，体天地，法四时，则阴阳，顺人情，故谓之礼。"[3] 这是由人伦推衍天道、四时、阴阳的经典表述。无论从天道到人伦，抑或由人伦到天道，古人的认识均在"象"的关系网络中运行自如，并无现代逻辑可言。天道与人道、敬天与尊祖、君与臣、父与子，一一对应，将宇宙秩序与人界秩序打通，连成一片。各种"象"之间相互贯通，层层比附，层层转换，推绎的过程并不需要概念和判断，而是在体验与感应中，凭借感知与联想，进行比附、类比，在这样的运思中，语言的作用并不在于作出判断，而在于进行想象性的描述、相似性的比附以及同类性的限定，以此把握对象的本质及关联。

借助于"象喻"思维，周礼中的宇宙秩序与人伦秩序得以相互置换，从而使周礼的内涵从血缘关系引出人伦道德乃至情感意志，统摄了自然万物与人类社会的本质及各种联系，礼乐遂扩展成为涵盖天、地、人的庞大知识系统。换言之，礼乐知识系统及其形上品格的确定正是借助于"象喻"的方式进行意义拓展的。礼乐传统中的各种表象符号，均建立在对自然与人伦两大知识序列的平行对应与相互理解之

---

① 阮元校刻：《十三经注疏》，第 46 页。
② 徐元诰：《国语集解》，第 95 页。
③ 阮元校刻：《十三经注疏》，第 1694 页。

上。两序列之间，互为能指与所指，构成所谓"象征指涉"①关系。两大系统互为例证，由宇宙原则坐实到人伦秩序，由人伦秩序提升到宇宙原则，也即是说，人们既可以用父母、夫妻来象征天地，也可以反过来，用天地象征父母、夫妻，两者可以作可逆性置换。两大系统相互阐释，互相支持，并且在交互中产生新的因子，能从宇宙秩序自然推衍出人伦秩序，也能从人伦秩序自然扩展到宇宙秩序。在此过程中，认知体验、价值判断与情感态度往往交融一体，介入其中，因而礼之伦理道德比附，乐之情感意志联想也就比比皆是了。正是因为"象喻"思维强调事物之间功能性的联系，才能使礼乐所指涉的内容得以不断推广，建构成为一个无所不包的意义系统。因此，"象喻"思维是我们理解礼乐知识谱系的一个根本性的致思方式。

在礼乐传统中，还有一个值得重点关注的命题："乐象"，这是"象喻"思维在礼乐知识系统中一个重要的衍生意义。虽然"乐象"范畴的正式出现是在《礼记·乐记》，但其思想的渊源仍然根植于三代传统。我们知道，春秋以来阴阳五行思想就极为发达，古人常常将四时之气与五味、五色、五声联系在一起，如《左传·昭公元年》云："天有六气，降生五味，发为五色，征为五声，淫生六疾。"②汉代以后综合了先秦各家的思想成果，"三才"、阴阳五行与礼乐诸要素有机地整合在"象喻"思维模式之中，形成了一个完整的阐释系统。在以《礼记》为代表的儒家著作中，此一思想就体现得尤为鲜明。《乐记》认为，气之"象"决定乐之"象"，故有所谓"逆气成象而淫乐

---

① "象征指涉"论（theory of symbolic reference），为英国学者怀特海（A. N. Whitehead）所提出，成中英先生认为此说与中国哲学方法颇多一致，参见《世纪之交的抉择——论中西哲学的会通与融合》，中国人民大学出版社 2017 年版，第 229—245 页。

② 阮元校刻：《十三经注疏》，第 2025 页。

兴焉""顺气成象而和乐兴焉"①种种说法。但两者之间并不仅仅是简单的对应关系，而是在"象喻"思维的动态平衡中，构成了一个互动互为的思想体系：

> 是故清明象天，广大象地，终始象四时，周还象风雨。五色成文而不乱，八风从律而不奸，百度得数而有常。小大相成，终始相生。倡和清浊，迭相为经。故乐行而伦清，耳目聪明，血气和平，移风易俗，天下皆宁。(《乐记》)②
> 乡饮酒之义，立宾以象天，立主以象地，设介僎以象日月，立三宾以象三光。古之制礼也，经之以天地，纪之以日月，参之以三光，政教之本也。(《乡饮酒义》)③

所谓的"象天""象地""象四时""象风雨""象日月"与"五色成文""八风成律""百度得数"一样，乃人文化成之种种表征，目的在于"耳目聪明""移风易俗"，意义重大，故为"古之制礼""政教之本"。

"乐象"因于易象。源于"象喻"思维"观物取象"之法、"立象尽意"之旨，《周易》中八卦之象与六爻之象均来自圣人"近取诸身，远取诸物"④的取象方法，"乐象"之生成也不离此道。"八音"与八卦相配，《白虎通义·礼乐》认为"八音"是"法易八卦也，万物之数也，八音，万物之声也"，并引《乐记》归结为："埙，坎音也。管，

---

① 阮元校刻：《十三经注疏》，第 1536 页。
② 阮元校刻：《十三经注疏》，第 1536 页。
③ 阮元校刻：《十三经注疏》，第 1684 页。
④ 阮元校刻：《十三经注疏》，第 86 页。

艮音也。鼓，震音也。弦，离音也。钟，兑音也。柷，乾音也。"① 这常常成为古人谈论乐理、乐义的出发点，如桓谭《新论·琴道》篇云："神农氏继宓羲而王天下，上观法于天，下取法于地。近取诸身，远取诸物，于是始削桐为琴，绳丝为弦，以通神明之德，合天地之和焉。"② 又宋人朱长文《琴史·释絃》云："圣人观五行之象丽于天，五辰之气运于时，五材之形用于世，于是制为宫、商、角、徵、羽，以考其声焉。"又《莹律》云："昔者，伏羲氏既画八卦，又制雅琴。卦所以推天地之象，琴所以考天地之声也。"③ 又刘敞《公是先生七经小传·尚书》云："古者制乐，皆有所法也，或法于鸟，或法于兽。其声清扬而短闻者，皆法之鸟也，其声宏浊而远闻者，皆法之兽也。"④ 在古人看来，"乐象"与易象同源，皆取法天地自然。

在儒学传统中，源于对乐教的重视，故而对"声乐之象"是极为注重的。在《孟子·万章下》中有对孔子"金声""玉振"而"集大成"的赞誉，可见，在儒家所推崇的"声乐之象"中，"金声玉振"作为夫子德行的表征，居于最高境界，对此，我们在"乐之意识形态品格"节中有所揭示。"乐象"理念，在荀子思想中已显端倪。《荀子·乐论》篇中列举种种"乐象"的音品："声乐之象：鼓大丽，钟统实，磬廉制，竽笙箫和，筦籥发猛，埙篪翁博。"⑤ 他认为乐有君子与小人，"正声"与"逆声"之分，其中君子之乐乃宇宙秩序之象征，故进一步认为："凡奸声感人而逆气应之，逆气成象而乱生焉。正声感人而顺气应之，顺气成象而治生焉。唱和有应，善恶相象，故君子慎其

① 陈立：《白虎通疏证》，第 121 页。
② 桓谭：《新论》，上海人民出版社 1976 年版，第 63 页。
③ 朱长文：《琴史》卷六，上海古籍出版社 1991 年版，第 61、62 页。
④ 刘敞：《公是先生七经小传》，上海书店 1984 年版，第 4—5 页。
⑤ 王先谦：《荀子集解》，第 383 页。

所去就也。君子以钟鼓道志，以琴瑟乐心。动以干戚，饰以羽旄，从以磬管。"① 这一思想在《礼记》中得以全面发挥，《乐记》设立《乐象》一节，明确地拈出"乐象"范畴，具有广泛的指涉意义，

> 乐者所以象德也，礼者所以缀淫也。
> 乐者，心之动也。声者，乐之象也。
> 君子动其本，乐其象，然后治其饰。
> 夫乐者，象成者也。②

《乐记》将"乐象"分为声、音、乐三个层面，即自然之声 —— 人文之音 —— 社会伦理之乐。具体而论，首先是"声相应，故生变。变成方，谓之音"，其次是"比音而乐之，及干戚羽旄，谓之乐"，再次是"凡音者，生于人心者也。乐者，通伦理者也"③。据此，《乐记》认为只有具有德行的君子，即"象德"者，才能知乐，故云："乐者，心之动也，……文采节奏，声之饰也。君子动其本，乐其象，然后治其饰。"④ 对于声、音、乐的论述，层次极为分明。

"乐象"的构成，分为五声与十二律，五声表音程，是指宫、商、角、徵、羽。十二律表音调高低，分为阴阳两类：黄钟、太簇、姑洗、蕤宾、夷则、无射属于阳律，称为"六律"；大吕、夹钟、仲吕、林钟、南吕、应钟是阴律，称为"六吕"。关于十二律的来历，《吕氏春秋》有两种说法，《大乐》认为是黄帝令伶伦所作，取象于凤凰之鸣，并以雌雄鸣声的不同作为区分律吕阴阳的依据；《音律》则认为是取

---

① 王先谦：《荀子集解》，第 381 页。
② 阮元校刻：《十三经注疏》，第 1534、1536—1537、1542 页。
③ 阮元校刻：《十三经注疏》，第 1527、1528 页。
④ 阮元校刻：《十三经注疏》，第 1536—1537 页。

象于十二月风。乐之五声十二律及其有规律的搭配，构成了一个五彩缤纷的"乐象"世界。这个世界是对现实世界的反映，古人认为，凡自然与社会的一切情形，生老病死、人事祸福、道德伦常、政事兴衰、日月更迭、云雨施行、山川草木、鸟兽虫鱼，均可见于"乐象"之中：

> 声音之道，与政通矣。宫为君，商为臣，角为民，徵为事，羽为物，五者不乱，则无怗懘之音矣。宫乱则荒，其君骄。商乱则陂，其官坏。角乱则忧，其民怨。徵乱则哀，其事勤。羽乱则危，其财匮。五者皆乱，迭相陵，谓之慢。如此，则国之灭亡无日矣。（《礼记·乐记》）①

> 角者，跃也，阳气动跃。徵者，止也，阳气止。商者，张也，阴气开张，阳气始降也。羽者，纡也，阴气在上，阳气在下。宫者，容也，含也，含容四时者也。（《白虎通义·礼乐》）②

> 因宫音之沈重广大以示其圣，因商音之刚厉以示其断，因角音之和缓以示其仁，因徵音之劲急以示其智，因羽音之柔润以示其敬。……犹恐人之未睹，故舞而象之，欲其见也。恐人之未悉，故诗以言之，欲其知也。（契嵩《潜子》卷二《论原》）③

在古人的文化视野中，"乐象"可以作为天道、阴阳、四时、五行、五方、五常的表征，其间相通相感，相待相应，关系如下表：

---

① 阮元校刻：《十三经注疏》，第 1527—1528 页。
② 陈立：《白虎通疏证》，第 120 页。
③ 契嵩：《镡津文集》，第 81 页。

表3　五声、四时、五行、五方、五等、五常、五事关系对应表

五声	四时	五行	五方	五等	五常	五事
宫（和平雄厚）	为中	为土	为中	为君	为信	为思
商（慷慨哀爵）	为秋	为金	为西	为臣	为义	为言
角（园长通澈）	为春	为木	为东	为民	为仁	为貌
徵（婉愉流利）	为夏	为火	为南	为事	为礼	为视
羽（高洁澄净）	为冬	为水	为北	为物	为智	为听

《琴史·释弦》云："达于乐者，可以见五行之得失，君臣事物之治乱，五常之兴替，五事之善恶，灼然可以鉴也。"[1] 由自然感知到理性规范，"乐象"的范围在不断扩展，而将其功能最终定义在伦理道德之上，这与"象喻"思维在春秋战国时期的伦理发展逻辑是一致的。

第三节　象与中国文论传统

"象喻"思维是中国传统艺术发端的根本运思之法。据此，我们不仅可以追溯文学艺术的起源，而且可以从根本上说明人文创造中形象思维与审美观照的一般特征。文学创作离不开"象喻"思维，文论传统的形成也离不开"象喻"思维。"象喻"思维统摄了文学审美意象产生的动态全过程，其中包括艺术创作的逻辑起点，如"观物取象"；艺术创作的心理机制，如"立象见意"；艺术鉴赏的审美目的，如"象外之象"。"象喻"思维所具有的理论普适性与逻辑品格，为文学艺术理论的形成提供了一种阐释方法，并以思维取径上的相同与精神实质上的互通，衍生出"以象比德""取象比类""感物言志""比兴""得

---

[1]　朱长文：《琴史》卷六，第62页。

意忘象”"缘情托物”"借景言情”"托物起兴”等众多艺术传统。对此，钱锺书的见识颇为精到："诗也者，有象之言，依象以成言。舍象忘言，是无诗矣。"[①] 就本文研究的范围而言，下文拟从三个方面分析"象喻"思维对于古代文学发生特征的影响：其一，作为广义的人文起源学说；其二，"以象比德"及比兴、言志等政教传统；其三，以意象为元范畴的审美传统。

（一）文源于象

"文"在本质上是可感知的"象"。文象同源的思维传统历史悠远，在三代文化中已经具有了稳定的含义，至迟在春秋战国时期，作为一种普遍性的知识话语，此一思想已经定型。先秦时期的"文"，主要是指礼乐之文。孔子所谓的"文"，如《论语·子罕》所言"天之将丧斯文也"，《八佾》所言"周监于二代，郁郁乎文哉，吾从周"，《雍也》所言"君子博学于文，约之以礼"，《宪问》所言"文之以礼乐，亦可以为成人矣"[②]，等等，指的都是礼乐刑政。对此，后世学者常常心通意会，如司马光在《答孔文仲司户书》中认为："古之所谓文者，乃诗书礼乐之文，升降进退之容，弦歌雅颂之声。"[③] 以今人的眼光考察，"文"之含义，小到可见的纹样、记号、文字符号，大到不可见的社会文化制度乃至人的生存样式，涵盖了广义人文创造的各个领域，至大至广。

以礼乐为代表的人文制度是"观象制器"的产物。所谓"观物取象"，是易学中最核心的命题，源于人们对"象"本质的认识。古人认为圣人受到先验存在卦象的启发，生出种种关于天象、地象与人象

---

① 钱锺书：《管锥编》第一册，中华书局 1979 年版，第 12 页。

② 阮元校刻：《十三经注疏》，第 2490、2467、2479、2511 页。

③ 司马光：《温国文正公文集》卷六十，《四部丛刊》本。

的看法来。易象就集中体现了"圣人之意",由"象"产生人类各种器物、仪式和制度,故荀悦《前汉纪·孝文皇帝纪》云:"立象成器以为天下利,立制度之谓也。"① 对于《周易》"观象制器""盖取诸某卦"的说法,崔述在《崔东壁遗书·洙泗考信录》中认为"不过言其理相通耳,非谓必规摹此卦然后能制器立法也"。② 对于"观象制器",胡适认为"本来只是一种文化起源的学说"③,笔者深以为然,更为准确地讲,是表达了一种人文起源的总体思想意识,代表人类文化创造的普遍意向。朱自清就认为,《周易》之所以能够由一本占筮之作提升为哲学论著,主要就取决于其融合儒道的理路和"观象制器"思想的拈出。④

从本质上看,人类生活在一个由"象"组成的世界里,一切思想文化形态的产生都不过是"象"的复制再生与繁衍增殖。所谓文明的进程、政治的进步、人类理想的回归,"就是把'意象'或完美的上天理想变为人类器物、习俗和制度的一系列连续不断的尝试"⑤。礼乐的世界就是把"尊尊""亲亲"等抽象的概念物化为可观的外部形式,把观念上的贵贱等级通过不同的物质形式隐晦地表现出来,在祭祀对象、祭品、服饰、丧葬等社会生活的各个环节乃至最细微之处,使人与人之间的高低贵贱、亲疏远近通过外在的形式一望而知。"象喻"思维对于礼乐的意义在于:圣人立象制礼,以"示德""示情""示事",仪式之进退揖让、俯仰升降,乐舞、祝辞、礼器、祭品之顺序,主持典礼之巫、祝等,这些处处寓于礼制秩序的具象构成了一个具有整体意

① 荀悦:《前汉纪》卷七,商务印书馆 1936 年版,第 7 页。
② 崔述:《补上古考信录》,商务印书馆 1937 年版,第 7 页。
③ 胡适:《论观象制器的学说书》,载《古史辨》第三册上编,第 86 页。
④ 朱自清:《朱自清古典文学论文集》(下册),第 612 页。
⑤ 胡适:《先秦名学史》,第 38 页。

义的象征世界。"象喻"思维正是人与天地神灵之间感应、互通的中介桥梁，礼乐制度的普遍性、正义化和合法性也正是在此思维的交互过程中制作出来的。

"象喻"思维是古代社会真理产生的思维机制。在古人的思想世界中，一切制度的合理性皆源于人们对于宇宙万象的体验、感悟与想象。"象喻"思维是借助"象"的解释和推衍所形成的符号系统来表征世界的本质与意义。它把"天道"与"人心"纽结在一起，以象征、联想、类比、暗示等方式沟通感性符号系统与对象世界之关联，通过天象到心象到具象的心理转化过程，沟通了神圣与世俗两个层面，并以一定的形式化、程式化的仪式将这些体验和想象加以确认和表现，从而完成了对"象"世界的把握。如中国早期的象形字都是通过一套特有的象征意义传达出古人对于天、地、人的体认。在古人的造字理论中，汉字是以"象"为本的，如班固《汉书·艺文志》中所谓"六书"，乃象形、象事、象意、象声、转注、假借，按照"四体二用"的分法，四象为经，转注、假借是派生的，这就突出了"象"在造字中的作用。"六书"中，象形居首，郑樵《通志·六书略·象形第一》云："六书也者，皆象形之变也。"[1] 所谓象形，就是有形可象，以一种最简省、最鲜明的符号表达对自然万物的概括，这是汉字最大的特点。这既符合人们想象中的宇宙自然秩序，也契合人类自然情感的合理延伸。人们通过"象喻"的方式去认识、把握世界，创造出人类的一切思想文化制度，并以这一套想象出来的制度来统治、代替原有的真实世界。而秩序、制度一经形成，人们往往忘却了其中之本象，而存心于外化之具象，并以"象"的世界代替了真实的世界。葛兆光认为："这种'象征'久而久之在人们心中却取代了事实世界，成了事实世界本身，

---

[1] 郑樵撰，王树民点校：《通志二十略》，中华书局 1995 年版，第 234 页。

它的地位越发地崇高，它的形式越发地隆重，它的作用也越发地巨大，而主持典礼的人，如巫、祝、史、宗等，他们掌握了这一套象征，拥有了沟通仪式两端（人／神、人／鬼、人／天）的权力，于是，'思想'就成了通过'象征世界'对'事实世界'的使用、说明和解释。"①因此，"象喻"思维是古代知识系统形成中的基本运思方式和心理认同基础。

在古人的理论视域中，礼乐之文本身就是"象喻"思维的产物，无论是器物之文、人身之文抑或文字之文、绘画之文，乃圣人据"天下之赜"进行符号化活动的产物。对此，《周易·系辞上》中的说法最为经典，所谓圣人仰观于天，俯观于地，近取于身，远取于物，"参伍以变，错综其数。通其变，遂成天下之文。极其数，遂定天下之象。非天下之至变，其孰能兴于此"②。在此，《易传》作者的认识具有相当的历史深刻性，当"三才"、阴阳的平衡被打破，即不成文、不成象之时，圣人要通过"相杂""变"的方式，顺应阴阳之变，使"三才"实现新的平衡。其中"参伍之变，错综其数。通其变，遂成天下之文"，根据考古学者结合殷代文物考察，认为所谓"文"，是用三、五片棕交错而织出不同的斜纹文样，是古人在长期的纺织实践中总结而来的。③任何物象的形成，都经历了观念之象转化为心象再到具体形象的"象喻"思维过程。其思维逻辑的成熟，正是基于对自然万象的认知为起点，逐渐上升为社会人生价值层面的理论建构。对于文象之种种表征，古人已经有了初步的、朦胧的认识：

①　葛兆光：《七世纪前中国的知识、思想与信仰世界》，复旦大学出版社 1998 年版，第 138 页。

②　阮元校刻：《十三经注疏》，第 81 页。

③　于民：《春秋前审美观念的发展》，中华书局 1984 年版，第 131 页。

言，身之文也。(《国语·晋语》)①

服，心之文也。(《鲁语下》)②

言之无文，行而不远。(《左传·襄公二十五年》)③

故君子在位可畏，施舍可爱，进退可度，周旋可则，容止可观，作事可法，德行可象，声气可乐，动作有文，言语有章，以临其下，谓之有威仪也。(《襄公三十一年》)④

为九文、六采、五章，以奉五色。(《昭公二十五年》)⑤

暴夺民衣食之财，以为锦绣文采靡曼之衣。(《墨子·辞过》)⑥

目好色，而文章致繁，妇女莫众焉。(《荀子·王霸》篇)

日月食而救之，天旱而雩，卜筮然后决大事，非以为得求也，以文之也。故君子以为文，而百姓以为神。以为文则吉，以为神则凶也。(《天论》篇)⑦

声成文，谓之音。(《礼记·乐记》)⑧

是故君子服其服，则文以君子之容。有其容，则文以君子之辞。遂其辞，则实以君子之德。是故君子耻服其服而无其容，耻有其容而无其辞，耻有其辞而无其德，耻有其德而无其行。(《表记》)⑨

---

① 徐元诰：《国语集解》，第 376 页。
② 徐元诰：《国语集解》，第 187 页。
③ 阮元校刻：《十三经注疏》，第 1985 页。
④ 阮元校刻：《十三经注疏》，第 2016 页。
⑤ 阮元校刻：《十三经注疏》，第 2108 页。
⑥ 吴毓江：《墨子校注》，第 46—47 页。
⑦ 王先谦：《荀子集解》，第 217、316 页。
⑧ 阮元校刻：《十三经注疏》，第 1527 页。
⑨ 阮元校刻：《十三经注疏》，第 1640 页。

　　从以上古人关于言文、服文、容文、行文、辞文、礼文、德文的论述中可以发现，"文"所统摄的意义系统极为宽泛，在不同的文化情景中代表了不同的含义，其意义指向涵盖了礼乐思想系统的各个方面。"文"是由不同的线条、色彩、言行组成的感觉体验，包括了自然界、社会生活领域一切色彩斑斓、变化有章、富有文饰的事物。从具象到抽象，从物质层面到精神层面，从自然之物到社会人生之物，其多义性与歧义性构成了一个庞大的语义系统与思想空间，是汉语中含义最丰富的语素之一。古人正是基于这种广义的、整体的文化理念来看待各种"文"的。如同我们前文论及的"器""名"范畴一样，"文"源于"象"，并为"象喻"思维的文化视野所统摄、规范、整合。

　　"象喻"思维广泛地存在于古人的现实世界与精神世界中。原始先民生活在一个由"象"构筑的世界中，如《周礼·冬官考工记》中有关于远古器具起源的描述："土以黄，其象方，天时变，火以圜，山以章，水以龙，鸟兽蛇。"[1] 因而在古人生活的世界里，留存有大量以"象"为核心的语词，如作为器皿和饰物的：象饵、象琛、象齿、象尊、象笏、象觚、牺象、象床、象箸，等等；作为政治文化制度的：服象、象魏、治象、教象、政象、刑象、征象、兆象、象道、气象、祥象、异象、象舞、象胥、象贤，等等。郭璞《注山海经序》中有关于中国远古神话起源的描述："以宇宙之寥廓，群生之纷纭，阴阳之煦蒸，万殊之区分，精气浑淆，自相渍薄，游魂灵怪，触象而构，流形于山川，丽状于木石者，恶可胜言乎"，"圣皇原化以极变，象物以应怪，鉴无滞赜，曲尽幽情"。[2] 郭璞是《山海经》重要的整理者和校注者，照他看来，宇宙群生万殊，莫不由精气所派生，是"游

---

① 阮元校刻：《十三经注疏》，第 918 页。
② 袁珂：《山海经校注》，第 478、479 页。

魂灵怪，触象而构"的产物，由此他揭示出神话的构象原则 —— "象物以应怪"，古代"圣皇"创制神话，目的在于教化先民，处于蒙昧时期的先民正是以"象"为工具，靠择取物象的方式洞察万物，把握世界的。

从理论上追溯文字的起源，人们常常引证《说文解字》中的象形理论。《说文》曰："文，错画也，象交文。"段注曰："黄帝之史仓颉见鸟兽蹄迒之迹，知分理之可相别异也，初造书契，依类象形，故谓之文。"[①]"文"乃圣人"观象制器"的符号化活动产物，这里也明确地表述了"文"源于"象"的思想。实际上，许慎的观点已经是很晚近了，许氏乃东汉经学大师，是时天地人、阴阳五行、礼乐传统所构成的世界阐释模式早已定型，这种先在的知识体系在许氏的文字阐释中留有深刻印记。许氏"以形索义"而说文解字，目的并非纯粹的文字学动机，如《说文解字叙》云："盖文字者，经艺之本，王政之始。前人所以垂后，后人所以识古。"[②]其子许冲《上书进说文》云："盖圣人不空作，皆有依据，今五经之道昭炳光明，而文字者其本所由生。"[③]文字明则"六艺"立，"六艺"立则王道生。据《后汉书·儒林传》记载，许慎取法经典，著有《五经异义》。由此可见，许氏著《说文》，是与两汉时期礼乐复兴、经学昌盛的时代文化气象分不开的。后世学者如郑樵、段玉裁等人，正是从《说文叙》中衍化出"书画同源""书源于画"等说法。许氏之说并没有从根本处寻得"文"的根源，只是将文象相推的思维方式推衍到汉字的发生机制上罢了。

---

① 段玉裁：《说文解字注》，第 425 页。
② 许慎：《说文解字叙》，载严可均辑：《全上古三代秦汉三国六朝文》，第 741 页。
③ 许冲：《上书进说文》，载严可均辑：《全上古三代秦汉三国六朝文》，第 742 页。

（二）以象比德

在"象喻"思维的发展向度上，儒家通过对"象喻"模式的有效运用，来解释表层意象后面所潜藏的更为深层、更为复杂的政教传统与人事伦理内涵，由此也影响到古代思想文化观念所关注的重点由外在客观物象转至内在人伦道德，客观世界因此也被附会了诸多"合情饰貌"的人文内涵，这一点尤其明显地体现在"以象比德"传统的形成上。

"象喻"思维方式广泛地存在于孔子的思想中。如孔子在阐释其诗教主张时，提出"可以兴"的原则。所谓"兴"的方式，是一种带有很大主观思想倾向与情感态度的思维方式，它通过"引譬连类"、联想感悟、类比引申来达到"举一隅而以三隅反"，"闻一以知十"[①]，借题发挥的目的。最典型的例子是《论语·八佾》篇中，子夏与孔子论诗，子夏由"巧笑倩兮，美目盼兮，素以为绚兮"[②]而联想到"礼后乎"的道理，从而得到孔子的赞赏。由此可知，"兴"的方式实质上是"象喻"思维之一种，如郑玄注《周礼·天官冢宰·司裘》云："若《诗》之兴，谓象饰而作之。"[③]又《文心雕龙·比兴》云："观夫兴之托喻，婉而成章，称名也小，取类也大。"[④]这大约也是后世"兴象"一词结合的学理基础。孔子取譬类比的方法，也明显带有"象喻"思维的痕迹，《雍也》篇中，孔子在解释"仁"学思想时认为："夫仁者，己欲立而立人，己欲达而达人。能近取譬，可谓仁之方也已。"这里所谓"近取譬"的方法论范式，在《论语》中运用得很熟练，如《为政》云："为政以德，譬如北辰，居其所而众星拱之。"又《子罕》云："子

---

① 阮元校刻：《十三经注疏》，第 2482、2473 页。

② 阮元校刻：《十三经注疏》，第 2466 页。

③ 阮元校刻：《十三经注疏》，第 684 页。

④ 刘勰撰，詹锳义证：《文心雕龙义证》，第 1344 页。

在川上曰：逝者如斯夫！不舍昼夜。"①儒家言"象"，总是自觉地与礼乐政教、伦理道德联系在一起，"象"之于人，多为"取譬"；"象"之于物，多为"比德"，由此形成了"感物言志""以象比德"的政教思维模式。因此，"象喻"思维既是孔子思想的逻辑起点，也是解释儒家文学思维方式形成的主要缘由。其后孟子"以意逆志""知人论世"②的说诗方法、荀子"善为诗者不说"③，直至汉儒"毛公说诗，独标兴体"④，等等，都是这种思维方式的延续。

实际上，易学中业已内含了丰富的"以象比德"传统，《周易》六十四卦中直接提到"德"的地方颇多，提及具体德行的地方就更多了。作为孔门"四教"之一的德行，一向为儒家所重视，在《宪问》中，孔子认为"有德者必有言，有言者不必有德"⑤，就是将德行置于首位的。在儒家的理想中，君子所精习的易象，乃"得失之象""忧患之象""进退之象"，之所以存在不同的体悟，就在于主体道德情感、审美心胸的差异，即《系辞上》所谓"仁者见之谓之仁，知者见之谓之知"⑥，也即《论语·雍也》所谓"仁者乐山，智者乐水"⑦，唯其如此，方能"体天地之撰""通神明之德""类万物之情"⑧。孔子"以象比德"的思想，在《韩诗外传》《荀子》《春秋繁露》和《说苑》中有不少记载和阐释，下面以《荀子》中所记载的孔子谈水之"象"、玉之"象"为例：

① 阮元校刻：《十三经注疏》，第 2479、2461、2491 页。
② 阮元校刻：《十三经注疏》，第 2735、2746 页。
③ 王先谦：《荀子集解》，第 507 页。
④ 刘勰撰，詹锳义证：《文心雕龙义证》，第 1333 页。
⑤ 阮元校刻：《十三经注疏》，第 2510 页。
⑥ 阮元校刻：《十三经注疏》，第 78 页。
⑦ 阮元校刻：《十三经注疏》，第 2479 页。
⑧ 阮元校刻：《十三经注疏》，第 89、86 页。

夫水，大徧与诸生而无为也，似德。其流也埤下，裾拘必循其理，似义。其洸洸乎不淈尽，似道。若有决行之，其应佚若声响，其赴百仞之谷不惧，似勇。主量必平，似法。盈不求概，似正。淖约微达，似察。以出以入，以就鲜絜，似善化。其万折也必东，似志。是故见大水必观焉。（《宥坐》篇）[1]

夫玉者，君子比德焉。温润而泽，仁也。栗而理，知也。坚刚而不屈，义也。廉而不刿，行也。折而不桡，勇也。瑕适并见，情也。扣之，其声清扬而远闻，其止辍然，辞也。故虽有珉之雕雕，不若玉之章章。（《法行》篇）[2]

在儒家的思维逻辑里，以外在、可观的自然之物及特征与人的内在、不可知的品格相比，通过主体对自然现象或人文现象的价值投射，引发出感情经验、意志趋向、观念思维等精神活动，并借助于物象与心象在生成模式上相同、思维路径上相通，赋予这种主观德行以具体可感的外在形式，由此阐明自然之物与人之品格在精神实质上的互通共感，水之"象"、玉之"象"遂成为心物相契的符号载体。水与玉也就成为儒家传统中有德行君子的典型象征了。

孔子"以象比德"的传统在后世得到了进一步的继承与发挥。荀子不仅沿袭了孔子以德代占的传统，而且进一步阐释了"象喻"思维对于社会政治的意义。在《荀子·大略》篇中，以德释"象"：

《易》之咸，见夫妇，夫妇之道，不可不正也，君臣父子之本也。咸，感也，以高下下，以男下女，柔上而刚下。聘士

---

[1]　王先谦：《荀子集解》，第524—526页。
[2]　王先谦：《荀子集解》，第535—536页。

之义，亲迎之道，重始也。①

荀子深受"观物取象""取象比类""以象比德""感物言志"等"象喻"思维传统的影响，其《赋》篇之《云赋》《蚕赋》《箴赋》，正是"以象比德"的产物。这一思想在汉人那里得到了继承，汉儒关于屈原的评价，就是"以象比德"思想的典型运用。如王逸《离骚经序》云："《离骚》之文，依《诗》取兴，引类譬谕。故善鸟香草，以配忠贞……虬龙鸾凤，以讬君子。飘风云霓，以为小人。"他把"扈江离与辟芷兮，纫秋兰以为佩"一句，明确注解为："佩，饰也，所以象德。故行清洁者佩芳，德仁明者佩玉、能解结者佩觿，能决疑者佩玦，故孔子无所不佩也。"②他所沿袭的仍然是孔子的阐释路数，是其在社会政治、人伦道德领域的自然推衍，这对于后世文学创作与批评鉴赏的影响极为深远。晋人挚虞在《文章流别论》中全面发挥了孔子"以象比德"的传统：

> 文章者，所以宣上下之象，明人伦之叙，穷理尽性，以究万物之宜者也。
> 情之发，因辞而形之。礼义之旨，顺事以明之。故有赋焉，所以假象尽辞，敷陈其志。③

在此，挚虞明确地点出"象喻"思维在礼乐知识系统中所具有的重要意义，并以"象"为其理论架构的纽结点，将"人伦""礼义"与"理""性""物""情""辞""意""志"等范畴有机地串连在一起，形

---

① 王先谦：《荀子集解》，第495页。
② 王逸：《离骚经序》，载洪兴祖：《楚辞补注》，第2—3、5页。
③ 挚虞：《文章流别论》，载严可均辑：《全上古三代秦汉三国六朝文》，第1905页。

成了一个完整的意义世界。

从"象喻"思维的"观物取象""取象比类"到艺术创造中的比兴、言志，都以"象"为思维之中介，通过暗示、象征、比拟、类推等手段，使情景相关、意义相通的事物互诵互感，从而沟通了"情"与"志"、"艺"与"德"、"礼"与"乐"之间的关系，以自然状态之于精神品格的类比与通感，以小见大、以迩见远、乘一总万，由此开启了中国古典美学和文学理论中极其重要的思想传统，即比兴与言志传统。对于《易》之象与《诗》之比兴，孔颖达在《周易正义》中是这样解释的：

> 凡《易》者，象也，以物象而明人事，若《诗》之比喻也，或取天地阴阳之明义也，若《乾》之"潜龙""见龙"，《坤》之"履霜""坚冰""龙战"之属，是也。或取万物杂象以明义者，若《屯》之"六三""即鹿无虞"，"六四""乘马斑如"之属，是也，如此之类，《易》中多矣。[1]

唐代开始，就有对《易》之卦爻辞与《诗三百》的比较研究，从孔颖达到章学诚等都进行过对比研究，如章氏《文史通义·易教下》云："《易》象虽包六艺，与《诗》之比兴，尤为表里""战国之文，深于比兴，即其深于取象者也。"[2]他们都发现《易》之卦爻辞与《诗》之比兴手法上具有一致之处，两者在思维方式上相通，在精神实质上一致，这是在《易传》基础上对易象理论的深入一步研究了，正如有的研究者指出，这实际上是中国古代的比较文学研究之一。[3]

---

① 阮元校刻：《十三经注疏》，第18页。
② 章学诚著，叶瑛校注：《文史通义校注》，第19页。
③ 党圣元：《谈"易象"》，《思想战线》1986年第3期。

以今人眼光观之，《周易》本身业已蕴含了丰富的赋、比、兴思想资源。关于赋，《坤·上六》有"龙战于野，其血玄黄"，《家人·九三》有"家人嗃嗃，悔厉吉，妇子嘻嘻，终吝"，[①] 这与朱熹《诗集传》中"赋者，敷陈其事而直言之者也"[②] 的说法大体相同；关于比，《大过·九二》有"枯杨生稊，老夫得其女妻，无不利"，《渐·初六》有"鸿渐于干，小子厉，有言，无咎"[③]，这也类似于朱熹"比者，以彼物比此物也"[④] 的意思；关于兴，《明夷·初九》有"明夷于飞，垂其翼。君子于行，三日不食，有攸往，主人有言"，《中孚·九二》有"鸣鹤在阴，其子和之，我有好爵，吾与尔靡之"[⑤]，这与朱熹"兴者，先言他物以引起所咏之词也"[⑥] 的说法也大致相仿。易学之"象"与诗学之赋比兴，都要借助特定的物象来表达情感，两者互为表里，都受到"象喻"思维模式的深刻浸淫。同时，两者均存在由物象到心象到具象的一系列心理转化过程，这既类似于郑板桥《题画》中"眼中竹""胸中竹""手中竹"的心理创造全过程，也与叶燮《原诗·内》篇中"呈于象，感于目，会于心"，从而遇之于"默会想象之表"的审美活动大致相似。[⑦]

对于"象"与比兴之间互通的缘由，闻一多在分析民歌中以"鱼"为象的隐语时认为，"象"与兴实际上都是隐，是有话不能明说的隐，"隐在六艺中相当于《易》之象和《诗》之兴"[⑧]。可备一说。对于两

① 阮元校刻：《十三经注疏》，第 18、50 页。
② 朱熹：《诗集传》，第 4 页。
③ 阮元校刻：《十三经注疏》，第 42、63 页。
④ 朱熹：《诗集传》，第 6 页。
⑤ 阮元校刻：《十三经注疏》，第 49、71 页。
⑥ 朱熹：《诗集传》，第 2 页。
⑦ 叶燮：《原诗》，第 31 页。
⑧ 闻一多：《神话与诗·说鱼》，载《闻一多全集》第一卷，第 118 页。

者之差异，钱锺书曾经以"貌同心异"，"义理"与"文情"的区别来辨之：

> 是"象"也者，大似维果所谓以想象体示概念。盖与诗歌之托物寓旨，理有相通。
>
> 然二者貌同心异，不可不辨也。
>
> 是故《易》之象，义理寄宿之蘧庐也，乐饵以止过客之旅亭也；《诗》之喻，文情归宿之菟裘也，苦斯歌斯，聚骨肉之家室也。①

钱氏此言，指出了易象与诗之想象在本质上的不同。正如《沧浪诗话》有所谓"诗不涉理路"②之说，也如冯友兰论说理诗时认为："诗不讲义理，亦不可讲义理。若讲义理，则成为以正底方法讲形而上学底哲学论文，不成为诗。"③故而从"象喻"思维出发，来分析"象"与比兴在精神上的共通之处，而不是纯然追究孰先孰后或孰影响孰的问题，更有价值。

"象喻"思维方式之于文学思想的深刻影响，不仅表现在上述"以象比德"、比兴传统的发生中，我们从"诗言志""诗缘情"等文论命题的衍生中，也可以察见"象喻"方式浸淫下，举一反三、触类旁通的逻辑品格。因此，当我们考察政教传统的形成，从其构成的核心命题与"象喻"思维的关联入手，不仅可以将文论传统的形成在礼乐知识背景下贯通，而且能够揭示出中国古代文学传统形成过程中所蕴含的逻辑原初意义，故不失为一个有益的尝试。

---

① 钱锺书：《管锥编》第一册，第11—12页。
② 郭绍虞：《沧浪诗话校释》，第26页。
③ 冯友兰：《冯友兰学术精华录》，北京师范大学出版社1988年版，第415页。

（三）象之元范畴意义

"象喻"思维重视经验感悟，尤其善于把捉社会、人生表象中某些不可言喻的深层意蕴，因此对于重视形象性、审美性的文学艺术影响内在而深刻，这尤其明显地体现在意象范畴上。作为"象喻"家族系列中的重要范畴，意象的形成经历了漫长的发展演化过程，其滥觞于原始的"尚象"意识，及至春秋战国时期始有"物象""法象"的出现，乃至汉魏六朝"形象""意象"的提出以及"得意忘象""忘象求意"等命题在文学领域渐次展开，逮至唐人"兴象""象外""超象"的演绎并在此基础上引发意境说，直至清代最后成型。以意象范畴为中心，衍生了众多的次生范畴和命题，形成了一个成熟而系统的诗学理论系统，是历代文学思想研究中的一个重镇。从理论衍变的历史看，意象范畴的形成，其中至为重要的几个关节点是汉代王充、齐梁刘勰以及唐人的理论创建。当然，意象范畴得以最终形成，其外部的历史文化语境也是极为重要的。从《诗经》《楚辞》到汉魏时期丰富的诗赋创作，赋、比、兴表现手法的广泛运用，这些文学创作实绩为意象范畴在文学创作及批评领域的展开及其理论升华奠定了基础。

"象喻"思维的传统，到汉人那里得到进一步的拓展。《淮南子·要略》中谈及该书写作方法时提出"假象取耦，以相譬喻"，"假譬取象，异类殊形，以领理人之意"[①]。司马迁在《史记·屈原贾生列传》中评论屈原时认为："其文约，其辞微，……其称文小而其指极大，举类迩而见义远。"[②] 这都在一定程度上继承了"象喻"思维的传统。王充在《论衡》中，全面继承了孔子以来"象"通礼乐、"以象比德"的传统，以意与"象"的关系阐释《周易》，并首次使用意象

---

① 何宁：《淮南子集释》，第 1446、1450 页。
② 司马迁：《史记》，第 2482 页。

一词阐释礼仪节文。在《乱龙》篇中，他先引用了《乾卦·九五》中"云从龙，风从虎"，接着列举了古代礼乐祭祀中的土龙、木主和熊、麋、虎豹、鹿豕等种种具象：

> 礼，宗庙之主，以木为之，长尺二寸，以象先祖。孝子入庙，主心事之，虽知木主非亲，亦当尽敬，有所主事，土龙与木主同。虽知非真，示当感动，立意于象。[①]

他认为，孝子祭祀时虽然只是面对"长尺二寸"的木牌，但是"木主"作为"象"，已经灌注了"意"在其中，此一心理的转化过程在"象喻"思维所先在的暗示、类比、联想中业已完成，因此，在心中他感觉是面对先祖了。王充接着指出：

> 夫画布为熊麋之象，名布为侯，礼贵意象，示义取名也。[②]

意思是说君臣上下的礼仪，通过画布上的兽象含义体现出来，因此，"象"就成了显示君臣地位高低不同的象征，人们看到不同的兽象就可以领会不同的含义。王充在这里举出了一个"象喻"思维的典型例子，虽然他所谓的"立意于象"，重在意而非"象"，但是他显然已经融会贯通了"象喻"思维的精髓，并且能够纯熟地用文字语言完成由观念之象到符号之象乃至主观心象这一过程的阐释。

魏晋以后，随着"象喻"思维在佛学思想中的展开，如《涅槃经》有"以象喻佛性，盲人譬无明之众生，说众盲摸象之肢体，为种

---

① 黄晖：《论衡校释》，第703—704页。
② 黄晖：《论衡校释》，第705页。

种之解"①，以及玄学"言意之辩"中"寻言观象""寻象观意""得象忘言""得意忘象"等命题的出现，"象"的问题成为思想界关注的热点。也正是因为引入"象"这一元范畴，魏晋玄学才最终得以解决《周易·系辞上》中"言不尽意"②和《庄子·外物》篇中"得意忘言"③的难题。在言象意三者关系之间，由于对言所具有的表达功能的怀疑，遂使"象"成为尽意的重要手段，但也因此消解了"象"之本体论意义，由此带来"象"的地位、作用的下降而意的地位凸显，从而促使古人对于"象"的认识进入了一个新阶段，意象范畴在艺术审美领域的意义得以逐渐生发开来。从文艺角度来谈论"象"问题的，陆机《文赋》有"虽离方而遁员，期穷形而尽相"④，与之同时的挚虞《文章流别论》有"文章者，所以宣上下之象""假象尽辞，敷陈其志"⑤，均突出了艺术形象在文学创作中的重要意义，在此基础上，始有刘勰对"意象"范畴含义的转换。

在《文心雕龙》中，彦和全面继承了《易传》中"取象"传统，第一次将意象作为艺术本体范畴提出，即《神思》篇所谓"独照之匠，窥意象而运斤"。他采用了大量"象喻"知识系统的话语，如"神用象通""象其物宜""流连万象""敷写器象""园照之象""以少总多，情貌无遗""辞约而旨丰，事近而喻远"⑥，等等。在《隐秀》篇中，他将文之"隐"与易之"象"沟通起来：

① 昙无谶译：《大般涅槃经》，载《中国书店藏敦煌写经丛帖·大般涅槃经》卷六。
② 阮元校刻：《十三经注疏》，第82页。
③ 王先谦：《庄子集解》，第244页。
④ 张少康：《文赋集释》，第99页。
⑤ 挚虞：《文章流别论》，载严可均辑：《全上古三代秦汉三国六朝文》，第1905页。
⑥ 刘勰著，詹锳义证：《文心雕龙义证》，第980、1007、288、1733、1150、1850、1738、77页。

> 夫隐之为体，义主文外，秘响傍通，伏采潜发。譬爻象之变互体，川渎之韫珠玉也。故互体变爻，而化成四象；珠玉潜水，而澜表方圆。①

彦和认为，文之秘妙在于"隐"，"隐"之为体，在于文外之象。他将意象的阐释与追求"隐"的文学思想对接起来，化四象为文外之象，以旁通、互体比况爻象之万变，发唐人司空图"象外之象"说的先声。刘勰将意象与艺术形象、艺术想象和审美情感联系在一起，阐明了由物象到心象（构思过程）到语象到文学意象（物化过程）的创作全过程，因此在文学思想史上具有极其重要的价值。

唐宋以后，随着诗、词、书、画艺术创作的高度繁荣以及人们对于文艺审美特征的深入认识，意象成为人们理解把握审美活动的一个常见范畴，遂成为历代文学思想研究中的一个重要内容，代有论述，逐渐形成了追求"象外之象""文外之旨""境生象外"的审美传统，并最终萌生了意境说。对于意象范畴的阐述，历代具有代表性的说法，除前文业已引述外，兹举如下：

> 物标万象，既拆之于混沌，亦闻之于惚恍，虽处中而可求，信居外而能想。（林琨《象赋》）②
> 取象曰比，取义曰兴，义即象下之意。（皎然《诗式》）③
> 超以象外，得其环中。（司空图《二十四诗品》）④
> 久用精思，未契意象。（署名王昌龄《诗格》⑤

---

① 刘勰著，詹锳义证：《文心雕龙义证》，第 1487 页。
② 董诰编纂：《全唐文》卷四百五十八，中华书局 1983 年版，第 4680—4681 页。
③ 李壮鹰：《诗式校注》，第 31 页。
④ 郭绍虞：《中国历代文论选》第 2 册，第 203 页。
⑤ 胡问涛、罗琴校注：《王昌龄集编年校注》，巴蜀书社 2000 年版，第 318 页。

无论兴象，兼复故实。(殷璠《河岳英灵集·孟浩然》)

既多兴象，复备风骨。(殷璠《河岳英灵集·陶翰》)①

夫意象应曰合，意象乖曰离，是故乾坤之卦，体天地之撰，意象尽矣。(何景明《与李空同论诗书》)②

古诗之妙，专求意象。

盛唐绝句，兴象玲珑。(胡应麟《诗薮》)③

风格浑成，意象独出。(陆时雍《诗镜总论》)④

诗有景象，即风人之兴比也。唐人意在景象之中，故景象可合不可离也。(许学夷《诗源辩体》)⑤

书与画异形而同品。画之意象变化，不可胜穷，约之，不出神、能、逸、妙四品而已。(刘熙载《艺概·书概》)⑥

对于意象范畴的研究，历来是文论家关注的重点，20 世纪 80 年代以来，此一范畴又成为比较文学研究中的一个热点。对于诗文中的意象问题，钱锺书认为："诗文不必一定有'象'，而至少应该有'意'。例如：'盈盈一水间，脉脉不得语'，是有'象'有'意'的好诗；'良时不再至，离别在须臾''人生无百岁，长怀千岁忧''前不见古人，后不见来者'等，都是好诗，但'象'似乎没有，而'意'却无穷。文字语言基本功能是达'意'，造'象'是加工的结果，即本

① 殷璠：《河岳英灵集》，载《唐人选唐诗十种》，上海古籍出版社 1968 年版，第 91、69 页。
② 郭绍虞：《中国历代文论选》第 3 册，第 37 页。
③ 胡应麟：《诗薮》，上海古籍出版社 1958 年版，第 1、114 页。
④ 陆时雍：《诗镜总论》，载丁福保辑：《历代诗话续编》，中华书局 1983 年版，第 1408 页。
⑤ 许学夷：《诗源辩体》，人民文学出版社 1987 年版，第 270 页。
⑥ 刘熙载：《艺概》，载《刘熙载文集》，江苏古籍出版社 2001 年版，第 185 页。

来是状物色物象的具体字，经千百年亿万人的惯用，也发挥'象'的作用，作者必须施起死回生、翻旧为新的手段。"① 值得关注的是，侯师敏泽先生 1983 年《中国古典意象论》② 中给出一系列结论：以美国诗人庞德为代表的西方意象主义是在受到中国传统诗歌影响下产生的、中国意象论的源头是《周易》和《庄子》、《文心雕龙》中"意象"与其现代意义无涉、中国意象论在明清趋于成熟等等。这一系列结论目前已经被学术界所普遍认同并得到了深入阐发。著者不仅对五四以来既有的权威学说进行了匡正与廓清，而且也克服了西学体系及其范畴大量涌入之时惯见的学者情绪化对抗，冷静而客观，见识卓越，很为行家推崇。

总之，"象"兼具原始具象、认知中介及本体意义等多重内蕴。它是物象世界与观念世界相互交合的产物，由此构成了一个既有自然之物象，又有超自然、超实体的观念之象的世界。"象喻"是中国传统思维方式的重要特点，它通过主体的感受，以整体、综合和情感的方式来理解和表述已知或未知的世界。古人思维之网，正是以"象喻"思维的方式纽结起来的。运用于文学艺术领域的意象范畴，是指艺术创造之时的一种运思悬想，它形成于由物象到心象到语象乃至文学意象的心理转化过程中，是融入了意，即主体审美情趣、气质品格、理想预设等内在质素，而创造出的一种主观与客观、意与境、形与神、虚与实、情与景合一的有机整体。因此，从本质上看，文学意象是客观之物象与主体之志、气、情、神、理、趣相契合而形成的一种审美意识形态。

---

① 引自敏泽：《关于钱钟书先生二三事——与钱先生交往回忆之一》，载《文化·审美·艺术：论文三辑》，山西人民出版社 2002 年版，第 540—541 页。

② 敏泽：《中国古典意象论》，《文艺研究》1983 年第 3 期。

第八章　礼乐之文化基因 —— 文

在中国古代思想文化体系中，"文"处于人文知识系统结构的最基础层面，围绕此一维度敞开的语义关联和意义空间建构了一个宏大的知识谱系和思想空间，古代人文知识的大部分视野都不离其左右。本章之所以将"文"视为三代礼乐思想传统中同生共长的元范畴，在于不仅其最初的缘起及意义空间的展开逮至内涵、外延的定型都孕育在三代礼乐文化的历史语境中，而且"尚文"作为一种思维模式反映出先民对于天、地、人总体特征的看法，并同时作为一种文化基因衍生出思想传统中众多核心范畴，以此开启了中国古代文学及文论的知识维度、逻辑空间、精神气质与价值取向，影响到古人对于文学性质、特征、规律及其功能等根本问题的认识。

"文"的观念自产生伊始就培育了丰富的思想质素，并伴随着三代礼乐文化的发展演变，形成了意义丰富的衍生系统。到春秋战国时期，"文"已经成为思想领域一个普遍谈论的话题，涉及政治制度、思想文化、道德伦理诸多领域，涵盖了礼乐文化的各个方面。究其根源，不仅在于其基源意义存在内在"文德"与外在"文饰"两个维度的发展空间，更在于"尚文"意识经过与天地人、阴阳五行及"象喻"思维的结合，具有了形上的本体论意义，由此所形成的"尚文"价值取向，其思想空间和知识维度也就空前充实和广阔起来。本章拟分三个部分，结合文字考辨、考古材料及传世文献，从思想演变角度，考察

"文"之基源意义、衍生意义及其在文论史上的元范畴意义。

第一节　文之渊源

对于"文"义的梳理，近世以来学者较为重视，他们常常从"文"之内涵与"文"义演变规律两方面进行研讨，其中代表性的说法大致有：

> 刘永济概括"文"义："一者，经纬天地；二者，国之礼法；三者，古之遗文；四者，文德；五者，华饰；六者，书名，文辞。"①
>
> 日本学者青木正儿认为："文"本指花纹，包括线之交错和色之配合；次转而用为文字之义；再转而用为以文字联缀的文章或经过美化的言语。②
>
> 季镇淮《"文"义探原》中认为："广义的看法，不但器物（车马衣服之类）上的绘画或刺绣的图像叫'文'或'文章'，就是那器物对于一个人或国家也叫'文'或'文章'，……那所谓文学——诗书礼乐等，也是人的装饰了。于是大而言之，政治经济社会的种种制度，对于国家，也都是一种装饰。"③
>
> 美国学者刘若愚认为："文"的意义经历了"符号—式样—文饰—文化—学问—著作—文学"④的过程。

---

① 刘永济：《十四朝文学要略》（上古至隋），黑龙江人民出版社1984年版，第2—4页。
② 〔日〕青木正儿：《中国文学概说》，隋树森译，重庆出版社1982年版，第28—29页；《中国文学思想史》，孟庆文译，春风文艺出版社1985年版，第18—20页。
③ 季镇淮：《来之文录》，北京大学出版社1992年版，第31—32页。
④ 〔美〕刘若愚：《中国的文学理论》，田守真、饶曙光译，四川人民出版社1987年版，第30页。

于民认为："具体器物之文的观念，进一步扩展到人与社会以及自然，就出现了人的外观美饰之文，社会现象之文以及自然之文。"①

本文即将展开的论述，正是建立在对诸多前贤观念的吸收和辨析之上的。

太古无文，如《墨子·辞过》云："古之民未知为衣服时，衣皮带茭，冬则不轻而温，夏则不轻而清，……当是之时，坚车良马不知贵也，刻镂文采不知喜也。"②又《庄子·缮性》云："及唐虞始为天下，兴治化之流，枭淳散朴，……然后附之以文，益之以博。文灭质，博溺心，然后民始惑乱，无以反其性情而复其初。"③在古人的文化视野中，"文"的意识是伴随着先民物质生活、精神生活的丰富而逐渐清晰、抽象出来的。为此，我们可以从字源学的角度进行一番考辨。

"文"之本义，大约汉人就无法确知了。传统学者关于"文"的历史考辨与经验归纳，以及近代以来出土的大量考古文字资料，为我们多维度地理解与阐释提供了可能的路径。"文"字初始意义大约有两端：

在甲骨文中，"文"的写法有两组："𡥀"（乙三六一二）、"𡥀"（后二·一四·一三）、"𡥀"（前三·二三·一）和"𡥀"（甲三九四〇）、"𡥀"（乙六八二一反）、"𡥀"（京津二八三七）④；在金文中，"文"有八十多种写法，延续了以上甲骨文两组的差别并更加明显化，两组分别为"𡥀"（休盘）、"𡥀"（此簋）、"𡥀"（虢文公鼎）和"𡥀"（文能匋

① 于民：《春秋前审美观念的发展》，第133页。
② 吴毓江：《墨子校注》，第46页。
③ 王先谦：《庄子集解》，第136页。
④ 中国社会科学院考古研究所编辑：《甲骨文编》，第372—373页。

尊）、"叕"（利鼎）、"叕"（文公丁簋）、"叕"（引觥）①。

　　以上甲骨文与金文的前后两组字符代表了两组义项，前者是象形字符，显示了许慎"错画"之义，尔后引申出"痕迹""纹路""花纹""文采""文饰""修饰""文字"等义项；后者是指事字符，于人的胸口处加以指事性的"心"符，与人的心情与品德相关，表示"文德"之义，乃"忞"字的前身，常常是用于表示美德、美称的谥号，尔后引申出"文心""文人""文治""礼文""文化""文教""文献""文学"等义项。对于以上"文"义之两端及其在思想传统中的演变，下文将逐一展开。

　　"错画"之说，较为晚近。经典的解释，源于《说文解字·文部》："文，错画也，象交文。"段注："遣画者，交道之画也。考工记曰：'青与赤谓之文'，……遣画者，文之本义，彣彰者，彣之本义，义不同也。……初造书契，依类象形，故谓之文。"② 由于"错画"此一思维理路沿袭了上古"三才"合一的思想，符合古人对于天文、地文现象的解释习惯，因此可以有效地解释先秦典籍中很多用例，如对于自然现象之解释，《易传·系辞下》有"观鸟兽之文与地之宜"③，《尚书·顾命》有"西序东向，敷重底席、缀纯，文贝仍几"④；对人文现象之解释，《论语·子张》有"小人之过也，必文"⑤，《孟子·万章上》有"不以文害辞，不以辞害意"⑥，《周礼·春官宗伯·大司乐》有"凡六乐者，文之以五声，播之以八音"⑦，《榖梁传·哀公十三年》有

---

① 容庚编著，张振林、马国权摹补：《金文编》，第 635—637 页。
② 段玉裁：《说文解字注》，第 425 页。
③ 阮元校刻：《十三经注疏》，第 86 页。
④ 阮元校刻：《十三经注疏》，第 239 页。
⑤ 阮元校刻：《十三经注疏》，第 2532 页。
⑥ 阮元校刻：《十三经注疏》，第 2735 页。
⑦ 阮元校刻：《十三经注疏》，第 789 页。

"吴，狄夷之国也，祝发文身"[①]，《礼记·表记》有"容貌以文之，衣服以移之"[②]，等等，这在春秋以后的文献中屡屡可见。

从字源学的角度考察，"文"最初含义即有"文饰"之意，这可能透露出"文"字古老的信息，虽然在目前最古的文字资料中尚无确证，但是在考古发掘的大量新石器时代的彩绘陶器及绳纹上，尤其是仰韶文化绚丽多变的彩陶文饰中可以得见。关于甲骨文、金文中"文"字之象形字符，一般解释为"纹身"之象，其证据在于殷墟卜辞中屡见的"隻（获）象"辞例。关于先民纹身的习俗，考之于传世文献，《庄子·逍遥游》载："越人短发文身。"[③]又《吕氏春秋·贵因》篇载："禹之裸国，裸入衣出。"[④]又《史记·吴太伯世家》载："太伯、仲雍二人乃犇荆蛮，文身断发。"[⑤]又《礼记·王制》载："东方曰夷，被发文身，有不火食者矣。"孔疏曰："越俗断发文身，以辟蛟龙之害，故刻其肌，以丹青涅之。"[⑥]从这些记载中可以看出古老的"文身"习俗确实存在，这是先民为了适应上古物候、气温等自然生存条件而创制的，从中也透露出潜藏在这种巫术礼仪后面的原始信仰意味。

从基源意义上看，"文"的另一个含义就是"文德"。"文德"之说，历史悠远。卜辞中"文"作为人名，诸铭中所见"武丁""康祖丁""武乙""文武丁""文武帝""文武帝乙"等，皆为殷王庙号，故有谥法滥觞于殷商之说。[⑦]殷人独尊文、武之谥号，其后周人因之，故金文中此一义项极为常见，结构变化也更为复杂。考之东周以前的文

① 阮元校刻：《十三经注疏》，第 2451 页。
② 阮元校刻：《十三经注疏》，第 1640 页。
③ 王先谦：《庄子集解》，第 6 页。
④ 许维遹：《吕氏春秋集释》，第 389 页。
⑤ 司马迁：《史记》，第 1445 页。
⑥ 阮元校刻：《十三经注疏》，第 1338 页。
⑦ 屈万里：《谥法滥觞于殷代论》，载《历史语言研究所集刊》第 13 本，第 219 页。

献，西周时期称先人为"文""文祖""文考"，广见于西周金文，如善鼎铭云："唯用绥福乎前文人，秉德恭纯。"又胡簋铭云："其格前文人，其频在帝延陟降。"又《尚书·文侯之命》云："追孝于前文人。"又《大诰》云："天亦惟休于前宁人。"① 此"前宁人"即"前文人"②，在此，"文"是对先人的美称，并不限于是谁，而是泛称先祖。③ 由此可见，"文德"的观念在西周时候已经深入人心了。所谓"文人"，就是文德之人，也就是有礼之人。"古代有德者的一切正当行为的方式汇集了下来便成为后代的礼。"④

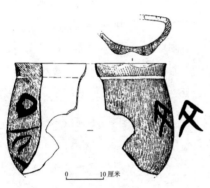

图 1　山西陶寺遗址出土朱书"文"字扁壶（H3403）及"文"字摹本

根据考古学的研究，"文"的渊源可以追溯到距今 4000 余年的夏禹时代。在发现夏社痕迹的早期陶寺文化的陶背壶上，考古学家发现朱书的"文"字，如左图，⑤ 并认为这个字与大汶口文化陶文、殷墟甲骨文和现在通行的汉字属于同一个系统。⑥ 而在早期文献如《史记·夏本纪》《大戴礼记·帝系》《五帝德》的记载中，夏代始祖禹的名字为"文命"，两者之间当非偶然巧合，加

---

① 阮元校刻：《十三经注疏》，第 254、200 页。
② 方浚益：《缀遗斋彝器款识考释》卷一，商务印书馆 1935 年版。
③ 郭沫若：《金文丛考·周彝中之传统思想考》，人民出版社 1954 年版，第 6 页。
④ 郭沫若：《先秦天道观之进展》，载《青铜时代》，第 22 页。
⑤ 李健民：《陶寺遗址出土的朱书"文"字扁壶》，《中国社会科学院古代文明研究中心通讯》2001 年第 1 期。
⑥ 高炜：《陶寺出土文字二三事》，《中国社会科学院古代文明研究中心通讯》2002 年第 3 期。

之新出土西周青铜器豳公盨铭文的印证，我们有理由将夏代的朱书"文"与禹名"文命"所体现的原始文德观念相联系。[①] 随着考古发现的进一步丰富，我们对"文"之渊源的探溯无疑会更加明晰起来。

考察以上"文"之基源意义两端，可以发现，由外在的"错画"文饰含义，后引申为藻饰、章采、仪式、声容以及《礼》《乐》《诗》《书》等古代文献乃至文化传统中各种具体可感形式；由内在的"文德"含义，演绎出德行、礼文、人文、文教、文章、文学、文物、文质等抽象范畴乃至文化传统之内在精神品格，经由词义引申和词性转换，"文"之意义空间在内外两个维度不断展开，所指称的文化内涵日渐扩充，由此构成了礼乐文化的一系列核心范畴群。本节对此一一加以考察，以期照见"文"义在三代传统中流变的精神历程。

文德　"文德"乃"文"字之基源意义之一，甲骨文的"文"字中加指事符号以充实之，至西周彝铭中"文"则清楚地加以"心"字成分，多指发之于内的个体品德修养。金文中习见的"正德""懿德""孔德""介德""元德""明德""哲德"，都是对品行高尚者的称谓，如《周颂·维天之命》有"于乎不显，文王之德之纯"[②]，《国语·鲁语上》有"文王以文昭"[③]，均指文王有懿德、纯德，故谥"文"，所谓"文王之德"遂被视为古来有德者的最高境界。通过字形的演变，我们可以看出，作为礼乐政治的核心命题，"文德"思想到西周已经成熟并完善起来了，由此构成了传统时代伦理道德思想的源头。《礼记·大学》中讲"古之欲明明德于天下者"，修身、齐家、治国、

---

① 冯时：《儒家道德思想源流考》，《中国文化研究》2003 年秋之卷。
② 阮元校刻：《十三经注疏》，第 584 页。
③ 徐元诰：《国语集解》，第 158 页。

平天下，"皆以修身为本"，"修身在正其心"①，内省其心，心正为德，正是发挥了这一思想。

"文德"与"文武"的观念是相对的。古人对于"文""武"的理解都与具体的德行有关，"文"主内心慈惠，"武"主外力暴戾。如《逸周书·谥法解》云："经纬天地曰文，道德博厚曰文，学勤好问曰文，慈惠爱民曰文，愍民惠礼曰文，锡民爵位曰文。刚强直理曰武，威强睿德曰武，克定祸乱曰武，刑民克服曰武，大志多穷曰武。"②这些记载虽然已经不乏后人的想象，但是也可以充分说明，古人重文、武之德，尤其重视君王的政治品格。"文德"是三代圣贤政治的核心内容，如《大雅·江汉》有"矢其文德，治此四国"③，《论语·季氏》有"故远人不服，则修文德以来之"④。古人提倡文武兼资，华实相符的完美人格，如《大雅·崧高》有"文武是宪"，《小雅·六月》有"文武吉甫，万邦为宪"，《鲁颂·泮水》有"允文允武"⑤。季镇淮认为文、武自殷商以来就代表两个观念："'武'字表示人的一种事功（征伐），偏于政治的意义；'文'字表示人的一种行为态度，偏于伦理的意义。"⑥

春秋时代"文"义已经泛化，"文"之含义，无所不包。凡人生一切德行修养，皆可以通称为"文"，由此衍生出庞大的意义群体。"文"可以相当于"德""章""学"等义，所谓"文德""文章""文学"的概念，就偏重在"德""章""学"之义。最典型的例子是《国语·周语下》中的单襄公告其子顷公，论晋孙谈之子周（即晋悼公）：

---

① 阮元校刻：《十三经注疏》，第 1673 页。
② 黄怀信等：《逸周书汇校集注》，第 678—682 页。
③ 阮元校刻：《十三经注疏》，第 574 页。
④ 阮元校刻：《十三经注疏》，第 2520 页。
⑤ 阮元校刻：《十三经注疏》，第 567、425、611 页。
⑥ 季镇淮：《来之文录》，第 24 页。

其行也文，能文则得天地，天地所祚，小而后国。夫敬，文之恭也。忠，文之实也。信，文之孚也。仁，文之爱也。义，文之制也。智，文之舆也。勇，文之帅也。教，文之施也。孝，文之本也。惠，文之慈也。让，文之材也。[①]

其中的"文"，韦昭注云："文者，德之总名也。"[②]单襄公看到晋悼公具备敬、忠、信、仁等十一种德性，拿一个"文"来概括他，后来晋悼公果然复国了，证明单襄公没有看错，很有知人之明。据此，饶宗颐《孔门修辞学》认为："所以'文'字可说是一个典型的道德综合体，实在具有道德文化的全体意义。"[③]礼乐教化之目的，就在于培养君子之文德品行、文雅气象，因而"文德"是礼乐传统中一个核心的范畴。直到汉代仍然是这样认为的，如《说苑·修文》云："文德之至也，德不至则不能文。"[④]又《礼记·乐记》云："礼乐皆得，谓之有德。德者得也。"[⑤]逮至齐梁时代刘勰《文心雕龙》开篇，即大为感叹："文之为德也大矣，与天地并生者何哉？"[⑥]可见"文德"对历代诗文评的传统以及"文以载道"观念的形成，影响极为深远。

在此基础上，"文德"的意义内涵不断地扩充，"文德"开始与"文理"结合在一起。古人认为，"文"不仅是德之总名，而且"文"与"理"也是相通的，故《荀子·礼论》篇云："贵本之谓文，亲用之谓理，两者合而成文。"杨倞注曰："文，谓修饰。理，谓合宜。"王先谦《集解》注引郝懿行语："文、理一耳。贵本则溯追上古，礼至备

---

① 徐元诰：《国语集解》，第 88—89 页。
② 徐元诰：《国语集解》，第 88 页。
③ 饶宗颐：《文辙：文学史论集》（上册），第 81 页。
④ 向宗鲁：《说苑校证》，中华书局 1987 年版，第 476 页。
⑤ 阮元校刻：《十三经注疏》，第 1528 页。
⑥ 刘勰撰，詹锳义证：《文心雕龙义证》，第 2 页。

矣，兼备之谓文；亲用则曲尽人情，礼至察矣，密察之谓理。理统于文，故两者通谓之文也。"① 又王先谦《荀子集解·修身》篇注引王念孙语："凡荀子书言文理者，皆谓礼也。"② 可谓言简意赅。同时，早期的"文德""文武"开始衍生出"文质"的意思。"文德"重在内心修养，"文武"重在外在武力，"文质"则重在文野之辨。如《论语·雍也》云："质胜文则野，文胜质则史。文质彬彬，然后君子。"③ 何晏《集解》云："野，如野人言鄙略也。史者，文多而质少。彬彬，文质相半之貌。"④ 又《礼记·表记》云："虞、夏之文不胜其质，殷、周之质不胜其文。"⑤ 孙希旦《集解》引方悫云："至矣者，言其质文不可复加也。加乎虞、夏之质，则为上古之洪荒；加乎殷、周之文，则为后世之虚饰。"⑥ 过质之野蛮与过文之虚饰，均非儒学所倡导的理想，文与质的结合，才能和谐中庸。由此可见，"文质"的出现，不仅继承了三代"文德""文武"的思想，而且从三代历史、人文教化角度延及文学领域，其历史纵深感与现实感更加凸显，从历史范畴演变为哲学本体论范畴再到文论范畴的路径清晰可见。对于文质之元范畴意义，本章将在第三节中论述。

礼文　古人认为"乐贵和而上质"⑦，以此推论，或许有"礼主别而尚文"的见解。所谓"乐合同、礼别异"⑧，乐尚质、礼尚文，此一

---

① 王先谦：《荀子集解》，第 352 页。
② 王先谦：《荀子集解》，第 36 页。
③ 阮元校刻：《十三经注疏》，第 2479 页。
④ 程树德：《论语集释》，第 401 页。
⑤ 阮元校刻：《十三经注疏》，第 1642 页。
⑥ 孙希旦：《礼记集解》，中华书局 1989 年版，第 1311 页。
⑦ 刘向：《五经通义》，载《北堂书钞·乐部》，中国书店 1989 年版，第 401 页。
⑧ 王先谦：《荀子集解》，第 382 页。

思想，在《荀子》与《礼记》中论述得极为明晰。礼与乐在精神实质上的不同表现为：礼主别由外作而尚文，文家"尊尊"；乐贵和由中出而尚质，质家"亲亲"。由于"文"之基源意义中业已蕴含了内德与文饰之两端，与礼乐所具的内外属性、特性是相同的，尤其是周文衰弊，繁文缛节发展到极致以后，人们更倾向于取"文"义蕴含的外在文饰之义，于是，视"文"为礼乐文化的基本特征也就更容易被认同了。在此意义上，"文"的意义与礼的意义就基本倾向一致了，属于外在形式之附着，表现为文饰美化的言行动作，即所谓"礼文"，如《左传·昭公二十六年》云："文辞以行礼也，……无礼甚矣，文辞何为。"① 又《韩诗外传》卷二云："故礼者，因人情为文。"② 又《礼记·乐记》云："礼自外作故文。"③ 从本质上看，"文"与礼，都旨在使人获得内在的修养，是人类摆脱野蛮走向文明的必需进程，故《郊特牲》云："男女有别，然后父子。父子亲，然后义生。义生，然后礼作。礼作，然后万物安。"④ 在礼乐知识背景下考察，不仅礼与"文"是相通的，而且乐与"文"也是相通的。古人论"乐"，首先谈"文"。如《乐记》提出的"声文""乐文"，如云："声成文，谓之音""屈伸俯仰，缀兆舒疾，乐之文也。"⑤ 在古人眼里，凡美的、和谐的事物都要依靠"文"来显现，听之"声文"、观之"乐文"，大抵如此。

　　春秋时代，诸子蜂起，除了儒家以外，先秦诸子均大力抨击周礼之文饰特点，所取均为"文"之外饰一面的意义。我们知道，春秋时代"文"的使用已经不是本义了。儒家将"文"等同于"礼"，如

① 阮元校刻：《十三经注疏》，第 2115 页。
② 许维遹：《韩诗外传集释》，中华书局 1980 年版，第 77 页。
③ 阮元校刻：《十三经注疏》，第 1529 页。
④ 阮元校刻：《十三经注疏》，第 1456 页。
⑤ 阮元校刻：《十三经注疏》，第 1527、1530 页。

《论语·学而》有"行有余力，则以学文"，《雍也》有"博学于文，约之以礼"，《子罕》有"天之未丧斯文也"①，等等，其中"文"均指三代礼乐传统及《诗》《书》《礼》《乐》等相关的典章与文献。学"文"就包括了学"礼"。《左传·僖公二十三年》中的一段记载，就颇为明晰：

> 子犯曰，吾不如衰之文也。请使衰从。公子赋《河水》，公赋《六月》。赵衰曰，重耳拜赐。公子降，拜，稽首，公降一级而辞焉。衰曰，君称所以佐天子者命重耳，重耳敢不拜。②

所谓"衰之文"，是指赵衰通于诗、书、礼、乐的运用。同样的记载也见于《国语·晋语》。此一传统在荀学中表现得尤其明显，荀子将礼与"文"等同，如《荀子·礼论》篇云："三年之丧何也？曰，称情而立文，因以饰群别，亲疏贵贱之节而不可益损也。"③这句话在《礼记·三年问》中也出现，是指制定"三年丧"的依据要与哀情相称，因为要以此来表明"尊尊""亲亲"，亲疏贵贱之义，所以不能任意地增减。荀子主性恶，因而特别强调礼之文饰作用，如《荀子·大略》篇云："人之于文学也，犹玉之于琢磨也。"又《礼论》篇云："凡礼，事生，饰欢也。送死，饰哀也。祭祀，饰敬也。师旅，饰威也。"又云："事死如事生，事亡如事存，状乎无形影，然而成文。"④荀子生活在战国时代，诸侯放恣，处士横议，理性昌明，"文"义所具有的外在文饰特点已经发挥到极致，业已完全褪去其内在的"文德"内涵了。

---

① 阮元校刻：《十三经注疏》，第 2458、2479、2490 页。
② 阮元校刻：《十三经注疏》，第 1816 页。
③ 王先谦：《荀子集解》，第 372 页。
④ 王先谦：《荀子集解》，第 508、369、378 页。

文教　"文教"一词是"文"义在春秋时代的一个衍生意义。"文"与德相通，"文教"源于"文德"。最有名的例子是晋文公之所以为"文"，是因为他定霸前曾经实施"文教"。据《左传·僖公二十七年》记载：

> 晋侯始入而教其民，二年，欲用之。子犯曰，民未知义，未安其居。于是乎出定襄王，入务利民，民怀生矣，将用之。子犯曰，民未知信，未宣其用。于是乎伐原以示之信。民易资者不求丰焉，明征其辞。公曰，可矣乎？子犯曰，民未知礼，未生其共。于是乎大搜以示之礼，作执秩以正其官，民听不惑而后用之。出谷戍，释宋围，一战而霸，文之教也。①

我们可以看到，这里"文之教"的内容包括"义""信""礼"的成分，这些意思都不离"文德"的范畴，所以，这里的"文教"实际上就是德教。

在古人的文化视野中，"文教"的目的也可以归结为文化，所谓的文化，即《周易》所谓"观乎天文，以化成天下"②之义。西汉刘向最早使用"文化"一词，《说苑·指武》云："圣人之治天下也，先文德而后武力。凡武之兴为不服也。文化不改，然后加诛。"③这里的"文化"是指以礼乐之文，文治教化。"文"是指三代之"礼文"，其中尤以周文最为完备，《国语·晋语》言"周尚文"，是指周代人文化的礼乐制度、礼乐化的生活方式及其政教价值取向，达到了古代人文教化的最高峰，因而周代成为后世追忆的乌托邦，孔子才有"郁郁乎文哉，

---

① 阮元校刻：《十三经注疏》，第 1823 页。
② 阮元校刻：《十三经注疏》，第 37 页。
③ 向宗鲁：《说苑校证》，第 380 页。

吾从周"①的感叹。正因为"文"有教化之功，故"文"与"化"能合而为一，谓之"文化"，这是华夷之辨的前提，文野之分的界线，化外为野、化内为文；化前为朴、化后成人。从广义看，礼乐传统乃"文"的产物，礼乐昌盛，"文"必昌盛。古来人文之盛，莫胜于礼乐文明，也正是因为三代礼乐文化达到了有史以来"文"繁盛之顶峰，故而受到反对者墨子、老庄、韩非等的猛烈抨击。

　　孔子以来的儒家重视礼乐教化，最终目的在于使人成为社会的人，文化的意义在于这是个体社会化的一个过程，因而"文教"是人社会化的一个起点。在实施手段上，儒家提倡内在修德之自觉自守，无需外在法治，防患于未然，即《大戴礼记·利察》倡导的"礼者禁于将然之前，而法者禁于已然之后"②，故而尤其重视"文德""文教"。《论语·述而》中记载的孔门"四教"：文、行、忠、信，多是与西周文化典籍相关的教育，其中的"文教"，涵盖了文学、文字、文章、文献乃至学术等内涵。儒家之于"文教"是极为重视的，传世典籍中，多有关于儒者实施"文教"时所持礼器的记载，如《论语·八佾》云："二三子何患于丧乎？天下之无道也久矣。天将以夫子为木铎。"孔安国注："木铎，施政教时所振也。"孔疏："此章明夫子之德，天将命之使其定礼乐也，……以号令于天下，如木铎以振文教也。"③铎是三代礼乐传统中的重要礼器，古人武事用金铎，如《周礼·夏官司马·大司马》有"教振旅，……两司马振铎"④，文事用木铎，如《礼记·明堂位》有"振木铎于朝"⑤。

---

① 阮元校刻：《十三经注疏》，第 2467 页。
② 王聘珍：《大戴礼记解诂》，第 22 页。
③ 阮元校刻：《十三经注疏》，第 2468 页。
④ 阮元校刻：《十三经注疏》，第 836 页。
⑤ 阮元校刻：《十三经注疏》，第 1490 页。

文学 "文学"也是"文"义在齐梁时代出现的新含义。就"文"的基源意义而言,其本身就蕴含了"学"的意思。"文学"联结成词,最早出现在《论语·先进》:

> 德行,颜渊,闵子骞,冉伯牛,仲弓。言语,宰我,子贡。政事,冉有,季路。文学,子游,子夏。[①]

这是孔子所列举的四类代表门人,其中第四类是擅长"文学"的子游、子夏。根据《礼记·檀弓》的记载可知,子游是精通于礼的。根据《论语·八佾》中孔子与子夏的对话可知,子夏谈诗而悟礼,被孔子认为是够资格谈诗的人,因而也是一个精通礼的人。《礼记·乐记》记载他"为魏文侯师",与魏文侯谈论古乐,可以看出他擅长诗乐。由上可推知,孔门四科的"文学",本质上是一种"学",即以"文"为"学",是指对三代礼乐文化为主体的古典知识有广博的学养。考之其他篇章,《论语·学而》云:"行有余力,则以学文。"[②]《集解》引马融言:"文者,古之遗文。"[③] 其后荀子也以"文学"为儒者之教,如《荀子·非相》篇云:"从者将论志意,比类文学邪? 直将差长短,辨美恶,而相欺傲邪?"[④] 又《性恶》篇云:"今人之,化师法,积文学,道礼义者为君子。"[⑤] 亦可印证。

"文"是三代文化昌盛的标志,以继承礼乐传统为己任的先秦儒者素来重"文",以"文"为学,以"文学"为其事业,也是顺理成章

---

① 阮元校刻:《十三经注疏》,第 2498 页。
② 阮元校刻:《十三经注疏》,第 2458 页。
③ 程树德:《论语集释》,第 28 页。
④ 王先谦:《荀子集解》,第 75 页。
⑤ 王先谦:《荀子集解》,第 435 页。

的事。这一点从其反对者的言论也可以得到证明,《韩非子》就视儒者为文学之士,加以攻击,如《五蠹》中认为儒家"称先王之道,以籍仁义,盛容服,而饰辩说,以疑当世之法",故"文学者非所用,用之则乱法"[①];又《显学》云:"藏书策,习谈论,聚徒役,服文学而议说。"[②] 这种观念延续到汉代,谈论"文学",就常常与儒者,与礼乐、礼法等古典知识联系在一起,如《史记·张丞相列传》中称张汤"文学律历,为汉明相"[③]。又王粲《荆州文学记官志》云:"夫文学也者,人伦之守,大教之本也。"[④] 逮至清代顾炎武《日知录》卷七"博学于文"亦谓:"君子博学于文,自身而至于家国天下,制之为度数,发之为音容,莫非文也。"[⑤] 由此可见,此一思想的影响极为久远。

文章 "章"字在《说文》中释为"乐竟为一章"[⑥],是指文辞结束,乐曲终结,即一个段落的结束,但这显然是比较晚近的说法了。考之春秋以前典籍中"章"的意思,如《周易·丰·六五》有"来章有庆誉,吉",虞翻注曰"显也"[⑦];《大雅·抑》有"维民之章",传曰"章,表也"[⑧];《国语·周语下》有"其饰弥章",韦昭注曰"著也"[⑨]。由此可见,"章"字大抵有明、显、昭、著等义,与"文"所具有的"文饰"之义是相近的,这样合而言"文章",方有可能。《周礼·冬官·考工记》中认为"青与赤谓之文,赤与白谓之章,白与黑谓之黼,

---

① 王先慎:《韩非子集解》,第 456、449 页。
② 王先慎:《韩非子集解》,第 459 页。
③ 司马迁:《史记》,第 2685 页。
④ 欧阳询:《艺文类聚》,第 693 页。
⑤ 黄汝成:《日知录集释》,第 311 页。
⑥ 段玉裁:《说文解字注》,第 102 页。
⑦ 阮元校刻:《十三经注疏》,第 68 页。
⑧ 阮元校刻:《十三经注疏》,第 555 页。
⑨ 徐元诰:《国语集解》,第 99 页。

黑与青谓之黻"①，青赤相配为"文"，赤白相配为"章"，可见，"文"与"章"在本质意义上都是指颜色的搭配。《左传·襄公三十一年》中载有"动作有文，言语有章"②，这里的"章"即是"文"。我们在先秦典籍中常见"文章黼黻"的说法，如《荀子·非相》《富国》《礼论》及《吕氏春秋·节丧》等，这是因为"文""章""黼""黻"，在本质上是相通的。

在古代典籍中，"文章"一词多指周代礼乐典章制度。《国语·周语中》的记载很明晰：

> 夫王公诸侯之有饫也，将以讲事成章，……服物昭庸，采饰显明，文章比象，周旋序顺，容貌有崇，威仪有则。

韦昭注曰："章，章程也。"又云："黼黻，绘绣之文章也。比象，比文以象山、龙、华虫之属也。"③参之《论语·泰伯》："大哉，尧之为君也。巍巍乎，唯天为大，唯尧则之。……巍巍乎，其有成功也。焕乎其有文章。"④何晏《集解》曰："焕，明也。其立文垂制又著明。"⑤这里指的仍然是周代礼乐典章制度。又《礼记·大传》云："考文章，改正朔。"郑注："文章，礼法也。"孔疏："文章，国之礼法也。"⑥在孔子的时代，"文章"开始有文辞篇章之义，如《论语·公冶长》云："子贡曰，夫子之文章，可得而闻也。夫子之言性与天道，不可得而闻也。"邢昺疏："夫子之述作威仪礼法有文采，形质著明，可

---

① 阮元校刻：《十三经注疏》，第 918 页。
② 阮元校刻：《十三经注疏》，第 2016 页。
③ 徐元诰：《国语集解》，第 59—60 页。
④ 阮元校刻：《十三经注疏》，第 2487 页。
⑤ 程树德：《论语集释》，第 552 页。
⑥ 阮元校刻：《十三经注疏》，第 1506 页。

以耳听目视，依循学习。"① 子贡这里所谓的"文章"，除了指孔子的著述学问，还兼指言辞仪表之文采，这已经是溢出周礼本义之外的意思了。

文道 "文道"说法，出现较晚，但对于"文"与道关系的探讨，却是三代文化一贯的思想传统。在传世典籍中，最早见于《国语·齐语》记载齐桓公"隐武事，行文道，帅诸侯而朝天子"②的举动，其后《管子》也有类似的记载，《逸周书》有"内无文道，外无武迹"③，这里所指"文道"之义等同于"文德"。"文道"范畴，本质上是三代思想文化中的一个原初范畴，关涉到古人对于天地人及阴阳关系的理解。在古代思想史的逻辑中，"文"乃宇宙万物之总体特征，是天、地、人之通性，所谓天文、地文、人文并列，天道、地道、人道同一，"文"与道互为表里，其间关联不证自明，如《论语·子罕》云："文王既没，文不在兹乎？"④朱熹《集注》："道之显者谓之文，盖礼乐制度之谓，不曰道而曰文，亦谦辞也。"⑤因而古人对道的理解就决定了其对"文"的理解，"文"也就自然具有了道的种种规定与属性。这不仅决定了古人关于"文"与道关系的理解，也影响到对德与艺、道与技的理解。

对于文道与德艺的关系，《论语·述而》云："志于道，据于德，依于仁，游于艺。"⑥对于孔子伦理教育四个步骤终于"艺"，朱熹《集注》释云："游者，玩物适情之谓。艺则礼乐之文，射御书数之法，皆

---

① 阮元校刻：《十三经注疏》，第 2474 页。
② 徐元浩：《国语集解》，第 237 页。
③ 黄怀信等：《逸周书汇校集注》，第 1167 页。
④ 阮元校刻：《十三经注疏》，第 2490 页。
⑤ 朱熹：《四书章句集注》，第 110 页。
⑥ 阮元校刻：《十三经注疏》，第 2481 页。

至理所寓，而日用之不可阙者也。"① 朱子的解释无甚新创，更有见地的是王夫之，其《读四书大全说》卷五云：

> 此游艺之功，不待依仁之后，而与志道、据德、依仁相为终始。
>
> 志道、据德、依仁，有先后而无轻重。志道、据德、依仁之与游艺，有轻重而无先后。故前分四支，相承立义，而后以先后、轻重分两法。
>
> 若艺，则与道相为表里，而非因依仁而始有。其不先依仁而后游艺，甚著明矣。②

王氏之论，视艺与道"相表里"，"游艺"与前三者"相为终始"，深得三代礼乐教化思想之精髓。按《周礼》记载，春秋教以礼乐，冬夏教以诗书，教化的目的在于通过各种"艺"的传授完成内在的道、德、仁的提升。我们可以认为，孔子的伦理观是一种艺术化的伦理观，或者说，其艺术观是一种伦理化的艺术观，他一方面注重挖掘诗乐之伦理道德价值与教化功能，同时也重视寻找诗乐本身的艺术特征与创作规律，两者互为表里，这与《论语》中"仁"贯通礼乐，德与言统一，以礼约文的思想倾向是一致的，也与其"兴于诗，立于礼，成于乐"③ 的乐教思想是一致的。

对于"文道"与德艺、道艺具有相同的价值取向，后学多有论述。汉末魏初的徐干在《中论·艺纪》中就很明确地论述了"艺"与"德"的统一关系：

---

① 朱熹：《四书章句集注》，第 94 页。
② 王夫之：《读四书大全说》，中华书局 1975 年版，第 307—308 页。
③ 阮元校刻：《十三经注疏》，第 2487 页。

> 艺者，所以事成德者也。德者，以道率身者也。艺者，德之枝叶也。德者，人之根干也。斯二物者，不偏行，不独立。……人无艺则不能成其德，故谓之野。①

清代方以智提出"道寓于艺"的观点，发千古之未发，批驳了时人多谈道而耻谈艺之偏见，认为真正有道者，乐居艺中而耻以道名，《东西均·道艺》云：

> 知道寓于艺者，艺外之无道，犹道外之无艺也。称言道者之艺，则谓为耻之，亦知齐古今以游者，耻以道名而托于艺。②

近人宗白华也认为中国哲学是就"生命本身"体悟"道"的节奏。"道"具象于生活、礼乐制度。道尤表象于"艺"。灿烂的"艺"赋予"道"以形象和生命，"道"给予"艺"以深度和灵魂。③

儒家关于"文道"的理解，不仅与德艺、道艺的价值取向相同，而且与道家关于道技关系的理解，在本质上也是相通的。对于道技关系，庄学多有论述，如《庄子·天地》篇云：

> 故通于天地者，德也。行于万物者，道也。上治人事者，事也。能有所艺者，技也。技兼于事，事兼于义，义兼于德，德兼于道，道兼于天。④

---

① 郁沅等：《魏晋南北朝文论选》，人民文学出版社 1996 年版，第 50—51 页。
② 庞朴：《东西均注释》，中华书局 2001 年版，第 178 页。
③ 宗白华：《美学散步》，上海人民出版社 1981 年版，第 68 页。
④ 王先谦：《庄子集解》，第 99 页。

这是庄子道艺论的总论，前五句由"道"推衍到"技"，以"道"治"艺"，后五句由"技"上溯到"道"，以"艺"合"道"，结论是"通于一而万事毕，无心得而鬼神服"①。这里的"一"就是"道"。庄子常常通过寓言来明此理，如《达生》篇中梓庆削木为锯，"以天合天"②；《养生主》篇中庖丁解牛，"进乎技"，意即只有超越"技"的层面才能进入"道"的境界，也即所谓"道进乎技"③。庄子有关"道"与"技"的论述，是其认识论的重要组成部分。

以上通过"文"之本义与衍生意义的考察，可以发现，在三代礼乐思想的演变过程中，"文"的意义网络构成中国古代思想发生期的基本历史文化情景。作为古代文学思想所研讨的人文，乃"文"义之一端，所涉及的文学功用、价值取向及批评标准等核心问题，也就自然地纳入了"文"义的整体视野与阐释空间中。因此，对"文"的理解也就成为古代文论的思想前提与基本论域了。

第二节　"尚文"意识

从思维模式上看，中国古代很早就形成了"尚文"的意识，这是在礼乐文化知识谱系与历史语境中，与"三才"、阴阳五行思想的结合而得以不断丰富的，并通过与"象喻"思维、"尚和"思维不断融合，构成了一个文义斑斓、含义广阔的思想谱系。在这个思想谱系中，我们不但以"文"概括一切自然创生，涵括一切人文创造，更以"文"

---

① 王先谦：《庄子集解》，第 99 页。
② 王先谦：《庄子集解》，第 164 页。
③ 王先谦：《庄子集解》，第 28 页

为一切历史文化之总括、为其存在之大本大原，由此形成了极富民族色彩的文化传统。具体到文学传统上，"尚文"观念对于古人文学视野的形成以及文论特征的影响主要有三：其一，在文学功用及价值取向上，政教观与审美观并行，以政教观为主；其二，在文学视野及文论空间上，礼乐之文与文学之文共存，文学观念的泛化与醇化并行不悖；其三，以"文"为核心构成了庞大的语义系统与思想谱系，由此所衍生的一系列范畴构成了古代文论的基本知识系统。

　　通过上节考察"文"义的演变，可以看出，西周末期"文"的观点已经定型，并且与早期思想文化中的一些重要质素开始结合。从前文所引《左传》《国语》等传世文献来看，"物相杂为文""五色成文"的观点已经出现了，如"目不别五色之章为昧"（《左传·僖公二十四年》）[1]，"火龙黼黻，昭其文也；五色比象，昭其物也"（《左传·桓公二年》）[2]，"为九文、六采、五章，以奉五色"（《左传·昭公二十五年》）[3]，等等。其中"五色""五声""五采"等观念的出现，显示出"文"与早期五行思想的结合。西周末年史伯有"物一无文"思想，他认为单一色彩不能成为悦目的文采，这就将"文"的观念提高到哲学层面，凸显出早期"两一"观及对待和谐思想的影响，这也是"尚文"与"尚和"意识结合的产物。"尚文""尚和"作为古人认识、把握世界的方式，在价值观、方法论上具有诸多相通之处。"文"之形上特质，正是通过与阴阳五行思想的结合而体现出来的，无论是"五色""五声""五采"，只有上下、高低、粗细、清浊、长短、方圆、曲直的恰当分布与协调配伍，才能产生和谐的美感。"文"与"和"，作为礼乐传统中共生的原初范畴，都是与人类早期思维特征与审美意

---

① 阮元校刻：《十三经注疏》，第 1818 页。
② 阮元校刻：《十三经注疏》，第 1742 页。
③ 阮元校刻：《十三经注疏》，第 2108 页。

识结合在一起的，在原初意义上，"文"突出色彩在视觉审美中的作用，"和"突出味道、声音在味觉、听觉审美中的作用。

"尚文"观念历史悠久，其思想形成的重要参照系统是"象喻"思维与"三才"思想。文象同源，天地人同构，共同构成了古代知识系统中连贯一体的意义世界。如《周易·系辞下》云："物相杂，故曰文。"① 又《礼记·乐记》云："乐盈而反，以反为文。"② 又《淮南子·天文训》高诱注："文者，象也。"③ 又《说文解字序》云："文者，物象之本。"④ 又《文心雕龙·练字》云："文象列而结绳移，鸟迹明而书契作。"⑤ 在古代思想家的文化视野中，"象"与"文"的原初意义，不仅体现在"象""文"作为基源性语义符号所构成的庞大的复合词系列中，而且表现在"象喻"思维与"尚文"意识的形成上。"象"与"文"所构成的两套符号系统，具有相同的指涉功能，都指向道，具有贯通形下万物与形上之道的功能，这对于中国传统思想中重感性、直观的思维特征形成有着重要的意义。《周易·系辞上》云："通其变，遂成天下之文。极其数，遂定天下之象。"⑥ 在这里，《易传》的作者将"天下之文"与"天下之象"并列对举，绝非随意为之，应该是古人文象同源思想的自然流露。"象"之系统与"文"之系统，在意义指涉上沿着形下之器与形上之道两个维度延伸，涵盖了形而下的实体性存在与形而上的超越性存在，因此获得了巨大的思想容量与意义空间。

从本质上看，"文"是"三才"之道的外在显现，是天地人"可观之象"的有序组合，是对天地焕然有章的种种文象不同特征的限

---

① 阮元校刻：《十三经注疏》，第 90 页。

② 阮元校刻：《十三经注疏》，第 1544 页。

③ 何宁：《淮南子集释》，第 165 页。

④ 许慎：《说文解字叙》，载严可均辑：《全上古三代秦汉三国六朝文》，第 740 页。

⑤ 刘勰撰，詹锳义证：《文心雕龙义证》，第 1445 页。

⑥ 阮元校刻：《十三经注疏》，第 81 页。

定、修辞、分类与描述。古人谈"文"离不开"三才"之道，如《国语·周语下》云："天六地五，数之常也。经之以天，纬之以地。经纬不爽，文之象也。"① 所谓"文"，乃天地人之常道与具象。《易传》中正式拈出"三才"思想，将天道、地道、人道的变化及其关联与"文"的观念纽结起来，《系辞下》云：

> 《易》之为书也，广大悉备。有天道焉，有人道焉，有地道焉。……物相杂，故曰文，文不当，故吉凶生焉。②

在古人的逻辑想象中，由"三才"之道派生出"三才"之文：天文、地文、人文。人法天象地，人道与天道、地道是同形同构的，人文与天文、地文也必然具有同一性。"文"乃道之外化，这就为"文"之普遍存在找到了本源的依据，由此所确立的天地人存在的意义与法度，就成为古代人文思想生成的哲学前提与终极意义所在。对于"文"在古代知识系统中的价值，朱熹评价颇高，《朱子语类》卷二十九中认为"文"之所以"经天纬地"，就在于"裁成天地之道，辅相天地之宜"③。"文"之重要，可见一斑。

源于"三才"之道合一，"三才"之文合一，由"文"探"象"，由"象"显道，"文"就成为认识天、地、人本质的一个思维入口，由文象之有限性探索道之无限境界，其意义指向自然就具有了深刻的形上性与本原性。此一维度敞开的文论意义空间极为开阔，不仅培育了仰视、俯察人间万象的宏大视野，而且造就了郁然有彩、英华发外、焕然成章的人文气象，后世所谓载道、言意、境界等说法都不离其左

---

① 徐元诰：《国语集解》，第89页。
② 阮元校刻：《十三经注疏》，第90页。
③ 黎靖德编，王星贤点校：《朱子语类》，第730页。

右，并直接影响到古人关于文学功用及价值取向的种种看法。对此，最为明晰的表述是刘勰《文心雕龙·原道》中诸多常常为今人所称道的说法，最为简洁明了的论断是宋儒所言，周敦颐《周子通书·文辞》云："文所以载道也。"① 朱熹《朱子语类》卷一百三十九云："文便是道。"② 正因为如此，由"三才"之文并立，谈论文学之本原，遂成为后世文学思想的重要传统。历代文论家的论述极为丰富，概举如下：

上天多文，而后土多理，二气协和，圣贤禀受，法象本类，故多文彩。（王充《论衡·书解》）③

两仪定位，日月扬晖，天文彰矣；八卦以陈，书契有作，人文详矣。（令狐德棻《周书·王褒庾信传论》）④

夫玄象著明，以察时变，天文也；圣达立言，化成天下，人文也。（李百药《北齐书·文苑传序》）⑤

文也者，其道焕焉。日月星辰，天之文也；五岳四渎，地之文也；城阙朝仪，人之文也。字之与书，理亦归一。（张怀瑾《文字论》）⑥

天之文日月星辰，地之文百谷草木，人之文六籍五常。（王禹偁《送孙何序》）⑦

故两仪，文之体也；三纲，文之象也；五常，文之质也；九畴，文之数也；道德，文之本也；礼乐，文之饰也；孝悌，

① 周敦颐：《通书》，载《周敦颐集》，中华书局 1990 年版，第 35 页。
② 黎靖德编，王星贤点校：《朱子语类》，第 3319 页。
③ 黄晖：《论衡校释》，第 1150 页。
④ 令狐德棻：《周书》，中华书局 1971 年版，第 742 页。
⑤ 李百药：《北齐书》，中华书局 1972 年版，第 601 页。
⑥ 卢辅圣：《中国书画全书》第一册，上海书画出版社 1993 年版，第 63 页。
⑦ 黄启方：《北宋文学批评资料汇编》，台湾成文出版社 1978 年版，第 88 页。

文之美也；功业，文之容也；教化，文之明也；刑政，文之纲也；号令，文之声也。圣人职文者也，君子章之，庶人由之。（石介《上蔡副枢密书》）①

动静互根而阴阳生，阴变阳和而五行具，天下之至文实始诸此。仰观俯察，而日月之代明，星辰之罗布，山川之流峙，草木之生息，凡物之相错而灿然不可紊者，皆文也。（魏了翁《大邑县学振文堂记》）②

天以云汉星斗为文，地以山川草木为文，要皆一元之气所发露。古人之文似之。（罗大经《鹤林玉露·文章》③）

"尚文"意识所具有的形上品格对于中国古代人文传统及文学思想的形成影响极为巨大。"文"乃道之表征，与天地人并存，所独具的形上品格为古代文论探讨文之本原及终极依据提供了理论的支撑。其发展路径大致有二：其一，重视内在的王道政教、道德人伦、价值承担，有所谓"诗言志""言为心声""文以载道""文以气为主""文质相符""救文以质""主文谲谏""经国之大业，不朽之盛世"等命题，开出主政教一派的意义空间；其二，重视形式之华美、情感之愉悦等相关的色彩、声音、言辞、格律、气象、品味等感观论域，有所谓"缘情绮靡""情灵摇荡""穷情写物"等命题，开出主审美一派的意义空间。我们知道，"文"的观念自产生伊始就兼有内在德行与外在文饰的双重含义，在三代礼乐文化的演变中，其意义空间在内、外两个维度不断拓展，实际上中国古代文学思想的展开正是在这两个向度上进行的。"文"所具有的文饰特征，能以郁然有彩的方式使内在的德行、美

---

① 郭绍虞：《中国历代文论选》第 2 册，第 252 页。
② 魏了翁：《大邑县学振文堂记》，载《鹤山先生大全集》卷四十一，《四部丛刊》本。
③ 罗大经：《鹤林玉露》，中华书局 1983 年版，第 251 页。

感充分彰显出来，代表了古人对于宇宙万物在人文化成中所显示出的美饰作用之共识，以及通过"文"的种种具象所传达的审美感染力的认同，如东汉后期刘熙《释名·释言语》所言："文者，会集众彩以成锦绣，会集众字以成词谊，如文绣然也。"[①] 这就为后世强调审美的感观愉悦，甚至为追求外在文饰而忽视内在德行提供了可能的维度。

　　政教一派与审美一派在中国文学思想史上蓬勃发展，此消彼长，但政教一派无疑是占据着历史进程的主流形态。对于中国文论此一品质的主要表现及在后世的流变，前哲时贤论述颇丰，对此，本文不拟多述。笔者以为，对于中国古代文论史上这一类古老命题的探讨，思想方法上的更新是极为重要的。一切理论上的探索，尤其是方法论的探索、方法论的变革与研究范式的革新往往是理论创新的先兆。因此回溯到三代以来的思想背景，从字源学、考古学的相互印证追溯"文"之基源意义，从思想史的角度探讨"尚文"意识的形上品格，并结合古代文学的创作实绩与批评鉴赏，综合种种，整体审视"文"在思想传统中的意义，由醇反杂、追根溯源，不失为一条重要的学术路径。"尚文"观念确立了古代文论知识系统发生期的原初视域、价值取向及未来走向，在中国文论史上具有重要的原初意义，除文学功用上的政教价值取向外，还深刻地影响到古人文学视野的形成以及文论空间的展开。

　　中国古代文学思想史上的"文"，其历史形态有二：礼乐之文与文学之文，两者并存，以礼乐之文为主。礼乐之文的观念，直接影响了古代文学思想史上杂文学观念的形成。自魏文帝曹丕《典论·论文》著文专门论述"文"之"经国"意义以后，取礼乐之文角度进行阐释的集大成者是齐梁时代的刘勰。他视"三才"为一个有机的系统，

---

① 王先谦：《释名疏证补》卷四，第 169 页。

致力于阐释各种文体皆源于"五经",在礼乐文化的各种载体中寻找"文"的源头,明确地断定"文"乃"三才"之文、礼乐之文,天文、地文和人文以反映"天经地义"之至理而具有贯通一致性,以此作为"弥纶群言"、观澜索源的基础,如《文心雕龙·原道》云:

> 文之为德也大矣,与天地并生者何哉。夫玄黄色杂,方圆体分,日月叠璧,以垂丽天之象。山川焕绮,以铺理地之形。此盖道之文也。仰观吐曜,俯察含章,高卑定位,故两仪既生矣。惟人参之,性灵所钟,是谓三才。为五行之秀,实天地之心,心生而言立,言立而文明,自然之道也。傍及万品,动植皆文。
>
> 人文之元,肇自太极,幽赞神明,易象惟先。庖牺画其始,仲尼翼其终。而《乾》《坤》两位,独制《文言》。言之文也,天地之心哉。①

彦和开篇第一段,即从天文到地文到物文到人文的同一性推断中,追溯"文"生成的"三才"知识背景;第二段从"人文之元,肇自太极"开始,论述"文"历史生成的礼乐知识背景。我们从其后《征圣》中"政化贵文""事迹贵文""修身贵文"②的含义来看,彦和对于"文"持一种极普遍、极宽泛的界定。对于儒家礼乐传统,刘勰坚信不已,故《序志》篇中自述七岁"梦彩云若锦",三十岁"梦执丹漆之礼器,随仲尼而南行"③,因而《文心雕龙》"本乎道,师乎圣,体

---

① 刘勰撰,詹锳义证:《文心雕龙义证》,第2—11页。
② 刘勰撰,詹锳义证:《文心雕龙义证》,第35、36、37页。
③ 刘勰撰,詹锳义证:《文心雕龙义证》,第1907页。

乎经，酌乎纬，变乎骚”①的创作原则都是在此“尚文”观念笼罩下展开的。

刘勰所处时代的文学观念，从价值标准、写作目的、文体取舍、表现形式乃至审美风尚都发生了内在的质变。随着汉魏以来文学创作实绩的丰富，文学观念开始自觉，"文"之醇化开始显现。"缘情"说的提出，"文笔之争"的出现，音韵声律学的兴起，人们对于"文"的辨析渐趋精细，文学与非文学界限的反思不断泛起，文学之文的观念开始凸现。对于种种关乎文学根本性质的问题，刘勰是无法回避的。他客观地看到了文学由为人到为己、由重政教讽谏转为重抒情、重形式的发展趋势，以此出发对文学发展中的种种经验尤其是充分体现艺术特质方面的创作、鉴赏经验进行了全面的汲取与评价。彦和虽然也讲"论文叙笔，囿别区分"，但认为是"别目两名，自近代耳"②，《文心雕龙》虽论及八十余种文体，但在根本的文学观念上他将文笔都归入礼乐之"文"的大文化传统中，有韵与无韵是关乎文类的区分而非文学与非文学的区分。对此，章太炎评云："自晋之后，始有文笔之分，《文心雕龙》云：'今之常言，有文有笔，有韵者文也，无韵者笔也。'然《雕龙》所论列者，艺文之属，一切并包，是则文笔分科，只存时论，因未尝以此为界也。"章氏是近代以来继承礼乐之文观念的集大成者，对此多有阐发：

> 文学者，以有文字著于竹帛，故谓之文。论其法式，谓之文学。凡文理、文字、文辞皆言文。
>
> 古之言文章者，不专在竹帛讽诵之间，孔子称尧舜"焕乎

① 刘勰撰，詹锳义证：《文心雕龙义证》，第 1924 页。
② 刘勰撰，詹锳义证：《文心雕龙义证》，第 1924、1623 页。

其文章"。盖君臣朝廷尊卑贵贱之序，车舆衣服宫室饮食嫁娶丧祭之分，谓之文。八风从律，百度得数，谓之章。文章者礼乐之殊称矣。(《国故论衡·文学总略》)[1]

礼乐之文是中国古代文学思想史上的主流。作为礼乐传统重要组成部分的"六经"，具有至高无上的地位，在"依经论文"意识中形成了"尊经""贵文"等正统文化观念，但"文"并不具有独立性，"文"的地位常常是因为具有解释经的工具性作用而得以确认的。与礼乐之文重视思想内容、义理阐发及价值判断不同，"文学"之文更为重视形式结构、声韵词藻、运思情感等外在文饰及审美体验。"文学"之文观念在文学领域的缘起亦在齐梁时代。我们知道，汉语的音韵意识在三国时代就兴起了，孙炎有《尔雅音义》，初创反切之说，李登作《声类》，以宫、商、角、徵、羽分韵类。随着用韵意识的增强，人们开始用有韵无韵区分不同的言语类型，故而有东晋以来的"文笔之争"。沈约以"四声八病"为主旨倡导"永明声律运动"，最早在文学领域明确表述"依韵立文"观念，使"韵"成为区分"文"与"非文"的关键性因素。《宋书·谢灵运传》云：

　　夫五色相宣，八音协畅，由乎玄黄律吕，各适物宜。欲使宫羽相变，低昂互节，若前有浮声，则后须切响。一简之内，音韵尽殊；两句之中，轻重悉异。妙达此旨，始可言文。[2]

其后昭明太子萧统在《文选序》中将"事出于沈思，义归于翰

---

① 傅杰：《章太炎学术史论集》，第43—44页。
② 沈约：《宋书》，第1779页。

藻"定为选文标准，明确"不以能文为本"[①]的标准，将经子史排除在"文"外，在选本中区分了"文"与"非文"的界限。梁元帝萧绎在《金楼子·立言》中明言："吟咏风谣，流连哀思者，谓之文。"[②] 以上诸论，均突破了传统礼乐为文的宽泛界定，为"文学"之文之滥觞。

"文学"之文的观念，关注文学内在文学性的一方面，这是古人在文章体制日益精细的背景下，更为注重辨析文学性质的结果。在中国古代文学思想史上，文学之文的观点始终是支流，自产生伊始就受到来自于正统礼乐之文的责难，这一点在刘勰《文心雕龙》的主体思想中就体现得很明显，其后在唐代古文运动中更遭受了根本性的打击，礼乐传统的地位终难撼动，"文以明道"的传统愈加稳固，逮至清代阮元、刘师培重提此论，亦不成气候。如阮元明确地将"文"看成是与"经""子""史"不同的"专名"，深入阐释了"韵"，《文韵说》云："昭明所选不押韵脚之文，本皆奇偶相生有声音者，所谓韵也。"阮氏还假孔子之名，提出"比偶"结构，《文言说》云："不但多用韵，抑且多用偶，……孔子以用韵比偶之法，错综其言而自名曰'文'。"[③] 其后有刘申叔大力为阮氏张目，以"章"为"文"之属性，认为只有符合"英华发外秩然有章"的"偶语韵词"才可称为"文"，如《论文杂记》云："盖'文'训为'饰'，乃英华发外，秩然有章之谓也。故道之发现于外者为文，事之条理秩然者为文，而言词之有缘饰者，亦莫不称之为文。"又《文说·耀采》篇第四云："三代之时，一字数用，凡礼乐法制，威仪言辞，古籍所载，咸谓之文。是则文也者，乃英华发外秩然有章之谓也。"[④] 这与章太炎以文字为基础的"文"之属性是

---

① 严可均辑：《全上古三代秦汉三国六朝文》，第 3068 页。
② 陈志平等：《金楼子疏证校注》，上海古籍出版社 2014 年版，第 770 页。
③ 阮元：《揅经室集》，中华书局 1993 年版，第 1065、606 页。
④ 刘师培：《刘师培全集》第二册，第 86、79 页。

不同的。

"尚文"意识对于古代文学思想的影响，还表现在一系列文论范畴的形成上。"文"作为礼乐文化的重要基因，所具有的原初性成为古代文论范畴构成的核心语素以及古人谈文论艺的基本语式，与中国古代艺术传统尤其是文学思想中诸多范畴的形成有直接的关联。"文"的内涵、层次不断丰富，由内在文德到外在文饰，从具体到抽象，从道德层面到哲学层面，由各种具体德行到一切人文总名，并且辐射到古代思想史发生时期的诸多领域。凡人视野所到、思想所及皆可有"文"，人之言、辞、义理、礼仪、修养、人格、气象，社会之政治、制度、文化、教育、风貌、时尚。在"三才"、阴阳框架中谈论"文"，有文道、文气、文质等元范畴；在人文领域里，有文德、文武、文教、文化、文艺、文学、文字、礼文等范畴的渐次出现；在"文"语义衍生和意义关联层面上，有文章、文体、文野、文辞、文笔、文思、文彩、文言；在文学层面上展开，有与文学创作和文学批评的感受状态密切相关的一系列范畴，如神思、立意、自然、声律、风骨、含蓄、比兴、通变、典雅、知音、性灵、养气、趣味、滋味、境界、意境等，举不胜举。

文质范畴的出现，与人们对于"文"认识的深入分不开，也与礼乐之文本身发展所形成的庞大阐释功能密切相关。没有三代礼乐制度的建立，没有礼乐政治在政教上的实践，没有礼乐教化在人之为人上的意义，没有西周以来"文"观念在哲学层面上的升华，没有"错画成文""五色成文""物一无文"等形上意义的概括，就没有古人关于文与质关系的认识以及文质范畴的产生。因此，文质范畴最为明显地体现了古人在礼乐之文与文学之文两个维度上对于"文"原初意义的理解。

第三节　文质与中国文论传统

考察中国古代文学思想发展史，可以发现它自有一套完整的理论体系，其出发点和联结中介是一些贯穿始终的范畴。所谓范畴，"是一套可以发展不同哲学思想体系的基本概念与名言"，"一方面具备超越不同思想体系的中立性，一方面却又具备参与承受不同思想体系的潜入性。换言之，范畴可以成为不同思想体系建立的基本概念和基本用辞"。[①] 因此范畴是用以反映事物本质属性和普遍联系的，往往成为理论中最高的概括形式。在这些范畴中，出现最早，包容性、衍生性最强的为元范畴。元范畴贯通于每一个时代的思想文化领域，用以解释自然现象、人文现象乃至思维现象各个层面的问题，在思想史的整体演进过程中，居于结构体系的核心位置。古代文论中的元范畴也是如此。文学思想史上的元范畴，是整个文论体系的基本出发点和纽结点，通过这些点，可以贯通整个文论发展的历史。每一个元范畴都形成了一系列的次生范畴和命题，这些文论的元范畴、次生范畴和命题相互联系、相辅相成，形成前后左右、上下交错的复杂网络，离开了这些元范畴，整个古代文论的理论体系就不复存在。

对中国文学思想发展而言，产生于上古的文质范畴以其原创性和无所不包性在意义的实现上以思想文化的各种形态反复展现，并以衍生出哲学史、文学史和美学史上众多的次生范畴和命题而贯穿了整个传统时代。它与源于礼乐知识背景并同生共长的中和一起，组成了文学思想史上具有逻辑起点意义的元范畴。探讨礼乐背景下的文质、中和范畴，不仅能使我们对它们生成的历史语境以及包含哲学基础和人

[①] 〔美〕成中英：《中国哲学范畴问题初探》，载《中国哲学范畴集》，人民出版社1985年版，第42页。

文内涵在内的义理有一个本源性的把握，而且有助于我们厘清其发展演变的轨迹是在与自然、社会、人文学科诸多领域的相混沌中，渐次清晰、愈用愈明，并逐渐构建起与其他学科既区别又融合的关系的。因此，唯有将文质、中和范畴置入思想文化发展的历史长河中，我们才能从发生意义上深切地体会其依存的具体历史情境，也才能发现它们在当时和后世的意义，以及在言意内外的种种"在场"或"不在场"的表层义理与深度意义，正因为如此，本文选择文质、中和作为个案进行微观考察。

（一）文质三论

谈论文质范畴，首先会想到孔子，论者一般认为孔子是文质论的最早提出者，实际上，在孔子之前已经有了不少散见于典籍的论述。如《周易》中"言有物""言有序"[①]，已初具重质的思想；《国语·晋语》有"夫貌，情之华也；言，貌之机也。身为情，成于中。言，身之文也。言文而发之，合而后行"[②]，将"情""言""文"联系在一起谈论；《左传·襄公二十四年》载穆叔之言，以"立德""立功""立言"并列为三项"不朽"的事业，肯定了"文"的地位和流传后世的价值。从春秋末世开始，思想家围绕文质问题展开了广泛的争论，涉及到文质与"三才"、阴阳五行，以及与文道、美善、中和、教化等诸多范畴之间的关系。孔子吸取了伍举、单穆公等人的思想，从人文教化的角度加以充实，同时也吸收了古代"两一"观中对待和谐而不过度、相成相济的思想，提出"文胜质则史，质胜文则野"，"文质彬彬，然后君子"[③]的见解，这是在三代礼乐传统的知识背景下，从理论

---

① 阮元校刻：《十三经注疏》，第50、63页。
② 徐元诰：《国语集解》，第376页。
③ 阮元校刻：《十三经注疏》，第2479页。

上总结了一个时代的人们对此问题的普遍看法。

从最初对三代礼乐文化整体精神的评价到衍变为后世文学理论范畴，文质历经了漫长的发展阶段。在上古礼乐发展的"制礼作乐""礼坏乐崩"到"礼乐复兴"三个阶段，文质范畴大约呈现为三种表现形态：文质史论、文质人论和文质文论。同时，我们注意到，古人谈文质，总是和天地、阴阳等哲学概念联系在一起，究其根源，就必须从三代礼乐文化的整体知识系统以及由此形成的古人思想文化的深层结构上进行考察。

文质史论　在"制礼作乐"时期，文质范畴主要体认为以文质论史，其最初兴起是源于对夏、商、周三代礼乐文化整体特征的历史性描述和评价。三代礼乐，夏代渺远，留下的文献很少，殷周礼乐，从春秋战国开始，古人就习惯将"殷道亲亲，周道尊尊"作为理解二代社会政治、经济和思想的一把钥匙。对于殷周礼乐的实质，金景芳认为"用两个字概括，就是'亲亲''尊尊'，用一个字概括是'质''文'"[①]。其最早的含义是指殷周不同的继承制，殷人超现实重原始血缘故尚质，周人重现实尚政治故尚文。三代的社会结构在礼乐的维系下一脉相传，均以"亲亲""尊尊"原则为治。古人认为，礼主别而尚文，文家"尊尊"，多礼文义节，礼以地制，文主地道，礼别异而使贵贱等，由外作故文；乐贵和而尚质，质家"亲亲"，多仁朴质爱，乐由天作，质为天道，乐合同而使上下和，由中出故静。对此，《礼记·乐记》的论述最为精深：

> 乐者为同，礼者为异。同则相亲，异则相敬。乐胜则流，

---

① 金景芳：《金景芳晚年自选集》，吉林大学出版社 2000 年版，第 199 页。

礼胜则离。合情饰貌礼乐之事也。礼义立，则贵贱等矣。乐文同，则上下和矣。①

在这里，"亲亲"的原则在功能上被明确为"为同"，被赋予"乐"的成熟形式；"尊尊"的原则在功能上被明确为"为异"，被赋予"礼"的成熟形式。三代"亲亲""尊尊"传统与周公的制礼作乐，在精神与功能上属于同一系统。"亲亲""尊尊"的结合就是文、质的结合，这是殷周礼乐制度的本质。从这个意义上讲，三代礼乐的发展即三代文质的更迭。

三代文质，与世推移，有不同的时代特点，以文质论历史的最早记载见于《礼记·表记》，其中假孔子之口认为："虞夏之质，殷周之文至矣。虞夏之文，不胜其质。殷周之质，不胜其文。"孔疏认为："此一节总明虞、夏、商、周四代质文之异。"② 也即是说，由夏至商，礼乐文化大体是由野到质、文质相间；由商至周，则是由质到文、文胜于质。三代社会由"质"而"文"的演进，伴随着"文"的每一步进化，都会出现相应的弊端。这大体符合三代文化的基本精神实质。

文质论历史的传统一经形成，文质遂成为一个打通古今历史与不同学科的桥梁，在"尚文""尚质"或"文质相半"的追求中寻求传统和进化之间的平衡与协调，由此奠定了古代学术思想的基本精神，并为其后历史学、政治学和文学的勃兴提供了取之不竭的思想资源。董仲舒是以文质论历史的集大成者，在其所建立的大一统、张三世、通三统，以《春秋》作新王、绌夏、故宋、新周的公羊学历史体系中，文质是一个核心范畴：

---

① 阮元校刻：《十三经注疏》，第 1529 页。
② 阮元校刻：《十三经注疏》，第 1642 页。

王者以制，一商一夏，一质一文。商质者主天，夏文者主地，春秋主人。(《春秋繁露·三代改制质文》)

承周文而反之质，则化所务立矣。(《十指》)①

今汉继大乱之后，若宜少损周之文致，用夏之忠者。(《汉书·董仲舒传》)②

与孔子"从周"不同，董子主张"损文用忠"，提倡用夏政之忠而舍周政之文，这一点也许源于其思想中浓厚的墨学痕迹。同时，董子用文质循环的历史哲学观来解释三代递变的原因，也即是说，前一代尚"文"（文饰），后一代必救之以尚"质"（朴质）：

亲者重，疏者轻，尊者文，卑者质。(《春秋繁露·天地阴阳》)③

《诗》道志，故长于质。《礼》制节，故长于文。(《玉杯》)④

在礼治之文质关系上，董子针对武帝时代好大喜功、大肆铺张的"多欲政治"，提出了具有现实积极意义的"以质损文""以质救文"观点：

志为质，物为文，文著于质，质不居文，文安施质，质文两备，然后其礼成。文质偏行，不得有我尔之名。俱不能备，而偏行之，宁有质而无文，……然则春秋之序道也，先质而后

---

① 苏舆：《春秋繁露义证》，第204、146页。
② 班固：《汉书》，第2519页。
③ 苏舆：《春秋繁露义证》，第471页。
④ 苏舆：《春秋繁露义证》，第36页。

文，右志而左物。(《玉杯》)①

　　礼者，庶于仁、文，质而成体者也。今使人相食，大失其仁，安著其礼。方救其质，奚恤其文。(《竹林》)②

　　因礼之文烦而导致了"尊而不亲"时，儒生就企图救之以"乐"，即救之以质，救之以"亲亲"。如《盐铁论·救匮》云："盖桡枉者以直，救文者以质。"③《汉书·杜钦传》载，成帝时杜钦《白虎殿对策》云："殷因于夏，尚质。周因于殷，尚文。今汉家承周秦之敝，宜抑文尚质，废奢长俭，表实去伪。"④这成为儒学一贯的传统。

　　董子用文质循环来解释社会现象与人文现象，这是礼乐知识背景下形成的一种历史观、政治观与社会人生观，深刻地影响了汉以降的政治思想文化。司马迁的历史观里也包含了这种文质始终的循环论，如《史记·平准书》云："是以物盛则衰，时极而转，一质一文，始终之变也。"又《高祖本纪》云："夏之政忠。忠之敝，小人以野，故殷人承之以敬。敬之敝，小人以鬼，故周人承之以文。文之敝，小人以僿，故救僿莫若以忠。三王之道若循环，终而复始。"⑤刘向《说苑·修文》中认为："商者，常也，常者质，质主天；夏者，大也，大者文也，文主地。故王者一商一夏，再而复者也，正色三而复者也。"⑥班固《白虎通义·三正》引伏胜《尚书·大传》云："王者一质一文，据天地之道。"⑦《春秋元命苞》云："正朔三而改，文质再而

---

① 苏舆：《春秋繁露义证》，第 27 页。
② 苏舆：《春秋繁露义证》，第 55 页。
③ 王利器：《盐铁论校注》，第 400 页。
④ 班固：《汉书》，第 2674 页。
⑤ 司马迁：《史记》，第 1442、393—394 页。
⑥ 向宗鲁：《说苑校证》，第 476—477 页。
⑦ 陈立：《白虎通疏证》，第 368 页。

复。"① 这种观点在中国思想文化史上，一直延绵了几千年。唐代《文镜秘府论·天卷》引隋代刘善经言："三王异礼，五帝殊乐，质文代变，损益随时。"② 宋人王钦若《册府元龟·帝王部四十·文学》云："黄帝、尧、舜通其变，三代随时质文，各繇其事。"③ 逮至清人章学诚《文史通义·诗教下》云："自古圣王以礼乐治天下，三代文质，出于一也。世之盛也，典章存于官守，礼之质也；情志和于声诗，乐之文也。"④ 这是对文质史论作了历史性的总结。

文质人论　在"礼坏乐崩"时期，文质范畴主要体认为以文质论人。从人出发谈论一切人文现象，是中国思想文化的传统。在古人看来，质与文，犹人有内外一样，属于事物不可缺少的两个部分，关涉到所有人文现象，都不可避免地存在质内文外的问题。文质人论的思想渊源甚早，在《国语·晋语》中，胥臣答晋文公云："胡为文益其质。故人生而好学，非学不入。"⑤ 这里"质"是指先天的生理质素，"文"是指后天的礼乐教化，所谓"文益其质"，就是通过礼乐知识的学习，能够使人的先天质素发生变化，达到"质将善而贤良赞之"⑥ 的境界。孔子对于文质的关系有了更辩证的理解，不仅在理论上将文质与人性，与"六艺"之教更为密切地联系在一起，而且身体力行，重视在实践上达到文质的和谐统一：

> 君子义以为质，礼以行之。(《论语·卫灵公》)

---

① 〔日〕安居香山、中村璋八辑：《纬书集成》，第 622 页。
② 〔日〕遍照金刚：《文镜秘府论》，人民文学出版社 1975 年版，第 31 页。
③ 王钦若：《册府元龟》，周勋初校订，凤凰出版社 2006 年版，第 426 页。
④ 章学诚著，叶瑛校注：《文史通义校注》，第 78 页。
⑤ 徐元浩：《国语集解》，第 362—363 页。
⑥ 徐元浩：《国语集解》，第 360 页。

　　棘子成曰："君子质而已矣，何以文为？"子贡曰："惜
乎，夫子之说君子也。驷不及舌。文犹质也，质犹文也。虎豹
之鞟犹犬羊之鞟。"（《颜渊》）①

　　孔子以文质论人，本质上是对礼乐教化之人文化成的反思，是对
人存在的本质及其表象的判断，属于道德价值评价的范畴。

　　孔子是周代礼乐文化的自觉传承者，他毕生致力于对三代礼乐传
统进行一种伦理道德化的建构，从而营造一种基于等级秩序的和谐社
会蓝图。在礼乐教化下，君子内在的质朴之美与外在的华美兼而有之，
所谓"文质彬彬，然后君子"②，这是孔子在礼乐教化成人中为调和个
人情性与道德理性之间的矛盾冲突而设计的一种理想典范，这与他
"兴于诗，立于礼，成于乐"③的人生三步曲有异曲同工之妙，均重在
强调自然天性与社会规范的相得益彰。《宪问》篇中记载子路问成人，
子曰："若臧武仲之知，公绰之不欲，卞庄子之勇，冉求之艺，文之
以礼乐，亦可以为成人矣。"④对此，朱熹《集注》中作了这样的分析：
"成人，犹言全人，……廉足以养心；勇足以力行；艺足以泛应。而
又节之以礼，和之以乐。使德成于内，而文见乎外，……而其为人也
亦成矣。"⑤这个分析符合孔子原意，是非常深刻的。所谓"成人"，就
必须质内文外，德才兼备。这里"臧武仲之知""公绰之不欲""卞庄
子之勇""冉求之艺"，都是他们本身的质素，指人的自然本性、内在
情性，以追求真善为特征，即所谓"文质彬彬"之"质"，体现了乐

①　阮元校刻：《十三经注疏》，第 2518、2503 页。
②　阮元校刻：《十三经注疏》，第 2479 页。
③　阮元校刻：《十三经注疏》，第 2487 页。
④　阮元校刻：《十三经注疏》，第 2511 页。
⑤　朱熹：《四书章句集注》，第 151 页。

"不可以为伪"的精神，而这需要导之以礼乐教化之"文"，方能成为理想的君子。"文"是指人文活动中必要的规范和文饰，是人内在情性的外在表现，体现为礼，所谓"礼自外作，故文"①，其重要特征就是不能失之"野"，以追求美为终极目标。对此，我们从《礼记·文王世子》中亦可得到印证："凡三王教世子必以礼乐。乐所以修内也，礼所以修外也。"② 以文质论人之道德模式形成后，鉴于文质与礼乐、美善、教化等范畴在原初意义共同的价值取向，文质遂成为古代士人成就人格、道德的重要标准，汉代扬雄《法言·先知》中所谓"圣人，文质者也"③，可谓一语言中。

先秦诸子之学虽然萌生于共同的思想资源，但不同的礼乐观决定了他们对人性的不同看法，也决定了他们不同的文质观。墨家是礼乐思想最早的反对者，他们基本上由中下层劳动者组成这一结构决定了他们对礼乐制度中所体现的尊卑贵贱之分深恶痛绝，他们的文质观，首先是从人之衣食住行等基本问题入手而得出的：

　　　夫仁者之为天下度也，非为其目之所美，耳之所乐，……以此亏夺民衣食之财，仁者弗为也。（《墨子·非乐》）④
　　　故食必常饱，然后求美。衣必常暖，然后求丽。居必常安，然后求乐。为可长，行可久，先质而后文，此圣人之务。（《墨子间诂·附录·墨子佚文》）⑤

① 阮元校刻：《十三经注疏》，第 1529 页。
② 阮元校刻：《十三经注疏》，第 1406 页。
③ 汪荣宝：《法言义疏》，第 291 页。
④ 吴毓江：《墨子校注》，第 380 页。
⑤ 孙诒让：《墨子间诂》，孙启治点校，中华书局 2001 年版，第 656 页。

墨学所谓"质"，是指有用的基本功能；"文"则是指有用以外的装饰，虽然墨家并不完全废文，但在基本价值取向上，强调"非乐""先质而后文"，并以此向儒家礼乐仪式繁文缛节的弊端正面进攻，但因其实用性强而审美性少，矫枉过正，在一定程度上导致了墨学思想在战国以后的衰微。

道家对西周礼乐传统持着深刻的怀疑，他们并不赞同儒家人文化成的立场，而是针对"周文衰弊"，文胜于质之弊病，提出了重质的价值选择。如《老子》第十九章有"见素抱朴"，第三十八章有"处其实，不居其华"①；又如《庄子·天地》篇认为"无为复朴"②，《山木》篇认为"不求文以待形"③，都体现了重视保存自然生命之"质"的思想，其"质"涉及存在之本体而非表象，近于"真""自然"的意味，如《缮性》云："文灭质，博溺心，然后民始惑乱，无以反其性情而复其初。"④庄学认为礼乐文化所产生的"文"是破坏"质"的，使人丧失天然本性，为了返回初始的本真状态，就必须"灭文章，散五彩"，表现出他们重质废文的文质观。

法家猛烈抨击了儒家所推崇的西周礼乐制度，彻底撕破了儒家人伦亲情中温情脉脉的一面，认为人都是有私利贪欲的，即人性是恶的。他们把诗书礼乐、刻镂文章视为亡国的祸根，重法治轻礼乐，以政治功利目的和实用价值作为判断的标准，表现在礼乐、文质问题上显得过于偏激与急功近利，他们认为《诗》《书》《礼》《乐》会导致"穷事""亡国"之祸，对法治只能起破坏作用，因此主张"燔诗书而明法令"。韩非论文质，常常以人为喻，从人出发，《韩非子·解老》云：

---

① 楼宇烈：《老子道德经注校释》，第45、93页。
② 王先谦：《庄子集解》，第107页。
③ 王先谦：《庄子集解》，第172页。
④ 王先谦：《庄子集解》，第136页。

"礼为情貌者，文为质饰者也。夫君子取情而去貌，好质而恶饰。夫恃貌而论情者，其情恶也；须饰而论质者，其质衰也。"他认为"怀其文而忘其直，以文害用"，这就好比"买椟还珠""秦伯嫁女"[①]，"实"与"饰"不可兼得，"文"与"质"势不两立，因此法家主张重"质"弃"文"，甚至否定"文"。以彻底的功利主义态度来考虑文质问题，这与法家从根本上否定艺术生产、艺术审美的价值取向是一致的。

对于文质问题，先秦诸子的价值取向各异。处于礼乐蜕变时期的孔子表现出一种矛盾的文化心态，虽然孔子对文质范畴的历史描述与道德价值评价功能的看重是远胜过其审美功能的，因此在本质上他更重质，但是他对礼乐之"文"的大传统是肯定的，这是其思想的前提。与儒家不同，墨家、道家、法家对于礼乐为文的大传统是持否定态度的，因此在本质上均主张弃文就质，但这并不是古代文化的主流。比较而言，孔子以文质相副论三代历史与人文教化，影响最为深远，从董仲舒"质文两备，然后其礼成"[②]的文质史论，到刘向《说苑》"文质修者谓之君子"[③]的文质人论，都没有溢出孔子的视野。同时，孔子"文质彬彬""质胜文则野，文胜质则史"[④]的说法，已初具文质审美的萌芽，这与后世的以文质论文学在精神上是相通的。

文质文论　在有汉一代"礼乐复兴"中，随着儒学独尊地位的确立，文质论史、文质论人都没有超出孔子所涉及的范围，文质是关涉到社会思想诸多领域，融政治、历史、道德为一体的原初范畴。西汉后期的扬雄是文质范畴发展史上一个承上启下的人物。一方面，他继

---

① 王先慎：《韩非子集解》，第133、266页。
② 苏舆：《春秋繁露义证》，第27页。
③ 向宗鲁：《说苑校证》，第499页。
④ 阮元校刻：《十三经注疏》，第2479页。

承并发展了孔子文质相副的人伦道德学说，如《法言》云：

> 圣人，文质者也。车服以彰之，藻色以明之，声音以扬之，《诗》、《书》以光之。笾豆不陈，玉帛不分，琴瑟不铿，钟鼓不抇，则吾无以见圣人矣。（《先知》）
>
> 或曰："有人焉。云姓孔而字仲尼。入其门，升其堂，伏其几，袭其裳，则可谓仲尼乎？"曰："其文是也，其质非也。""敢问质？"曰："羊质而虎皮，见草而说，见豺而战，忘其皮之虎矣。"（《吾子》）①

另一方面，他提出了"事辞称"命题，第一次从文学意义上谈论文质问题：

> 君子事之为尚。事胜辞则伉，辞胜事则赋，事辞称则经。足言足容，德之藻矣。（《吾子》）②

这里的"事""辞"指事理和文辞，即质与文，扬雄首先肯定了"事"重于"辞"，即质重于文，但同时又要求"事辞称"，文质统一而不失偏颇。对于文质相称，扬雄还有诸多论述，如《修身》有"实无华则野，华无实则贾，华实副则礼"③，《太玄·玄莹》有"文以见乎质，辞以睹乎情"④，等等，均表达了相同的意思。同时，他针对汉赋尚辞的倾向，反对淫辞丽说对文的损害，用比喻来说明片面追求形式

---

① 汪荣宝：《法言义疏》，第 291、71 页。
② 汪荣宝：《法言义疏》，第 60 页。
③ 汪荣宝：《法言义疏》，第 97 页。
④ 司马光：《太玄集注》，刘韶军点校，中华书局 1998 年版，第 190 页。

美的危害，如《法言·吾子》云："或曰：雾縠之组丽。曰：女工之蠹也。"① 这表明了他对形式主义创作倾向的批判。扬雄从文学角度谈论文质范畴，极具启发性，对后世的影响是很大的。如东汉班彪就在《史记论》中以文质相符评价司马迁的著作："辩而不华，质而不野，文质相称，盖良史之材。"② 对扬雄极为推崇的王充对于文质文论的发展也起到了一定的推动作用。王充以文质论人，批评"士人论高，何必以文"的观点，故《论衡·书解》篇云：

> 夫人有文质乃成。物有华而不实，有实而不华者。……故曰：德弥盛者文弥缛，德弥彰者人弥明。③

同时，他自觉地将文质论运用于文章创作过程中内外辩证关系的论述，如《超奇》篇云："有根株于下，有荣叶于上。有实核于内，有皮壳于外。文墨辞说，士之荣叶皮壳也。实诚在胸臆，文墨著竹帛，外内表里，自相副称。意奋而笔纵，故文见而实露也。"④ 在这里，王充用"根株""实核""实诚"来比喻文章之"质"，"荣叶""皮壳""文墨"比喻文章之"文"。本着为文要去虚妄、存真实的基本态度，他要求文章的写作要"外内表里，自相副称"，即主张内在情性之真诚与外在文章之体貌要相互印证，其论对于推动文质文论的思辩发展有明显的促进作用。

刘勰在《文心雕龙·情采》篇中，进一步发挥了扬雄的观点："夫水性虚而沦漪结，木体实而花萼振，文附质也。虎豹无文，则鞟同犬

---

① 汪荣宝：《法言义疏》，第 45 页。
② 范晔：《后汉书·班彪传》，第 1325 页。
③ 黄晖：《论衡校释》，第 1149 页。
④ 黄晖：《论衡校释》，第 609 页。

羊，犀兕有皮，而色资丹漆，质待文也。"①彦和以水之"性"与木之"体"喻为"质"，以"沦漪"和"花萼"喻为"文"，提出"文附质"的命题；以虎豹需要皮毛的文彩与犀兕皮制成的兵甲需要彩绘为比喻，提出"质待文"的命题。刘勰倡导文质相副的观点，并以此作为文学批评的标准：

> 文虽新而有质，色虽糅而有本。(《诠赋》)
>
> 研味孝老，则知文质附乎性情。详览庄韩，则见华实过乎淫侈。
>
> 故情者文之经，辞者理之纬。经正而后纬成，理定而后辞畅，此立文之本源也。(《情采》)②

彦和以文质相副的观点评论各种文体，如《颂赞》评马融："马融之广成、上林，雅而似赋，何弄文而失质乎。"《杂文》评崔寔、蔡邕："崔寔客讥，整而微质，蔡邕释诲，体奥而文炳。"③这标志着文质文论业已成熟。

总之，从孔子的文质人论发展到扬雄的文质文论，在精神实质上虽无根本差异，但在文学思想发展史上却迈出了极其重要的一步，这是后世真正文学意义上文质论的滥觞，逮至刘勰，文质文论臻于成熟。各代有很多关于文质的说法，如萧绎《内典碑铭集林序》有"文而有质，约而能润"④，姚鼐《荷塘诗集序》有"文与质备，道与艺合"⑤，

---

① 刘勰撰，詹锳义证：《文心雕龙义证》，第 1148 页。
② 刘勰撰，詹锳义证：《文心雕龙义证》，第 304、1156—1157 页。
③ 刘勰撰，詹锳义证：《文心雕龙义证》，第 327、501 页。
④ 严可均辑：《全上古三代秦汉三国六朝文》，第 3053 页。
⑤ 姚鼐：《荷塘诗集序》，载《惜抱轩诗文集》，上海古籍出版社 1992 年版，第 51 页。

刘熙载《艺概·诗概》有"质而文，直而婉，雅之善也"[1]，诸如此类，都没有摆脱扬雄"事辞称"的思路。王夫之在《古诗评选》卷五中，从哲学高度提出"文因质立，质资文宣"[2]的命题，可谓传统文质文论的总结。他在《尚书引义·毕命》中认为，"质"对"文"有着决定作用，所谓"统文为质，乃以立体"；"文"对"质"也有重要意义，所谓"建质生文，乃以居要"。"文"与"质"之间乃对待统一的关系：

> 盖离于质者非文，而离于文者无质。惟质则体有可循，惟文则体有可著。惟质则要足以持，惟文则要足以该。故文质彬彬，而体要立矣。[3]

也即所谓"文质相救而互以相成"[4]，王夫之此论，辩证地阐述了文质之间对待统一的关系是推动文学发展的重要动力，其论高屋建瓴，可谓文质文论的理论总结。

汉魏以后的文质文论，在发展中更加偏重于审美意义。如傅玄《傅子》附录以"诗之雅颂、书之典谟，文质足以相副"[5]来评论《诗》《书》；挚虞《文章流别论》以"质文时异，论既论则之矣"[6]批评文质不副的"四过"；曹丕《与吴质书》以"辞义典雅，足传于后"[7]评论建安七子之一的徐干为彬彬君子；陈寿《三国志·魏书·王卫二刘

---

① 刘熙载：《艺概》，载《刘熙载文集》，第95页。

② 王夫之评萧子良《登山望雷居士精舍同沈右卫过刘先生墓下作》诗，有"文因质立，质资文宣，衰王之由，何关于此"之语，见《船山全书》第十四册，第762页。

③ 王夫之：《尚书引义》，载《船山全书》第二册，第412—413页。

④ 王夫之：《读通鉴论》卷四，载《船山全书》第十册，第180页。

⑤ 郁沅等：《魏晋南北朝文论选》，第107页。

⑥ 挚虞：《文章流别论》，载严可均辑：《全上古三代秦汉三国六朝文》，第1906页。

⑦ 郁沅等：《魏晋南北朝文论选》，第10页。

傅传》以"文质周洽"① 评价三国时代的作家；道安《首楞严后记》以"饰近俗，质近道。文质兼，唯圣有之耳"，僧叡《毗摩罗诘提经义疏序》以"质而不丽，重其意也"② 来评论佛经的翻译，提倡文质兼备，反对以文害质；陈留阮瑀《文质论》认为"夫远不可识，文之观也。近而得察，质之用也。文虚质实，远疏近密"③，将文质与疏密、虚实等古典美学范畴对举，业已凸显出向审美角度的倾斜；陆机《文赋》中指出五种以文害质、文质不副的文病，提出"理扶质以立干，文垂条而结繁"④ 的文学创作观点；等等，难以一一列举。文论家大都从文艺审美的角度发展扬雄的文质论，这与孔子"文质彬彬"的古典形态已经偏离很远了。推而论之，就文质范畴的本身发展理路而言，以文质论人格到论文章风格，从道德判断到审美判断也是顺理成章之势。魏晋以后，随着文学观念的自觉，更强化了从纯文学的角度体认文质范畴，以文质论文遂成为后世文质论的主流。

（二）文质之元范畴意义

文质是中国古代文论史上出现最早且最具民族特色的元范畴之一，其原初意义表现在两个方面：其一，作为礼乐传统中衍生的元范畴，其生成与三代以来"三才"和阴阳五行构成的思想文化传统以及由此生发的自然宇宙观和社会人生价值观密切关联；其二，在古代文学思想的发展演变中，文质范畴衍生出诸多次生范畴、术语、命题，并直接影响到古代文论的批评传统及文论史观的形成。

文质元范畴，从根本上看是天、地、人关系的具象化。在古人看

---

① 陈寿：《三国志》，裴松之注，中华书局 1959 年版，第 629 页。
② 僧佑：《出三藏记集》，萧炼子、苏晋仁点校，中华书局1995 年版，第 271、312 页。
③ 郁沅等：《魏晋南北朝文论选》，第 46 页。
④ 张少康：《文赋集释》，第 60 页。

来，物之质文犹如人之内外，属于事物不可缺少的两个部分，宇宙万物以及产生的人文现象都不可避免地存在质内文外即本质与表象的问题，文质是它们共具的属性。"三才"、阴阳、礼乐均表现出或文或质的特点，实际上文质所表述出的特征已经融化为它们本质属性的一部分了，因而古人常常将文质视为"三才"与阴阳的外在表现形态与内在精神品质来言说。以"三才"为例，古人习惯于在文质的递变中寻求天地万物的动态和谐，如《周书·苏绰传》云："天地之道，一阴一阳。礼俗之变，一文一质。"① 又《说苑·修文》云："商者常也，常者质，质主天。夏者大也，大者文也，文主地。故王者一商一夏，再而复者也，正色三而复者也。"② 又《汉书·郊祀志下》云："天地之性，贵诚上质，不敢修其文也。"③ 又《白虎通义·三正》云："质法天，文法地而已，故天为质，地受而化之，养而成之，故为文。"④ 可见，文质范畴业已成为古人言说天地万物的基本属性了。

对于文质范畴与天地人、阴阳的关系，扬雄的见解最为精深。《太玄·文》中有"文，阴敛其质，阳散其文，文质班班，万物粲然"⑤ 的阐释，扬雄认为质是阴气内敛的结果，文是阳气外散的结果，天地万物皆是阴阳统一的产物，因而也就具有文质相副的属性，文质结合万物盎然，文质范畴因此也就具有了阴阳变化的普遍意义，故《太玄·玄文》云："天文地质，不易厥位。"⑥ 对此，他在《太玄·玄攡》中进行了具体的分析：

① 令狐德棻：《周书》，第 393 页。
② 向宗鲁：《说苑校证》，第 476—477 页。
③ 班固：《汉书》，第 1256 页。
④ 陈立：《白虎通疏证》，第 368 页。
⑤ 司马光：《太玄集注》，第 97 页。
⑥ 司马光：《太玄集注》，第 205 页。

夫天地设，故贵贱序。四时行，故父子继。律历陈，故君臣理。常变错，故百事析。质文形，故有无明。吉凶见，故善否著。虚实荡，故万物缠。[①]

扬雄的《太玄》中专设《玄文》一篇，详细论述天地万物之文质相副：

罔、直、蒙、酋、冥。罔，北方也，冬也，未有形也。直，东方也，春也，质而未有文也。蒙，南方也，夏也，物之修长也，皆可得而载也。酋，西方也，秋也，物皆成象而就也。有形则复于无形，故曰冥。[②]

他以文质的思想来解释天地万物的生成、变化与消亡的过程，逻辑极为严密，集中体现了扬雄以文质论述天、地、人关系的理论。对于文质元范畴，扬雄的理论建构具有极其重要的意义，他不仅是以文质论文的始作俑者，而且从哲学高度阐释了天地、阴阳与文质的关联，这无疑把传统的文质统一思想上升为自然宇宙的普遍规律，这就为文质的言说确立了哲学的逻辑本原，因而赋予文质元范畴以形上的意义，遂使其从历史、道德范畴上升为本体论范畴了。其后班固《汉书·叙传》中也认同扬雄以文质论天地、阴阳的观点，云："一阴一阳，天地之方。乃文乃质，王道之纲。有同有异，圣哲之常。"[③] 他也是将文质相副视为与天地阴阳等同的普遍性存在而言说的。此论影响深远，逮至明代湛若水《唐元次山集序》亦云："物之生也先质而后文，故质也

① 司马光：《太玄集注》，第187页。
② 司马光：《太玄集注》，第205页。
③ 班固：《汉书》，第4231页。

者生乎天地也，文也者生乎人者也。质也者先天而作者也，文也者后天而述者也。"① 仍然是此一思想的承续。

对于文质元范畴与三代礼乐传统之间同生共长的关系，自春秋以来就成为了思想家们的共识。汉代以来的文质观，都强调礼乐背景下的文质相倚相用，文质之于礼乐，是相通互证的。汉代公羊学将三代文化分为文、质两种，有所谓文家、质家之说。文家"尊尊"、多礼仪节文，文主地道；质家"亲亲"，多仁朴质爱，质为天道。如《史记·梁孝王世家》（褚少孙补）中引袁盎语："殷道质，质者法天，亲其所亲，故立弟；周道文，文者法地，尊者敬也，敬其本始，故立长子。"② 又《春秋繁露·楚庄王》云："乐者，盈于内而动发于外者也。应其治时，制礼作乐以成之。成者，本末质文皆以具矣。"③ 鉴于汉代社会整体上呈现出"文"的特征，董子《王道》中提出"《春秋》之救文以质"④ 的主张，"质"和"文"在王朝衰落、德运衰败时起到互相补救的作用。此一思想在汉代儒学中得以发挥，何休在《春秋公羊解诂》中，继承了董子《春秋》"承周文而反之质"⑤ 的思想，《隐公七年》注云："春秋变周之文，从殷之质，质家亲亲，明当亲厚异于群公子也。"又《桓公十一年》注云："天道本下，亲亲而质省。地道敬上，尊尊而文烦。……故后王起，法地道以治天下，文而尊尊。及其衰敝，其失也尊尊而不亲，故复反之于质也。"⑥

除公羊学家对文质的看法外，汉代还有一些具有代表性的说法，如《淮南子·本经训》云："故钟鼓管箫，干戚羽旄，所以饰喜也；衰

---

① 湛若水：《唐元次山集序》，《唐元次山集》卷首，《四部丛刊》本。
② 司马迁：《史记》，第 2091 页。
③ 苏舆：《春秋繁露义证》，第 20 页。
④ 苏舆：《春秋繁露义证》，第 123 页。
⑤ 苏舆：《春秋繁露义证》，第 145 页。
⑥ 阮元校刻：《十三经注疏》，第 2209、2220 页。

经苴杖，哭踊有节，所以饰哀也；兵革羽旄，金鼓斧钺，所以饰怒也。必有其质，乃为之文。"①《淮南子》的作者将礼乐的种种表征与人的各种性情统统用"文"与"质"的关系进行概括，认为人性情之喜、怒、哀、乐的自然流露，无所节制，属于"质"，需要以"文"加以外饰，即以"钟鼓管箫，干戚羽旄"作为喜的节制，以"衰绖苴杖，哭踊有节"作为哀的节制，以"兵革羽旄，金鼓斧钺"作为怒的节制。王充把文质之法，放在三代历史的角度来谈论，如《论衡·齐世》篇云："文质之法，古今所共。一质一文，一衰一盛，古而有之，非独今也。何以效之。……承周而王者，当教以忠。夏所承唐虞之教薄，故教以忠。唐虞以文教，则其所承有鬼失矣。"② 其立论的依据仍然是三代礼乐传统的知识结构，沿袭的依然是以文质论历史治乱、政教的理路。

总体而言，纵观文质范畴的原初意义及其发展衍变，我们可以看到，在先秦两汉思想的发展中，文质不仅仅是一个内容与形式认知上的问题，更是一个充满人文色彩和历史感的范畴。它是古人对人之为人乃至宇宙间一切生命存在和社会存在的本质与表现关系所作的反思。文质范畴的三种表现形态以礼乐发展的内在逻辑性和外在必然性为依据，在礼乐发展的三个阶段表现的侧重点各有不同，因此，文质是体认三代礼乐形成因革的重要连接纽带。从文化思想史的两个层面看，在礼乐文化的大传统背景下，文质范畴表现为历史论、道德论，具有描述和价值判断功能；在文学艺术的小传统背景下，文质的表现形态为艺术理论，具有审美的功能。

礼乐传统笼罩下生成的文质范畴，在其产生和演变过程中吸收了丰富的礼乐文化因素，因而形成其理论内涵的深厚性和阐释形态的多元化。其质态表现层面有二：从外部表现的功能看，文质是对三代礼

---

① 何宁：《淮南子集释》，第 599 页。
② 黄晖：《论衡校释》，第 808—809 页。

乐的历史性描述，对人的自然情性与道德理性的评价性判断，对语言艺术形相的审美性判断，其原初阶段具有描述、判断和审美等多项功能；从内在发展的理路看，文质在"一文一质""文质相半"的动态平衡中获得的质态稳定性，并没有随历史的发展而消失，而是作为思想文化传统中一个独立、核心的联系与中介延续不断，其意义发展的脉络由礼乐的载体最终进入文学这样一个次生领域，并成为此领域最重要最显著的一个元范畴，其间历经了一个漫长而极具启发意义的演变过程。

　　从文学思想史的发展来看，文质元范畴的价值取向大致有三：其一，在价值层面上表现为重振儒家礼乐传统及其衍生的文学观念，这是中国古代文学思想的主流，表现为轻为文的技巧而重道德内涵，尤其强调作品内容与创作主体道德情性的关系。文学的功能偏向于社会政教，儒家的若干正统论点，如"诗言志""思无邪""文以载道"等被后人视为补偏救弊的良方而推崇备至。在此影响下，文质范畴在意义指涉上更倾向于重质轻文的审美标准，在思想内容层面上，那些与政治教化、社会背景、道德情感相关的理论总是备受关注，而与语言形式、文饰修辞及文章结构相关的理论则备受冷落；在语言形式层面上，倡导恢复先秦质朴的文风，反对汉魏以后浮华的风气，这是魏晋南北朝人以文质作为批评术语时最平常的一个选择。建安文学之所以被沈约在《宋书·谢灵运传》中誉为"以情纬文，以文被质"[①]，被钟嵘《诗品序》中誉为"体被文质"[②]，就在于其"质"，乃是因为它"雅好慷慨""志深笔长""梗慨多气"，具有充实的内容，真切地反映了那个"世积乱离，风衰俗怨"[③]的时代，是质胜文的产物。

---

① 沈约：《宋书》，第 1778 页。
② 曹旭：《诗品集注》，第 97 页。
③ 刘勰撰，詹锳义证：《文心雕龙义证》，第 1694 页。

其二，在文学思想发展观上形成以文质代变来描述文学退化史的思维模式。由文及质的历史演进，是包括文学在内的各种人文现象发展的一个必然的趋势，因此，文质范畴在文化传承上自然衍生出"贵古"与"趋新"的两种相对的文学史观。综观一部中国文学史，就是质之"贵古"与文之"趋新"之间反复拉锯展开的一部文学批评退化史。在《宋书·谢灵运传》中，沈约认为一部文学史就是一部文与质、文与情交替的历史：

> 屈平宋玉，导清源于前。贾谊相如，振芳尘于后。英辞润金石，高义薄云天。自兹以降，情志愈广。王褒刘向，杨班崔蔡之徒，异轨同奔，递相师祖。虽清辞丽曲，时发乎篇，而芜音累气，固亦多矣。若夫平子艳发，文以情变，绝唱高踪，久无嗣响。至于建安，曹氏基命，三祖陈王，咸蓄盛藻，甫乃以情纬文，以文被质。

沈氏此言，论述了"自汉至魏，四百余年，辞人才子，文体三变"[①]的过程，概括了不同时代文学文质的风貌，开启了以文质替变论文学史的先河。刘勰也以文质代变来概括不同时代的文学风貌，《文心雕龙·时序》篇有"时运交移，质文代变"，"质文沿时，崇替在选"；《养气》篇中以远古的"淳言"与战国的"浇辞"相比，得出"文质悬乎千载"[②]的结论，均以文质变化来论述文风的变化及与时代变化之间互相推移发展的关系。《通变》篇中，彦和对文学的变迁发展作价值评价时认为，一部文学史的发展乃是"从质及讹，弥近弥淡"的过程：

---

① 沈约：《宋书》，第 1778 页。
② 刘勰撰，詹锳义证：《文心雕龙义证》，第 1653、1723、1569 页。

推而论之，则黄唐淳而质，虞夏质而辨，商周丽而雅，楚汉侈而艳，魏晋浅而绮，宋初讹而新。从质及讹，弥近弥淡。[1]

他认为商周"丽而雅"，即文质相称，商周之前"淳而质""质而辨"，即质胜文；商周之后"侈而艳""浅而绮""讹而新"，即文胜质。这与其"斟酌乎质文之间，而櫽括乎雅俗之际，可与言通变矣"[2]的思想是一致的，在彦和的理论视域里，所谓"通变"，通的就是古今文质、雅俗之变。逮至明代胡应麟《诗薮》内编云："文质彬彬，周也。两汉以质胜，六朝以文胜。魏稍文，所以逊两汉也。唐稍质，所以过六朝也。"[3] 更以"格以代降"来定格《诗经》以后诗歌的发展历史，简明扼要地点出了文论家从古今文质对照中得出文学退化论的共同认识，这也是后世以复古之名行变革之实的重要理论依据。要之，文学退化而与整个文化乃至文明进化交错之悖论是中国古代文学思想史特有的一种书写模式，其使中国传统文化以及文学观念都呈现出极其浓郁的向后看的乌托邦倾向。

其三，在古代文学思想发展演变的历史中，文质范畴不断衍生出诸多次生范畴、术语、命题，从而形成了一个富有民族文化特色的范畴群体。随着后世文学创作实绩的丰富和文学理论的独立发展，在文学这个次生领域展开的文质范畴，逐渐演化出一系列相关的次生范畴和术语，如文就有文采、言、辞、形、表、华等，质就有情、志、意、理、事、实、风骨、风力等，文质并举，则有文质彬彬、文野之辨、情信辞巧、金相玉质、以情纬文、以文披质、志足言文、为文造情、文胜质、质待文、文质相半等一系列命题及术语的生成，构成了极具

---

[1] 刘勰撰，詹锳义证：《文心雕龙义证》，第 1089 页。
[2] 刘勰撰，詹锳义证：《文心雕龙义证》，第 1094 页。
[3] 胡应麟：《诗薮》，第 3 页。

民族特色的文论体系，并旁及文道、美善、雅俗、教化、正变、古今、言意、形神、通变、风骨、气韵、情采、通变、本色等次生范畴的形成与展开。譬如，在儒家的道德判断与审美判断结合的文学批评意识中，针对创作主体而言，文质彬彬与美善合一在基本的价值取向上是相通的，有德与言意统一，人格与风格合一及人物品评中诸多命题，也与文质元范畴有着极为密切的关联。从文质史论的角度看，古今、通变都是文学思想史发展中的辩证史观，而正变、美刺也源于文质史论所关涉的朝代更迭与政教得失。

对于文质元范畴在后世衍生和发展的研究，寇效信先生作了很好的尝试，在其力作《文心雕龙美学范畴研究》一书中，他以新的文化视野，从文本的总体性关联中，对《文心雕龙》中一些带有根本性的美学范畴进行了研讨，颇多新见。以文质为例，他认为刘勰的风骨范畴就是建立在文质范畴的基础上而生成的：

> "风骨"相当于"质"，"藻采"相当于"文"。"藻采"以"风骨"为基础，"文"依附于"质"。"风骨"需要"藻采"，"质"有待于"文"。"风骨"与"藻采"结合，"明以健"，为最上乘；"质"与"文"相称，"衔华佩实"，为最高理想。[①]

在发生意义上，文质是对"三才"存在本质及表现形态进行的解答而非针对文学本身而言，以其范畴的原初性和内涵的丰富性闪现在各种人文活动中，尤其在文学领域。文学作为人文化成中极其重要的一环，以本体结构上内容与形式的区别、语言表现形式之质朴与文饰的异同、创作主体之道德人格与自然情性的矛盾以及文学史进程之古

---

① 寇效信：《文心雕龙美学范畴研究》，陕西人民出版社 1997 年版，第 160 页。

今质文之变，与文质有一种天然的亲和力，遂成为文质发展中最重要的，也是对后世影响最大的一个领域。在文学这个次生领域展开的文质范畴，关涉到文学本体论、创作论、作家论和接受论各个方面，是古代文学思想史中出现最早且贯穿始终的范畴，历代文论家对其备加关注。后世古今文质之争，多纠缠于质朴与文饰的争论，对文质的理解，从思想文化本源层面的价值判断外化为语言的表象性描述，使一个具有厚重人文内涵和历史感的范畴单一化、平面化。20 世纪以来，随着西方文论的引进，更强调从内容和形式的角度去理解文质的内涵，有的研究者甚至断言："在我国古代文论中，'文质'的含义是明确的：'文'指形式方面，'质'指内容方面。这是从无异议的。"[1] 这就在很大程度上忽视了从原初混融意义到独立文论范畴的演变历程，从而遮蔽了其本原意义。

唯有对文质发展历史和文化传承持一种客观的态度，对古人之文化处境持同情之了解，将古代文论中众多孤立的范畴、命题以及方法论的形成从纯粹的理论形态回溯到其生成的原初历史文化语境中，将其从业已不断阐释而形成的传统回复到其原生的批评意识中，才能发现承流会变之轨迹，并重新梳理其由本及末之源流。文质在原初意义上的丰富性和表现形态的多样性与后世发展形态的单一化和平面化是完全不能等同的，在思想史建构上所具有的逻辑起点意义也是不相同的。同时，它的发展衍变也昭示出，文质作为一个始终高悬在三代乌托邦想象中的元范畴，一旦脱离了礼乐文化母体的原生意义，离开了先天所混融的诸多意识形态品格，就只能是一个没有时间和空间差异、没有历时性文化传承和共时性个体差异的停滞的平面范畴，也就无法再现其在思想文化发展上的重要性了。

---

[1] 牟世金：《从刘勰的理论体系看风骨论》，载《古代文学理论研究》第 4 辑，上海古籍出版社 1981 年版，第 183 页。

第九章　礼乐之精神品格——和

　　"和"是中华民族思想传统中的最高理想，从古代学术思想到百姓日常生活，从"天人合一"的文化视野到"温柔敦厚"的诗教原则，无不弥漫在浓厚的"和"文化氛围中。以"和"范畴为中心所形成的"尚和"思维，从本质上看是古人认知、把握世界的一种价值观与方法论，它广泛地闪现于古代思想文化的各个知识领域中，如阴阳论、五行论、气论、形神论、中庸论、大一统论，以及形形色色的人性论、人格论、人生论、知行论中，并通过"天人合一"这一核心命题的融合，贯通在古人关于天、地、人三界的理解之中，成为中国古代知识体系中一个根本理念与致思方式乃至核心价值所在。

　　"和"是最能体现礼乐精神品格的原初范畴，它既是传统时代礼乐政教的途径，也是其终极目标所在，故而本书所关涉的诸多论题，如乐教、礼教、诗教、"文"、"象"等，都不离"和"的理论视野与文化心态。"尚和"思维几乎渗透到礼乐背景下的所有知识构成，与礼乐背景下形成的主要范畴都有着密切的联系，包括哲学上的"三才"、阴阳五行之合一，政教上音和政和，伦理道德上中庸及审美上中和，等等。因此深入地研究"和"范畴及"尚和"思维模式，对于厘清古代文学思想的基本特征及其艺术品相都具有重要意义。本章主要从三个方面论述"和"与礼乐传统同生共长之关联：其一是通过历时性梳理先秦两汉时期三个阶段的史料，探讨"和"之原始义及引伸义乃至多元结构形成的过程；其二是探讨"尚和"思维形成的礼乐知识背景，从宇宙论、价值观、方法论角度考察"尚和"思维的一般特征及其对文学艺术的影响；其三是探讨中和的元范畴意义，论及"尚中"、中庸以及"中和之美"之与古代文学精神的关联。

第一节　和之源流

谈论"和""中和"时，人们往往首先提到孔子。实际上，作为礼乐文化的重要思想遗产，在三代甚至更早的史前时期，"尚和"意识作为华夏民族的主体思想意识就已经存在并且广为流行了。如《尚书》开篇即有"协和万邦"，随后更有"惟和惟一""咸和万民""庶政惟和""燮和天下"[①] 等说法，这说明"和"的观念在三代已经很普遍了。到孔子所处的春秋末世，"尚和"思想氛围业已相当浓厚，现存典籍中，诸子各家关于"和"或"中和"的思想灼然可见。因此，研究"和"这一思想传统的形成，应该回溯到三代甚至更早的史前时期。

考察先秦两汉"和"范畴的演变，我们可以将其分为三个阶段：一是夏商周时期。根据甲骨文考辨以及传世典籍中汉人释义之相互印证，其初始意义大约集中于人之自然官能性感受，尤其是听觉、味觉上，古人多从音和与味和的角度出发谈论政和，这是"和"范畴的原生时期，而后便出现了"和同""中和"两条主要的发展路径；二是西周末年到春秋"和同"思想发展阶段。从史伯到晏婴，从单穆公到伶州鸠，赋予"和"自然、社会、人生的多重内涵，所展开的内容业已涵盖了整个礼乐文化系统，这是"尚和"思维模式的原生时期；三

---

① 阮元校刻：《十三经注疏》，第 119、166、222、235、240 页。

是春秋"礼坏乐崩"到汉代"礼乐复兴"的"中和"思想发展阶段。随着诸子各家对于"和"观念阐发的不断深入,"中和""和合"取代"和同"成为社会思想的主流。孔子及后学赋予"和"人性、人情、道德伦理的属性,老庄将"和"与阴阳、道结合,赋予其形上意义,汉代董仲舒杂糅诸子"和"论,将其与天地、阴阳、伦理、道德结合在一起,贯通形上形下,建构了完整的宇宙论体系和方法论原则,"尚和"思维模式最终成型。

"和"之本义 "和"意识的萌生,应该是很古远的,它是先民生产、生活实践活动中经验的长期积淀产物。从目前的考古材料和历史文献看,"和"在三代就已经兼有自然和人文的双重内涵。从文字起源看,至少在殷代中期,也即"和"的象形文字产生之前,人们在社会生活中,就已经将"和""中"意识具体相连,这应该是"尚和"思维萌芽状态在文字上的最早表现了。

"和"字的甲骨文字形为:龢(前二·四五·二),龢(宁沪一·七三),龢(京津八四三二)[1]等。"禾"与龢为古今异体字,在古经传中,通用无别。"和(龢)"作为合体字,根据古来学者的研究成果,其字符中可能包括了编管乐器、农作物等象形符号。对于"和"的释义,较通行的看法大致有两种:其一,东汉许慎以唱和为"和",以调和为龢,"和"在口部,《说文》云:"相应也,从口禾声。"[2]龢在龠部,《说文》云:"调也,从龠禾声,读与和同。"清人段玉裁注曰:"言部曰,调,龢也。此与口部'和'音同义别。经传多借'和'为'龢'。"[3]罗振玉在甲骨文研究中,取《说文》观点,释"和(龢)"为

---

① 中国社会科学院考古研究所编辑:《甲骨文编》,第87页。
② 段玉裁:《说文解字注》,第57页。
③ 段玉裁:《说文解字注》,第85页。

调和；其二，成书于汉初的《尔雅·释乐》释云："大笙谓之巢，小笙谓之和。"①郭沫若据此认为，"和（龢）"本义为小笙，是一种编管乐器的名称，"龢之本义必当为乐器，由乐声之谐和始能引出调义，由乐声之共鸣始能引申出相应义，亦犹乐字之本为琴，乃引申而为音乐之乐与和乐之乐也。"②以上对于"和"字本义的研究，无论是罗振玉以甲骨文印证《说文》，还是郭沫若以甲骨文印证《尔雅》，都是沿袭的汉人说法。这是汉人关于"和"的一般理解，如《小雅·伐木》郑玄笺："以可否相增减曰和。"又《周礼·天官冢宰·食医》郑玄注："和，调也。"③但显而易见的问题在于，汉人考辨时只见金文、秦篆，未见甲骨文及其相关考究，故而汉人对于"和"字的考究，是本义或衍生义，尚难定论。

　　以今人的眼光推究，"和"的字形可能与禾、味、乐相关，其原始义与调和工具、调和过程及调和的理想状态相关。就早期思想家关于"和"的论述来看，其初始意义大约集中在两个方面：一为饮食调和之味和、一为声音相和之乐和，即《国语·郑语》中史伯所指"和五味以调口""和六律以聪耳"④。"和"观念的产生最初源于先民官能性的感觉，这是古人早期农业生产、生活经验的总结与提炼。无论是味觉还是听觉上的感官愉悦，都是源自先民对于自然的感受，表达了他们对自然与人关系的一种理解和想象，因此在本质上，味和与乐和是一致的。杨树达认为："事之中节者皆谓之和。……《说文》云：龢，调也。盉，调味也。乐调谓之龢，味调谓之盉，事之调适者谓之和，其

---

① 阮元校刻：《十三经注疏》，第 2601 页。
② 郭沫若：《郭沫若全集》考古编第一卷，科学出版社 1982 年版，第 93—96 页。
③ 阮元校刻：《十三经注疏》，第 410、667 页。
④ 徐元诰：《国语集解》，第 470 页。

义一也。"① 这个说法是有道理的。

考之于上古政教的实际状况，味和与乐和是礼乐制度的重要组成因素。"和"在上古的一个主要运用是在饮食上。商周时期，饮食是与礼乐政治、宗教祭祀密切相关的，如《逸周书·商誓》云："在商先哲王，明祀上帝□□□□亦维我后稷之元谷，用告和，用胥饮食。"②这段史料记载商王向上帝"告和"，祭祀之物就是用先祖后稷的元谷调和而成。殷商时期大量青铜制成的饮食器，同时也是极其重要的礼器，其搭配和组合在各种宴会上使用，并伴以乐歌乐舞，既体现了礼之尊卑贵贱，也体现了乐之和美协调。对于调和产生的美感，商汤时期的伊尹有过精辟的论述，这见于《吕氏春秋·本味》的记载："调和之事，必以甘酸苦辛咸，先后多少，其齐甚微，皆有自起。鼎中之变，精妙微纤，口弗能言，志不能喻。若射御之微，阴阳之化，四时之数。"③"和"在上古的另一个主要运用是乐教。古代乐教具有悠久的历史，乐舞、乐歌和乐器所带来的声音相和悦耳、人伦愉悦和睦，在天、地、人"三才"合一中起到了重要作用，这在传世典籍中多有记载，如《尚书·舜典》云："八音克谐，无相夺伦。"又《周易·中孚·九二》爻云："鸣鹤在阴，其子和之。"又《小雅·宾之初筵》云："龠舞笙鼓，乐既合奏。"④春秋以降，关于乐和的言论就更多了。对此，本章第二节将详细地展开论述。

考察"和"在三代及更早时期的含义，对于把握尔后人文意蕴的不断积淀以及发展演变的逻辑理路都是很重要的。古人对于"和"的理解，源于人之本能，是官能性愉悦所引起的感性共鸣。在能够带来

---

① 杨树达：《论语疏证》，上海古籍出版社 1986 年版，第 28 页。
② 黄怀信等：《逸周书汇校集注》，第 482 页。
③ 许维遹：《吕氏春秋集释》，第 314 页。
④ 阮元校刻：《十三经注疏》，第 131、71、485 页。

愉悦的各种感官中，古人尤其重视听觉、视觉、味觉，这在上古典籍中很常见，如《国语·郑语》中史伯言"声一无听，色一无文，味一无果，物一不讲"[①]；又《墨子·非乐》言"目之所美、耳之所乐、口之所甘"[②]；又《孟子·告子上》言"口之于味，有同嗜焉。耳之于声，有同听焉。目之于色，有同美焉"[③]；又《荀子·劝学》言"目好之五色，耳好之五声，口好之五味"[④]。以上所引均着眼于听觉、视觉、味觉来谈论感官和谐问题。对于中国古人这种从官能性直觉感知到审美性感性愉悦的思维逻辑，汉学家是这样认为的："中国人的审美意识在其初期阶段上，最初根源于'甘'这一官能性的味觉美，然后是与味觉美的悦乐感关系最为密切的嗅觉美，以及视觉←→触觉美，最后是听觉美。严格地说，五官各自体验的美感，在其内容、本质上是有所不同的，但是它们都用同一个'美'字来表达。"[⑤]虽然笠原仲二对五官感受的排序，尤其是将听觉排于末尾，与中国古人的理解是不一样的，但他认为五官的感受只有达到"和"的境界，才能是美的、善的，这一判断无疑是准确的。

古代思想家最早是从感性学角度谈"和"（味觉、听觉），其后才将其作为宇宙观、政治观、价值观及方法论来思考。由某一官能性的快感置换为精神上的普遍性愉悦，由此及彼，由此物及彼物地推衍开来，其间的桥梁是审美过程中器官之间沟通、转化的复杂感觉，即"通感"现象。钱锺书曾经用不少中西文学作品的例子来解释"通感"现象并有如下定义："在日常经验里，视觉、听觉、触觉、嗅觉、味觉

---

① 徐元诰：《国语集解》，第 472 页。
② 吴毓江：《墨子校注》，第 380 页。
③ 阮元校刻：《十三经注疏》，第 2749 页。
④ 王先谦：《荀子集解》，第 19 页。
⑤ 〔日〕笠原仲二：《古代中国人的美意识》，杨若薇译，生活·读书·新知三联书店1988 年版，第 42 页。

往往可以彼此打通或交通，眼、耳、舌、鼻、身各个官能的领域可以不分界限。"[①] 就审美感受而言，体悟味道之和与乐律之和，这本来就同人在品味、听乐时的心理情感密切相关，所谓"和（龢）"字也就自然由官能性的直接感受引申到情感和谐的复杂状态以及情性好恶、人伦道德了。正是从这个逻辑出发，古代思想家就自然地将乐和与人和、政和顺理成章地贯通起来了，如《周礼·地官司徒·大司徒》云："以五礼防万民之伪而教之中，以六乐防万民之情而教之和。"[②] 又《礼记·乐记》云："故乐者天地之命，中和之纪，人情之所不能免也。"[③] 又郭店楚简《性自命出》云："道始于情，情生于性。"[④]《中庸》首章更是直接从情性的角度来阐释中和思想。正是由于三代以来"和"观念之深入人心，由感官之和而人伦之、政教之和的思维理路也就顺此逻辑产生，乐和→心和→政和的政教思想模式也就大量涌现出来了。由此可见，"和"观念正是古代礼乐政治模式的思想基础与理论原点。

虽然古人对于"和"的理解初始于人官能性的本能感受，但是，能够体悟到味和之美、乐和之美却不是自然而然的，总是受到先在意义系统的规定和既有价值尺度的牵制，此一意义系统和价值尺度，就是三代以来所形成的"尚和"整体思维模式，古人总是在广阔的礼乐知识背景下体悟、认同"和"的价值，这在西周末年"和同"思想的兴起中体现得尤为明显。

"和同之辩" "和"作为观念形态出现并得以充分阐释是在三代。这已经是古人认识能力达到相当高度，理性思辨能力相当成熟时期的

---

① 钱锺书：《七缀集》，生活·读书·新知三联书店 2002 年版，第 64 页。
② 阮元校刻：《十三经注疏》，第 708 页。
③ 阮元校刻：《十三经注疏》，第 1544 页。
④ 李零：《郭店楚简校读记》，第 105 页。

产物了，尤其是西周末年到春秋时期的"和同之辩"，这既是"尚和"思维初步形成的标志，也是百家争鸣的前奏。

"和"成为古代思想家、政治家关注的中心，原因是多方面的。西周中期以来种种"礼坏乐崩"的状况，使商周以来的"尚同"意识产生了深刻的危机，这为新的"尚和"思想的兴盛提供了时代契机。具体而言，外政上犬戎入侵，披发左衽的现实动摇了三代以来内外有别的华夏正统观念；内政上宗法等级混乱，诸侯坐大，形成"上下无礼"、君臣无别的局面；加之经济上井田废除与工商兴盛，意识形态上质疑天道与神权，倡导人道与个性，以及学术下移、私学兴起、士人崛起；等等，使封闭社会同一的思想观念受到极大冲击。就目前所见的文献资料来看，自西周末年史伯提出"和实生物，同则不继"[①]的思想之后，"和同之辩"便蜂起了。

根据《国语·郑语》记载，时任周司徒的郑桓公向太史伯询问周的命运，史伯认为周王室末运已到，原因就在于周幽王"去和而取同"。史伯认为，百物是由土与金、木、水、火相杂而生，所以要"和五味以调口，刚四支以卫体，和六律以聪耳，正七体以役心，平八索以成人，建九纪以立纯德，合十数以训百体"。[②]这表现在政治上，"先王聘后于异姓，求财于有方，择臣取谏工而讲以多物，务和同也"[③]，君主要广听意见，善选臣僚，采纳谏议，如果万物仅一色、一声、一味、一貌，事事相同，事物就不能存在下去。如果在政治上听不进不同意见，只喜欢阿谀奉迎，偏听顺耳之言，重用巧佞之人，统治就必然会衰败下去。

史伯的思想中有两点是极具理论价值的：其一，在其理论前提中，

---

① 徐元诰：《国语集解》，第 470 页。
② 徐元诰：《国语集解》，第 470—471 页。
③ 徐元诰：《国语集解》，第 472 页。

先王的礼治文化是"和而不同"的典范，故而幽王"以同裨同""去和而取同"会招致灭亡。在古代思想家的观念中，万事万物的差别虽然清晰而客观地存在于天地之间，但它们并不是彼此隔阂、疏离的，而是处于相分相异而又相济相维的关系中。这种理念深深地灌注于古人对于礼乐知识系统的理解中。礼乐作为一个无所不包的思想系统，具有强大的统摄性与包容性，它不仅统摄天地万物，更统领着人事之"亲亲""尊尊""贤贤"，将天子、诸侯、公卿、大夫、士、庶人、工商、皂隶、牧圉、父子、兄弟、侧室、贰宗、师保、瞽史等社会上各色人物，均纳入井然有序的制度结构中，以"和而不同"的原则统领其间，形成了一个均衡和谐的政治结构，这是古人为理想政治编织的完美理论系统。

其二，史伯最早揭示出"和"范畴所具有的理论正价值，奠定了"尚和"思维的理论基础。史伯所言"和"，也即"以他平他"，是指各种不同事物的配合与协调，而所谓"同"，是指事物的单一性。根据史伯的"和同"理论，君王应该顺"和"弃"同"，顺"和"的关键是"择臣取谏工而讲以多物"，即君主必须纳谏，对事物进行比较，统治才会长久。幽王与此相反，弃"和"取"同"，拒"明德"之臣，听阿谀奉承之词，重用"谗匿"之人，根据"同则不继"的道理，史伯断言幽王的统治不会久长。

如果说在史伯的眼里，"和同"论是一种历史哲学观，那么在其后的政治家、思想家眼里，"和同"论则被视为一种政治理念与战争观念。如《国语·周语中》记载周定王谈论"肴烝"与"全烝"的区别："五味实气，五色精心，五声昭德，五义纪宜，饮食可飨，和同可观，财用可嘉，则顺而德建。古之善礼者，将焉用全烝。"[①]又如周简王时

---

① 徐元诰：《国语集解》，第60—61页。

单襄公对于晋国战胜后时局的分析："夫战，尽敌为上，守和同，顺义为上。"① 由此可见，春秋时期的"和同"论，涉及到的内容已经十分丰富了。在此基础上，对"和同"论有重大理论创新的是春秋末年齐国的晏婴。

晏婴答齐侯，辩同论，文存于《左传·昭公二十年》，他继承了史伯"务和同"的观点，进一步指出"和"的境界是由事物相互对待诸因素"相济""相成"而形成一个和谐整体。晏婴严格地区分了"和"与"同"，强调二者之差异：

> 和如羹焉，水火醯醢盐梅，以烹鱼肉，燀之以薪，宰夫和之，齐之以味，济其不及，以洩其过。②

他以煮鱼汤为例，指出只有配以水和各种佐料，加之适中的火候，善烹的厨师，味道才会浓淡适中，食之才会味美可口。音乐也像美味佳肴的烹饪一样：

> 声亦如味，一气，二体，三类，四物，五声，六律，七音，八风，九歌，以相成也。清浊小大，短长疾徐，哀乐刚柔，迟速高下，出入周疏，以相济也。君子听之，以平其心。心平德和。③

优雅的音乐是由气、体、类、物、声、律、音、风、歌九种因素相互组合，又配以清浊、小大、短长、疾徐、哀乐、刚柔、迟速、高

---

① 徐元诰：《国语集解》，第 76 页。
② 阮元校刻：《十三经注疏》，第 2093 页。
③ 阮元校刻：《十三经注疏》，第 2093—2094 页。

下、出入、周疏等音调与节奏的变化，才形成和谐美妙的旋律，否则的话，"若以水济水，谁能食之。若琴瑟之专壹，谁能听之。同之不可也如是"①。晏婴不仅阐明"和"之"相济""相成"的道理，而且根据音乐之和与道德之和、政治之和相通的逻辑，将其运用于君臣关系中，"先王之济五味，和五声也，以平其心，成其政也"②，强调君臣在处理政务意见上"否可相济"的重要性，丰富了"尚和"理念的内涵。两相比较，如果说史伯关注的视野主要在于客观对象本身，如在乐之多样性变化中求和，那么晏婴不仅将关注的视野延伸到了审美主体及其相关的社会领域，而且通过主体与客体、部分与整体关系的辨析，以及"清浊""小大"等十种对待统一范畴的拈出，辩证地充实了"尚和"思维的内涵，比史伯更为深刻。

春秋末世，乐官们对"和"也表现出相当程度的关注，在单穆公、伶州鸠、师旷这些著名乐官的言论中，史伯、晏婴"和"的理念得以延续，经过他们的不断阐发，"尚和"思维所具有的协和适度的思想品格已经渗透到礼乐文化的各个组成部分中。《国语·周语下》中记载了单穆公、伶州鸠以"尚和"原则论乐、论政，反对周景王铸大钟"无射"的事迹。单穆公认为：

> 夫乐不过以听耳，而美不过以观目。若听乐而震，观美而眩，患莫甚焉。……夫耳内和声，而口出美言，以为宪令，而布诸民，正之以度量，民以心力，从之不倦。成事不贰，乐之至也。口内味而耳内声，声味生气。气在口为言，在目为明。言以信名，明以时动。名以成政，动以殖生。政成生殖，乐之

① 阮元校刻：《十三经注疏》，第 2094 页。
② 阮元校刻：《十三经注疏》，第 2093 页。

至也。①

他认为听乐、观美都要讲求适度的原则，强调美的音乐不能离开，也不能违背人的生理与心理的承受基础；同时，他强调乐之音调协调与否对君王的心理乃至政治好坏有决定作用，所依据的仍然是乐和→心和→政和的逻辑系统。比较而言，伶州鸠的思想更具理论的创新价值，他发挥了《尚书》"神人以和"②的观念，强调"中德""中音"以"合神人"的观点，将乐和与政和的关系归结为"夫政象乐，乐从和，和从平"③，反复强调"中音"的重要性，把"中音"与人之养生、道德、殖财乃至政治兴衰、人神关系紧密地联系在一起：

> 夫有和平之声，则有蕃殖之财。于是乎道之以中德，咏之以中音，德音不愆，以合神人，神是以宁，民是以听。若夫匮财用，罢民力，以逞淫心，听之不和，比之不度，无益于教，而离民怒神，非臣之所闻也。④

他认为只有乐之平和，才能带来阴阳协调、政治昌盛、人民富裕，"以遂八风。于是乎气无滞阴，亦无散阳，阴阳序次，风雨时至，嘉生繁祉，人民龢利，物备而乐成"⑤。

伶州鸠明确地提出了一系列的概念："中德""中音""德音"。所谓"中德""中音"，韦昭注曰："中德，中庸之德也。中音，中和之

---

① 徐元诰：《国语集解》，第 109—110 页。
② 阮元校刻：《十三经注疏》，第 131 页。
③ 徐元诰：《国语集解》，第 111 页。
④ 徐元诰：《国语集解》，第 112 页。
⑤ 徐元诰：《国语集解》，第 111 页。

音也。"① 这已经是将西周重德的思想灌注到"和"的理念中了。如果说此前"和"的观念主要体现在思想方法和处事原则上，那么西周以来与德的结合，开始显示出伦理道德的价值判断特征，这是三代以来"尚和"思维的新发展，由此所培育的理论生长点，如中庸、中和，在随后诸子思想的兴起中得到更为多元的阐释。

诸子阐发　春秋时期，诸子各家基于不同的政治立场与救世主张，对"尚和"思想进行了不同的发展与回应，衍生出人和、天和、中和、和合、太和、味等范畴。"和"的理念从感性到理性多层面地展开，"尚和"思维的内涵在政治伦理、人文教化、文学艺术等领域得以不同程度地延伸与扩展。

　　将源于五官感受的"和"扩展到社会政治生活、人伦道德领域，并提升到本体论高度，使之成为中国古代政治的最高理想、文学艺术的最高境界，儒道两家各有发挥。孔子关于"和"的认识，继承了史伯、晏婴的"和同"思想，《论语·子路》中所谓"君子和而不同，小人同而不和"②的观点，就明确地体现了重"和"去"同"的价值取向。刘宝楠《论语正义》引晏婴、史伯之语解释孔子"君子和而不同"之语，③《国语》韦昭注引孔子此语解释史伯"去和而取同"之论，可知两者互为印证。④ 不同于史伯、晏婴从自然现象、社会现象角度进行辨析论证，孔子将"和"与人的社会实践直接联系在一起，从君子成人与为政两个方面，进行人伦价值、政教意义上的阐发，如

---

① 徐元诰：《国语集解》，第 112 页。
② 阮元校刻：《十三经注疏》，第 2508 页。
③ 刘宝楠：《论语正义》，中华书局 1990 年版，第 545 页。
④ 徐元诰：《国语集解》，第 470 页。

《左传·昭公二十年》云："宽以济猛，猛以济宽，政是以和。"[1] 又《论语·季氏》云："均无贫，和无寡，安无倾。"[2] 又《学而》云："礼之用，和为贵。"[3] 大都具有强烈的经世意识与资治色彩。同时，孔子对于"中"的观念也很赞同，《子路》中希望"得中行而与之"[4]，《雍也》中盛赞"中庸"为天下之"至德"[5]，进而提倡"执两用中"的中庸之道，由此孔子及其后学创立了中庸、中和两个重要范畴，从而使三代以来"尚和"思维的内涵发生了具有思想文化转折意义的新变。

儒道重"和"，以和谐为最高理想。孔门讲礼乐之和、人伦之和，孔子论"和"，侧重与政教伦理的结合，强调"克己复礼""允执其中"[6]，孔子后学多从人性人情出发，思孟强调人内在世界之"和"，荀学则强调人外在世界之"和"，均注重社会人伦秩序的和谐，长于将"和"用作价值评判与道德评价的标准；道家则讲天地之和、阴阳之和，侧重与天道、自然的结合，推崇"道法自然"[7]，"和以天倪"[8]，向往虚极静笃，物我为一，精于形上领域的延伸，长于体道过程中的心理感悟。

"尚和"思维普遍地存在于老庄思想中。《老子》一书中多处论及"和"及"合"，如"音声相和""和其光""知和曰常""和大怨""冲气以为和""天地相合""牝牡之合"[9]，"和"的内容涵盖了天人之和、万物之和、社会之和、身心之和。在老学的理论中，所谓"万物负阴

---

① 阮元校刻：《十三经注疏》，第 2095 页。
② 阮元校刻：《十三经注疏》，第 2520 页。
③ 阮元校刻：《十三经注疏》，第 2458 页。
④ 阮元校刻：《十三经注疏》，第 2508 页。
⑤ 阮元校刻：《十三经注疏》，第 2479 页。
⑥ 阮元校刻：《十三经注疏》，第 2502、2535 页。
⑦ 楼宇烈：《老子道德经注校释》，第 64 页。
⑧ 王先谦：《庄子集解》，第 245 页。
⑨ 楼宇烈：《老子道德经注校释》，第 6、10、145、188、117、81、145 页。

而抱阳，冲气以为和"①，是指阴阳的和谐乃万物存在之基础，阴阳相推相济乃万物化生之根本，因此，"和"为自然万物之本原，具有本体论意义。庄学继承了老子阴阳相和的思想，非常强调"和"这个概念，并发挥为"天地之和""天人之和""人心之和""道之和""德之和"的思想。庄学中"尚和"思想不仅普遍存在，而且具有明显的内在逻辑性。首先，庄学认为人乃是天地阴阳调和的产物，《庄子·天运》云："一盛一衰，文武伦经，一清一浊，阴阳调和。"②又《田子方》云："至阴肃肃，至阳赫赫。肃肃出乎天，赫赫发乎地。两者交通成和而物生焉，或为之纪而莫见其形。"③其次，庄学推崇天人相和的境界，庄学视野里的理想人格，是与天地并生、物我两忘、游于方外的圣人、古人、神人、真人，也即《在宥》中"守其一以处其和"④的得道之人，《齐物论》所谓"是以圣人和之以是非而休乎天钧"⑤，《天下》所谓"古之人其备乎。配神明、醇天地、育万物、和天下"⑥，以及《徐无鬼》所谓"夫神者，好和而恶奸"，"抱德炀和，以顺天下，此谓真人"⑦。庄学因此认为通晓了天地之道，就明了宇宙万物之根本和本原，天地人就能和谐相处，《天道》云："夫明白于天地之德者，此之谓大本大宗，与天和者也。所以均调天下，与人和者也。与人和者，谓之人乐。与天和者，谓之天乐。"⑧在庄学逻辑中，明了"道之和"为根本，只有明"道之和"才能"心之和"，只有"心之和"才

---

① 楼宇烈：《老子道德经注校释》，第 117 页。
② 王先谦：《庄子集解》，第 123—124 页。
③ 王先谦：《庄子集解》，第 179 页。
④ 王先谦：《庄子集解》，第 94 页。
⑤ 王先谦：《庄子集解》，第 17 页。
⑥ 王先谦：《庄子集解》，第 287 页。
⑦ 王先谦：《庄子集解》，第 211、221—222 页。
⑧ 王先谦：《庄子集解》，第 114 页。

能实现"天人之和""阴阳之和"。在先秦思想家的理论推导中，庄学对于"和"层次的认识及逻辑的推衍都极为明晰。

春秋战国时期，和合、中和取代"和同"成为思想界关注的中心话题。张立文先生认为，"和"范畴在春秋到秦汉的发展具有阶段性，"春秋战国之际，和同之辩据现有所接触的史料记载，似没有西周到春秋时那样被关注和那样热门。和同之辩转向和合和中和的探讨"[①]。和合、中和理念的形成，既是基于这个时代的人们对于自然现象、社会现象的理性探索，也是在各种社会冲突、政治纷争中寻找多元融合的理论结晶。

诸子思想中已经有明确的"和合"理念了，如《老子》第三十二章云："天地相合，以降甘露。"[②] 又第五十五章云："未知牝牡之合而全作。"[③] 又《管子·幼官》云："和合故能习。"又《兵法》云："和合故能谐。"[④]《周易》中明确地提出了"和合"理论。我们知道，《易经》中就已经具有明确的"尚和"意识了，如《兑·初九》爻有"和兑，吉"[⑤] 的说法，《易传》中更是形成了完整的"尚和"思想体系。《易传》中谈"和"，不同于早期史伯、晏婴感性、直观的自然哲学式论述，而是具有很强的形上哲学意味。它用具有高度概括功能的阴阳二气理论取代了早期阴阳家五行相杂而生万物的旧说，用形上之道与形下之器来统摄万物，明言"阴阳合德而刚柔有体"[⑥]，将史伯"和实生物"、晏婴"相济""相成"的思想提升到形而上的层面。《乾·象传》

① 张立文：《和合学概论》，首都师范大学出版社 1996 年版，第 468 页。
② 楼宇烈：《老子道德经注校释》，第 81 页。
③ 楼宇烈：《老子道德经注校释》，第 145 页。
④ 赵守正：《管子注译》（上），广西人民出版社 1982 年版，第 70、157 页。
⑤ 阮元校刻：《十三经注疏》，第 69 页。
⑥ 阮元校刻：《十三经注疏》，第 89 页。

云："保合太和，乃利贞。首出庶物，万国咸宁。"[1] 所谓"保合太和"，《周易程氏传》卷一释为"保谓常存，合谓常和"[2]，是指天地人之阴阳和谐、德行合一。"和合"乃《周易》的基本思想，所谓天地絪缊而常生，万物相和而化生，阴阳相和以施化，刚柔相摩以成形，男女构精成夫妇，都是"保合太和"的表现。其自觉的"尚和"意识不仅体现在整体结构上追求和谐统一的中和品格，还具体表现在爻辞音韵的撰写上也极为和谐流畅，尤其是"十翼"中的许多篇章自然成韵、琅琅上口、极富韵味。顾炎武考辨六十四卦中有韵者四十余卦，从而认为《易》具有"音和"的特点，故《易音》卷一云："古者卜筮之辞多用音和，以便人之玩诵。"[3] 又朱骏声《六十四卦经解》卷七云："《易》有韵，故夫子《十翼》皆有韵。"[4] 阮元《书昭明太子文选序后》中也高度评价《文言》："奇偶相生，音韵相和。"[5]

西周末年谈论"和"，重在宇宙观上强调不同方或对立面的协调合度而不偏废，战国以后特别是汉代强调在伦理观、审美观上的情理和谐，情为礼制，这尤其明显地体现在"尚和"思维所形成的另一个重要范畴：中和。中和范畴的形成是诸子思想相生的产物，特别是儒道合流奠定了中和理念的思想基础，对此，本章第三节将展开详细论述。

汉代重"和"思想 汉代秦立，鉴于法家思想带来秦之骤亡，对于传统礼乐资源的需要极为紧迫。有汉一代"礼乐复兴"的思想建设

---

[1] 阮元校刻：《十三经注疏》，第 14 页。
[2] 程颐：《周易程氏传》，载《二程集》，王孝鱼点校，中华书局 1981 年版，第 698 页。
[3] 顾炎武：《音学五书》，中华书局 1982 年版，第 192 页。
[4] 朱骏声：《六十四卦经解》，古籍出版社 1958 年版，第 229 页。
[5] 阮元：《揅经室集》，第 608 页。

进程中，对于礼之"节中"与乐之"和同"思想资源的取舍，尤为重要。相对而言，西汉中期以前强调"礼别异"，西汉中期以后则侧重于强调"乐和同"。

在先秦思想领域，荀子对于礼乐关系的认识最为深刻。对于礼，《荀子·礼论》篇认为"故礼者，养也"[①]，《富国》篇认为"贵贱有等，长幼有差，贫富轻重皆有称者也"[②]；对于乐，《乐论》篇认为"故乐者，天下之大齐也，中和之纪也，人情之所必不免也""入人也深""化人也速""移风易俗""治人之盛者也"[③]；对于礼与乐的关系，就是所谓"乐合同，礼别异"[④]，即"分"与"和"的相互补充，礼体现了等级名分的等差性，乐则体现阶层调和的和谐性，礼乐相成构成了处理等级关系的完整政治理论。汉代以后，从贾谊到董仲舒，基本继承了荀子的礼乐思想。在西汉中叶以前，整个社会处于上升时期，时代风气积极向上，因此在礼乐观上，思想家多强调"礼"。如贾谊《新书》，有《礼》篇而无《乐》篇。他对礼的论述很透彻，总结出很多基本原则，如"礼者，所以固国家，定社稷，使君无失其民者也""礼者所以守尊卑之经，强弱之称者也""礼者，臣下所以承其上也""礼者，所以恤下也""礼者，自行之义"[⑤]，而对乐的论述则几乎不见。

董仲舒针对汉武帝的"多欲政治"，倡导中和节制之道，开始重视"和"对于解决社会矛盾的重要性。在《春秋繁露·循天之道》中，他论述"天有两和"：

---

① 王先谦：《荀子集解》，第 346 页。
② 王先谦：《荀子集解》，第 178 页。
③ 王先谦：《荀子集解》，第 380—382 页。
④ 王先谦：《荀子集解》，第 382 页。
⑤ 贾谊：《新书》，第 214—216 页。

两和之处，二中之所来归而遂其为也。是故东方生而西方
成，东方和生北方之所起。西方和成南方之所养长。起之不至
于和之所不能生，养长之不至于和之所不能成。……举天地之
道，而美于和。①

董子"尚和"思想，将三才、阴阳五行糅合在一起，涉及宇宙论、
伦理道德论的各个层面。《循天之道》由天地之和到人的养性修身，以
四季配四方及春生、夏长、秋收、冬藏的天地阴阳之道来论证人的养
生之道。董子所言"节""阳""阴""中""和"，都是指的一个社会
政治制度应该具有的品格，目的在于提醒统治者注意这些基本政治道
德品质对于社会的重要性，因而其"尚和"思想不乏具有抨击汉武帝
时代某些社会政治现象的积极意义。

西汉中期以后，除个别阶段，如西汉宣帝、东汉明帝，皇权比较
强大，社会相对安定以外，总的趋势是皇权逐渐削弱，豪强逐渐坐大，
社会动荡加剧，阶级冲突激化，因此，过分强调礼之"分"的作用，
就会导致所谓"礼胜则离"的局面，天下分崩离析的可能性就会增大。
故而在礼乐政治理念上，思想家们更加重视乐和、政和的作用与现实
意义。从西汉元帝、成帝时期开始，经学上由讲究刑名法理的公羊学
向提倡温柔敦厚诗教的齐诗过渡，反映在礼乐关系上，就更多地重视
乐"和"的地位和作用了，以此作为协调阶级矛盾、阶层冲突以及稳
定统治秩序在思想领域的辅助工具。这种思想倾向在《汉书》中就流
露得颇多，如《艺文志》中历述了自周室衰微以来，"乐尤微眇"之状
况，以至于到汉初"制氏以雅乐声律，世在乐官，颇能纪其铿锵鼓舞，
而不能言其义"的窘况，"武帝时，河间献王好儒，与毛生等共采周

---

① 苏舆：《春秋繁露义证》，第 444—447 页。

官及诸子言乐事者，以作乐记，献八佾之舞，与制氏不相远"，逮至
"刘向校书，得乐记二十三篇。与禹不同，其道浸以益微"①。这就指出
了汉代乐较之于礼，更为不景气的事实，因此在肯定礼乐并行不悖的
同时，更为强调乐"和"的重要意义。如《楚元王传》中分析了自舜
以来各个朝代"和"与"不和"的例子，肯定"和"对于社会政治的
重大意义，并指出"不和"的危害：

> 臣闻舜命九官，济济相让，和之至也。众贤和于朝，则
> 万物和于野。……及至周文，开基西郊，杂遝众贤，罔不肃
> 和。……武王、周公继政，朝臣和于内，万国欢于外。……
> 此皆以和致和，获天助也。
>
> 下至幽厉之际，朝廷不和，转相非怨。……天变见于上，
> 地变动于下，水泉沸腾，山谷易处。……此皆不和，贤不肖易
> 位之所致也。
>
> 周大夫祭伯乖离不和，出奔于鲁，而春秋为讳，不言来奔，
> 伤其祸殃自此始也。……当是时，祸乱辄应，弑君三十六，亡
> 国五十二，诸侯奔走，不得保其社稷者，不可胜数也。
>
> 和气致祥，乖气致异。祥多者其国安，异众者其国危。天
> 地之常经，古今之通义也。②

汉人将乐"和"与"不和"提升到国安与国危的高度来言说，这
仍然是三代以来乐和→政和思想逻辑的延续。同样的思想，也见于
《乐纬·乐协图徵》：

---

① 班固：《汉书》，第 1711—1712 页。
② 班固：《汉书》，第 1933—1941 页。

夫圣人之作乐，不可以自娱也，所以观得失之效者也。故圣人不取备于一人，必从八能之士。……天地以和气至，则和气应。和气不至，则天地和气不应。钟音调，下臣以法贺主，鼓音调，主以法贺臣，磬音调，主以惠施于百姓。琴音调，主以德及四海。八能之士常以日冬至成天文，日夏至成地理。作阴乐以成天文，作阳乐以成地理。[①]

由此可见，所谓乐以"致和"的思想，业已是西汉中期以来社会的一种普遍认同，这既是汉代礼乐重建的一种舆论需要，也是战国以来神秘主义感应思想盛行的结果。

第二节　"尚和"思维

一般知识背景　作为一套古老的价值系统，"尚和"思维以天、地、人"三才"之道为知识背景，以矛盾对待的两极、两端为基本构架展开，是古人解释、把握世界的一种内在的心理范导。"尚和"作为一种理想化的价值理念，其意义不仅在于揭示"三才"的本质与发展规律，也是人类安身处事应该遵循的原则与审美理想追求的目标，存在于现实的生存世界与想象的意义世界中，因而在本质上也是判断、追求天、地、人三界价值意义的一种方式。

早期"尚和"思维中，"和"源于感觉，是听觉、视觉、味觉等感官获得愉悦的重要前提，这个意义上的"和"，是指乐、色、味之适度以及构成因素之间的整体和谐关系，这尤其体现在早期阴阳五行

---

① 黄奭：《乐纬》，上海古籍出版社 1993 年版，第 17—18 页。

观念中。就"尚和"思维所体现的五行观念而言，在"和同之辩"中，史伯、晏婴等"主和"一派就多从构成事物多种因素的整体和谐关系上，谈论五官感受，主和去同。除前文业已引述过的材料外，《左传·昭公元年》中的一段记载也颇具代表性，这是医和为晋平公诊病以后，以"先王之乐"为例，回答关于节制女色的问题：

> 先王之乐，所以节百事也。故有五节，迟速本末以相及，中声以降，五降之后，不容弹矣。于是有烦手淫声，慆堙心耳，乃忘平和，君子弗德也。物亦如之，至于烦，乃舍也已，无以生疾。君子之近琴瑟，以仪节也，非以慆心也。天有六气，降生五味，发为五色，徵为五声，淫生六疾。①

基于长期的医疗经验，医和将其理论与五行思想结合起来，视五声、五色为天地六气的产物，从人的自然生理需要与心理节制机能的角度谈论乐之和。他认为"淫生六疾"，即过度的感官享受会引起人生理和精神的种种不适，所以主体应该进行节制，"以仪节也"，只有保持"中声""五降"的限度，听平正中和之乐，才能得到真正的享受。医和这套理论，以阴阳五行理论为核心，把五声、五色、五味、六疾看成自然之时序与固定之法则，以此贯通病理、心理、乐理、自然、节气各个领域，并将其毋庸置疑地推广到社会政治生活中。

正因为"和"是天地之五行、五色、五味、五音之精微所在，因此古人常常借用这种关系来阐发天、地、人的各种关系与存在。杂糅着早期五行观念的"尚和"思想，在秦汉之际的《吕氏春秋》中得到全面总结，如《孝行》篇论述五官感觉之和与人之整体和谐的关联：

---

① 阮元校刻：《十三经注疏》，第 2024—2025 页。

养有五道，修宫室、安床第、节饮食、养体之道也。树五
色，施五采，列文章，养目之道也。正六律，和五声，杂八
音，养耳之道也。熟五谷，烹六畜，和煎调，养口之道也。和
颜色，说言语，敬进退，养志之道也。此五者，代进而厚用
之，可谓善养矣。①

《适音》篇通过"五音""五色""五味"的感受，得出"和出于
适"的结论："心必和平然后乐。心必乐然后耳目鼻口有以欲之。故乐
之务在于和心，和心在于行适。夫乐有适，心亦有适。"②这已经是五
行观念很成熟时期的表现了。

就早期阴阳观念而言，"尚和"思维典型地体现了三代以来的"两
一"观以及尔后《周易》所发展的"阴阳两仪"思维模式的精髓。我
们知道，作为中国古代辩证思维的特有模式，"两一"观以两两相对
的视角来观察和解释天地人万物。《左传》中"物生有两"③观念的提
出，奠定了"两一"观的基础，其后孔子将"两"具体化为"两端"，
将"两一"观运用于社会政治生活实践中。《论语·子罕》中主张"叩
其两端"，《为政》中反对"攻乎异端"④，即要抓住矛盾对待事物的两
个方面，在此基础上提出"执两用中"的思想方法，强调矛盾双方的
折中与调和，并用以解释现实政治问题，如《中庸》云："舜其大知也
与。舜好问而好察迩言，隐恶而扬善，执其两端，用其中于民，其斯
为舜乎。"⑤老庄的"两一"观具有相当深刻的辩证思想，这为历代研

----

① 许维遹：《吕氏春秋集释》，第 308 页。
② 许维遹：《吕氏春秋集释》，第 114 页。
③ 阮元校刻：《十三经注疏》，第 2128 页。
④ 阮元校刻：《十三经注疏》，第 2490、2462 页。
⑤ 阮元校刻：《十三经注疏》，第 1626 页。

究者所公认。老学就是围绕着"两一"观来看待世界的，如《老子》中有一系列两两相对的概念，并在此基础上提出处理矛盾范畴的方法论原则，即"正言若反"和"反者道之动"①，老学不仅承认事物之间的矛盾、差异是相对存在的，而且这种存在处于相互不断转化之中。当然，老庄"两一"观的主旨均指向"尚和"，老学有所谓"太和"，庄学有所谓"天和"。

以"两一"观为基础，从理论层面对"尚和"思维进行系统完善的是《周易》。在易学传统中，阴阳二元是以"两一"观为存在前提与逻辑起点的，阴阳两种矛盾因素之间虽然是一种相互对待的存在，但阴阳相和、相成、相济、均衡融通、守中致和，目的在于"一"。对于《周易》中的阴阳思想，在"阴阳五行"一节已有详细的论述，在此就不赘述了。此一传统在战国至秦汉之际的思想整合中得以延续，人们总是通过阴阳"两一"变化来谈论"和""合"：

> 阴阳变化，一上一下，合而成章，浑浑沌沌，离则复合，合则复离，是谓天常，天地车轮，终则复始，极则复反，莫不咸当。（《吕氏春秋·大乐》）②
>
> 天地之气，莫大于和。和者，阴阳调，日夜分而生物。春分而生，秋分而成，生之与成，必得和之精。……阴阳相接，乃能成和。（《淮南子·氾论训》）
>
> 道曰规始于一，一而不生，故分而为阴阳，阴阳合和而万物生。（《天文训》）③

---

① 楼宇烈：《老子道德经注校释》，第 187、110 页。
② 许维遹：《吕氏春秋集释》，第 108—109 页。
③ 何宁：《淮南子集释》，第 934、244 页。

简言之，阴阳二元基于"两"，归于"一"，"合和"为其理论的最终旨归，这业已是古人"尚和"思维的一般知识构成了。

"尚和"之礼乐思想谱系　"和"观念的萌芽与认识深化都是在礼乐文化背景中进行的，无论是五帝时期朱襄氏、陶唐氏的乐歌、乐曲的起源，还是西周"和而不同"的争论，以及春秋"礼坏乐崩"中季札、孔子开始萌生的中和观念乃至汉代"礼乐复兴"过程中中和思想的隆兴。纵观"和"观念的演变，每一步都是与礼乐发展密切相连，这是中国古代"尚和"思想产生及早期发展中一个至关重要甚至根本的属性。

那么，为什么礼乐文化讲"和"？或者说为什么"和"体现礼乐文化的精神品格？这是因为乐的本质在"和"，礼的精神实质也要求"和"。对于礼乐政治而言，"和"既是目的亦是手段，可以通过和合沟通，化解社会矛盾、等级差别，达到社会和谐的政治目的。关于礼与乐的区别与联系，"礼乐辨正"一节有专门论述，这里主要从"尚和"理念一端出发，分而论之。

我们知道，"和"的观念从一开始出现就与乐密切联系在一起了。乐之特性在于"和"，业已是古人的共识。《尚书大传·虞夏传》有"百工相和""相和而歌"；《吕氏春秋·察传》记载孔子言"和，乐之本也"[1]；《荀子·儒效》篇有"《乐》言是，其和也"[2]；《礼记·乐记》有"圣人作乐以应天""乐者天地之和也"[3]；等等。乐之"和"与天地、万物之"和"是相联系的，乐"和"正是宇宙"和"的表现，故《乐记》归结为"大乐与天地同和"，"和故百物不失"，"和故百

---

[1]　许维遹：《吕氏春秋集释》，第 618 页。
[2]　王先谦：《荀子集解》，第 133 页。
[3]　阮元校刻：《十三经注疏》，第 1531 页。

物皆化"①，由聆听"和乐"而产生政治、道德、伦理之"和敬""和顺""和亲"，正是源于古代乐教思想的重要人文传统。在思维模式上，形成了古人乐和→心和→政和的推衍逻辑，这种以乐和为基础形成的政教审美理念，成为后世统治者提倡的文化艺术精神之正统所在，极其深刻地影响着中国古代艺术创作与鉴赏传统的形成。

乐和象征天地之和、人伦之和、政治之和，这是三代礼乐之精髓，也是儒家礼乐政治的出发点。虽然孔子生于春秋末世，但是乐和的观念已经具体而微地内含于他的思想中了。春秋时期与西周末年的"和"意识相比，最重要的区别在于伦理的、精神的、社会的因素全面渗透进去了，正因为如此，美善、文质等范畴在此一时期成为"尚和"思想的核心内容。实际上，孔子关于"和"的思想主要就是在对这些礼乐文化核心命题的辨析中见出的。关于文质范畴，前文已有专门论述，这里以美善为例。

美善合一为"和"，在孔子之前，已经是相当普遍的观念了。根据《国语·楚语上》的记载，楚灵王在章华修建灵台，遭到伍举的批评。伍举针对那个时代已经出现"于目观则美"，即美与善脱节的状况，站在传统的"尚和"立场认为，合于礼法，美善合一，才是"美"，否则劳民伤财烦官，不能算是"美"：

> 夫美也者，上下、内外、小大、远近皆无害焉，故曰美。若周于目观则美，缩于财用则匮，是聚民利以自封而瘠民也，胡美之为？②

---

① 阮元校刻：《十三经注疏》，第 1530 页。
② 徐元诰：《国语集解》，第 495 页。

这是传世文献中所见最早谈论"美"的记载，虽然重在谈"美"与实用的关系，但核心是"美"与礼乐法度、道德伦理的关系，即美与善的关系。伍举这一番理论的前提预设就是，"美"的本质在于和，只有符合"尚和"原则的才能视为"美"。正如后世《抱朴子·勖学》篇中一语道破"美"的实质："虽云味甘，匪和弗美。"[1] 也就是说，美即善，善即美，美善合一才能显现出"和"的品格，美善相谐才能显现超越"美""和"的更高境界。正因为如此，古人谈论美善，总是在它与"和"的关系及其发展变化中去考察的。

孔子关于"和"及一系列相关范畴的观点，正是与季札、医和、伍举等人浸淫于相同思想文化氛围中的产物。正如在"诸子乐教思想"一节中业已分析的那样，孔子看到了美善相分的时代趋势，因此他是承认美与善的区别的，也是承认文德与武功的高下的，但是他仍然主张美善相兼、美善一体，这正是其思想中浓厚的"尚和"意识所导致的。孔子综合了传统的美善合一思想与春秋时期的美善相分观念，形成了"尽善尽美"的新的价值判断原则。孔子所认定的至高无上的"和乐"，就是"尽善尽美"的《韶》乐，《论语·八佾》云："子谓《韶》，尽美矣，又尽善也。"[2] 其中"尽善"属于道德范畴、"尽美"属于审美范畴，只有基于道德价值判断上的情感体验才符合"和"的审美理想境界。因此，在孔子"尽善尽美"的"尚和"价值观中，业已显现出伦理道德之善和艺术审美之美两个维度，这在其后荀子"美善相乐"的观念中得到进一步的发挥。宋人罗大经《鹤林玉露·忧乐》云："夫子有曲肱饮水之乐，颜子有陋巷箪瓢之乐，曾点有浴沂咏归之乐，曾参有履穿肘见、歌若金石之乐，周程有爱莲观草、弄月吟风、

---

① 杨明照：《抱朴子外篇校笺》上册，中华书局1991年版，第114页。
② 阮元校刻：《十三经注疏》，第2469页。

望花随柳之乐。学道而至于乐，方是真有所得。"[1] 倡导道德境界与艺术境界之会通合一，是儒家乐和之最高境界，故而道德完善与审美追求合一的宗周雅乐，备受儒家的推崇。

对于礼之"尚和"品格的认识，则要复杂一些，这是在"礼别异"的基础上形成。我们知道，周公"制礼作乐"，建立了包括分封制、宗法制在内的王权等级制度，扩展了礼乐的功能，强化了礼乐意识形态的政教品格，使礼之分体现在政治地位、财产分配、衣食住行等社会生活的各个方面，通过礼之分可以使人各就各位、各施其职，如《左传·襄公三十一年》中，北宫文子就认为礼仪之本在于"君臣、上下、父子、兄弟、内外、大小"[2]。在此基础上，最早明言礼之本质在于"分"的是荀子。《荀子·王制》篇云："人何以能群？曰分。分何以能行？曰义。"[3] 荀学认为人与动物的区别在于"群"，而人之所以能"群"，就在于人能够"分"，礼之缘起在于"先王恶其乱也，故制礼义以分之"[4]。其后《礼记·乐记》更是明确宣称："礼义立，则贵贱等矣。"[5] 对于"分"所具有的社会政治的意义，其他诸子也是认可的。慎到最早提出法在于"定分"，礼在于"贵贱"，法家大都赞同这一说法；墨家倡导"尚同"，《墨子·非乐上》中认为，要实现"同"首先要天下按照等级"分事"，王公大人、士君子、农夫、妇人各司其事；马王堆《老子》乙本前古佚书黄老学说有《六分》，也讲等级贵贱之别。因此，礼的本质在于"别异"，"别异"的目的为了"分"，从而杜绝"同"，故而"不同"即异，"不同"谓之"和"。礼之目的在于

---

① 罗大经：《鹤林玉露》，第 273 页。
② 阮元校刻：《十三经注疏》，第 2016 页。
③ 王先谦：《荀子集解》，第 164 页。
④ 王先谦：《荀子集解》，第 152 页。
⑤ 阮元校刻：《十三经注疏》，第 1529 页。

等级分别，而等级分别并不违背"和"的原则，甚或相反，等级分别正是"和"之显现的必需。由此可见，礼具有"尚和"的品格，这已经是先秦时期思想家的共识了。

实际上，对于礼之和的认识，古人早已有之。《左传·昭公二十五年》记载子大叔言"仪、礼有别"，引用子产的一段话为证：

> 夫礼，天之经也。地之义也，民之行也。天地之经，而民实则之。则天之明，因地之性，生其六气，用其五行。气为五味，发为五色，章为五声，淫则昏乱，民失其性。是故为礼以奉之。为六畜，五牲，三牺，以奉五味。为九文，六采，五章，以奉五色。为九歌，八风，七音，六律，以奉五声。为君臣上下，以则地义，为夫妇外内，以经二物。为父子兄弟，姑姊甥舅，昏媾姻亚，以象天明，为政事庸力行务，以从四时。为刑罚威狱，使民畏忌，以类其震曜杀戮。为温慈惠和，以效天之生殖长育。民有好恶喜怒哀乐，生于六气。是故审则宜类，以制六志。哀有哭泣，乐有歌舞，喜有施舍，怒有战斗。喜生于好，怒生于恶。是故审行信令，祸福赏罚，以制死生。生，好物也。死，恶物也。好物乐也，恶物哀也。哀乐不失，乃能协于天地之性，是以长久。①

子产这番议论，是"尚和"理念在政治理论中的完整论述，在中国古代政治思想史上具有重要的意义，常常为人称引。他认为"礼"体现了天地、阴阳、五行之间的统一性与相互制约关系。无论声色、政刑或伦理等现存秩序的种种规定，均可以纳入"礼"所统摄的范围。

---

① 阮元校刻：《十三经注疏》，第 2107—2108 页。

"礼"不仅体现了天地之本质规律，更是表达人情人性的重要工具。对于这一段话，各家注解不一，一些细节也不甚清楚，但其基本思想是明确的，子产为了保障社会的和谐提出"礼"的思想，以政治家的敏感论证了"礼"在社会政治生活中的重要意义，并以礼乐为中心，描绘了一幅天地人，阴阳五行和谐相处的理想政治图景。

礼的本质在于分，分的目的在于和。分是礼的本质，也是礼制思想的主导，但光讲礼之分容易导致社会关系的疏离与紧张，不利于维护统治秩序及社会的和谐，因此还必须以礼之和来协调。和是分的目的，也是对分的重要补充与牵制，可以避免极端而破裂。礼具有"尚和"之品格，也是先秦思想中的普遍看法，我们知道，儒家素来有以"和"论乐之传统，但《论语》却有"礼之用，和为贵"[①]之语，有子在此用"和"论礼，可见，在"尚和"理念中，礼与乐本来就是相应互为的。

就礼与乐之间的关系而言，也要寻求"和"的理想状态。礼主"别"，体现"尊尊"，乐主"和"，体现"亲亲"，礼乐兼而言礼，其精神品格既体现在"别"之贵贱等差，更体现在"和"之化合协调中，故而"和"更能体现古代礼乐传统之精神品格。对此，古人有很多相关说法，如礼以济乐，乐以济礼，礼非乐不行，乐非礼不举，等等，旨在说明二者相济适和。如果一方强调过分，必然影响另一方，造成不利的后果，所谓"礼胜则离""乐胜则流"，故理想的状态就是"亲亲"而"尊尊"，中和而不过度，这样才能既维护等级制度又达到人人和谐。因此，无论是作为政治制度、伦理道德或审美理想，礼与乐之间都要相互配合、相互渗透，得宜而适中。

同时，礼乐价值系统以"和"为手段和目的，就手段而言，礼乐

[①]　阮元校刻：《十三经注疏》，第 2458 页。

本身的合理运作离不开"三才"之"尚和"原则；就目的而言，礼乐之功能在于达到社会政治生活中普遍和谐的状态。"和"所包含的价值理想、价值原则、行为规范、评价规范能够为社会整合提供内在的力量与根据。孟子"天时不如地利，地利不如人和"[①]的思想，进一步发展了孔门"和为贵"的思想，"和"的力量超过了天时、地利等外在的自然因素，"和"所具有的内在价值规范可以协调、整合社会不同的要素与力量，使其在礼乐系统的存在与运作中获得内在的发展动力，这就使古人对"和"所具有的社会整合能力的认识提升到了一个相当的高度。

　　尚和思维的一般特征　以上我们探讨了"尚和"思维包含的"三才"、阴阳五行知识谱系，也探讨了"尚和"思维的礼乐思想谱系，在此基础上，我们可以对"尚和"思维的一般特征作一番分辨了。在中国古代思想史的境域中，"和"不仅涉及事物的实际存有形态及存在方式，而且指向其可能的理想形态与应然方向。古人正是由"和"的视野去看待宇宙、自然、社会和人生诸问题，以此探知天地所由、发展所本、物类所依，由此所形成的"尚和"思维涵盖了古人宇宙观、世界观、价值观的各个层面，具有强大的统摄力量和巨大的解释功能。作为一种宇宙观、世界观，它构成了古人对于天、地、人世界的基本规定；作为一种价值观、方法论，它指向事物存在的本然状态与应然方向，制约着人的现实存在方式与理想存在理念；作为一种政治伦理观，其内蕴含的政治、经济、教化理念基本上决定了中国古代政教制度的发展轨迹。

　　在古代思想家的眼中，"和"是以具体性、多样性及差别性的统一

---

① 阮元校刻：《十三经注疏》，第 2693 页。

为存在内容，通过对具体性、多样性及差别性的包容为社会整合及个体完善提供某种可能性。事物的存在本身就包含了多重的规定性，因此在绝对"同"的状态下，事物难以获得真实的存在，这在西周末年的"和同之辩"中体现尤其明显。史伯所谓"和"包含了差别的统一，"同"则指无差别的绝对同一，"同则不继"，是指在绝对同一的状态下难以发展和延续，唯有在差别性、多样性的交互作用下，事物的存在与发展方有可能，所谓纯一的声无所谓相应相系，单一的味无所谓相配相调，这就是"和实生物"的道理。"和"与"同"的对立在于，"同"是将相同的东西相加，"和"是将多种事物调和在一起。事物不能自身产生自身，也不能同性产生同性，有分才有合，有差异才能和，只有在对待双方的相互融合而非冲突或吞并中，才能生出新的状态、新的关系与新的和谐，如五音相和、五味相和、五色相和，多种意见相和，不仅可以悦目、悦耳、悦口，而且可以明辨是非善恶，昌明政治真理，这正是史伯、晏婴、孔子主"和"去"同"的积极意义。因此就事物的发生、发展而言，"和"较之"同"更具有肯定意味，这也是"和而不同"的观点在尔后中国思想发展演变中一再得以确认之原因所在。钱锺书先生曾以《乐记》印证晏婴、史伯"和而不同"之论，他认为："晏、史言'和'，犹《乐记》云：'礼者，殊事合敬者也；乐者，异文合爱者也。''殊''异'而'和'，即'待异而后成'。"[1] 其中"待异而后成"一语，见于《淮南子·说山训》："事固有相待而成者。两人俱溺，不能相拯，一人处陆则可矣。故同不可相治，必待异而后成。"[2] 所谓"同不可相治"，仍然是"和而不同"思想的延续。

"和"的状态，不仅意味着承认事物的多样性、差别性，在更为形

---

① 钱锺书：《管锥编》第一册，第 237 页。
② 何宁：《淮南子集释》，第 1121 页。

上的层面，是在寻求一种贯通其间的统摄关系，这是在异质性因素之间建立的一种和谐均衡、互渗互补、相济相维的关系。在礼乐文化视野中，"和"的状态不仅存在于天地万物之中，而且展开为"三才"、阴阳五行等对待方面的相济、相和、相成。古人虽然承认事物之间的差别性，但更为看重的是它们之间的相互渗透、相辅相成，而不是相互斗争。"和"是万物生存与发展的动力，有了"三才"之和、阴阳相和，方有不同因素之和，才有万物的生存繁衍。"和"的状态是指不同或对待的成分交互作用，阴阳相分是宇宙间最为普遍的现象，因此在哲学意义上，不同或对待的部分、因素被概括为阴与阳两端，只有阴阳相和才能产生万物，这是"尚和"思维的逻辑出发点。同时，"和"的状态更是通过天、地、人的关系特征得以体现的，无论是"天人合一"或是"和而不同"，指的都是人的基本存在状态，或人与自然之间，或人与人之间。儒家所谓"君子和而不同"，是追求"人和"，这是孔子的"成人"理想。《论语·微子》云："鸟兽不可与同群，吾非斯人之徒与而谁与？"[1]孔子强调的是人类由自然状态进入文明社会，也即人的社会化进程中，人与人的社会联系，儒家探求的是人由自然到社会化的过程。道家追求"太和""天和"，将自然内化为主体，希望由文明状态返回自然状态，寻求人的自然化过程。在此问题上，虽然儒道两家所寻找的路径不同，出发点也不一样，但对于"和"之境界追求却是相同的。

　　总之，"和"是一种遍布时空，充溢天地人的普遍和谐关系，自然万物的阴阳协和、消息盈虚、化生化育，都以"和"为过程与目的。"和"作为一个原初性的范畴，贯通了感性层面与形上本体论层面，孕育了"中""称""位""时""让"等礼乐文化的核心范畴，也孕育了

---

① 阮元校刻：《十三经注疏》，第 2529 页。

一系列细致而深刻的命题，如过犹不及、执两用中、和而不同、求同存异、以和为美、因时而中，等等。"和"理念的出现，表明古人理性思维、抽象思维能力已经达到相当的高度，已经进入理性思辨极为强大的时期了。

从政治伦理观考察，古代"谏议"理论就形成于"和同之辩"中。在政治思想上，"和"与"同"论证了进谏与纳谏的必要性与合理性。与主张严格等级制度"同"的区别在于，"和"表现为社会政治中君臣上下、贵贱等差的协调，生产生活中人与自然关系的协调。如前文所论的晏婴，就主张君臣之间应该实现"有可有否"之"和"，《管子·宙合》中有"分敬"理论，[①] 荀子论"和"在"分""通"等级上的意义，均以"诤谏"为特征谈论政和；从经济思想考察，《管子·治国》主张农、士、工、商"四民交能易作"，《问》主张通过"市"实现"万人之所和而利"[②]；《孟子·滕文公下》主张"通功易事"[③]；《荀子·荣辱》篇主张农、贾、工、士各尽所能，把各尽其职称为"群居和一之道"[④]；从人伦道德教化思想考察，《管子·内业》持"勿烦勿乱，和乃自成"[⑤] 的思想；孔子认为"君子和而不流"[⑥]；《荀子·富国》篇主张"明主必谨养其和，节其流，开其源，而时斟酌焉"[⑦]，强调修齐治平，重内尚德，调节性情，明心见性，通过提高修养以达到精神之"和"的境界，实现心和、人和、政和。总之，万物之和乃阴阳平衡而生变，政治之和乃相维相济而治，经济之和乃流通互易而生利，

① 黎翔凤：《管子校注》，第 211 页。
② 黎翔凤：《管子校注》，第 926、498 页。
③ 阮元校刻：《十三经注疏》，第 2711 页。
④ 王先谦：《荀子集解》，第 71 页。
⑤ 黎翔凤：《管子校注》，第 932 页。
⑥ 阮元校刻：《十三经注疏》，第 1626 页。
⑦ 王先谦：《荀子集解》，第 194 页。

心志之和乃修身养性而志远。凡此种种，"尚和"理念统摄了古人思想文化、社会生活的各个方面。

从本质上看，"和"作为一种状态，不能单独存在，而是关系的存在，不能离开"同""异"而单独存在，是与"同""异""中"相依存而存在、相分辨而明晰的。"和"范畴的意义是在与"和同""中和"的对举中见出差别的，"尚和"思维也是在与"尚同"思维、"尚中"思维的对峙与交融中兴衰起伏的。就"尚和"与"尚同"而言，西周末年开始的"和同之辩"产生了极大的影响，其结果不仅通过两种思想文化的争辩，完成了"尚和""尚同"思维的理论建构，而且最终形成了两种政治统治模式的选择：礼治或法治，由此也在相当程度上决定了中国古代政治思想文化的发展路径。礼治主和，以"尚和"为主要特征，法治主同，以"尚同"为主要特征。两相比较，"尚和"是一个开放的系统，强调差别性并存、交互式影响，"尚同"则是一个封闭的系统，"同"的状态是以否定多元、融合为前提的，表现在价值取向上就趋于同一、一统。两种思维模式在历史进程中的演变结果是，在思想传统、人文理想上，"尚和"作为主要思维方式、政治理想而成为中华民族文化之精髓，闪现在后世政治改革、人文关怀及审美理想中；在政治制度上，"尚同"作为主要的政教理念主宰中国两千多年，在政治独裁、经济重农、文化专制中，"同"的观念始终占据着统治地位，这在"礼坏乐崩"的春秋时期就已经开始了，并在随后的秦汉之际政权更替中得以确定。

"尚和"作为一种稳定的思维定势、取向，与历史实践、社会生活有着密切的关联，为传统时代人们精神信仰、文化心理及行为方式上提供了一种内在的范导，制约着广义文化创造的过程与方向。在长期的思想文化演进中，经过古人不断自觉的理性反思，"尚和"业已积淀成为厚重的观念结构与文化基因，渗透到古人的文化创造心态及日常行为方式中，成为中华民族传统思想文化的核心部分。渗透于文艺领域，"尚和"思维对于中国古代文学、美学有着长久滋养与浸润，在审美上以"尚和"为理想，在文与质、情与理、道与艺、形与神等一系列范畴对举时也以"尚和"为最高境界，使古代文学思想从内容到形式都呈现出浓郁的中和色彩。

第三节　中和与中国文论传统

（一）"尚中"意识

中和范畴是三代以来"尚和"意识与"尚中"意识结合的产物，是在"礼坏乐崩"背景下，作为维护礼乐等级制度的政治伦理观与方法论原则出现的。我们知道，"尚和"观念引起广泛的关注是在西周末年到春秋时期，中和范畴则是"尚和"思维在春秋战国时期特别是秦汉以后的新发展。源于上古思想体系的"尚中"意识，作为三代礼乐传统遗留下的重要思想资源，基本上构成了中和范畴的内核。因此，对于中和范畴之梳理，首先要厘清"尚中"意识之知识学背景，在此基础之上，论及"尚和"与"尚中"理念在礼乐背景下的融合何以可能，以及中和元范畴对于艺术精神及文学理论形成的重要意义。

"尚中"意识可以追溯到三代甚至更早的时期，从知识谱系上考察，"尚中"源于古人天地自然之宇宙意识以及社会存在之秩序体验感受，涵盖了古人宇宙观、政治伦理观、原始哲学思想及原始宗教意识等各个方面，是包括地理、政治、文化的同一性在内的早期华夏民族认同感的重要组成部分。

从早期宇宙观考察，"尚中"意识的出现与北斗有着特殊的天学渊源。在古人的宇宙意识中，北极星是天之中心，是宇宙万物的本源与准则，记载了夏民族早期物候与人事活动的《夏小正》，其核心就是记录北斗斗柄在一年不同月份的指向以及一些相应的活动；《史记·天官书》划分中宫和东、南、西、北五宫，中宫是天极星也即北斗星所在，其他星都围绕天极星，如《论语·为政》有"譬如北辰，居其所而众星共之。"[1] 又《尔雅·释天》云："北极谓之北辰。"郭璞注曰："北极，天之中，以正四时。"[2] 桓谭《新论·离事》亦云："北斗极，天枢。枢，天轴也。……天亦转，周匝，斗极常在，知为天之中也。"[3] 北斗与天文历法的关系极为密切，对于以农牧业为生的华夏民族而言，天文历法的重要性是不言而喻的。王应麟在《六经·天文编》中，这样解释《尚书·尧典》"羲和"订立历法的意义："作历之法，必先准定四面方隅，以为表识，然后地中可求。即地中然后可以候日月之出没，星辰之运转。故尧所以使四子各宅一方者，非谓居是地也，特使定其方隅耳。"[4]

　　从古人的地理方位意识考察，三代以来有王者以"土中"建国立都的传统。商代"四方"观念的形成，前提是先有"中"的观念，根据卜辞的记载，商人自命为"中商"，所居之地为"土中"。直至周初，根据《逸周书》的记载，周公的政绩之一就是"作大邑成周于土中"[5]，《尚书·召诰》云："王来绍上帝，自服于土中。旦曰，其作大邑，其自时配皇天。毖祀于上下，其自时中乂，王厥有成命，治民今休。"[6] 所谓"土中"，《淮南子·地形训》释为："正中冀州曰中土。"

---

① 阮元校刻：《十三经注疏》，第 2461 页。
② 阮元校刻：《十三经注疏》，第 2609 页。
③ 桓谭：《新论》，第 44—45 页。
④ 王应麟：《六经·天文编》，中华书局 1985 年版，第 27 页。
⑤ 黄怀信等：《逸周书汇校集注》，第 560 页。
⑥ 阮元校刻：《十三经注疏》，第 212 页。

高诱注曰："四方之主，故曰中土也。"①《太平御览》引《要义》云："王者受命创始，建国立都，必居中土，所以总天地之和，据阴阳之正，均统四方，以制万国。"② 因此，在古人的方位感中，"中"的意识是与建国建都联系在一起的。

从政治伦理思想考察，"尚中"不仅是古代宇宙观的核心内容，也是古人的政治伦理观的核心所在。《尚书·洪范》篇有"皇极"一畴，传云："皇，大；极，中也。"孔疏："极之为中，常训也。"在"皇极"一畴的中间有一段韵文典型地表达了"不偏不倚"的"尚中"意识："无偏无陂，遵王之义。……会其有极，归其有极。"③ 这大约是一首流行的古歌，是讲无论执政或者做人，要行中道，不可片面偏差。这种思想在《洪范》的第六畴"三德"、第八畴"庶征"中也有体现。作为一种普遍的政治伦理原则，"尚中"意识在《尚书》中普遍存在，《大禹谟》有"允执厥中"，讲的是"中"与王道的关系；《酒诰》有"作稽中德"，《盘庚》有"各设中于乃心"④，讲的是"中"与道德的关系；《吕刑》有"士制百姓于刑之中""故乃明于刑之中""明启刑书，胥占，咸庶中正"⑤，讲的是"中"与刑政的关系。

"尚中"观念在三代很流行，广泛地体现在古人的建国之"中国"意识、建都之"中土"意识、建筑之中轴意识、礼器之天圆地方、乐教之中正平和等各个方面。"尚中"作为较为普遍的思维倾向，在先秦典籍中有很多记载。如《诗经·鄘风·定之方中》云："定之方中，作于楚宫。"又《小雅·吉日》云："瞻彼中原，其祁孔有。"又《小雅·大东》云："周道即砥，其直如矢，君子所履，小人所视。"又

① 何宁：《淮南子集释》，第 312 页。
② 李昉等：《太平御览》，中华书局 1960 年版，第 759 页。
③ 阮元校刻：《十三经注疏》，第 188、190 页。
④ 阮元校刻：《十三经注疏》，第 136、206、171 页。
⑤ 阮元校刻：《十三经注疏》，第 248、250 页。

《大雅·民劳》云："惠此中国，以绥四方。"[①] 这在诸子思想中也普遍存在，尤其是墨子思想中有着明确的"尚中"意识，如《墨子·法仪》云："巧者能中之，不巧者虽不能中，放依以从事，犹逾己。"[②] 又《尚贤中》云："使断狱则不中，分财则不均。"[③] 又《非攻下》云："尚欲中圣王之道，下欲中国家百姓之利。"[④] 又《天志上》云："中者是也，不中者非也。"[⑤] 墨家以"天志"为"中"，这与儒家以礼为中是不同的。

"尚中"贵和的思想，在《周易》中得到一定程度的理性化归纳。在《易经》的卦爻辞中，"尚中"以及用中意识屡屡可见：

> 《讼》："中吉，终凶。"
>
> 《师·九二》："在师中，吉，无咎。"
>
> 《复·六四》："中行独复。"
>
> 《益·六三》："益之用凶事，无咎。有孚中行。"
>
> 《益·六四》："中行，告公从，利用为依迁国。"
>
> 《夬·九五》："苋陆夬夬，中行无咎。"
>
> 《丰》："亨，王假之，勿忧，宜日中。"
>
> 《丰·六二》："丰其蔀，日中见斗。"[⑥]

《易经》用中意识还明确地体现在爻序上，其六十四卦的三百八十六个爻位中，凡中爻多属吉利之断占，如"得利""无不

---

① 阮元校刻：《十三经注疏》，第315、430、460、548页。

② 吴毓江：《墨子校注》，第29页。

③ 吴毓江：《墨子校注》，第76页。

④ 吴毓江：《墨子校注》，第222页。

⑤ 吴毓江：《墨子校注》，第296页。

⑥ 阮元校刻：《十三经注疏》，第24、25、39、53、54、57、67、68页。

利""元吉""贞""无咎""利贞"等占，如《履·九二·象》有"中不自乱"，《泰·九二·象》有"尚于中行，以光大也"①。《易传》对爻辞的阐释，进一步将"尚中"意识提升为自觉的方法论原则，其行文中频频使用"中正""中道""中行""中直""及时""趋时""时行""时用""与时偕行""与时消息"等，表明《易传》作者业已具有明确的"亨行时中"意识，也说明三代以来原初的"尚中"意识在《周易》中已经具有哲学意义的表达形式和理性品格了，这构成了其后中和范畴的意识形态品格及审美精神的重要内核。

在春秋时期众多的"尚和"言论中，也孕育着"尚中"意识，这两种意识常常是交融在一起的，这是孔子中庸观提出之前的先声。除了我们上节业已引用过的医和论"中声"、伶州鸠论"中德""中音"以外，最具代表性的是季札听乐。本书在"诗之政教品格"一节，曾经全文引用了《左传·襄公二十九年》中季札观乐的一段文字，并从诗乐观治的角度谈论了诗之政教品格。我们知道，季札不仅论及诗乐之礼仪、政教、风土、人情内涵，而且从清浊、大小、刚柔、周疏的对待协调角度来谈论乐之"尚中致和"品格，较之同时代的医和、晏婴、伶州鸠，其谈论的深度与辩证性更进一步，因而在古代文学、美学思想上具有极为重要的意义。季札一连用了二十多个"而不"句式来评价礼乐传统中"尚中致和"思想，如用"乐而不淫"评价《豳风》，用"哀而不愁"评价《周颂》，通过"不淫""不愁"的制约，使"乐"与"哀"两种不同性质的情感并存、发展，形成适度而止，合乎礼义的中和之情，这种思想在孔子那里遂有"乐而不淫，哀而不伤"②的相同表述。

---

① 阮元校刻：《十三经注疏》，第 28 页。
② 阮元校刻：《十三经注疏》，第 2468 页。

　　孔子在思想上继承了殷周以来"尚和""尚中"的思想传统以及春秋以来的"尚中致和"的文化精神，予以融会与升华，形成了"叩其两端""执两用中""过犹不及"的"中庸"理论。《论语·雍也》云："中庸之为德，甚至矣乎。民鲜久矣。"[1]在孔子这里，中庸作为儒家最高的道德准则和处理矛盾的原则，已经具有价值观和方法论的意义了。以此为核心，孔子提出了关于"中道""中行""时中"等一系列范畴。在此基础上，孔子后学发展成为中和范畴，郑玄《中庸》注："名曰中庸者，以其记中和之为用也。庸，用也。"[2]朱熹《中庸章句》云："游氏曰：'以性情言之，则曰中和；以德行言之，则曰中庸是也'。然中庸之中实兼中和之义。"[3]中庸及中和思想成为传统时代正统一派在政治伦理、情感心理与生活处世上的最高准则。对此，王夫之在《读四书大全说》卷二中评价甚高："盖阅尽天下之人，阅尽天下之学术，终无有得当于中庸，而其效亦可睹，所以云'中庸其至矣乎'。"[4]老庄一派也是"尚中"思想的发扬者，对此，冯友兰在半个世纪前曾指出："中庸之道儒家的人赞成，道家的人也一样赞成。'毋太过'历来是两家的格言。"[5]所言甚是。如《老子》通行本第五章有"多言数穷，不如守中"[6]，这与郭店楚简《老子》甲组中"致虚，恒也。守中，笃也"[7]可互为印证；庄学的"尚中"意识也很浓厚，如《庄子·人间世》有"养中"、《齐物论》有"环中"、《庚桑楚》有"敬中"，等等，这与《尚书》之"皇极"、《周易》之"中行"、孔子之中庸在价值取

---

①　阮元校刻：《十三经注疏》，第 2479 页。

②　阮元校刻：《十三经注疏》，第 1625 页。

③　朱熹：《四书章句集注》，第 19 页。

④　王夫之：《读四书大全说》，第 90 页。

⑤　冯友兰：《中国哲学简史》，北京大学出版社 1985 年版，第 26 页。

⑥　楼宇烈：《老子道德经注校释》，第 14 页。

⑦　李零：《郭店楚简校读记》，第 4 页。

向上是相同的，与三代以来"尚中"传统在精神品格上也是一脉相承的。正是由于诸子对"尚中"思想的发挥，丰富了中庸理论的哲学内涵，使之成为先秦哲学思辨理论的支柱和中华传统文化重和谐精神的核心。

（二）中和之义

中和范畴的形成，原因是多方面的。从思维的发展进路看，"尚和"与"尚中"结合，所形成的中和范畴是逻辑的自觉，理性的必然；从思想的衍生历程看，中与和的结合，本质上是礼与乐在精神品格上的融合。中和范畴的形成是"礼坏乐崩"背景下的产物，较之于早期"尚和"思维，中和主要偏重于政治伦理与道德情感，具有政教一元化的价值取向以及人性人情的倾向，与早期的"尚和"理念有明显的不同。

从思想传统的历史演进来看，中和思想的形成，既与西周"制礼作乐"所带来的雅乐一统天下、政治稳定的实绩相关，也是伴随着春秋以来"礼坏乐崩"局面的加剧，与礼仪废弛、雅乐俗乐的新旧斗争相呼应的，同时也反映了礼乐蜕变时期急待新的价值标准产生的时代思潮。此一时期，社会主流思想对"和"的认识开始从天地人之间自然规律的探讨转向人与人之间关系，尤其是对礼法制度维护人人关系、社会秩序的关注，"中"与"和"的结合既是历史发展的必然，也是现实政治的需要。正因为如此，中和思想首先是作为一种政治伦理思想而出现的，其次才是作为一种审美标准来看待的。

从三代礼乐思想资源来看，中和思想的形成，融会了西周以来礼乐知识体系的诸多内涵，将宇宙观与伦理道德观两方面认识成果——"居中致和"深深地贯彻到政治伦理思想中。由天地人自然之和，到钟鸣鼎食之政和、人文之和，为达到"和"，就要求"中"，如《周礼·春官宗伯·大宗伯》有"中礼和乐"的说法:"以天产作阴德,以中礼防之。以地产作阳德,以和乐防之。以礼乐合天地之化、百物之产,以事鬼神,以谐万民,以致百物。"① 中和是调和"三才"的枢纽,其根本目的在于天地人的和谐。以《周易》为例,《易传》全篇所追求的就是一种"时中"的精神,正是由于具有这种"亨行时中"的品格,天地人才在高度和谐中得以存在和发展,才能达到"保合太和"的境界。因此可以说,"尚中"形成于"尚和"传统中,随着"尚和"观念深入发展,当触及到对立面之矛盾转化时,"和"与"中"才相联系,形成中和思想。对于"中"与"和"的关系,董仲舒论述得最为明晰,他在《春秋繁露·循天之道》中辩证地论述了中与和的关系:"中者,天地之所终始也,而和者,天地之所生成也。夫德莫大于和,而道莫正于中。"并进一步断定:"中之所为,而必就于和……中者天之用也,和者天之功也。"② 董子认为天地之道"起于中而止于中","中"是规律与尺度,"和"是境界与目的,没有"和"的境界,"中"就失去意义,没有"中"的尺度,"和"也就无法达到了。

中和范畴产生伊始,就带有浓厚的政教色彩和伦理道德意味,这是与维护礼制的政治思想密切相关的。儒家中和思想与前人"尚和""尚中"观念的不同之处,就在于儒家赋予其新的具体内容,也就是礼乐的规范性。"尚和"要融入礼的内容,如《论语·学而》云:"知和而和,不以礼节之,亦不可行也。"③ "尚中"也要灌注礼的内容,儒家"中"的标准就是"礼",如《礼记·仲尼燕居》篇中记载孔子的一段话:"礼乎礼,夫礼所以制中也。"④ 儒家常常用射礼来比喻德行

---

① 阮元校刻:《十三经注疏》,第 762—763 页。
② 苏舆:《春秋繁露义证》,第 444、446—447 页。
③ 阮元校刻:《十三经注疏》,第 2458 页。
④ 阮元校刻:《十三经注疏》,第 1613 页。

的"中"与否，如《射义》云："故射者，进退周还必中礼。内志正，外体直，然后持弓矢审固，然后可以言中，此可以观德行矣。"[1] 所谓"中"就是要求人们符合"礼"的道德标准，符合"礼"对人的要求。其后《荀子·儒效》篇更是明言："曷谓中？曰：礼义是也。"[2] "礼义"即"中"，合于"礼义"即为中和。在这种普遍的认识背景下，《中庸》篇对于中和范畴的系统总结也就顺理成章了："中也者，天下之大本也。和也者，天下之达道"，"天下之达道五，……曰君臣也，父子也，夫妇也，昆弟也，朋友之交也。"郑玄注云："中为大本者，以其含喜怒哀乐，礼之所有生，政教自此出也。"[3] 可谓一语言中。

从伦理道德角度考察，中和虽然也强调"执两用中"，强调权变、时中，但是作为伦理道德的"中"，主要是从贵贱、长幼、贫富、君臣、父子、夫妇两端出发，前提在于明晰两者之间的秩序不可动摇，所强调的是礼乐规范下社会矛盾的和谐平衡，目的在于维护等级制度下社会秩序的有序状态。《荀子·乐论》篇首次提到"中和"概念："乐者，天下之大齐也，中和之纪也。"[4] 荀子主要是从乐"和敬""和亲""和顺"的功能出发，论述乐的作用在于调和人心，使礼的等级名分得到内在情感的保证。如《荣辱》篇谈论制定礼义的社会意义："先王案为之制礼义以分之，使有贵贱之等，长幼之差，知愚能不能之分，皆使人载其事，而各得其宜。然后使悫禄多少厚薄之称，是夫群居和一之道也。"[5] 《礼记·乐记》沿着荀学的方向，更偏重于从伦理道德的维度规范人之情感："乐者为同，礼者为异。同则相亲，异则相

---

[1] 阮元校刻：《十三经注疏》，第 1686 页。

[2] 王先谦：《荀子集解》，第 122 页。

[3] 阮元校刻：《十三经注疏》，第 1625、1629 页。

[4] 王先谦：《荀子集解》，第 380 页。

[5] 王先谦：《荀子集解》，第 70—71 页。

敬。……礼义立，则贵贱等矣。乐文同，则上下和矣。"① 在这些论述中，早期"和同之辩"的痕迹已经趋淡，"和"与"同"之间的差别业已填平，"和""同"趋向同一，其政教价值取向是很显在的。至于《经解》篇"温柔敦厚"②，《诗大序》"发乎情，止乎礼义"③ 的提出，不仅对中和范畴进行了政教情感、伦理道德的具体规定，而且为"中和之美"确立了一个万世不变的标准范本。

　　春秋战国尤其是秦汉以后，中和思想的发展重心不仅在于政教伦理的协和适度上，对于人性人情与礼义的关系也相当重视。合于礼义、合于道则为适中，否则就是不及或过度，因此，以礼节情的中和观念得到极大的发展，这在子思、荀子和《乐记》的思想中体现得尤为明显。孔子虽然在政治伦理观与艺术评价中已经具有明确的中和思想，但是并未就此形成情理关系上的明确概括，尔后子思《中庸》云："喜怒哀乐之未发谓之中，发而皆中节谓之和。……致中和，天地位焉，万物育焉。"④ 将中和的意蕴与天、地、人三位一体的境界、天地化生万物的大德等同起来，天性、人性、物性合而为一，从而将中和范畴上升到本体论的高度。同时，其中关于喜、怒、哀、乐情感活动之未发潜在形态与已发外在表征的认识，突出了情的作用，从一定的理论高度对人性、人情与礼（理）的关系作了深刻的阐明，将人情、人性受礼（理）节制而不过度的认识与中和范畴紧密结合在一起。在此基础上，荀子从人性与物欲的角度进一步充实了中和思想，他不仅突出礼的作用，将中和与人性、物欲和礼义紧密地联系在一起，用礼的尺度解决了物质产品与人精神欲求之间的矛盾，而且辩证地论述了

---

① 阮元校刻：《十三经注疏》，第 1529 页。
② 阮元校刻：《十三经注疏》，第 1609 页。
③ 阮元校刻：《十三经注疏》，第 272 页。
④ 阮元校刻：《十三经注疏》，第 1625 页。

礼（理）与情性一体两面的关系。如《荀子·礼论》篇云："故人一之
于礼义，则两得之矣。一之于情性，则两丧之矣。"[①] 又《乐论》篇云：
"中和之纪也，人情之所必不免也。"到荀子这里，"发乎情，止乎礼
义"[②]，以礼节欲、以理节情、以道制欲，这一系列左右着整个传统时
代的中和原则，已经呼之欲出了。

总之，中和范畴是"尚和"意识在认识上的重大飞跃，战国以后，
随着在政治伦理和审美心理上的强化，以礼节欲为中和、情之未发为
中节的思想代替春秋时期宇宙观意义上"尚和"思想，成为战国至秦
汉"尚和"思维发展的主要线索，此后《荀子》《乐记》《诗大序》中
关于政治伦理、审美心理上的中和意识，都由此生发而来。这不仅突
破西周以来乐和→心和→政和的简单推衍，而且突破了三代以来心气
一体、情理不分的简单认识，将心分为性、情、知、虑各个层面，这
就为战国以后以礼节情、以礼节欲的中和思想发展，创造了重要的理
论前提。行文至此，我们可以将中和观念与早期"尚和"思想中的
"和同"观念进行一番比较，由此可以辨明中和范畴之于早期"尚和"
意识的理论突破之处与缩小之处。

在"尚和"理念中，既包含了原初官能性的感觉愉悦，也包含
了情性、伦理、政教的多重意蕴。中庸、中和范畴的出现，一方面从
人性人情的角度突破了"尚和"观念的简单认识，另一方面由于主要
从政治伦理、情感规范角度发挥"尚和"观念，因而又大大地缩小了
"和"的意义。从本质上看，"和"既是一种差别性的存在，兼容多种
可能性，又是一种交互式的关系，多元化共生，在融合中产生新质，
这在"和同之辩"中体现得很鲜明，尤其是晏婴所举"鱼羹"的例子

---

① 王先谦：《荀子集解》，第349页。
② 阮元校刻：《十三经注疏》，第272页。

最为典型。"和"与"同"相对而言，"和"的状态就是承认事物之间的差异、个性，体现了不同甚至对立因素之间既矛盾斗争又互补互济的共生关系。因此，"和"的存在是自然存在、社会存在，还是人精神世界的存在，既是自然的原初形态，也是人为的理想状态，是一个开放的系统，本身就存在着多种阐释的维度与多元发展的空间。

与"尚和"不同，中庸、中和则是一种理想的价值判断范式。以达道礼法为唯一价值目标，旨在探讨"礼坏乐崩"背景下，如何维护礼乐等级制度。构成其核心价值的仁、义、礼、智、信，是对情感活动的和谐存在方式的制约，都是人为的、后天教化的产物，因而并非事物的本然状态，在本质上是对人精神世界的理想存在形态的一种自我预设。孔子所认为的中庸是一种"未发之中"或"发而中节"的境界，是指德性、行为的一个绝对的、极致的标准，这标准是超验的，在经验的世界里永远不可能达到，只存在于理想的状态中，所以孔子认为中庸"不可能"。《礼记·中庸》云："天下国家可均也，爵禄可辞也，白刃可蹈也，中庸不可能也。"[①] 儒家所谓"过""不及"的判断都是取决于中庸那一度，礼乐教化就是以中庸这一理想的设定为标准目标，使人们实现由"过"或"不及"趋向"中"的目标。

相对于"和"与"同"的对立与不相容，"中"与"和"则趋向同一与兼容。在价值取向上，中和范畴重在"中"，在价值理想上，中和范畴重在"和"。中和追求一种存在的可能性，而排斥其他的存在方式，是一个具有明确目标的封闭系统，在本质上趋向一统，表现出政教功用单一化、伦理道德一元化的倾向，两千年来大一统政治就是中和观的最好注脚，而"尚和"不过是一个高悬的人文理想罢了，这大约也是提倡"罢黜百家，独尊儒术"的董仲舒特别重视中和的原因

---

① 阮元校刻：《十三经注疏》，第 1626 页。

之一，他在《春秋繁露》中充分地论述了中和的政教伦理意义，认为中和源于天，是天地人的理想存在状态，"天不变道亦不变"，"能以中和理天下者，其德大盛"①，将中和常道化、形上化，从而确立其至高无上的地位。

在辨析了中和范畴与早期"尚和"理念的联系与区别以后，我们还应该注意到，虽然中和范畴在战国以后成为"尚和"思维的主要表现形态，但也不是唯一的形态，从思想发展的连续性来看，西周以来的"尚和"理念仍在继续发展，尤其是在汉代中期"尚和"思想受到相当重视以后，譬如：

> 天地壹郁，万物化淳，和气生人，以统理之。是故天本诸阳，地本诸阴，人本中和，三才异务，相待而成，各循其道，和气乃臻。（《潜夫论·本训》）②
>
> 元气有三名，太阳、太阴、中和。……则三气合，并为太和也。太和即出太平之气，断绝此三气，一气绝不达，太和不至，太平不出。阴阳者，要在中和；中和气得，万物滋生，人民和调，王治太平。（《太平经·和三气兴帝王法》）③

这里的"中和"乃调和万物之意，与西周末年史伯、晏婴的"和同之辩"以及老庄的"天和"思想是相承接的，与《中庸》所谓发与未发之"中和"意义是不一样的。这实际是"尚和"思维在战国以后发展的另一路，一条游离于主流之外的"中和"路径。

---

① 苏舆：《春秋繁露义证》，第 444 页。
② 汪继培：《潜夫论笺校正》，彭铎校正，中华书局 1985 年版，第 365—366 页。
③ 王明：《太平经合校》，中华书局 1960 年版，第 19—20 页。

（三）中和之元范畴意义

中和理念所凝固而成的思维模式，是古代中国社会确定无二的运思轨迹，这既是传统政治的轨迹，也是精神文化的轨迹，所蕴涵的运思智慧不仅形成了中华民族精神品格的固有特色，更是中国古代文学、美学诗性智慧的源泉。中和范畴对于文学思想的影响，是引起历代学者广泛关注的一个问题，本文主要从思想传统、中和句式以及味范畴之缘起几个方面，来揭示其对于古代文学思想发生时期的重要影响。

中和理念对于早期文学艺术观念的渗透极为久远，以中和论诗乐舞，在孔子之前就是颇为成熟的思想传统了。如《尚书·舜典》中，就已经具有了明确用中求和的批评意识，所谓"八音克谐，无相夺伦，神人以和"，强调的就是和谐、有序的思想。在三代的乐教、诗教传统中，诗乐舞的意义就在于培养人的道德修养，使其具有"直而温、宽而栗，刚而无虐，简而无傲"[1]的中正品格。因而诗乐舞本身的审美作用在于使人获得和谐的道德修养，这已经是中和理念进入审美领域的产物了，这一段话也就成为了殷周时期中和意识在审美领域最具代表性的表述。季札论乐，论及哀、乐、怨、怒等情感和谐对于诗乐的影响，他高度评价《颂》乐，认为其在众多对待关系处理上恰到好处，不高不低、不过不及，体现了"和"与"中声"的实质。季札将伦理道德评价移用于审美认识领域中，鲜明地表现出德、礼对情、性制约的中和色彩，在思维模式、运思逻辑上奠定了后世"中和之美"的基本轨迹。

孔子继承了殷周以来的正统思想，在礼与乐、文与质、美与善等关系上，反对偏于一隅，讲究中和适度，使中和成为儒家哲学、社会学的一个基本原则，用之谈文论艺，则成为了儒家最高的文学批评尺

---

[1]　阮元校刻：《十三经注疏》，第 131 页。

度与审美价值标准。只有思想温厚平和，感情和谐适度，符合中和之旨的作品才受到孔子的推崇，诗乐皆如此。如《论语·八佾》篇中关于《关雎》"乐而不淫，哀而不伤"①的评价，朱熹《集注》云："淫者，乐之过而失其正者也。伤者，哀之过而害于和者也。"②虽乐而不失其正，不失其正故为"中"，哀而不伤无怨，不伤无怨是为"和"，即《关雎》表达的是一种中和之情。由此可见，在孔子的思想中，业已将中和精神融入对文学艺术的内在规范与要求了。逮至汉人《诗大序》中确立"发乎情，止乎礼义"③的政治伦理标准，《礼记·经解》中倡导"温柔敦厚"④的诗教原则，融政治伦理与审美情感一体的价值观与方法论原则最终形成，"中和之美"遂成为中和范畴在后世的唯一价值取向了。

儒家在诗乐实践基础上总结出的情理统一的中和思想，是传统时代占据主导地位的理论形态。从审美理想上看，无论是美善合一的艺术境界，"文质彬彬"的艺术标准，还是褒雅贬俗的艺术价值观，均以中和精神一以贯之；从表现手法上看，正是由于强调以道制欲、以理节情、不偏不倚、和合执中的中和之情，作品的表达就必须含蓄温婉，这也是"主文谲谏""兴寄""深远""余韵"等表达方式在后世备受推崇的原因。正因为中和范畴从多角度强调审美所具有多样性、和合性、统一性以及审美主体与对象之心灵感应与契合，所以其在艺术领域的展开具有广泛的意义空间与知识维度。也正是因为对"中和之美"的极力推崇，古代艺术理念中尤其重视意境韵味的生成，意境生成是天与人、心与物、情与景的辩证统一。唐代张璪所谓"外师造化，

---

① 阮元校刻：《十三经注疏》，第 2468 页。
② 朱熹：《四书章句集注》，第 66 页。
③ 阮元校刻：《十三经注疏》，第 272 页。
④ 阮元校刻：《十三经注疏》，第 1609 页。

中得心源"[1]，以及情景相融而意境生等观念，均为中和理念的产物，延及审美上的虚实关系、情景关系、神理关系、言意关系乃至"味外之味""象外之象"等理论，都可以在中和理念中找到价值取向的源头。

中和范畴在审美价值取向上所体现的普遍和谐精神，对于整个传统时代正统文艺观的发生发展有着深刻的影响。绘画理论中动静结合、奇秀相称、形神兼备；书法理论中骨肉相称、肥瘦相和、燥润相济；诗论中以礼节情、中和之美、情景交融、虚实相生、化实为虚、意与境浑、思与境偕等命题，正是中和思维的广泛运用。以对仗为例，我们知道，对仗是独具中华民族审美特质的艺术格式与技巧，见于古代诗、赋、词、曲等文学门类以及成语、谚语等语言形式中，并派生出对联等形式。凡对仗，讲究形、音、义的两两相对，其展开的范围与程度要互渗互济、相反相成，在动态平衡中寻求适度和谐、丰富多样。因此，对仗是古人所追求的普遍和谐精神在艺术审美创造上的典范，它最为典型、最为精致地体现了"中和之美"的理念。

"尚和"思维的前提在于承认事物的杂多与差别的存在，能够以对待立义的眼光看待万物是"尚和"思维的基本特征，所以古代思想史上的诸多范畴都是成双作对出现的，不是彼此对抗，而是互动相生，阴阳相和，刚柔相济，既各竞所长，又珠联璧合，彼此点化，出入尚中致和之境，文论范畴也不例外。以对待立义求"和"这一中间状态的思维模式也深刻地影响到文论中众多范畴的美学追求，如文与质、言与意、意与象、情与理、情与采、形与神、动与静、虚与实、奇与正、雅与俗、巧与拙、清与浊、浓与淡、隐与显、繁与简、方与圆、疏与密、因与革等，二者虽独立成体，但纯粹的一极没有意义，只有在对待立义中相反相成、相酝相酿又相映成趣，追求一种中和圆融的

---

① 张彦远：《历代名画记》卷十，俞剑华注，上海人民美术出版社 1964 年版，第 201 页。

境界，方能显现出真正的艺术品相。以文质为例，文质范畴是礼乐知识背景下生成的元范畴，其原初意义是关于文明进化、社会分化及人之社会化的描述，故而其基本精神就是寻求历史与现实、传统和现代之间的平衡或协调，孔子关于三代文质"所因"和"所损益"的描述，表明了文质与中和范畴在精神实质上是一致的。文与质之间的消长之道，在互补中共构，在相离中共存，质极盛则衰，文极繁则衰，盛极则衰，衰极则盛，在本质上看亦是中和思想影响的结果。

中和理念影响下所形成了众多对待统一的命题，在表述方式上，深受《尚书·尧典》中"刚而无虐，简而无傲"①的"中和句式"影响。吴季札观乐，一连用了二十多个表达中和适度的"而不"句式，如"勤而不怨""忧而不困""思而不惧""乐而不淫""怨而不言""直而不倨，曲而不屈，迩而不逼，远而不携，迁而不淫，复而不厌，哀而不愁，乐而不荒，用而不匮，广而不宣，施而不费，取而不贪，处而不底，行而不流"②，这是先秦典籍中所见"中和句式"最集中的展示。稍后孔子"乐而不淫，哀而不伤"③，其后《荀子·不苟》篇中"君子宽而不慢，廉而不刿，辩而不争，察而不激"④，都是对季札之语的沿用。由此可见，这种"中和句式"，是古人谈文论艺时常常采用的，究其根源，在于它用最简洁、最直观的方式表达了中和的理念，是呈现"尚和""尚中"思维的文化标本。汉魏以后，"中和句式"被广泛地运用，在司马迁评《离骚》、萧统《答湘东王求文集及诗苑英华书》及刘勰《文心雕龙》的《征圣》《明诗》《辨骚》《章表》《书记》诸篇中，屡屡可见，影响极为深远。

① 阮元校刻：《十三经注疏》，第131页。
② 阮元校刻：《十三经注疏》，第2006—2008页。
③ 阮元校刻：《十三经注疏》，第2468页。
④ 王先谦：《荀子集解》，第40页。

　　值得注意的是，在早期"尚和"思维的发展中，还形成了一个极为重要的范畴："味"，这对于中国古代文艺思想的形成以及艺术创作及鉴赏理论，具有重大的意义。我们知道，"和"观念自产生伊始就是与味觉密切相关的。《尚书·说命下》云："若作和羹，惟尔盐梅。"[①]盐、梅都是调味品，这是"和"源于味觉的最早表述。春秋以来的思想家沿着味和→乐和→政和的逻辑理路，多方面扩展了"味"论的范围，以味论阴阳五行，以味论道，以味论乐，以味论政，以味论德，等等，使之成为古人借感性经验来认识和表述世界的重要方式之一。如《尚书·洪范》中，以"味"论五行：

　　　　五行：一曰水，二曰火，三曰木，四曰金，五曰土。水曰润下，火曰炎上，木曰曲直，金曰从革，土爰稼穑。润下作咸，炎上作苦，曲直作酸，从革作辛，稼穑作甘。[②]

　　所谓"五味"，《左传·昭公元年》有"天有六气，降生五味"，孔安国释云："咸，水卤所出也。苦，焦气之味也。酸，木实之性也。辛，金之气味也。甘味生于百谷也。是五味为五行之味也，以五者并行于天地之间，故洛书谓之五行。"[③]又如《左传·昭公九年》晋国专职"司味"屠蒯云："味以行气，气以实志，志以定言，言以出令。"[④]可见"味"之于人生命意志、事业具有重要意义。

　　在"味"论的演变过程中，儒道两家多有发现。孔子及其后学秉承三代礼乐传统，多从社会政治生活，宗庙祭祀的角度阐发"味"之

①　阮元校刻：《十三经注疏》，第 175 页。
②　阮元校刻：《十三经注疏》，第 188 页。
③　阮元校刻：《十三经注疏》，第 2025 页。
④　阮元校刻：《十三经注疏》，第 2057—2058 页。

内涵，重在论"味"之实。《论语·述而》记载孔子在齐国听《韶》乐，三月不知肉味，这说明肉味虽美，但乐味更美。《礼记·乐记》有"遗味"之说："清庙之瑟，朱弦而疏越，一唱而三叹，有遗音者矣。大飨之礼，尚玄酒而俎腥鱼，大羹不和，有遗味者矣。"[①] 老学则多从形上角度谈"味"，重在论"味"之虚。《老子》第三十五章云："乐与饵，过客止，道之出口，淡乎其无味，视之不足见，听之不足闻，用之不足既。"[②] 又第六十三章云："为无为，事无事，味无味。"[③] 老子看来，无味之味，乃味之极至，是"至味"之所在。老学所谓"淡乎其无味"与"大音希声""大象无形"[④] 一样，本质上是对道之属性的一种描述，在老学的文化视野中，"味"之内蕴已经超越感官判断层面而进入精神审美领域了，这就使"味"范畴由感性的实在之味抽象化为理性的虚化之味了，也就为其进入艺术审美领域奠定了理论基础。值得考究的是，作为早期感官享受中的"味"论，与尔后艺术审美之味是不同的。前者来源于五官的感受，后者来源于对道的体悟、玩味，两者一实一虚。老学所谓"味无味"，正是将前者附于无心无声、化于虚无之中，方能从中把握玩味出后者来。

　　作为孕育礼乐传统的重要范畴，古人对"味"的认识，经过了由物质生活层面上升为精神审美层面的过程，最后演变为虚实结合，本乎实显于虚的艺术审美范畴。对"味"的追求，也形成了古代艺术思想中的重要传统，如关于主体审美活动之体味、玩味、寻味、研味，作为客体审美特征之滋味、余味、回味、韵味，等等，在古代艺术理论中屡见不鲜。对于中国古代文学思想中诗味论之成因，陈师应鸾先生在《诗味论》一书中有系统的论述，他认为，中国极其发达的饮食

---

① 阮元校刻：《十三经注疏》，第 1528 页。
② 楼宇烈：《老子道德经注校释》，第 87 页。
③ 楼宇烈：《老子道德经注校释》，第 164 页。
④ 楼宇烈：《老子道德经注校释》，第 113 页。

文化是诗味论形成的文化基础，古人独特的直觉感悟式思维方式是诗味论形成的主观原因，魏晋南北朝的历史特征是诗味论产生的历史契机①。在此基础上，他全面清理了诗味论的发展演变，并辨析了诗味论所涉及到的诸多文论、美学范畴，全书立论稳妥、论证翔实，是今人研究诗味论的力作。

中和思想广泛地浸润到古代中国人对自然界和人类社会万事万物的认识和解释中，深入到了汉民族的潜意识之中，成为一种民族的集体无意识，细致入微地体现在各个层面，无论是广义的民族精神、审美价值观、方法论原则或是具体的艺术传统、文学观念，无处不在。关于中和理念对于传统文化的负面影响，检讨者甚多，本文之所以对"和"这一原初观念在中国古代思想发展中的进程及其演变过程作了一个阶段性的分析，目的就在于辨析其原初意义、衍生观念及其派生条件。正如梁漱溟在评价孔子伦理思想时认为，孔子的精神理想没有实现，传统道德中所体现的封建时代的派生条件，只是"一些古代礼法，呆板教条，以致偏欹一方，黑暗冤抑，痛苦不少"，但是传统道德所显示的理念——"和谐意识"，却是中国传统留给我们的一份宝贵遗产。②中和范畴所体现的正面价值也是很多的，如主导多元的融合，异质的协调，对待的消解，事物的相应互含、各适其位。如果纯粹作为一种艺术理想，中和理念所表现的情感含蓄蕴藉，而非狂狷偏激的情感抒发，自有其审美价值，对此，钱锺书揭示得很明确："夫'长歌当哭'，而歌非哭也；哭者情感之天然发泄，而歌者情感之艺术表现也。'发'而能'止'，'之'而能'持'，则抒情通乎造艺，而非徒以宣泄为快有如西人所嘲'灵魂之便溺'矣。"③

① 陈应鸾：《诗味论》，巴蜀书社 1996 年版，第 3 页。
② 梁漱溟：《东西文化及其哲学》，商务印书馆 2000 年版，第 156—157 页。
③ 钱锺书：《管锥编》第一册，第 57—58 页。

结　语

在礼乐文化的知识背景下，探讨中国文论的早期形态，是一个值得展望的方向。对于此一领域问题的研究，大体有两种思路：其一是文学观念史路径，其理论假设在于文学思想具有内在的整体性，其观念范畴具有自足的逻辑关联，并不随着社会、政治、经济变迁而变迁。因而侧重于文论系统的内部观念之间的内部结构，即所谓内在研究的路径；其二是文学思想史路径，主要是将文论史放在历史时代的变局之中，考察各个时代文学思想的不同衍生形态以及与诠释者所处的时代背景、思想氛围以及他们个人经验之间的关联，即所谓外在研究的路径。两者研究方法此消彼长，不能分开，本书在结构上采取礼乐及"六艺"的历时性梳理与文论范畴间的关联性研究，也印证了两种研究路径的不可分与不能分。

回顾中国文学批评史这门学科，自20世纪初陈钟凡、郭绍虞等先生创立后，取得了不少成绩，但是在学科的划分和方法论的选择上所存在的先天性偏颇，在一些后继者那里并没有得到改观，将古代文论孤立于古代文学实践之外，剥离其原生的古代政治史、思想史、宗教史、文化史情境，自说自话，气象更见狭小。在反思古代文学批评史研究中存在的问题时，党圣元先生指出："如果说早期的研究工作是一个'过滤、醇化'的过程，那么我们今天就应该由醇反杂。前贤们是从整体性的话语形态中将文论话语剥离抽取出来，我们则要将孤立的文论话语放回到整体性的话语网络中去。"[①] 笔者认为，古代文论的研究应该转换一下研究的角度和出发点，不能从现成的哲学史和思想史所总结出的原则或结论出发，削足适履地去符合现存的结论或规律，而应该从中国思想文化的实际出发，总结出其固有的原则、规律和方法。今人对传统思想文化的研究，往往习惯于以作家和作品分门别类地设篇定章，这种研究方法虽然具有较为广泛的适用性，但往往忽略了思想体系发展之内在逻辑和历史连续性。正是基于此，本书力图将中国文论的发生形态置于礼乐文化的历史情境下，从多学科的角度进行整合性、回溯性的研究，以期最大限度地克服现代学术体系形成以来对先秦文史哲研究条块分割之弊端。

现在，我想站在现有研究成果的基础上，对礼乐文化与文论早期形态研究这一领域的未来方向提出新的展望。

其一，国学视野下文化通观的建立。中国古代文论的研究必须具有一种文化通观的眼光，要把文论史放在中国思想文化的整体背景中考察，要从中国文化的固有特点、审美意识的起源和形成谈起，否则便讲不清楚中国文学思想的体系及特点。其二，中国文论早期形态研究的建立。三代以来以礼乐、"三才"、阴阳五行为核心形成的一套知识系统，属于中国古代思想史中的"公共话语"。它们与历史实践和社会生活有着极为密切的关系，总是作为稳定的思维定势、心理素质、审美态度制约着广义的文化创造过程，其价值目标与价值取向及其外化的行为规范为古人的精神信仰、文化心理及行为方式提供了一种内在的范导。因此，离开了此一知识系统与价值系统，中国文论的早期形态研究也就无从谈起。

---

① 党圣元：《学科意识与体系建构的学术效应——关于古代文学批评史研究学科的一个反思》，《文学评论》2004 年第 4 期。

如果说，20 世纪的学者研究中国文论的着眼点在于力证中国文论的发展符合人类历史文化的普遍规律，那么，当今的研究则应该更多地着眼于探寻中国文论发展的自身特质，研究这些特质如何来丰富人类思想的多样性。在这个意义下，如何在现代语境下恢复民族文化的自我叙事功能，重建中国文论的原始气象与生命活力，理应成为此一领域未来的研究方向。

参考文献

一、历史文献

班固撰，颜师古注：《汉书》，中华书局，1962年。

陈立撰，吴则虞点校：《白虎通疏证》，中华书局，1994年。

崔述撰，顾颉刚编订：《崔东壁遗书》，上海古籍出版社，1983年。

董仲舒撰，凌曙注：《春秋繁露》，中华书局，1975年。

杜佑撰：《通典》，中华书局，1984年。

范晔撰，李贤等注：《后汉书》，中华书局，1965年。

高亨撰：《周易大传今注》，齐鲁书社，1979年。

顾炎武撰，黄汝成集释：《日知录集释》，上海古籍出版社，1985年。

郭茂倩编：《乐府诗集》，中华书局，1979年。

郭嵩焘撰：《礼记质疑》，岳麓书社，1992年。

何宁撰：《淮南子集释》，中华书局，1998年。

洪亮吉撰：《春秋左传诂》，中华书局，1987年。

洪兴祖撰，白化文等点校：《楚辞补注》，中华书局，1983年。

胡培翚撰：《礼记正义》，中华书局，1934年。

黄怀信、张懋镕、田旭东著，李学勤审定：《逸周书汇校集注》，上海古籍出版社，1995年。

黄晖撰：《论衡校释》，中华书局，1990年。

贾谊撰，王洲明、徐超校注：《贾谊集校注》，人民文学出版社，1996年。

蒋礼鸿撰：《商君书锥指》，中华书局，1986年。

黎靖德编，王星贤点校：《朱子语类》，中华书局，1986年。

黎翔凤撰，梁运华整理：《管子校注》，中华书局，2004年。

凌廷堪撰：《礼经释例》，商务印书馆，1936年。

刘向集录：《战国策》，上海古籍出版社，1985年。

刘勰撰，詹锳义证：《文心雕龙义证》，上海古籍出版社，1989年。

陆德明撰，黄焯断句：《经典释文》，中华书局，1983年。

马端临撰：《文献通考》，中华书局，1986年。

孟元老撰，邓之诚注：《东京梦华录》，商务印书馆，1957年。

欧阳询撰，汪绍楹校：《艺文类聚》，上海古籍出版社，1965年。

秦蕙田撰：《五礼通考》，《文渊阁四库全书》。

阮元校刻：《十三经注疏》，中华书局，1980年。

阮元撰：《揅经室集》，中华书局，1993年。

邵懿辰撰：《礼经通论》，上海书店，1988年。

沈约撰：《宋书》，中华书局，1974年。

司马光编著，胡三省音注，标点资治通鉴小组点校：《资治通鉴》，中华书局，1956年。

司马迁撰，裴骃集解，司马贞索隐，张守节正义：《史记》，中华书局，1959年。

苏舆撰，钟哲点校：《春秋繁露义证》，中华书局，1992年。

孙希旦撰，沈啸寰、王星贤点校：《礼记集解》，中华书局，1989年。

孙星衍撰，陈抗、盛冬玲点校：《尚书今古文注疏》，中华书局，1986年。

孙诒让撰，王文锦、陈玉霞点校：《周礼正义》，中华书局，1987年。

汪荣宝撰，陈仲夫点校：《法言义疏》，中华书局，1987年。

王弼撰，楼宇烈校释：《老子道德经注校释》，中华书局，2008年。

王利器撰：《新语校注》，中华书局，1986年。

王利器撰：《盐铁论校注》，中华书局，1992年。

王聘珍撰：《大戴礼记解诂》，中华书局，1983年。

王先谦、刘武撰，沈啸寰点校：《庄子集解 庄子集解内篇补正》，中华书局，1987年。

王先谦撰，沈啸寰、王星贤点校：《荀子集解》，中华书局，1988年。

王先谦撰，吴格点校：《诗三家义集疏》，中华书局，1987年。

王先慎撰，钟哲点校：《韩非子集解》，中华书局，1998年。

吴毓江撰，孙启治点校：《墨子校注》，中华书局，1993年。

吴则虞撰：《晏子春秋集释》，中华书局，1982年。

萧统编，李善注：《文选》，上海古籍出版社，1986年。

徐天麟撰：《东汉会要》，中华书局，1955年。

徐天麟撰：《西汉会要》，上海人民出版社，1977年。

徐元诰撰，王树民、沈长云点校：《国语集解》，中华书局，2002年。

许慎撰，段玉裁注：《说文解字注》，上海古籍出版社，1981年。

许慎撰：《说文解字》，中华书局，1983年。

许维遹撰，梁运华整理：《吕氏春秋集释》，中华书局，2009年。

严可均辑：《全上古三代秦汉三国六朝文》，中华书局，1958年。

颜之推撰，王利器集解：《颜氏家训集解》，上海古籍出版社，1982年。

杨伯峻撰：《论语译注》，中华书局，1980年。

杨伯峻撰：《孟子译注》，中华书局，1960年。

杨天宇撰：《仪礼译注》，上海古籍出版社，1994年。

姚际恒撰，陈祖武点校：《仪礼通论》，中国社会科学出版社，

1998 年。

叶燮撰，霍松林校注：《原诗》，人民文学出版社，1979 年。

永瑢等撰：《四库全书总目》，中华书局，1965 年。

袁珂校注：《山海经校注》，上海古籍出版社，1980 年。

章学诚撰，叶瑛校注：《文史通义校注》，中华书局，1985 年。

赵翼撰，王树民校证：《廿二史札记校证》，中华书局，1984 年。

郑樵撰，王树民点校：《通志二十略》，中华书局，1995 年。

朱熹集注：《楚辞集注》，上海古籍出版社，1979 年。

朱熹撰，赵长征点校：《诗集传》，中华书局，2011 年。

朱熹撰：《四书章句集注》，中华书局，1983 年。

朱熹撰：《仪礼经传通解》，《文渊阁四库全书》。

朱熹撰：《朱子家礼》，北京图书馆藏宋刻本。

二、历史考古

北京大学历史系考古教研室商周组：《商周考古》，文物出版社，1979 年。

陈梦家：《殷墟卜辞综述》，科学出版社，1956 年。

陈全方：《周原与周文化》，上海人民出版社，1988 年。

陈双新：《两周青铜乐器铭辞研究》，河北大学出版社，2002 年。

郭沫若：《青铜时代》，科学出版社，1957 年。

郭沫若主编，胡厚宣总编辑：《甲骨文合集》，中华书局，1978—1982 年。

江林昌：《夏商周文明新探》，浙江人民出版社，2001 年。

李零：《上博楚简三篇校读记》，台北万卷楼图书有限公司，2002 年。

李伯谦：《中国青铜文化结构体系研究》，科学出版社，1998 年。

李零：《郭店楚简校读记》，北京大学出版社，2002年。

李孝定编述：《甲骨文字集释》，台湾"中央研究院"历史语言研究所，1970年。

李学勤：《东周与秦代文明》（增订本），文物出版社，1991年。

李学勤：《走出疑古时代》，辽宁大学出版社，1994年。

马王堆汉墓帛书整理小组编：《马王堆汉墓帛书》，文物出版社，1976年。

容庚、张维持：《殷周青铜器通论》，文物出版社，1984年。

田昌五主编：《华夏文明》第1集，北京大学出版社，1987年。

王建中：《汉代画像石通论》，紫禁城出版社，2001年。

夏商周断代工程专家组：《夏商周断代工程1996—2000年阶段成果报告》简本，世界图书出版公司，2000年。

俞伟超：《先秦两汉考古学论集》，文物出版社，1985年。

张光直：《商代文明》，毛小雨译，北京工艺美术出版社，1999年。

张光直：《中国青铜时代》初集、二集，生活·读书·新知三联书店，1983、1990年。

张之恒：《中国考古学通论》，南京大学出版社，1991年。

中国社会科学院考古研究所：《新中国的考古发现和研究》，文物出版社，1984年。

中国社会科学院考古研究所编著：《殷墟发掘报告（1958—1961）》，文物出版社，1987年。

中国先秦史学会编：《夏史论丛》，齐鲁书社，1985年。

邹衡：《夏商周考古学论文集》，文物出版社，1980年。

《庆祝苏秉琦考古五十五年论文集》，文物出版社，1989年。

《新中国考古五十年》，文物出版社，1999年。

三、研究著作

陈来：《古代思想文化的世界—春秋时代的宗教、伦理与社会思潮》，生活·读书·新知三联书店，2002年。

陈戌国：《中国礼制史》（先秦卷），湖南教育出版社，2002年。

邓小琴：《中国礼俗学纲要》，中国文化社发行，1947年。

丁山：《中国古代宗教与神话考》，上海文艺出版社，1988年。

董治安：《先秦文献与先秦文学》，齐鲁书社，1994年。

范文澜：《中国通史简编》，人民出版社，1964年。

方孝岳：《中国文学批评》，生活·读书·新知三联书店，1986年。

葛兆光：《中国思想史》第一卷，《七世纪前中国的知识、思想与信仰世界》，复旦大学出版社，1998年。

顾颉刚：《秦汉的方士与儒生》，上海古籍出版社，1978年。

郭沫若：《郭沫若全集》，科学出版社，1982、1983年。

郭绍虞主编：《中国历代文论选》（1—4），上海古籍出版社，1979、1980年。

何联奎编：《中国礼俗研究》，台湾中华书局，1973年。

侯外庐等：《中国思想通史》，人民出版社重印本，1992年。

胡适：《胡适全集》，安徽教育出版社，2003年。

胡适著：《先秦名学史》，翻译组译，李匡武校：《先秦名学史》，学林出版社，1983年。

姜广辉主编：《中国经学思想史》第一、二卷，中国社会科学出版社，2003年。

姜亮夫：《楚辞学论文集》，上海古籍出版社，1984年。

蒋孔阳：《先秦音乐美学思想论稿》，人民文学出版社，1986年。

金春峰：《汉代思想史》，中国社会科学出版社，1987年。

李安宅：《〈仪礼〉与〈礼记〉之社会学的研究》，商务印书馆，1931年。

李镜池：《周易探源》，中华书局，1978年。

李泽厚、刘纲纪主编：《中国美学史》，中国社会科学出版社，1984年。

李泽厚：《中国古代思想史论》，人民出版社，1986年。

梁启超：《饮冰室合集》，中华书局，1988年。

刘师培：《刘师培全集》，中共中央党校出版社，1997年。

刘永济：《十四朝文学要略》（上古至隋），黑龙江人民出版社，1984年。

刘长林：《中国系统思维》，中国社会科学出版社，1990年。

陆侃如、冯沅君：《中国诗史》，人民文学出版社，1956年。

罗根泽：《中国文学批评史》，上海古籍出版社，1984年。

敏泽、党圣元：《文学价值论》，社会科学文献出版社，1997年。

敏泽：《中国文学理论批评史》，吉林教育出版社，1993年。

蒲慕州：《追寻一己之福——中国古代的信仰世界》，台湾允晨文化实业股份有限公司，1995年。

齐思和：《中国史探研》，中华书局，1981年。

钱杭：《周代宗法制度史研究》，学林出版社，1991年。

钱玄、钱兴奇：《三礼辞典》，江苏古籍出版社，1998年。

钱玄：《三礼通论》，南京师范大学出版社，1996年。

钱锺书：《管锥编》，中华书局，1979年。

裘锡圭：《古代文史研究新探》，江苏古籍出版社，1992年。

沈文倬：《宗周礼乐文明考论》，杭州大学出版社，1999年。

孙作云：《诗经与周代社会研究》，中华书局，1966年。

王国维：《观堂集林》，中华书局，1959年。

王国维：《王国维遗书》，上海古籍书店，1983 年。

王运熙、顾易生主编，顾易生、蒋凡著：《中国文学批评通史》（先秦两汉卷），上海古籍出版社，1996 年。

王运熙、黄霖主编：《中国古代文学理论体系》，复旦大学出版社，2000 年。

王运熙：《乐府诗论丛》，古典文学出版社，1958 年。

闻一多：《闻一多全集》，上海开明书店，1948 年。

夏曾佑：《中国古代史》，生活·读书·新知三联书店，1955 年。

夏传才：《诗经研究史概要》，中州书画社，1982 年。

萧涤非：《汉魏六朝乐府文学史》，人民文学出版社，1984 年。

谢维扬：《中国早期国家》，浙江人民出版社，1995 年。

修海林：《古乐的沉浮 —— 中国古代音乐文化的历史考察》，山东文艺出版社，1989 年。

徐复观：《两汉思想史》，华东师范大学出版社，2001 年。

徐复观：《中国人性论史 —— 先秦篇》，上海三联书店，2001 年。

徐复观：《中国艺术精神》，华东师范大学出版社，2001 年。

阎步克：《乐师与史官 —— 传统政治文化与政治制度论集》，生活·读书·新知三联书店，2001 年。

阎步克：《阎步克自选集》，广西师范大学出版社，1997 年。

杨华：《先秦礼乐文化》，湖北教育出版社，1997 年。

杨宽：《古史新探》，中华书局，1965 年。

杨向奎：《宗周社会与礼乐文明》，人民出版社，1992 年。

杨荫浏：《中国古代音乐史稿》，人民音乐出版社，1981 年。

于民：《春秋前审美观念的发展》，中华书局，1984 年。

余英时：《士与中国文化》，上海人民出版社，2003 年。

余英时：《中国思想传统的现代诠释》，江苏人民出版社，2003 年。

张蕙慧：《儒家乐教思想研究》，台湾文史哲出版社，1985 年。

张立文：《中国哲学逻辑结构论》，中国社会科学出版社，2002 年。

张岩：《从部落制度到礼乐文明》，上海三联书店，2004 年。

章太炎：《章太炎全集》，上海人民出版社，1982 年。

郑振铎：《郑振铎古典文学论文集》，上海古籍出版社，1984 年。

朱谦之：《中国音乐文学史》，北京大学出版社，1989 年。

朱天顺：《中国古代宗教初探》，上海人民出版社，1982 年。

朱自清：《诗言志辨》，华东师范大学出版社，1996 年。

〔德〕马克斯·韦伯：《儒教与道教》，洪天富译，江苏人民出版社，2003 年。

〔法〕列维—布留尔：《原始思维》，丁由译，商务印书馆，1981 年。

〔法〕克劳德·列维－施特劳斯：《结构人类学》，陆晓禾、黄锡光等译，文化艺术出版社，1989 年。

〔美〕本杰明·史华兹著，程钢译，刘东校：《古代中国的思想世界》，江苏人民出版社，2004 年。

〔日〕遍照金刚著，周维德校点：《文镜秘府论》，人民文学出版社，1975 年。

〔日〕盐谷温：《中国文学概论讲话》，孙俍工译，台湾开明书店，1976 年。

〔英〕弗雷泽：《金枝》，徐育新等译，大众文艺出版社，1998 年。

〔英〕葛瑞汉：《论道者 —— 中国古代哲学论辩》，张海晏译，中国社会科学出版社，2003 年。

再版后记

本书是我出版的第一本学术专著，也是我的博士学位论文《礼乐传统与中国文论》，完成的时间是 2003 年到 2006 年，其中包含了硕士学位论文的大部分内容，所以写作时间应该追溯到 2000 年。本论文获得 2008 年"全国优秀博士学位论文"奖励。六年时间同一个选题，虽然也很尽力，但整体的格局和高度也就如此了。我也借此机会，感谢当年答辩专家的指点，答辩主席是中国社会科学院历史所陈祖武研究员，答辩委员有文学所杜书瀛研究员、刘跃进研究员、彭亚飞研究员、北京师范大学李春青教授、中国传媒大学张晶教授。

六年的研究生学习，我得益于多位导师的点拨。四川大学文学院陈应鸾教授是我的硕士研究生导师，中国社会科学院文学所党圣元研究员、胡明研究员是我的博士研究生导师。另外，中国社会科学院文学所敏泽研究员、台湾师范大学国文系王更生教授给我很多指点。从他们那里，我学到了很多东西，受用一生。

本书的第一版，由中华书局 2007 年出版。当时我正在做第一站博士后，由于出站找工作需要成果，所以我一边写博士后出站报告，一边校对出版了本书。随后，我又开始了第二站博士后工作。那是一段艰难的日子，感谢我的博士后合作导师首都师范大学陶东风教授、陕西师范大学畅广元教授的鼓励。两站博士后五年时间同一个选题，也成就了我的第二本学术专著《文气话语形态研究》，由商务印书馆

2014 年出版，该书入选 2013 年"国家哲学社会科学成果文库"。

　　本次修订再版，感谢商务印书馆的支持，感谢本书责编苗双女士的细致工作。我的博士生赵忠富副教授校对了全书注释。

夏静　2022 年末于北京